MINERVA
社会学叢書
㊾

民族関係の都市社会学

大阪猪飼野のフィールドワーク

谷　富夫著

ミネルヴァ書房

はじめに

大阪市生野区は住民の四、五人に一人が在日朝鮮人である。したがって、日本で「民族関係の研究」をやろうと思えば、ここほど適したフィールドは他にない。——そう考えた私は一九八七年から今日まで、この地で在日と日本人の社会関係の定点観測を続けてきた。現時点におけるそのまとめが本書である。異なる民族・人種間の関係——民族関係——が社会関係のリアルなカテゴリーであるとする考え方が生まれたのは、日本の場合、そう古いことではない。私がこの研究を始めた一九八〇年代後半のことである。背景にグローバル化の到来があったことはいうまでもないが、当時のこの現実、すなわち民族関係という概念の創成段階にあったという当時の日本の現実が、大阪市生野区というフィールドの選定に強く関わっていたことは、やがて本論のなかで明らかになる。

全体は三部からなっている。研究の目的や意義、分析枠組みなどを論じた第Ⅰ部、民族関係の視点から生野のエスノグラフィをまとめた第Ⅱ部、「世代間生活史法」を用いてこの界隈に住む在日の人々の民族関係、民族文化、社会移動等を分析した第Ⅲ部に「結章」を付して、一書とした。「理論なき調査は盲目である」という。この金言に倣うならば、第Ⅰ部が「理論編」として、第Ⅱ～Ⅲ部の実証研究を方向づけている。フィールドワークの時代順では、第Ⅱ部のエスノグラフィの作成が先行し（一九八〇年代後半～）、その知見を踏まえて第Ⅲ部の生活史調査を行っている（一九九〇年代～）。

本書のサブタイトルにある「猪飼野《いかいの》」とは、今も生野区に残る字名《あざ》すなわち近世のムラの名前である。その一帯、日本最大の在日朝鮮人集住地域を象徴する地名として、社会学、人類学、地理学、歴史学等の学問分野の都市、在日、エスニシティ、移民などの研究者にとどまらず、ジャーナリスト、作家、写真家、社会運動家、行政職員などにも、比較的早くから知られていた。だが、字名が示唆している地域社会の実態が人々に十分伝わっていたかというと、必ずしもそうではない。私は、猪飼野の在日と日本人を包括的に視野におさめたエスノグラフィの最初の作成者として、そう断言できる。第Ⅱ部は、そうしたフィールドワークの一成果である。

私は一九九二年に広島女子大学（現県立広島大学）から大阪市立大学へ移籍したのを機に、「民族関係研究会」（関係研）を組織した。その研究成果の一部が第Ⅲ部である。関係研による共同研究の全貌は、共著『民族関係における結合と分離』（ミネルヴァ書房、二〇〇二年）に収められている。この本は学界内外で概ね好意的に受けとめられたと理解しているが、残念ながらすでに絶版である。そうした事情も、今回の本作りを思い立ったひとつの契機である。

ところで、NHKは二〇一三年七月、教育テレビで「戦後史証言プロジェクト」という九十分番組を四回シリーズで放送した。その第四回のタイトルが「猪飼野」であった。ちなみに、第一回「沖縄」、第二回「水俣」、第三回「釧路湿原」である。放送に先立つ同年四月、制作担当のプロデューサーとディレクターが連れ立って私の研究室を訪ねてこられた。用件は、右の共著を読んで、番組でも在日親子三代の生活史を聞き取りたいので協力してほしいとの依頼であった。そこで私は猪飼野の現状を説明したり、人を紹介したり、資料を提供したりして多少の協力をさせていただいた。結局、番組は当初の企画通り、猪飼野に住む在日三代のインタビューを軸に、とても充実した内容になっていた。放送直後のディレクターからのメールによれば、このシリーズは予想以上に反響が大きかったという。そのため、同年八月には「海外BS」で、翌年正月には教育テレビで再放送されている。

私たちの研究のうち番組制作者の目にとまったものは、本書でいえば第Ⅲ部、とくに第7章にあたる部分であった。この口述史に対してはこれまで「長すぎる」との批判もないではなかったが、右のような反応もあることを知って、私たちの「分厚い記述」（C・ギアツ）もまんざら無駄ではなかったのだと、ようやく胸をなで下ろすことができた。この出来事も、私が本書をまとめようと思ったきっかけのひとつである。なお、本書も右の共著も、啓蒙書ではなく専門書であるにもかかわらず、在日の生活史を長々と掲載しているのには、たんなる「データの提示」以上の理由がある。このことは、本書八四〜八五ページで、社会学者R・マートンの異文化理解に関する知識社会学を引きつつ説明しているので、そちらを参照していただきたい。

さて、右の出来事があった前年の第三〇回日本都市社会学会大会（立教大学）で、学会設立三十周年記念シンポジウム「都市社会学――軌跡と展望」が企画された。そこで私は「都市とエスニシティ」と題する基調報告を行う機会を与えられたので、過去四半世紀のわが国都市エスニシティ研究の成果を幅広くレビューするとともに、今後の研究の方向性を展望した。そのときの報告原稿を基に作成したのが、第1章である。これを執筆する思索の過程で、私はようやく自らの研究を日本の都市エスニシティ研究の中に、はっきりと、理論的に、位置づけることができた、という実感をえた。具体的には、第2章の私の都市民族関係論を、日本の都市エスニシティ研究の中に位置づけることができたということである。この経験が、今回の本作りを決意した最大の契機であった。

各パートの末尾に付けた「方法論ノート」は、社会調査にまつわる猪飼野での経験や、そこで考えたことを綴った短文である。方法は、目的や対象に応じて使い分けたり、工夫改良が必要である。そこのところの私の場合――みずから用いた調査法の妥当性――を自省するために、折りおりに書いたノートである。方法論に関しても、この機会に読者のご批正を仰ぎたい。

最後に、第Ⅱ〜Ⅲ部を通して索出した仮説を「結章」にまとめた。かの「金言」の対句はいうまでもない。「調査なき理論は空虚である」。私もまた、フィールドワークによって中範囲の理論化をめざしてきた。民族関係の都市調査は「結章」の仮説群をさらなる理論的出発点として、次のステージへ進まなければならない。

在日社会は今後、人口学的に縮小の一途をたどるであろう。だが、将来の日本のいっそうのグローバル化を展望するとき、これまでの在日朝鮮人の経験、および在日と日本人の民族関係の経験は、これからも末永く参照され続けなくてはならない。したがって、そうした記録を散逸させずにまとめておくことは研究者としての使命でもあると思う。先頃政府は、「東北復興」や「オリンピック建設」に不足する労働力を補うために、外国人技能実習生の枠を拡大することを決めた。民族関係の視点からは、外国人を労働力としてのみ扱う外国人導入政策が必ずしも良策とはいえないことを各方面の専門家が指摘している。私も、戦前に労働力として導入された在日朝鮮人の現在を研究する一人として、同じ意見である。こうした国の動きも視野に入れて、現時点においてこれまでの研究成果を世に問うことには一定の意義があると考えた次第である。

本書は、私がこれまで公表した論文の中から左のものを選んで編集した。本書に収めるにあたり、文言を適宜修正したが、文意は一切変えていない。転載を許可して下さった出版社、大学、学会、その他研究機関に感謝する。

第Ⅰ部

第1章「都市とエスニシティ——人口減少社会の入口に立って」『日本都市社会学会年報』第三一号、二〇一三年。

第2章「民族関係の都市社会学」谷富夫編『民族関係における結合と分離』ミネルヴァ書房、二〇〇二年。

方法論ノート1「エスニシティ研究と世代間生活史調査」関西社会学会『フォーラム現代社会学』創刊号、二〇〇二年。

第Ⅱ部

第3章「民族関係の社会学的研究のための覚書き——大阪市旧猪飼野・木野地域を事例として」『広島女子大学文学部紀要』第二四号、一九八九年。

第4章「都市国際化と『民族関係』」中野秀一郎・今津孝次郎編『エスニシティの社会学』世界思想社、一九九三年。

第5章「定住外国人における文化変容と文化生成」宮島喬・加納弘勝編『変容する日本社会と文化』東京大学出版会、二〇〇二年。
方法論ノート2「定住外国人との民族関係——大阪市生野区の事例」東京市政調査会『都市問題』第八六巻第三号、一九九五年。

第Ⅲ部

第6～8章「猪飼野の工場職人とその家族」谷富夫編、前掲書。
方法論ノート3「DOING SOCIOLOGY 民族関係のフィールドワーク」社会学研究会『ソシオロジ』第一三五号、一九九九年。
結章「民族関係の可能性」谷富夫編、前掲書。

ここで在日朝鮮人の呼称をめぐる一、二の問題について、私の基本的な考え方を述べておきたい。本書で「在日朝鮮人」とは、「戦前・戦中の日本の植民地支配と終戦直後の政治的混乱のなかで、朝鮮半島・済州島から日本へ来た者とその子孫のうち、韓国・朝鮮籍を持っているか、もしくは、たとえ日本国籍を取得した後も自民族への一体感や帰属意識をなにほどか抱きつつ日本に定住している人々」のことである（本書六九ページ参照）。問題は、こうした人々の呼称が日本にはいくつもあり、しかもそこに政治的イデオロギーも絡んで事態をいっそう複雑にしている点にある。

そうした中、私はこれまで長く「在日韓国・朝鮮人」を用いてきたが、本書を編むにあたり「在日朝鮮人」を用いることにした。この選択に対しては、朝鮮半島の南北分断の現状から、「在日朝鮮人」は北朝鮮を支持する人々を指す呼称であり、これでは「韓国籍者」が含まれないとする批判があろう。「在日韓国人」を選択した場合も同様である。だが、朝鮮籍者も韓国籍者も、歴史的には「朝鮮民族」であることに変わりはない。ゆえに、右の定義

（自民族への一体感や帰属意識）に示されているように、民族性に着目する本書の趣旨に照らせば、「在日朝鮮人」という呼称選択も、あながち見当違いではないはずである。また、民族性への着目には、いわゆる南北統一の政治理念に立った呼称選択ではないという含意もある。私はけっしてこの理念を否定するものではないけれども、ここでそうした政治的問題に立ち入ることは避けたい。

こうした政治的な対立や批判を回避するためか、昨今「在日コリアン」が日常的にも学術的にも流布しつつあるように見える。たしかにこれは無難な呼称である。ただ、英語圏から、いわば逆輸入されたこの呼称で呼ばれてもアイデンティファイできない——「コリアンって誰のこと?」——、たとえば高齢の在日の方々が日本、とくに大阪にはまだまだたくさんいることに私はひっかかっている。そうした人々とフィールドワークだけでなく、日々「生野オモニハッキョ」という識字のボランティア活動でも親しく接している私には、呼称関係——「相手を呼ぶ」という基本的な社会的行為の連関——の非対称性は不条理に思えてならないのである。在日社会の世代交代により、早晩この呼称が一般化するのかもしれない。しかし、在日の過去から現在を捉える本書では、原則としてこれは用いないことにしたい。

ただし韓国籍者・韓国出身者だけを呼ぶ場合は、「在日韓国人」の呼称を使用する。そうすると朝鮮籍者だけを呼ぶときは「朝鮮籍をもつ在日朝鮮人」というややこしい言い方になるが、本書では実際にそうした呼び方が必要となる場面はほとんどないであろう。その理由は、朝鮮籍の保持者は今日とても少なく、とりわけ本書のインフォーマントには過去の経歴はともかく、現在は皆無だからである（たまたまである。サンプリングでコントロールしたわけではない）。また、ひとつのパラグラフに呼称が繰り返し出てくる場合など、読み通す上で煩雑に感じられる文脈では、省略形「在日」を使用することがある。それから、インフォーマントや参照文献が用いている呼称はなんであれ、すべてそのまま引用することはいうまでもない。以上を要するに、呼称問題にはいまだ唯一の解はないということである。

私がこの研究を始めたばかりのころ、ある会合で、杉田啓三ミネルヴァ書房社長（当時副社長）が、初対面の私に「あなたの仕事をこれからもずっと見てますよ」と声をかけて下さったことがある。かれこれ二十五年も前のことで、民族関係に関する拙稿が杉田社長の目にとまったようである。このひと言はそれ以来、私の「内なる声」となって心の奥から私自身を律してきた。

また、本書の編集を担当して下さったミネルヴァ書房編集部の浅井久仁人さんとは、二〇〇二年刊行の『民族関係における結合と分離』以来、今回で五冊目の協働作業となる。彼とは馬が合うというか、いつも気持ちよく仕事をさせていただいた。このように、若いころに杉田社長からかけていただいたひと言と、浅井さんとの長い信頼関係によって、私のライフワークは形をなしたと言っても過言ではない。まことに有り難いことである。それから、索引の作成で大阪市立大学社会学研究室の博士候補生、川本綾さんと上原健太郎君にお世話になった。ふたりは私の市大時代の最後の教え子となる。記して謝意を表したい。

――昨年十一月十三日、恩師、鈴木廣先生が逝去された。享年八十四であった。私は「鈴木社会学」との格闘……、内的格闘の果てに辛うじて「民族関係論」に活路を見いだしたと思っている。だが、その後の歩みが遅すぎて、先生の学恩に十分報えぬまま今日に至ってしまった。せめてこの拙著を先生の霊前に捧げ、四十年を越えるご指導に心からお礼を申し上げたい。

二〇一五年　初春

谷　富　夫

目　次

はじめに

第I部　民族関係の研究

第1章　都市とエスニシティ――人口減少社会の入口に立って …… 2
第1節　国が小さくなる …… 2
第2節　在留外国人の推移と在留制度の改正 …… 5
第3節　「エスニシティ」 …… 10
第4節　社会学的テーマの結晶化 …… 11
第5節　都市コミュニティと外国人居住者 …… 12
第6節　都市類型論による止揚の試み――都市エスニシティ研究の理論的課題① …… 16
第7節　「共生」と「統合」――都市エスニシティ研究の理論的課題② …… 20
第8節　外国人意識の研究 …… 24
第9節　今後の展望 …… 27

第2章　民族関係の都市社会学……30
第1節　都市グローバル化と民族関係論の課題……30
第2節　民族関係論の目的と視点……43
第3節　民族関係論の系譜……57
第4節　研究対象……69
第5節　「世代間生活史法」の試み……73
第6節　作業仮説……85
【方法論ノート1】実証研究の三位一体……92

第Ⅱ部　猪飼野エスノグラフィ

第3章　猪飼野の民族関係覚書——一九八〇年代……104
はじめに……104
第1節　韓国を旅して……106
第2節　在日朝鮮人の社会……109
第3節　日本人の社会……127
第4節　コリアタウン計画……139

第5節　「国内の国際化」…………144

第4章　在日社会と都市多民族化…………150
第1節　外国人労働者導入の論理…………150
第2節　エスニック・コミュニティの民族関係…………156
第3節　民族文化と民族関係のゆくえ…………158

第5章　民族文化の〈継承〉と〈顕在〉…………164
第1節　民族文化の〈継承‐獲得〉と〈顕在‐潜在〉…………164
第2節　家族におけるエスニック文化の〈継承〉…………167
第3節　地域におけるエスニック文化の〈顕在〉…………173
第4節　エスニシティ形成の二元論…………178

【方法論ノート2】「現象学的」フィールド体験…………179

第Ⅲ部　世代間生活史法

第6章　問題提起――猪飼野の工場職人とその家族……188
第1節　職人層の民族関係と文化継承――第Ⅲ部の主題……188
第2節　W家の親族関係……190
第3節　移　住　史……195
第4節　W家の現在……199
第7章　在日四世代の口述史……206
第1節　戦前移住世代の生活史……206
第2節　戦後世代の生活史……228
第3節　成長期世代の生活史……263
第4節　定住世代の生活史……285
第8章　分析と考察――民族関係と文化継承について……302
第1節　職人層の形成……302
第2節　家族・親族結合……316
第3節　民族の継承……330

第4節　小　括……351
【方法論ノート3】　猪飼野の量的調査……353
結　章　民族関係の可能性……361
第1節　社会移動の規定要因……361
第2節　民族性と民族関係の諸条件……365
参照文献
人名索引／事項索引

第Ⅰ部　民族関係の研究

第1章　都市とエスニシティ――人口減少社会の入口に立って

第1節　国が小さくなる

国立社会保障・人口問題研究所は二〇一二年一月、国勢調査をもとに二〇一〇年から二〇六〇年の五十年間に日本の総人口が四一〇〇万人減少するとの将来推計を発表した（図1-1）。年齢区分別では、生産年齢人口（十五～六十四歳）が三七〇〇万人、年少人口（〇～一四歳）が九〇〇万人、それぞれ減少する一方、老齢人口（六十五歳以上）は五〇〇万人増える見通しである（図1-2）。厚生労働省も二〇一二年七月、やはり国調をもとに労働力人口が二〇一〇年から二〇三〇年の間に九五〇万人減少するとの推計人口をまとめた(1)。日本はすでに人口のピークを過ぎ、これから本格的な人口減少社会に移行する。

こうした将来動向を見据えて、近年再び移民政策論議が始まっている。ここで「近年再び」というのは、過去に何度もこうした論議が繰り返されてきたからである。戦後に限れば、高度経済成長末期がもっとも早かったように思われる。当時、国内労働力が払底の兆しを見せはじめたとき、資本はアジアの発展途上国に触手を伸ばした。これを落合英秋［1974］が「アジア人底辺労働力の輸入がはじまった」として、いち早くその実態を批判的に報告し

ているこ とは、あまり知られていない。すぐにオイルショック（一九七三年）が起こって経済成長がストップしたからであろう。その後論議が再燃するのは、これはよく知られているように「プラザ合意」（一九八五年）による円高とバブル景気で外国人労働者が急増した一九八〇年代後半のことであった。これが本格的論議の開始だが、オイルショック前とプラザ合意後で問題の本質――外国人労働力輸入――は変わらなかった。

最近年の移民論議を瞥見したい。たとえば、右の厚労省推計に呼応するかのように「移民一千万人計画」を唱えている坂中英徳は、海外の専門技術者とその予備軍である留学生には将来国民になってもらう道をつけるべきであ

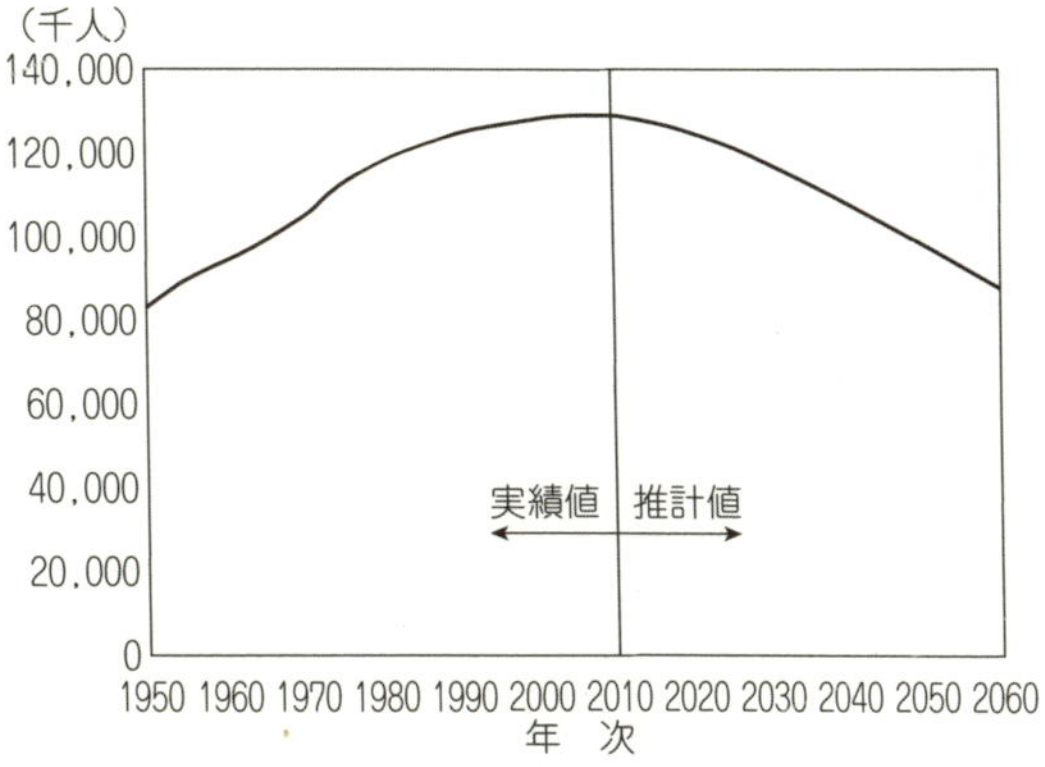

図1-1　総人口の推移

（資料出所）国立社会保障・人口問題研究所「日本の将来推計人口（平成24年1月推計）」

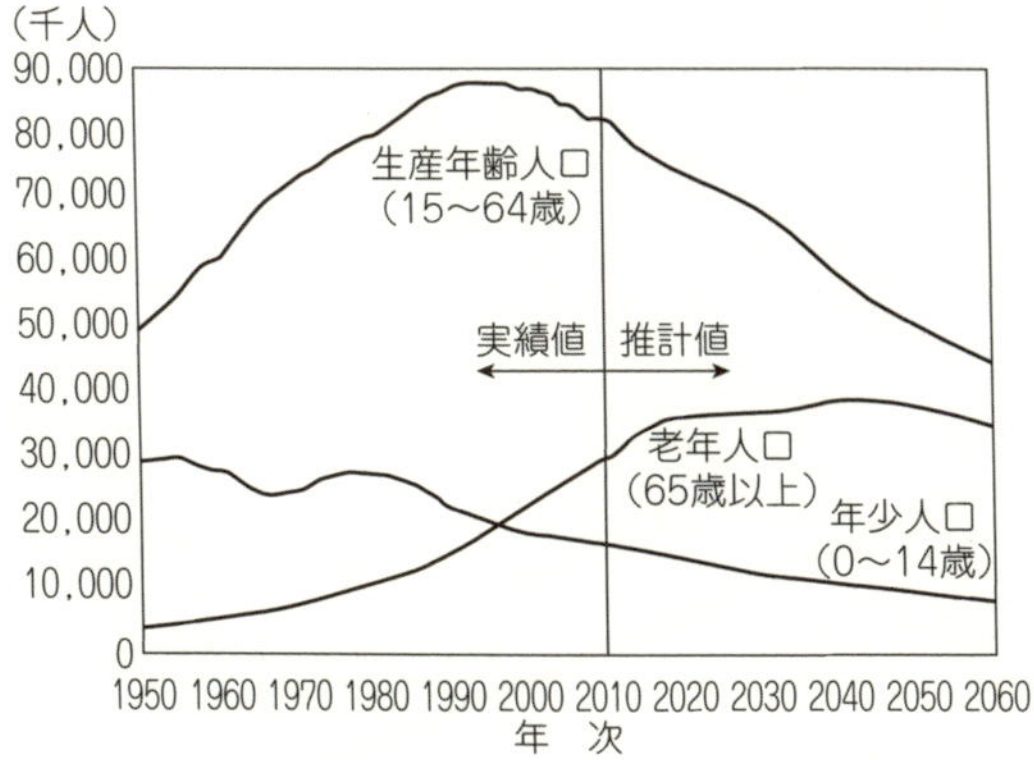

図1-2　年齢3区分別人口の推移

（資料出所）図1-1に同じ.

ると主張している。アメリカ型の移民国家への接近である。しかし、いわゆる外国人労働力の導入には明確に反対の立場である〔坂中 2012：9〕。なお、本書で「外国人労働力」ないし「外国人労働者」とは、主に製造業・建設業等で単純労働に従事する、技能実習生を含む外国人のことを指している。また「移民」とは、将来その国の国民になることを前提に入国する外国人のことで、現在の日本の入国管理制度にはかかる在留資格は存在しない。坂中が「移民」賛成、「外国人労働者」反対の立場を取るのは、戦前まで遡る日本の経験——外国人を労働力扱いすることに起因するさまざまな困難や弊害——を踏まえてのことであろう。

一方の「反対派」だが、私がたまたま手にした佐伯弘文〔2010〕は、将来の労働力減少に対しては少子化対策、国内労働力の有効活用、技術革新による生産性の向上など、まだまだ打つ手はたくさんあるにもかかわらず、政財界はこれらにかかるコストを回避するために安価な外国人労働力を海外から導入しようとしていると批判している。企業経営者の佐伯は坂中の謂う「移民」にはひと言も触れていないが、単純労働力導入に反対の立場で両者は一致している。

これらに対して労働経済学の分野では、外国人労働力の国内労働市場への影響を計量的手法を用いて詳細に分析した中村二朗らが、こう結論づけている。「『外国人労働者の導入は受け入れ国の労働者の労働条件にマイナスの影響を与える』という議論に対しては、『必ずしもそうではない』という回答を与えることができる」〔中村ほか 2009：289〕。そして、「やみくもに外国人労働者導入を嫌うのではなく、彼らを効率的に活用する枠組みが存在し、そのための工夫が意味を持つ」〔同〕として、外国人労働力導入に賛成の立場である。ただし、著者たちは外国人労働者の社会的影響を分析枠組みの外に措いている。

以上の文献が昨今の移民政策論議を代表しているとは必ずしもいえないと思うが、今後こうした議論を避けて通ることはできないだろう。なぜならば、日本は今、「大きな国」と「小さな国」の選択を迫られているからである。本書は、この選択のいずれに与するかを議論するものではない。社会科学の役割は、そうした議論のための判断材料を社会に提供することにある。都市社会学もまたこの四半世紀、さまざまな立場から真剣に在留外国人問題に取り組み、多くの研究成果を生み出してきた。わが国が巨大な人口変動を目前に控えた今、それらの研究のどれひとつも無駄にしてはならないというのが本書の基本的なスタンスである。対立する議論を止揚する大きな研究枠組みの構築が将来を益するに違いない。

第2節　在留外国人の推移と在留制度の改正

(1) 在留外国人人口の推移

本題に入る前に、在留外国人の推移を概観し、研究上の問題点を摘出したい。表1-1から、さしあたり以下の四点を指摘しておきたい。

第一に、わが国の二〇一一年末の外国人登録者数は約二〇八万人で、総人口の一・六%である。一九五五年に六四万人、〇・七%であったから、かなりの増加には違いない。[2] しかし、近年の欧米各国の在留外国人比率は英米独で一一～一三%、もっとも高いルクセンブルクで三七・六%に上る。[3] 用いる指標が異なる——日本は外国籍、欧米は帰化者を含む外国生まれ——ので単純な比較はできないが、日本は欧米諸国に比べてまだまだ外国人が少ないことは確かである。にもかかわらず、この四半世紀の間、じつに多くのエスニシティ研究がなされてきた。「それはなぜか?」と問うことには知識社会学的に一定の意味があると思うが、ここでは先を急ぎたい。

第二に、二〇〇八年秋のリーマンショックを境に日系ブラジル人が激減している(図1-3も参照)。いうまでもなく大量解雇による帰国が原因だが、そうしたなか、今後は日本での定住を選択した人々の居住に関する研究がますます重要性を増してくるであろう。近藤敏夫［2011a；2011b］は、長浜市在住の日系ブラジル人を対象に行った二〇〇五年と二〇一〇年の意識調査の結果を比較し、大要以下の知見と考察を述べている。

（1）日本に定住しようとする日系ブラジル人が増えている。（2）彼らの、とくに家族持ちの間で日本人との交流を望む声が高まっている。（3）今後の課題としては、若い日系二世の教育問題と就職問題が重要となる。そして、（4）日本人と外国籍住民が共同して地方行政を動かすための条件として、①家族を構成する若い世代が増えること、②彼らが人権に関する異議申し立てをすること、③経済や教育の領域で日本人と協同するシステムを構築すること、そして、④教育や生活の領域で異文化理解の交流がなされること――これらを挙げている。ブラジル人と日本人が共に作る地域コミュニティの重要性は山本薫子［2011］も指摘しているし、明石純一［2011：9］が予測するように、「労働市場の国際化と地域コミュニティの多文化化が今後も不可逆的に進んでいく」とすれば、近藤たちの研究は今後の都市社会学が向かうべき方向を指示するものとして注目されてよい。

在留外国人の推移に関して第三に、現在国籍別でもっとも多い外国人は中国人であるにもかかわらず、ブラジル人などに比して在日中国人の社会学的研究が少ないのはやや意外である。

そして最後に、戦後一貫して外国人の最大グループであった韓国・朝鮮籍が、二〇〇七年にはじめて中国籍（その大部分がニューカマー）と順位を入れ替えた。構成比も、かつて一九五五年には外国人の九〇％を占めていたのが（表1-2）、二〇一一年には二六％に低下している。戦前の植民地から日本に来た人々とその子孫である「在日朝鮮人」（定義は六九ページを参照）は、在留資格「特別永住者」

2007年	2008年	2009年	2010年	2011年
2,152,973	2,217,426	2,186,121	2,134,151	2,078,508
606,889 28.2	655,377 29.6	680,518 31.1	687,156 32.2	674,879 32.5
593,489 27.6	589,239 26.6	578,495 26.5	565,989 26.5	545,401 26.2
316,967 14.7	312,582 14.1	267,456 12.2	230,552 10.8	210,032 10.1
202,592 9.4	210,617 9.5	211,716 9.7	210,181 9.8	209,376 10.1
59,696 2.8	59,723 2.7	57,464 2.6	54,636 2.6	52,843 2.5
51,851 2.4	52,683 2.4	52,149 2.4	50,667 2.4	49,815 2.4
321,489 14.9	337,205 15.2	338,323 15.5	334,970 15.7	336,162 16.2

表1－1　国籍（出身地）別外国人登録者数の推移

国籍（出身地）	2001年	2002年	2003年	2004年	2005年	2006年
総数	1,778,462	1,851,758	1,915,030	1,973,747	2,011,555	2,084,919
中国	381,225 21.4	424,282 22.9	462,396 24.1	487,570 24.7	519,561 25.8	560,741 26.9
韓国・朝鮮	632,405 35.6	625,422 33.8	613,791 32.1	607,419 30.8	598,687 29.8	598,219 28.7
ブラジル	265,962 15.0	268,332 14.5	274,700 14.3	286,557 14.5	302,080 15.0	312,979 15.0
フィリピン	156,667 8.8	169,359 9.1	185,237 9.7	199,394 10.1	187,261 9.3	193,488 9.3
ペルー	50,052 2.8	51,772 2.8	53,649 2.8	55,750 2.8	57,728 2.9	58,721 2.8
米国	46,244 2.6	47,970 2.6	47,836 2.5	48,844 2.5	49,390 2.5	51,321 2.5
その他	245,907 13.8	264,621 14.3	277,421 14.5	288,213 14.6	296,848 14.8	309,450 14.8

（注）下段は構成比（%）.
（資料出所）法務省入国管理局「在留外国人統計」，各年末現在.

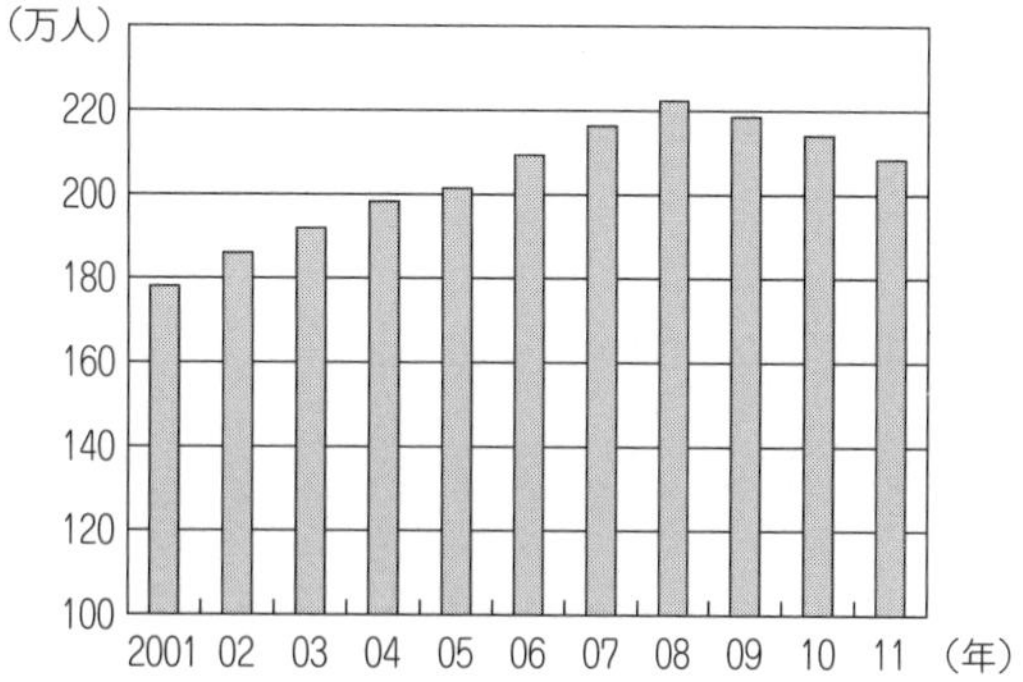

図1－3　外国人登録者数の推移（各年末現在）
（資料出所）表1－1に同じ.

表1-2　韓国・朝鮮籍登録者数の推移（各年末現在）

年	登録人員（全体）	韓国・朝鮮	韓国・朝鮮の占める割合
1955	641,482	577,682	90.1
1965	665,989	583,537	87.6
1975	751,842	647,156	86.1
1985	850,612	683,313	80.3
1995	1,362,371	666,376	48.9
2005	2,011,555	598,687	29.8
2011	2,078,508	545,401	26.2

（資料出所）表1-1に同じ.

を指標とするとき、現在四十万人を数える。戦後六十年かかって二〇万人減少したと推計しうる。減少の要因には高齢化、日本への帰化、「国際結婚」と新生児への日本籍付与等がある。今後も続くと予測される漸減と同化の傾向を見越してのことであろう、日本の在留管理制度は在日朝鮮人とそれ以外の外国人の間に明確な一線を引いた。この制度改正については、項をあらためて議論したい。

(2) 在留管理制度の改正

改正在留管理制度が二〇一二年七月九日に施行された。このことに言及する理由は、ここに国家レベルの社会学的課題が内在していると考えられるからである。これまで、都市社会学的エスニシティ研究と「市場」や「国家」を変数に組み入れたマクロ的研究との間で厳しい対話が行われてきた経緯がある。しかるに、私見によれば、双方においてとりわけ国家レベルの問題意識が必ずしも深まらなかったために、「対話」が十分に生産的ではなかったと思う。この点については第7節で議論するが、その前に、まずは制度の変更点を四点確認しておきたい。

第一に、外国人登録法が廃止された。外国人登録法は一九五二年、サンフランシスコ条約発効とともに在日朝鮮人が日本国籍を離脱し、外国人として扱われることになったと同時に施行されたことからもわかるように、端的に在日朝鮮人を管理するための法律であったといえる。ゆえに、その廃止とは在留管理の戦後体制の終焉を意味しているといってよかろう。この改正点は、次の第二点ほど話題に上ることはなかったようだが、私は在日朝鮮人史上きわめて重大な改正であると考えている。

第二に、市区町村が発行する外国人登録証に替わって、国が「在留カード」を発行することになった。これまで登録は市区町村が行い、在留資格・期間は国（入国管理局）が管理する二元管理のために、市役所の窓口では超過滞在者でも登録証を持っていれば生活保護費が支払われるというねじれ現象が起こっていた。この弊害を除去するために、国が一元管理に切り替えた。今回の改正の狙いは「不法滞在者」の対策強化にある。その意味では、在留管理の軸がオールドタイマーからニューカマーにシフトしたといえよう。だが、これをもって戦後体制に代わる「新体制」が誕生したとすることはできない。この問題点は項をあらためて指摘する。

第三に、特別永住者にのみ、市区町村が「特別永住者証明書」を交付する。この証明書には再交付と携帯の義務がない。このことからも、国は在日韓国人を他の外国人と異なる存在と見ていることが明らかである。

そして第四に、外国人の住民情報は住民基本台帳に記載する。この措置に対しては、やむをえない事情で在留資格を持たない外国人が医療・教育等の行政サービスから排除される懸念が指摘されている。この点も今後の重要課題であるが、ここではこれ以上触れないこととする。

（3）「戦後体制」の終焉と「二一世紀体制」の行方

繰り返しになるが、今回の制度改正は在日朝鮮人の処遇において画期をなす。制度改正のこの側面はもっと注目されてよい。なぜならば、この認識によって「戦後体制」に代わる「新体制」を問うことが可能になるからである。不法滞在者の対策強化といったネガティブな対策にとどまらず、来る人口減少社会へのポジティブな対応を在留外国人政策において企図するか否かが、今問われている。その意味で、今回の改正は移民問題を先送りにしたともいえる。今後、在留外国人制度の「二一世紀体制」が構想されるとしたら、移民政策論議がその方向を決するであろう。これは、分析枠組みに「国家」を位置づける研究にとって避けて通れない重要課題となるはずである。先ほども述べたように、この問題は第7節であらためて取りあげることにしたい。

第3節　「エスニシティ」

本章の行論はこの先エスニシティの社会学から都市社会学へと絞り込まれていく予定であるが、その前に本書のキー概念「エスニシティ」を定義しておきたい。じつは、わが国では未だこの外来語の共通理解が十分に得られていないようである。たとえば、『広辞苑』（第六版）で「エスニシティー」の項を見ると、「国民国家体制のもとで、一部の人々が、共通の文化的指標を拠りどころとする帰属意識と他集団に対して誇示する主体意識。既存の民族的な帰属意識に拠る場合ばかりでなく、状況に応じて政治的運動としての性格を併せ持つ」（傍点筆者）となっている。エスニシティが「意識」によって定義されている。

一方、*Oxford Dictionary of English* では、'ethnicity' が "*the fact or state of belonging to* a social group that has a common national or cultural tradition"（斜字筆者）となっている。「所属の事実、又はそのようなさま」すなわち「帰属」によって定義されている。用例も "the interrelationship between gender, ethnicity, and class" とあるから 'ethnicity' は 'gender' や 'class' と位相を同じくする言葉と解することができる。「意識」では定義されていない。

英・日すべての辞書にあたってみるのもおもしろいと思うが、先を急ぎたい。こうした語意のばらつきがあるなかで、私は「エスニシティ」の定義をアメリカの社会学者、ファン・テン・ベルへに依拠している。彼によれば、「ある集団が文化的伝統を分有するとともに、他の文化的伝統をもつ集団とは異なるという意識をもつとき、それをエスニック集団とよぶ」[van den Berghe 1976 : 242]。「集団・文化・意識」の複合体としてのエスニック概念である。

T・パーソンズのもとで学びながら、やがて機能理論から距離をおいたファン・テン・ベルへは、一九七〇年代アメリカのエスニシティ研究の背景をこう述べている。「エスニシティは最近再発見された現象を記述するために作られた言葉である。社会の産業化は生得的関係を弱め、獲得的関係を強めるとする機能理論の見方が現実によって裏切られた。カースト、人種、出身国による集団化が顕著である。これをどう説明するか?」[*ibid.*]。ここで語られているアメリカの問題状況は、「移民」が国民として国家に包摂されながらも、未だに人種間の軋轢葛藤に晒されている現実である。(4) 翻って日本の今日的状況は何か? 私は、人口減少社会の到来を目前にして、外国人の国民国家への包摂如何が未だ十分に議論されていない現実に目を向けたい。エスニシティの概念はアメリカから拝借するが、問題状況は大きく異なっている。なお、本書では、当面「エスニシティ」と「民族」の概念を同義と見なし、互換的に用いることとする(吉野 [1987]、宮原 [1994] を参照)。また、この概念に関しては、次章第2節で欧米の他の文献も参照しつつ、さらに詳しい検討を加える予定である。

第4節　社会学的テーマの結晶化

日本のエスニシティ研究はたかだか二十五年の歴史にすぎない。一九八二年に日本都市社会学会が設立された当時、わが国にエスニシティ研究はほとんど存在しなかった。「それはなぜか?」と問うことは戦後日本の社会学史を省みる上でも興味深く、私も第2章で若干の考察を試みるので、そちらを参照していただきたい(六八ページ)。

そうした当時の状況下、先駆的にエスニック現象に着目した社会学的研究として次の四点を記しておきたい。まず、梶田孝道 [1988] が西欧の移民問題を研究したその目で、日本でも外国人問題の兆しが見えはじめたことをいち早く指摘していた。同年、渡戸一郎 [1988] はより具体的に東京の外国人増加の状況を統計的に紹介している。エスニック意識の研究に関しては、古城利明編 [1990] に先見の明があったというべきであろう。なぜならば、わが国でエスニック意識の研究が本格化するのは、ようやく二〇〇〇年代に入ってからのことだからである(本章第

8節参照)。そして森廣正〔1986〕は、ヨーロッパの外国人労働者問題を研究する文脈で、じつは日本にも以前から同様の問題が存在していたことに読者の関心を導いた。それは、在日朝鮮人問題である。森の研究は、在日問題を新たな文脈に位置づけた画期的研究といえる。

これらを嚆矢として、この四半世紀間、多くの社会学的研究がなされ、次第にテーマが結晶化するのを私たちはリアルタイムで眺めてきた。それは、「都市コミュニティと外国人居住者」、「外国人労働者問題」、「日本人の対外国人意識」、「在留外国人政策」、「エスニック・ビジネス」、「エスニック文化」などである。以下では、このうち都市社会学者が比較的熱心に取り組んできた前三者をとりあげて都市エスニシティ研究[5]の軌跡と展望を論ずるが、その前に本章で十分に扱えないテーマについて現時点における若干のコメントを付しておこう。①大都市のグローバル化[6]と多国籍企業の集積に伴う「上層外国人」に関する研究が、「外国人労働者」のそれに比して少ない。②「エスニック・ビジネス」に関する研究がぽつぽつ出はじめているが、こうした研究動向はニューカマー外国人の滞日期間の長期化に伴う起業志向の芽生えを反映するものであろう。③同じことは「ニューカマーのエスニック文化」の研究にもいえる。そして何よりも私は、④「在留外国人政策」に関する研究が今後きわめて重要な位置を占めると見ているが、その理由は行論の過程で明らかにしていきたい。

第5節　都市コミュニティと外国人居住者

(1) 都市エスニシティ研究の文脈

一九八〇年代後半からはじまった都市エスニシティ研究は、三つの文脈によって促されたように思われる。まず第一に、なんといっても外国人の増加は都市的現象に他ならなかった。このことは渡戸一郎作成の表1-3からも明白である。たしかに外国人は日本の津々浦々、農村や観光地でも働いている。しかし、多くの外国人がめざした

表1-3　外国人集住地域の諸類型

	大都市都心型	大都市インナーシティ型	大都市郊外型	鉱工業都市型	観光地型・農村型
オールドタイマー中心型（既成市街地，旧来型鉱工業都市）		大阪・京都・神戸・川崎・三河島等の在日コリアン・コミュニティ，横浜・神戸等の中華街		北九州，筑豊等の在日コリアン・コミュニティ	
ニューカマー中心型（大都市中心部から郊外や地方へ分散）	東京都港区・目黒区等の欧米型コミュニティ	東京都新宿・池袋・上野周辺のアジア系コミュニティ，川崎，横浜・鶴見，名古屋・栄東，神戸・長田等のマルチエスニック・コミュニティ	相模原・平塚市等（南米日系人），横浜Ｉ団地（マルチエスニック・コミュニティ）	群馬県太田・大泉・伊勢崎，浜松，豊橋，豊田，大垣，四日市等の南米日系人コミュニティ	温泉観光地等（フィリピン人等），山形，福島等の町村（アジア系配偶者，アジア系研修生）

（出典）渡戸［2006：119］.

所はやはり大都市や工業都市であった。

第二に、そもそも日本都市社会学会は都市コミュニティの可能性を解明するために設立されたといって過言ではない。初代会長の鈴木広は当時、学会誕生の経緯を「毎日新聞」文化欄にこう書いている。「日本都市については、ズバリ『低成長・高福祉・高齢化都市におけるコミュニティの可能性』が、ほぼ学会共通のテーマになるであろう」。[7] 実際、当時の有力会員の多くがコミュニティ形成論に取り組んでおられた。こうした学会のエートスのなかで、コミュニティ論とエスニシティ研究は無理なく結合したのだと思う。

そして第三に、シカゴ学派アーバニズム論を構成する人口の「異質性」要因に対する日本人研究者のなみなみならぬ関心があったように思われる。奥田道大［1997：13］は自らの研究史を振り返ってこう述べている。「一九五〇年代中後期から都市社会学的調査を大都市地域社会をフィールドとして続けてきた編者にとって、一九九〇年代の『コミュニティとエスニシティ』のテーマ化は、地域社会の変容過程の節目をシンボリックに表現するものとして、ある種の思い入れがある」。――彼の深い「思い入れ」に私などの貧しい想像力が届くはずもないが、私はこの文章を拝読するたびに学生時代の記憶をそこに重ねることを禁じえない。一九七〇年代半ばの九州大学で、米国留学から帰国した直後の鈴木教授の都市社会学講義を受講していたときの師の言葉である。「ワースの都市の定義は日本の都市にも概ねあてはまる。だが、シカゴと日本の都市では決定的に異なる点が一つだけある。それは人種と民族の異質性だ」。

(2) 再都市化への期待

この「異質性」がいわゆるバブル期に東京で高まったとき、それをいち早く研究対象におさめたのが、奥田道大その人であった。奥田グループは一九八八年四月に池袋調査に着手し、その後九一年新宿調査、九四年第二次池袋調査と精力的に調査地を広げ、成果を公表した［奥田・田嶋編 1991；1993；1995］。彼らの研究関心は、東京インナーエリアの行政課題――定住人口の回復と高齢化問題――に対するアジア系外国人の貢献如何にあった［同編 1991：22-23］。また、彼らの観点が外国人「労働者」よりも「居住者」にあったことは、次の文章からも明白である。「外国人労働者を外国人居住者という観点に置きかえてみた場合、『開国』か『鎖国』かの議論をこえて外国人居住者は地域社会レベルではすでに実体化している」［同：20］。この二つの観点がその後、都市社会学をめぐる争点のひとつとなっていく。

ところで、奥田たちは東京インナーエリアの社会調査を重ねるうちに在日朝鮮人の存在に気づいた。奥田はいう。池袋、新宿で「ニューカマーズの問題をさぐるなかで、地域社会の歴史に『在日』の人びととの問題が刻み込まれていたことを発見する」［奥田ほか 1994：27］。じつはこの問題に大阪で私が着手したのが、彼らが東京でニューカマーの研究を開始したのとほぼ同時期であったことは、まこと偶然であった。私がいわゆる猪飼野調査に着手したのは一九八七年十月のことである。その後、一九九二年民族関係研究会発足、二〇〇二年第二次関係研（代表 西村雄郎）、二〇〇九年第三次関係研（代表 稲月正）とつなげてきた。私たちの研究関心と研究対象の対応関係については次節で論じたい。また、私たちの研究成果は［谷 1989b（本書第3章）；同編 2002a；西村編 2006］などを参照されたい。

(3) 異質共存の論理

手探りではじまったエスニック・コミュニティ研究も、その後次第に研究目的と研究対象の照応関係が明確になってくる。要するにピントが合ってきたわけだが、その代表例を広田康生［2003（初版 1997）］に見ることができる。よく知られているように、広田は横浜鶴見の日系南米人と日本人で作るエスニック・ネットワークが、日系人が制度的障壁を迂回してさまざまな問題を克服する「回路」となっていることを実証的に明らかにした。日本人の側にも日系人の側にも沖縄出身者が多いという地域特性が、こうした「回路」の形成を可能にしたと考えられる。

それはともかく、ここでは広田のエスニック・コミュニティへの関心が、都市社会学が共有していると彼が見る問題意識からきている点に着目したい。彼によれば、「『都市コミュニティ論』における『共同性』研究の水脈には、異質共存の研究という都市社会学固有のテーマが流れている」［広田 2003：192］（傍点筆者、以下同）。これは、シカゴ学派から奥田道大を経て彼に至る基本的な考え方といってよいだろう。

そして、彼の日系人に対する基本的視点は第一に、労働者よりも居住者の側面にあることは次の文章から明らかである。「彼らは、労働力の担い手として日本社会に流入して来たかもしれないが、しかし彼らは、『越境者－エスニシティ』としての文化的社会的役割を担い、そして最終的には、現代都市社会における『日常的実践』の行為主体としての役割と意義を獲得するようになる」［同：7］。基本的視点の第二に、日系人が救済さるべき弱者としてではなく、旺盛な生活力の持ち主として捉えられている。「実際に彼らの世界に接触し……てみると、……『差別構造のなかに位置づけられた人々としての位相』にもまして、その生活力やエネルギーを生みだす彼らの『生き方』に目を向けざるを得なくなる」［同：95］。

そうした日系人の人物像を追って、上記のごとき「エスニック・ネットワーク」を発見したのが広田の研究であった。「日系ブラジル人の生き方」と「われわれ自身の生き方」が「異質共存」の論理によって貫かれている点が広田の都市社会学の特徴である。「彼らの『エスニシティ経験』や『異質性認識』の過程、アイデンティティ再形成の過程は、……狭い意味での移民の適応という次元を超えて、現代都市に生きるわれわれ自身の生き方を象徴する問題を垣間見せてくれる」［同：8］。

こうしてピントが絞られて来ればくるほど、捨象される部分もそれだけ明瞭になってくることは致し方のないことではある。一定の生業をもち、ネットワークを作って居住する日系人の地域生活に焦点を合わせることに、それなりの意味はあっても、労働研究などからすれば、それだけでは十分ではないのだろう。大久保武［2005：43］は広田（と奥田）の研究を「外国人の『労働』問題という分析視角が完全に捨象され欠落している」と批判した。また、梶田ら［2005：290］が、鶴見の同郷コミュニティは「氷山の上」にすぎず、「広田の議論は現実を把握できていない」とするその「現実」とは、「氷山の下」すなわち、日々の労働に絡め取られて同郷コミュニティなどはもてない多くの日系労働者たちの現実であった。

第6節　都市類型論による止揚の試み——都市エスニシティ研究の理論的課題①

（1）都市分類から類型へ

本章の冒頭でも述べておいたように、将来の議論に役立てるという立場からは、現存するあらゆるタイプのエスニック都市を研究の視野におさめたい。氷山の上だ下だといわず、上も下も、である。なぜならば、都市エスニシティに関しては将来何が起こるか予測がつかないからである。たとえば、「氷山の下」にあるとされた日系ブラジル人社会も、今ではたかだか二十万人である。二〇〇八年秋のリーマンショックで日系ブラジル人は十万人減少したわけだが、ショック以前、さらにはＢＲＩＣＳ現象が起こる以前、かかる事態をいったいどれだけの社会学者が予測していただろうか。たとえば［小内・酒井編 2001：369］は「太田・大泉地区の日系ブラジル人が激減することは将来にわたってほとんどありえないという認識を企業、行政、地域住民がもつべきだ」といい切り、［丹野 2007：245］も「ブラジルのコミュニティが存続していくためにもデカセギは今後も必要とされていくであろう」と書いていた。私は彼らの将来見通しが甘かったというのではない。将来何が起こるかわからないといいたいのである。

たとえば先日、私たちが群馬県大泉町役場を訪問し、国際協働係長に外国人住民の今後の動向と将来の政策課題について尋ねたとき、係長は「外国人住民に関する地方行政はいつも泥縄だ」と話していた。係長の謂う「泥縄」とは、日本政府の外国人受入れ体制が未整備なために、地方自治体はどこの国の人がどれだけ来るのか予測がつかず、いつも来てから、そして問題が起こってからの対応とならざるをえない、という意味である。じつは、係長は今、大泉町でこの一年間にネパール人が急増している新たな現実に直面し、首をかしげている。[8] 前段で「将来何が起こるかわからない」と述べたのはこういう意味である。しかし、次のことだけは高い蓋然性において予測できる。わが国の人口は減少する。

要は将来の備えにおいて、今は量よりも質の差異を問う段階にあるというのが本書の基本的な考え方である。この認識から論理必然的に導かれる課題は対立の止揚であるが、そのためには、さまざまな都市のエスニック現象を政治・経済・社会・文化・歴史の多角的観点から比較し、説明するための都市類型論の構築が求められている。その足がかりとして前掲の表1-3がある。これはエスニック都市を「時間」と「空間」の二軸で分類しているが、これをたんなる分類にとどめず、これら諸都市の成立条件を分析する理念型（類型）に鍛えあげることによって、都市と問いの整合性を担保したい。外国人を労働者として扱うことがふさわしい都市もあれば、広田のように居住者として扱うのがふさわしい都市もある。「都市と問いの整合性」とは何か？　私たちの研究例を用いてやや立ち入った説明を試みよう。

（2）在日集住地域の生態研究

私たち民族関係研究会がこの四半世紀間、定点観測をおこなってきた大阪市生野区猪飼野《いかいの》は、渡戸によって「オールドタイマー中心型×大都市インナーシティ型」に分類されている。では、この都市コミュニティはいかなる意味で理念型たりうるだろうか。猪飼野研究の普遍的意義として、次の五点を指摘したい。

まず第一に、在日朝鮮人の人口密度がきわめて高い。生野区民の四、五人に一人が在日朝鮮人であり、なかには住民の過半数が在日という町丁目もある〔西村 2008：102〕。この人口統計学上の事実が「民族関係の研究」を可能にしている。また、日本の場合、仮にこの先人口の多民族化が進行したとしても、この狭い国土では民族ごとの空間セグリゲーションはおそらく不可能であり、したがって、民族と民族が住みあう対面的相互作用の研究は不可避となろう。

第二に、彼らは数世代にわたって地域に根をもつ「生活者」である。戦前の植民地時代から住む「身分」すなわち「特別永住」に基づく法的地位は、「活動」に基づく在留資格とは異なり、「デニズン」（外国人でもなく市民でもない）に近い。これが、彼らを労働者としても住民としても扱う研究を可能にしている。

第三に、猪飼野とその周辺にはじつにさまざまな「下位文化」（フィッシャー）がセットされている。民族系地場産業、朝鮮市場、政治団体（民団・総連）、民族学校、識字などの社会教育、同胞新聞、各種民族宗教、在日高齢・障害者対象福祉施設、民族舞踊等の文化教室など、さまざまな制度、機関が揃っている。これが「下位文化理論」にとどまらず、下位文化間の関係、すなわち「民族関係論」への研究の展開を可能にしているし〔谷編 2002a：5〕、また、そうした研究が求められている理由のひとつが、上述の第一点にあることはいうまでもない。

第四に、環境への人間の適応と競争に伴う「共同」のあり方を問題とするエスニック・コミュニティの生態研究が可能である。自営業者たちは競合関係にあるわけだが、特別永住者として長年経済活動に従事し、すでに「経済的統合」をある程度クリアしているために、彼らを対象に生態学的共生（symbiosis）から社会学的共生（conviviality）

へ至るプロセスの解明が可能である。

そして第五に、日本が将来の多民族社会を検討、構想しようとするとき、特殊日本的事情として在日朝鮮人と日本人の民族関係の歴史は避けて通れない課題たることは、多くの論者が指摘しているところである［森 1986；梶村 1994 など］。

以上、「猪飼野」を対象にエスニック・コミュニティと民族関係の生態研究をおこなうことの妥当性を五点にわたって説明したが、じつはこの妥当性にもっと早く気づいていた研究者がいた。一九七六年に川崎市の在日集住地域、池上町でフィールドワークをおこなった鄭大均である［鄭 1978-1979］。

（3）エスニシティ研究に潜在している類型的示唆

必ずしもそのような形で示していなくても、類型的示唆を含むエスニシティ研究は他にもいくつかある。たとえば、俵希實［2006］の「移住地生活展開論」である。これは俵の造語で、彼女は日系ブラジル人の移住プロセス、地域労働市場、および居住形態、これらを規定要因とする居住地域での生活展開を比較分析した。彼女はまず日系ブラジル人の居住地を彼らの集住地と非集住地に大別し、さらに前者を、①日系人が地域社会に流入し、日本人住民との間で摩擦が生じ、地域コミュニティの秩序が崩壊しつつある都市——例：豊田市保見団地［都築 2003：2006］、逆に、②日系人の流入によって地域コミュニティが活性化した都市——例：愛知県西尾市［山本・松宮 2003-2004］、そして、③日本人住民と日系人住民はセグリゲートしていて日系人が地域コミュニティに流入しても直接的影響は少ないとされる都市——例：群馬県太田市・大泉町［小内・酒井編 2001］に下位分類し、これらに④日系ブラジル人の非集住地（石川県小松市）を対置させて、その特徴を浮き彫りにした。俵の狙いは日系人の生活展開にあるが、コミュニティ形成論の観点からも興味深い議論をおこなっていると思う。

また、日系人の集住都市を自らとは異なる視点で扱う研究に批判的な［梶田ほか 2005］にも、じつは類型論的示唆はあるのであって、それは、①「顔の見えない定住化」、②来日後に知り合った人たちとの「コミュニティの再編成」〔同：217〕、および③「同郷コミュニティ」（例：横浜市鶴見区）と整理できよう。彼らによって①は「氷山の下」、③は「上」（②はその中間？）と分類されたことはもう繰り返さないが、①の豊田市保見団地に関してあえて付言すれば、市場や国家というファクターを入れて事態を把握する必要があるとの指摘〔同：290；樋口 2010a：158〕はもっともとしても、経済的不平等（日系人はフレキシブルな労働力市場に配分されている）の結果としての地域社会の解体状況を克明に記録し、後世に残す研究意義は誰しも認めるところであろう。

第7節「共生」と「統合」——都市エスニシティ研究の理論的課題②

(1) 定義問題

在留外国人の行動の自由と権利の保障に関しては、これまで「共生」と「統合」をキーワードに議論されてきた。そうした議論のなかで梶田ら〔2005〕のスタンスはユニークといえる。彼らの「統合」の定義はこうである。「異なるエスニック集団が、社会文化的領域で集団の境界と独自性を維持しつつ、政治経済的領域での平等を可能にすること」〔同：298〕。従来、「社会文化的領域での集団境界と独自性の維持」は「共生論」において、一方の「政治経済的領域での平等」は「統合論」において議論されてきたところ、これを分離せず、まとめて「統合論」で議論しようとした点がユニークである。梶田たちがこうしたスタンスをとる理由に、従来の共生論が『『エスクラス』のうち『エスニシティ』にしか目を向けていない」〔同〕との状況認識がある。なお、彼らの「エスニシティ」と本書のそれ（第3節参照）との概念上の差異は、以下の行論上、さほど問題はないように思われる。だが、M・ゴードンが造語した「エスクラス」には政治的概念が含まれておらず[9]、この点は本節末尾の議論に少し関わってくる。

ここでの論述の目的は、外国人の行動の自由と権利の保障に関する議論を前進させることにある。私見によれば、政治的権利の平等と経済的平等と社会文化的多様性は、相互に独立した変数である。たとえば、アメリカでは移民はやがて国民になって完全な市民権を得ることが法律で可能となっているが、それで経済的格差も社会文化的偏見も解消されるのだろうか？　この一例からも、まずは「統合」と「共生」を切り離すのが論理整合的であり、その上で両者の関連を問いたい。また、場合によってはそれぞれを別個に議論することも許容されるべきである。

（2）システムと生活世界

これらの概念の関連に関しては、私はJ・ハーバマスに拠り、政治経済的平等の問題は「システム」に、社会文化的多様性の問題は「生活世界」に、次元を異にして存在しているという枠組みを用意したい。この議論に入る前に二点、前置きがある。一点目は共生論に関して、これはもしかしたら読者の賛同を得ることは難しいかもしれないが、私は日本のような社会ではエスニシティの同化か異化かはエスニック集団ないし個人の選択の問題でもあって（強要の問題ではない）、エスニシティに関するかぎり、社会文化的多様性を社会のコンセンサスと考えると無理が生じると思う。そう思う根拠は、日本の民族関係の多くのケースが、アジア・モンゴロイド人種内の民族関係だからである。外見上の同質性は民族関係を考える上で無視できない一要素である、と私は考えている。二点目は統合論に関して、「今日の世界秩序の基本である国民国家体制の下においては、『外国人の地位』と『国民の地位』の間には越えられない壁がある」［坂中 2005：198］。外国人は国民固有の権利——すべての政治的権利と無条件の居住権——をもたないので、両者の完全な法的平等はありえないわけである。これらの事情と制約がありながらも、生活世界を植民地化するシステムへの対抗の論理をいかに構築しうるか、言い換えれば、結合的な民族関係によるシステム変革可能性という形で、都市における共生と統合の問題を定式化したい。

この問いの解明に向けて都市社会学の在庫目録を検索すれば、ひとつに西澤晃彦［2007：131］がある。彼は公共圏の再編過程をこう表現する。「排除され隠されたマイノリティが、アイデンティティを再構築しつつ公共圏へと突入する過程こそ、焦点化されるべき『先端』である」。このくだりを読んで私が思い起こすことは、一九七七年、大阪市生野区の教会で開かれた民族集会に大勢の在日朝鮮人と日本人が集まっていた、そのフロアから生野に住む一人の「オモニ」が挙手し、こう訴えたことである。「私たちも文字を学びたい」。その翌日から在日と日本人のボランティアによる識字教室が始まり、今日（二〇一三年）まで三十六年間続いている。これは、一女性の「挙手」による公共圏への突入が都市コミュニティにおける民族の共生を生んだ一事例であり、生野からはじまった民族識字運動はその後、全国に広がって今日に至っている。だが残念なことに、こうした公共圏の広がりに関する実証的研究は未着手である。

こうした事態の理論的把握こそが都市社会学の一課題に違いない。稲月正［2008：82］の以下の考察に、そうした方向性の一例を見ることができる。やや長いが、そのまま引用したい。「振り返ってみれば、在日韓国・朝鮮人の歴史は、一面では、政治経済的領域での平等と社会文化的領域での相違の保持をもとめる民族運動・闘争の歴史であった。だが、それを押し進めたのは民族団体の力だけではなかった。在日韓国・朝鮮人、日本人、その他さまざまな主体間の平等・公平の理念を共有した『結合』を通して、そうした権利が獲得されていったことも事実である。そうであるならば、統合実現のためには統合を推進する力としての共同（conviviality）関係の形成が重要であろう。結合には戦前・戦中の『協和会』のような〈同化の強要につながるような結合〉もあれば、〈統合につながる結合〉もある。生活構造論的民族関係論は単なる結合の条件ではなく、統合につながる結合の形成条件を模索していた。移民コミュニティだけでなく、日本人も含めた『多民族コミュニティ』の形成条件を考える研究――民族〈関係〉の研究――の意義は、そこにあるように思う」。

生活世界の民族関係に焦点をあてる「共生論」は、稲月が謂う〈統合につながる結合〉の条件を分析する。これと、政治経済システムの変革可能性を問う「統合論」が架橋されなければならない。この点で、私たちは梶田たちの〈国家―市場―移民ネットワーク〉の分析枠組み（図1-4）に期待するところが大きい。

（3）国家の実証的研究

彼らの「顔の見えない定住化」の研究の結論は、次の如くである。「市場の規制に対する国家の無策が、移民コミュニティの失敗を生み出した」［梶田ほか 2005：285］（傍点筆者）。事態がここまで明らかになったならば、次の課題は「国家の無策」を「有策」に変える道筋を実証的に示すことであろう。そのためには国家の研究の方法論が必要となる。具体的に述べれば、図1-4の〈国家〉の部分に関して梶田ら［2005］は、一九九〇年入管法改正の経緯について入国管理局課長等の関係官僚に詳しい調査をおこなっており、それはたいへん貴重なデータであった。今後は、この部分のいっそうの解明が期待されていると思う。

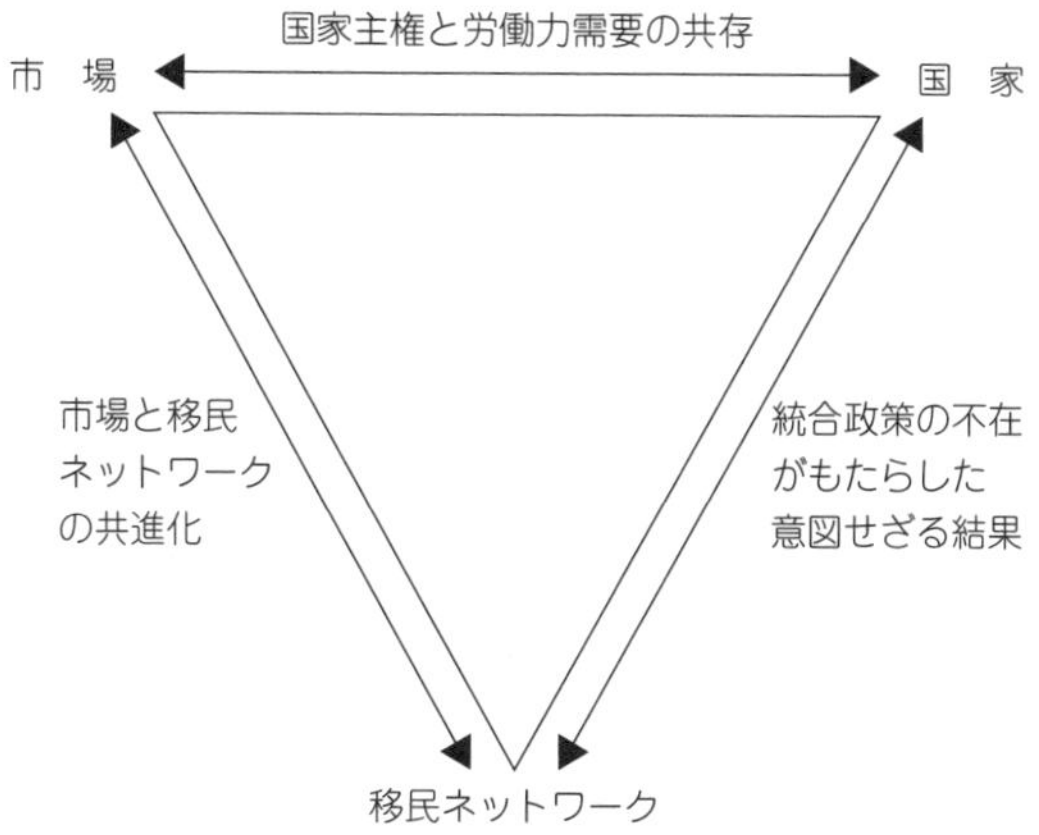

図1-4　国家・市場・移民ネットワークの関係
（出典）梶田他［2005：20］.

梶田ら［2005］は「国家の無策」を結論にあげていた。この文脈で「国家の無策」とは、入国管理が他民族の統合を進める方向でおこなわれていないという意味に解することができる。では、なぜおこなわれていないのか。また、統合を進めるための条件は何か。こうした分析が今後の課題として残されている。本章の冒頭で述べた「在留管理の二一世紀体制」を国家レベルでテーマ化することによって、「顔の見えない定住化」の研究は完結を見るはずである。その際、方法論が厳しく問われることになろう。政府や圧力団体のフィールドワークの方法論が問われている。それがどんなに困難な課題であったとしても、分析枠組みに「国家」を描く以上、また「統合」概念に「エスクラス」のみならず、政治領域も含める以上、避けて通れない課題であるに違いない。私はかのC・ミルズの研究『パワー・エリート』を想起しつつ、あえてこういいたい。「国家を語るものは国家を調べよ、都市を語るものは都市を調べる」と。ちなみに、私たちの「都市を調べる」分析枠組みは次章、図2-3の通りである（五二ページ）。

第8節　外国人意識の研究

（1）「あなたの町に外国人が増えることに賛成ですか、反対ですか？」

多文化共生社会の実現のためには日本人の外国人に対する意識を改善する——寛容性を高める——必要があるとの問題意識のもと、これまで多くの意識調査が実施されてきた。この分野の研究の先駆けが古城編［1990］であり、二〇〇〇年以後に本格化したことは第4節で述べた通りだが、これまでじつに多くの研究がなされている。用いられる質問文は研究者によって多少異なるものの、概して本項のタイトルのようなシンプルな質問文が多い。松本康［2006］はこれまでに蓄積された研究を整理して、以下の仮説が出揃ったとしている。「社会構成仮説」、「ネットワーク仮説」、および「居住地効果仮説」である。さらに居住地効果を説明する要因として「都市度仮説」、「接触頻度仮説」、「特定のタイプの日本人の集住仮説」、および「特定のタイプの外国人の集住仮説」をあげている。

研究者によって調べる仮説が異なっており、言い換えれば、諸仮説を包括した体系的研究が少なく、また、同じ仮説を検証しても研究者によって結果が異なっており、かつその説明が十分でなかったりで、なお道半ばといった感があるなかで、伊藤泰郎［2011］による体系的な仮説検証の試みは、研究の現水準を示すものとして注目されてよい。伊藤は、東京都豊島区と札幌市西区で日本人の「寛容度」を比較した結果、以下の知見を得た。

第一に、社会構成仮説に関しては、年齢は負の効果をもち、学歴は正の効果をもつとして、先行研究に沿う結果を得た。

第二に、外国人との接触経験には正の効果があり、かくして彼自身の研究からも接触頻度仮説は支持された。

第三に、外国人人口比率そのものを寛容性の規定要因と捉えることや、特定のタイプの外国人集住仮説は支持されない可能性があるとした。

第四に注目すべきは、地域（都市度）や性別といったカテゴリーによって、効果を有する規定要因が異なることが発見されている。「東京都豊島区」や「男性」の場合、規定要因は「年齢」と「接触」にほぼ限られており、シンプルな連関構造をとるのに対して、「札幌市西区」や「女性」の場合はこれらの効果があまり見られず、規定要因の構成が複雑となっている。伊藤はこの結果を外国人との接触の多寡（前者は多く、後者は少ない）から説明している（次項で詳説）。

第五に、ネットワーク仮説に関しては、親しい隣人数が少ない層からは年齢のみが析出され、それは負の効果を有していた（高齢者ほど非寛容的）。また、隣人数が多い層では、属性変数の効果は見られず、外国人との接触やネットワーク変数が効果を有していた。ただし、ネットワーク変数も、遠距離友人数と中距離友人数からは正の効果が、地域親族数からは負の効果が析出された。伊藤は、この五点目の知見を総括して以下のように述べている。「近隣ネットワークに埋め込まれている程度が高い者、すなわち地付き層ほど、外国人との接触や友人関係が寛容度を高める効果を有しており、近くに居住する親族関係への埋め込みによる負の効果も高いのである」［伊藤 2011：101］。

伊藤はこのように、松本が整理したうちの「特定のタイプの日本人の集住仮説」を除くすべての仮説について検証を試みた。今後の意識研究が準拠すべき命題群を学界に提出した伊藤の貢献は大きいわけだが、彼自身も指摘するように［伊藤 2011：101］、さらに追加すべき観点や方法も少なくない。

(2) 意識研究の課題

まず第一に、都市社会学者には意識調査においてもまた、概して労働市場への関心が弱い。この点、永吉希久子

[2012] は、労働市場の構造とそこにおける外国人労働者の位置づけというマクロな視点を導入し、「労働市場分断仮説」の検証を試みた。その結果、①外国人住民と日本人住民の間の労働市場の分断の程度が高い（外国籍者が低技能職へ集中する）ほど、排外意識が強かった。そして、②同じ外国籍住民でも、韓国・朝鮮籍の割合が高い地域とそれ以外の外国籍の割合が高い地域では排外意識に差があった。前者で排外意識が低く、後者で高かったわけだが、それは、前者では労働市場が分断されておらず、後者では分断されているためであるとする。

永吉は「外国人労働者の低技能職への集中は、日本人住民にとっては雇用環境の悪化として受けとめられる……ため、外国人住民の増加に否定的な意識が芽生えやすくなる」[同：29] と考え、マクロデータによる検証をおこなった。今後はさらに、ローカルな労働市場に立ち入った検証が必要であろう。たとえば、外国人との競合が予想されるブルーカラー層、低収入層の排外意識に関して、愛知県豊橋市と同県西尾市では異なる調査結果が報告されている。前者 [濱田 2010] ではブルーカラー層の排外意識が強く、後者 [山本・松宮 2010] ではそうした関連は見られなかったという。この違いは、それぞれの地域社会の構造をさらに詳しく見ていくことによって説明されなければならない。そして、この段階で都市社会学的な分析枠組みが有効性を発揮するに違いない。

第二に、イメージの形成過程の問題がある。「外国人」と聞いてどんなイメージを思い浮かべるのか、またそれはどのようなプロセスで形成されるのだろうか。この点、外国人との接触が少ない人の場合（日本人の多くがそうだ）、寛容性の規定要因の特定が困難だとする伊藤の四つ目の調査結果 [2011：101] は示唆的である。千差万別なイメージとプロセスがある可能性がある。そもそものような捉えがたい対象を捉えようとするところに問題があるのかもしれない。仮説の検証の前に、問うことの意義を明らかにする必要があろう。私見では、接触過程の研究が重要と考える。なぜなら、この過程こそがこれまで、人種・民族の同質性がきわめて高い日本社会で決定的に欠落していた社会過程だからである。

第三に、時間軸を入れた仮説の構成があまり見られない。この点、生育期の環境に視点をあてる「履歴効果仮説」(carryover effect)や、社会化の体験と態度形成(例：一九六〇年代公民権運動期に若者であった白人の人種意識)に関する「態度仮説」(attitude based interpretation)など、欧米の研究から学ぶことは多い[Sigelman *et al.* 1996]。

第四に、二次分析の可能性と限界をあげておきたい。二次分析の重要性は私もよく認識しているが、この種のテーマで使用可能なデータは県レベルにとどまるものであったりする。これが果たして接触効果の研究にどの程度有効であろうか。

第五に、そろそろ意識調査からフィールドワークへシフトする時期に来ているように思われる。上述の仮説群をフィールドワークで検証する試みである。その前提作業として、本章が強調した都市類型論の構築がある。

そして第六に、外国人の対日本人意識の調査をもっと進めたい。これにも先行研究はあるのであって、たとえば洪・韓[1979]はすでに一九七四年に大阪市生野区中川地区で在日朝鮮人を対象とするサンプリング調査を実施し、「日本人との兄弟友誼の関係」と、①「日本での永住希望」および、②「日本人に長所があると思うか」の二つの問いとの間に正の相関関係を見いだしている。今日でいう「接触頻度仮説」の先駆的研究であった。今のところこうした調査にマクロデータは利用できず、すぐ右で指摘したフィールドワークしか方法はないであろう。

第9節　今後の展望

与えられた紙面も大きく超過したと思われるので、今後の展望を四点、簡潔に述べて締め括りとしたい。まず第一に、繰り返し述べてきたように、多くの研究が移民制度の検討を抜きに外国人労働力導入を議論すべきではない、との方向を指し示している。少なくとも、移民制度を抜きに外国人労働力導入を制度化すべきではないということだけは断言できる。それは、アジア諸都市で出稼ぎ外国人が置かれている状況を垣間見ただけでも、すぐに了解できることである。

第二に、これも繰り返しだが、都市社会学は、エスニック・コミュニティの類型論的、継時的研究を、意識調査も包含して推進したい。神戸市真野地区のコミュニティ研究をおこなっている今野裕昭［2001：265］が宮西悠司の言葉を借りていうように、「〈都市的〉というのは、密集した場所での共同生活とそこにおける居住者の礼儀、洗練を身につけることである」。そうだとすれば、都市エスニシティ研究は、「居住者の礼儀」を民族関係において研究するものでなければならない。また、アメリカの日系コミュニティを研究した山本剛郎［1997：18］は、「かれらはやがて家庭を設け、地域に根を張り、労働者から生活者としての定住を開始する。このような過程を分析することがとりもなおさずエスニックコミュニティを研究することなのである」と述べていた。コミュニティ研究は右からも左からも、下層研究からも構造研究からも批判を浴びた二十五年であったが、それでも都市社会学がコミュニティ研究を手放すことはあってはならないと思う。それは都市社会学の自殺行為に他ならない。

第三に、今、在日朝鮮人の都市運動史のレビューと再評価がおこなわれてよい局面にあると思われる。一九八〇年代半ばまでは民族運動の研究はタブーとされていた。その頃大学で助手をしていた私は、院生たちの間で「在日の研究なんかやってると就職はない」という噂がまことしやかに回っていたことを知っている。また、たとえそうした研究に取りかかったとしても、イデオロギーの圧力が認識を曲げる危険性が少なからずあったに違いない。だが、時代は明らかに変わった。やりやすい研究環境に変わっただけではない。当時の民族運動が都市と国家の政治を動かした事実の在庫目録を細大漏らさず作っておくことが、これからの日本社会に大きく貢献すると予測されるからである。この予測の根拠については、もう繰り返す必要はあるまい。

そして最後に、学際的研究体制の構築を望みたい。本章でも論じたように、共生と統合の問題は政治、経済、社会、文化等の多領域にわたっている。社会学だけでは手に余るし、とくに移民政策関係の専門分野との連携は不可欠である。その意味で、近年設立された移民政策学会に期待するところ大である。

注

(1)　以上に記した人口はすべて概数である。将来人口推計の詳細は、「朝日新聞」二〇一二年一月三十日付夕刊を、労働力推計は同紙二〇一二年七月二十三日付夕刊を参照した。

(2)　分母となる日本の総人口については、二〇一一年が総務省推計の一億二七七九万九千人、一九五五年が国調の八九二七万六千人を使用した。なお、すぐ後で見るように、二〇一二年に在留管理制度が改正され、それと同時に在留外国人の統計カテゴリーが「外国人登録者数」から「在留外国人数」に変更となった。詳細は法務省『在留外国人統計』最新版などを参照いただくとして、いずれにせよ両カテゴリーの構成要素が異なるので、二〇一一年以前と二〇一二年以後の間で数字をそのまま比較することはできない。そこで、時系列変化を扱う本章では二〇一一年までの「外国人登録者数」をデータに用いることとし、単年データを比較検討する第2章第四節では、二〇一二年末の「在留外国人数」を用いることとする。

(3)　OECD International Migration Outlook 2012、参照。

(4)　ちなみに山本剛郎［1997：15］によれば、「アメリカで最初にエスニシティという言葉を使用したのは、……ウォーナーだといわれている」。これは一九四一年刊『ヤンキー・シティ』第一巻を指している。しかし、アメリカでウォーナーが活躍した一九三〇年代とファン・テン・ベルへの一九七〇年代、すなわち一九六〇年代公民権運動の以前と以後では、エスニシティをめぐる問題の位相が大きく異なることはいうまでもない。たとえば、一九三〇年代以前のアメリカで、黒人は「エスニック集団」の範疇に入っていなかった［Glazer 2004：590-591］。

(5)　管見では、本のタイトルに'urban ethnicity'を付した最初の例はCohen ed.［1974］である。本書は一九七一年英国社会人類学会大会の論文集で、同時期にアメリカでエスニシティ研究をおこなっていたファン・テン・ベルへと問題意識を共有していた。

(6)　本書で「グローバル化」とは、国家の枠を越えて人、情報、財などが大量に移動し、国境を越えた経済的、政治的、社会的、文化的な結びつきが人々の生活に大きな影響力をもつようになることをいう。ごく一般的な意味で用いることとする。

(7)　「毎日新聞」一九八二年六月十一日付夕刊。

(8)　二〇一三年一月二十八日の聞き取り調査から。大泉町のネパール人は二〇一二年十二月末現在、一六五人である。この数は、①ブラジル（三九二〇人）、②ペルー（八六〇人）、③フィリピン（一八七人）に次ぐ第四位で、⑤中国（一四四人）よりも若干多い。ところが、二〇一一年以前の国籍別統計表にネパール人は挙がっていなかった。以前は仮に住んでいたとしても「その他」に括られていたわけで、いずれにせよ統計上取るに足らない数であったと推察される。国際協働係長が「この一年で急増した」と述べた所以である。

(9)　ゴードンの定義では、「エスクラス」（ethclass）とは「エスニシティという垂直の区分と社会階級という水平の区分の交差によってつくられる下位社会のことである」［Gordon 1964：51］。

第2章　民族関係の都市社会学

第1節　都市グローバル化と民族関係論の課題

(1) 都市グローバル化

国境を越える労働力移動

一九八五年九月、日本を含む先進五カ国財務相と中央銀行総裁がニューヨークのプラザホテルに密かに集結し、日米貿易摩擦の解消を目的にドル安・円高に合意した、いわゆる「プラザ合意」は、やがてバブル景気をはじめ、いくつかの意図せざる結果を日本経済にもたらした。外国人労働者の急増も、その一つである。一九八五年に八五万六二一人にすぎなかった外国人登録者数は、十五年後の二〇〇〇年には一六八万六四四四人へと、文字通り倍増した。その大部分がアジアや南米など発展途上国からの短期・長期の移住者であることはいうまでもない。高い「エン」を求めて大量の外国人が流入した「人のグローバル化」。一九八五年以前にどれだけの人がかかる事態を予測していただろうか。

一九八五年という年は、地球上の他の国々ではすでに早くから起こっていた国境を越えた労働力移動の流れの中に、戦後の日本が本格的に巻き込まれた「グローバル化元年」として、今後も長く記憶されることだろう。それというのも、わが国の少子高齢化の将来を展望する時、もしも国民が現在のような高い生産力水準の維持を望むのならば、今後はこれまで以上に多様な労働分野で大量の外国人が必要になると予測されるからである。

最近の国連人口動態推計によれば、日本の労働力人口は、二〇五〇年には一九九五年よりも約三千万人減少するという。しかし、高齢化社会を支えるための経済成長には新規労働力が必要であるし、介護などのサービス労働従事者の増加も必至となり、その結果、海外からの移民労働力への依存は避けられない。日本が一九九五年段階の労働力水準を維持するためには、今後五十年にわたって毎年六十万人（！）の移民労働者を受け入れる必要がある――国連報告は、そう結論づけていた（『毎日新聞』二〇〇〇年一月十三日付朝刊）。

都市的現象としてのグローバル化

かかる外国籍住民の増加、言い換えればエスニックな現象を、ひとまず都市的現象として説明しようというのが本書の基本的な立場である。もちろん都市化がエスニック現象の唯一の促進要因であるなどと主張するつもりはない。Nagel and Olzak［1982］の体系的研究は、エスニックな政治的動員の促進要因として五つのプロセスをあげている。①都市化、②社会組織の巨大化、③第二次・三次産業の発展、④政治部門の勢力拡張、⑤超国家的組織（EUなど）の成立、である。学際的な研究が求められる所以であるが、このうちまずは「都市化」に焦点をあてようとする考え方があながち無意味でないことは、次のような簡単な統計からも了解されよう。

外国人登録者総数のわが国総人口に占める割合は一九九七年十二月末現在、一・一八％であったが、この年に大阪市立大学社会学研究室が財団法人大阪府市町村振興協会と共同で行った調査によれば、同年六月末現在、近畿二府四県の市町村別外国人登録者比率の平均値は、市部が二・一二％、町部が〇・八七％、村部が〇・二四％であった。関西市部の外国人比率は、全国平均より一・八倍、関西町部より二・四倍、そして村部よりは約九倍も高いの

表2-1　近畿地方における外国人比率の高い自治体（1997年6月末現在）

順位	自治体	総人口（人）	外国籍人口（人）	外国人比率（%）
1	滋賀県愛知川町	10,338	589	5.70
2	大阪府忠岡町	17,336	882	5.09
3	大阪府大阪市	2,598,201	119,342	4.59
4	大阪府東大阪市	519,656	21,777	4.19
5	滋賀県水口町	36,368	1,318	3.62
6	滋賀県甲西町	41,089	1,475	3.59
7	京都府京都市	1,463,591	43,567	2.98
8	兵庫県神戸市	1,423,463	41,976	2.95
9	大阪府八尾市	277,509	8,031	2.89
10	兵庫県尼崎市	475,285	13,732	2.89
11	大阪府藤井寺市	24,585	674	2.74
12	滋賀県長浜市	58,302	1,466	2.51
13	滋賀県栗東町	49,557	1,090	2.20
14	京都府久御山町	18,241	401	2.20
15	兵庫県芦屋市	79,627	1,580	1.98
16	兵庫県伊丹市	192,384	3,630	1.89
17	大阪府守口市	156,730	2,860	1.82
18	滋賀県新旭町	11,093	202	1.82
19	滋賀県安土町	12,513	220	1.76
20	大阪府柏原市	80,156	1,393	1.74

（資料出所）関西各府県「市町村別住民基本台帳人口」,「外国人登録人員市区町村別調査表」.

である[1]。

近畿地方の全自治体を外国人人口の多い順に並べれば、大阪市を筆頭に京都市、神戸市、東大阪市、尼崎市、堺市などの大都市かつ（または）産業都市が最上位に並ぶことはいうまでもない。ところが、外国人の人口密度の高い順で二十位までを並べてみた結果は、表2-1の通りである。トップの滋賀県愛知川町をはじめ知名度の低い「町」が二十位までに八つも含まれているのはどうしてか。

都市、とくに大都市が現代社会の最尖端に位置しているといえる理由は、鈴木広［1986：16］の表現をかりるならば、「現代社会のあらゆる要素を集積して機能させている最も尖鋭な実例だからである」。本書では、都市のグローバル化という現代社会の最尖端の変動を「外国人人口の増大」の側面から考察しようとしているが、これを解読する鍵もまた、都市に集中する「機能」にあることはいうまでもない。

じつは表2-1には八つの行政町が含まれているが、このうち滋賀県愛知川町・水口町・甲西町・栗東町・新旭町の五町[2]は、かつては純農村で、一九七〇年代半ば以降急速に工場が増え、現在では在日朝鮮人よりも日系ブラジル人など、いわゆるニューカマーの方が多い町となっている〔高畑 2001：170〕。資本主義的生産＝労働市場の開設が農村を都市に変え、グローバルに人間を引き寄せている。現代都市の本質的基礎――生産機能――とグローバルな人口移動との密接な関連、すなわち〔資本主義的生産機能→雇用の創出・拡大→異質性増大〕のメカニズムが、小産業都市であるがゆえに純粋に露呈しているわけである。

なお、外国人比率が五％とか四％といっても、数値があまりに微小でちょっとピンとこないかもしれない。他の先進国に比べてもかなり低い。しかし、このミクロな数値の行政的・社会的意味が、当該自治体にとってはけっして「ミクロ」でないことは、各自治体の外国人住民施策の苦闘ぶりを見ればすぐにわかることである。これに関する多くの報告が全国的に存在するが、近畿地方の場合、在日朝鮮人関連がほとんどで、ニューカマー労働者が多い自治体の研究は比較的少ない。その意味で、高畑幸〔2001〕の近畿地方全自治体を対象とした外国人住民施策の現状分析と、共同研究「国際化」チーム〔1999：87-92〕における滋賀県甲西町の事例報告は、貴重な研究成果といえる。

大阪都市圏と民族関係

本書が解明しようとしている問題は、窮極的には都市における民族関係の可能性である。民族間の結合条件を都市の内部に探索することを通して、「民族関係」（定義は本章第2節）に関する中範囲の理論化を試みたい。そのための最適フィールドとして、私たちは大阪都市圏を選定した。これを最適フィールドと考える理由は、この日本において先述の資本主義的メカニズムに規定された民族関係の歴史が最も長く、かつ集合的に持続しているのが、在日朝鮮人が多く居住する大阪都市圏だからである[3]。

国籍、人種、言語、宗教等――総じて民族――の異質性増大は、日本の都市をどのように変えていくのだろうか。また、どのように変わっていくことが望ましいと考えるべきだろうか。複数の民族が共同する社会を、社会学的観点から「多民族コミュニティ」と呼ぶならば、それはいかなる条件の下で、どのような形式と内容において実現が可能か？　これが本書で解いてみたい問題である。

主題に入る前に予備的考察を二つの角度からおこなっておきたい。都市社会学の角度から（次項）、および在日朝鮮人研究の角度から（次々項）。

（2）都市エスニシティ論の課題

アーバニズム理論と下位文化理論のあいだ

シカゴ学派都市社会学の大成者と目されるL・ワースの「アーバニズム理論」と、シカゴ学派の後継世代であるC・フィッシャーの「下位文化理論」の間で、都市の「異質性」要因の位置づけが対蹠的であるのは、私たちの研究テーマにとってもきわめて示唆的である。

ここで「異質性」とは、いうまでもなく人口のそれであり、出身地、学歴、職業、価値観など、あらゆる面の異質性を含むが、二〇世紀初頭のシカゴを都市社会学の実験室としたシカゴ学派にとって、端的にそれは人種・民族の異質性を意味していた。これらの異質性を人口の量と密度とともに、アーバニズム（従属変数）を生み出す都市要因（独立変数）に位置づけたのが、ワースの「アーバニズム理論」であった。ワースにとってアーバニズム（都市的なるもの）とは、都会人に共通に見られる特定の性質、すなわち社会解体、大衆化、画一化などを内容としていた［Wirth 1938］。

一方、それから約四十年後にフィッシャーが注目したアーバニズムとは、異質性それ自体であった［Fischer 1975］。「通念にとらわれない下位文化」が都市で活力を維持できるのはなぜか。このメカニズムを説明するということは、「異質性」を都市要因から外し（すなわち都市を人口量・密度のみで定義し）、アーバニズムの構成要因へ位置づけし直すことを意味する。人口規模が増大すればするほど、下位文化を支える諸制度（新聞、集会施設、組織など）が完備しやすくなり、それらが下位文化を強化する。下位文化間の衝突（競争や紛争のこと）もまた、内集団の凝集力を強める。下位文化理論の視点に立てば、都市は社会解体的ではなく、新しい多様な文化を創造する場に見えてくる。都会人に共通する性格への注目ではなく、異質性に着目するという視点の変更によって、アーバニズムの新たな側面が見いだされた。「コロンブスの卵というべき発見」［倉沢 1999：220］と評される所以である。

しかし、下位文化理論は未だ生成途上の理論でもある。その理由の一つに下位文化を支える仕組みが未解明である点が指摘されているが［同：220-221］、私たちの民族関係論から見て、この理論に欠けているものはそれだけではない。下位文化間の関係の分析が不十分である。たしかに都市の「異質性」を適切に説明できる図式が生み出されたことにより、都市の民族文化への関心と理解は大いに促進された。私も、かつて大阪の在日朝鮮人社会で豊かに展開している民族宗教の構造と機能を、下位文化理論を用いて説明したことがある［谷 1995a］。

また、下位文化間の関係への論及がフィッシャーの理論にまったくなかったわけではない。二種類の関係様式が部分的に組み込まれている。内集団を強化する契機としての「文化衝突」と、他文化を採用する「普及」のプロセス――私たちの言葉で言い換えれば、「分離」と「同化」のプロセスである（後掲図2-4を参照されたい）。だが、これだけでは民族関係の解明としてはとても十分とはいえない。そもそも下位文化間の結合の可能性・不可能性の問題は、フィッシャーには始めから意識されていなかったように思われる。民族関係の体系的な解明には下位文化理論を踏まえた新たな理論の構築が必要である。

異質性と共同性

横浜の日系南米人を対象とした広田康生［2003］の研究は、日系人と彼らに「共振」する日本人によって織りなされる「エスニック・ネットワーク」が、日系人が制度的障壁を迂回して労働・ビジネス市場へ参入するための「回路」として機能している実態を見事に浮かび上がらせている。広田の主たる目的は経済活動のための「回路」の発見にあったと思われるが、これを、下位文化を支えるネットワークの発見として見た場合、彼の研究が下位文化理論と深部で通底していることがわかってくる。

広田は、「エスニック・ネットワーク」を構成する人々を次の四つにカテゴライズしている。①越境者〔日系南米人〕、②共振者〔移民経験をもつ日本人などで、越境者と共振できる人々。エスニック・ネットワークの結び目となる〕、③対抗者〔共振者の周囲にあって、住民運動など中心的価値軸への対抗の論理から越境者と関わる日本人〕、④内部者〔日本社会の価値の中心〕［同：184］。このうち、主として共振者が越境者の日常生活を支えているという［同：95］。越境者に「共振」する日本人（の企業など）が磁場となり、そこへ越境者が引き寄せられている。しかも磁場が幾つもあるために、それらを結ぶ多様な回路によって開かれた世界が形成されている。フィッシャーの用語も交えて表現すれば、そこでは「越境者－エスニシティ」〔広田〕なる下位文化が日本人との結合関係を通して「強化」され、「普及」しているわけで、私たちの議論の流れからもきわめて興味深い事例といえる。

ただし、①越境者と②共振者の民族関係を可能にした条件は、基本的に②の中の移民体験〔家族の体験も含む〕であって、それが日本人をして越境者に「共振」せしめている。①にも②にも沖縄出身者が多いという。その意味では両者に共通する文化・社会的特性が結合原理となっている［Barth and Noel 1972: 337］部分が大きいのではないか。③対抗者との間に心理的なズレが生じやすいことは、その裏返しともいえよう。「〔越境者のための——筆者挿入、以下同〕差別的な地位の回復を目指す〔対抗者の〕運動と、『越境者－エスニシティ』および『共振者』との微妙なズレ」［広田 2003: 185］があることが指摘されている。ましてや、④内部者との結合関係など、ハナから問題とされていない。

とはいえ「越境」して間もない人々にとって、パーソナル・ネットワークが「エスニック・ネットワーク」一色であるのは、むしろ当然であろう。人的資源をそれしか持たないからである。帰国を前提としている場合も、④などとの永続的な関係は築こうとしないだろう［Bonacich 1973: 586］。しかし、移民も世代を越えて日本に長く定住するようになると、状況は次第に変わってくるのではないか。③はともかく、彼らの生活構造に占める④の比重が好むと好まざるとにかかわらず大きくなり、エスニックな次元も含みつつ、もっと重層的なネットワークが作られていくはずである。そこでは摩擦が生じやすい反面、条件次第ではエスニシティ以外のさまざまな諸特性による結合のチャンスも増すことだろう。そうなると、④のカテゴリーの再編成が要請されてくるはずである。

Barth and Noel［1972］は、R・パークの同化理論を批判し、アメリカにおける民族関係の〔発生→持続→適応→変動〕の全過程を説明する一般理論を提案しているが、これに照らして見た場合、広田の研究は発生〔emergence〕の段階における関係形成の解明であった。広田は「越境者と共振者のネットワーク」の中に、エスニシティを越える「階層的広がり」［広田 2003: 132］の契機を発見した。これに対して、長い歴史を経た在日朝鮮人社会と日本人社会の民族関係を研究対象とする私たちは、広田の知見を踏まえつつ、さらに広い視野から、階層のみならず社会構造のさまざまな領域における共同可能性を問題とし、これを体系的に説明しうる中範囲の理論を構築しようとしている。

（3）在日朝鮮人社会の研究

民族関係の視点

次に視点を変えて、在日朝鮮人研究の角度からも本書の主題——民族関係論——へ少し迫ることにしよう。社会学・人類学の領域で在日研究の本格的な成果が出始めるのは、一九八〇年代後半以降のことである。以下にそれらの幾つかに若干の批判的検討を加えることによって、認識の前進をはかりたい。

なお、こう述べたからといって、一九八〇年以前には見るべき在日研究はなかったというつもりはない。田口純一［1981：24-26］は、一九五〇～七〇年代の優れた社会学的実証研究をまとめてレビューしている。そのうちの幾つかは本章でも取り上げるが、どれも重要な知見を含んでいて、今後末永く参照されるべきであろう。

さて、九州の旧産炭地・筑豊の在日朝鮮人集住地区に住み込み、人類学の手法で地域の総合調査に挑んだ原尻英樹［1989］の研究は、ある意味でエポック・メーキングな成果であった。いささか余談めくが、原尻が初めて筑豊に入った一九八〇年代初頭の人類学・社会学界では、院生たちの間で「在日の研究なんかやってると就職はない」などと囁かれていた時代である。在日朝鮮人をめぐる内外の政治的・イデオロギー的対立がアカデミズムを左右しがちであったことは否定できないにせよ、そのような対立から距離をおく研究者までも偏見の目で見られる傾向がなきにしもあらずであった。当時大学院生の原尻は、そんな無言の圧力を跳ね返さんばかりの（と思わせるほどの）エネルギーをフィールドワークに注入し、「在日朝鮮人の生活世界」をありのままに描写しようと試みた。そんな若手の研究はそれまでなかったので、彼の業績を「エポック・メーキング」と評価するわけである。

その志を十分に認めた上で、原尻の研究にはなお重要な視点が欠落していたことを指摘しなければならない。民族関係の視点である。その著書には地域の日本人との社会関係がほとんど出てこない。原尻［1989］に掲載されている図2-1を見れば、著者が地域を観察した視点がよくわかる。筑豊A地区の七割を占める日本人世帯が、地図上からは完全に捨象されている。スペースの都合もあったのかもしれないが、文脈から推して、おそらくこれが原尻の目に映った「A地区」なのであろう。著書で原尻は「A地区」を一貫して「朝鮮人コミュニティー」と呼んでいる。

とはいえ、民族関係の記述は著書の中にも断片的にはあって、拾い上げてみると少なくとも十三カ所あった。ところが、そのほとんどは排除（一三三ページ――以下同）、民族の隠蔽（一四〇）、差別（一五四）、対立関係（一五九）に分類されるものばかりであり、「分離関係」において描写が画一的である。それが筑豊の現実なのだろうと思って読み進めていると、「結合関係」も確かにある。「この地区に住む日本人の居住年数は長いので、在日朝鮮人との交

総連（ソ）8世帯　在日朝鮮人　37世帯　日本人　83世帯
民団（ミ）21世帯
帰化（キ）8世帯

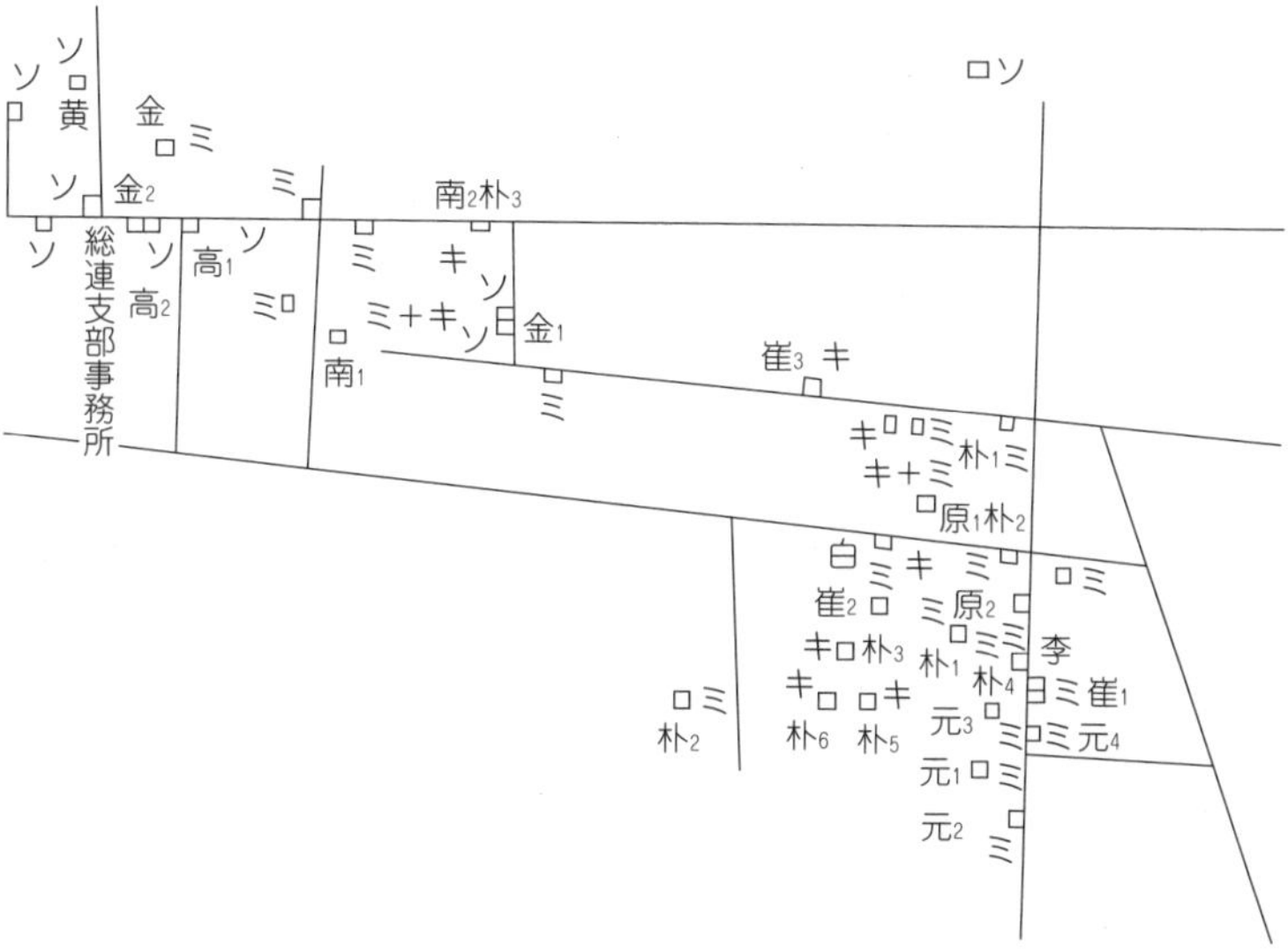

図2-1　筑豊A地区略図（日本人世帯は略，すべて仮名使用）

（出典）原尻［1989 : 107］.

際は日常的なものであり続けたのである。(中略) 朝鮮料理のうまい日本人老婆、朝鮮舞踊に長けている日本人中年女性等、朝鮮文化に影響されている人は多い」［原尻 1989 : 161］。それにもかかわらず、「分離」と「結合」の対比と関連が意識的に問われていないのは、少なくともこの時点までの原尻には民族関係への志向（意識して観察するということ）が薄弱であったことを示すものであろう。その結果、「在日朝鮮人の生活世界」の半面が見落とされている。

原尻の研究が、地域社会を単位とするフィールドワークとして不完全であることは、これに十年先行する鄭大均［1979］の地域研究などと比べても明白である。川崎市池上町の「社会関係」（私の言葉では「民族関係」）を抉り出した鄭の視線は鋭かった (後述)。なお、在日朝鮮人社会の研究に関する限り、民族関係の体系的な研究はほとんどないが、貴重な事実発見が幾つか散在していることは確かである。それらは内外の先行研究をレビューする第3節で、まとめて検討することにしたい。

関係の自明視

ところで、ある社会の成員である研究者が他の社会・文化を研究する場合の社会・人文科学的なスタンスには、二つのタイプがある。①ホモ・ロジカルな研究と、②ヘテロ・ロジカルな研究である。「在日朝鮮人」の対概念は、たとえば「日本人」である。日本人研究者が在日社会を研究する場合、その組織や文化やパーソナリティなどは克明に観察しても、観察している自分と自社会は問わない、あるいは観察している自分と対象社会との関係は問わない、そういうスタンスが②であり、その反対が①である。

②を自然科学的と形容することも可能であるが（たしかに自然科学の多くは②のスタンスで十分遂行できると思われる）、少なくとも在日朝鮮人社会の研究の場合、もう少し事情は複雑であろう。たんに関係性を問わないのではなく、関係性はすでに自明なので、それ以上問う必要はないのである。

在日朝鮮人集住地区を校区にもち、民族教育に熱心なある関西の中学校の教育環境を、金泰泳［1999：189］が鋭く描写している。そこは「在日朝鮮人としてどのように生活するのか、あるいは日本人の友人たちとどのような関係性をむすんでいくのか、といったことが用意されていた環境であった。差別－被差別の関係としての日本人と在日朝鮮人。民族をアピールしていく存在とそれを受けとめ尊重する存在としての在日朝鮮人と日本人。そうした定型化された関係性がすでに存在する空間であった」（傍点筆者）。

しかし、この「定型化された関係性」によって規定されてきたのは学校だけではない。民族教育と民族運動はもとより、民族研究もまた然りである。私はこれまでの多くの在日研究に民族関係の視点が弱かったのは、言い換えれば、ヘテロ・ロジカルな研究が大勢を占めてきた一つの大きな理由は、このようなステロタイプの認識に縛られていたためではないかと考えている。とはいえ、民族教育と民族運動が差別‐被差別関係の是正に果たしてきた役割を貶価するつもりは毛頭ない。今では大阪の小中学校の教育現場からは、児童・生徒の間で民族による差別的言動は（少なくとも表立っては）ほとんど見られなくなったとの報告を受けることが多いが、それはやはり人権教育と民族教育の成果であろう。ここで指摘したいことは、教育・運動の分野ではなく、研究の分野で関係性を問わないことの一、二の含意である。

分析論と分類論

関係性を問わない研究に対して指摘できるもう一つの傾向に、ある種の矮小化がある。在日朝鮮人社会の認識が静態面に傾斜し、動態面が見落とされがちである。最近の「分類論」に、それがよく表れていると思う。ここで分類論とは、たとえばここに並載した二枚の図表のことである。図2‐2の修正意見として表2‐2が提案されている。前者（福岡モデル）に対する批判的代替モデルは後者以外にも幾つかあり、見方によってはそれらが近年一定の研究動向を形成しているといえるのだが、詳しい検討は後者を提案している山脇［2000］に譲りたい(4)。

私がこれらの図表に着目する側面は、分類するという思考様式そのものであって、分類の中身ではない。だから、たとえば福岡の図には四つの志向が分類されているが、本図には現れていない五つ目のタイプが福岡によって考えられていることや、その後、分類の仕方が変わっていくことは、当面問題ではない。

福岡の関心の所在は、これらのタイプの確認にある。具体的には、生活史データを用いてこれらを入念に肉付けすることと［福岡 1993］、それぞれのタイプの若者が在日朝鮮人社会の中に何割ずつ存在するのかを数量データから確認することである［同：1997］。そして、それらは計画通りに遂行され、参照さるべき有益な成果をあげている。だが問題は、どのような条件が、たとえば「共生志向」を規定しているのか、あるいはまた、その条件が欠落するとどのような志向へ移行するのか、といった動態的な分析の構えがまったく見られないことである。ここではたま

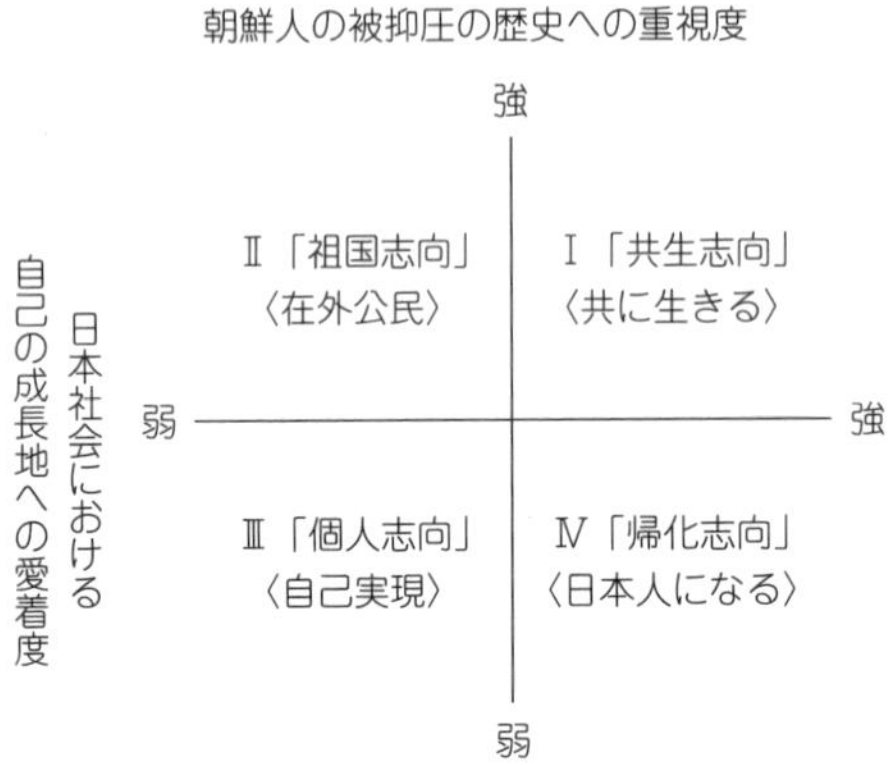

図2-2　「在日」若者世代のアイデンティティ構築の分類枠組み

（出典）福岡［1993：89］.

表2-2　在日コリアンのアイデンティティに関する分類枠組み

類　型	民　族	国　家	社　会
1　日本社会志向Ⅰ	＋	＋	＋
2　同胞社会志向	＋	＋	−
3　日本社会志向Ⅱ	＋	−	＋
4　国際社会志向Ⅰ	＋	−	−
5　日本社会志向Ⅲ	−	−	＋
6　国際社会志向Ⅱ	−	−	−
7　×	−	＋	＋
8　×	−	＋	−

（出典）山脇［2000：132］.

たま福岡の研究を取り上げているけれども、同様のことは表2-2の他、「分類論」の研究には共通した性格である。

このことは、早くからエスニシティの形成条件に関する研究がたくさんおこなわれてきた欧米の動向とは、きわめて対照的といえるだろう［e.g. Yancey *et al.* 1976 ; Nagel and Olzak 1982 ; Portes 1984 ; Nielsen 1985 ; Hurh and Kim 1989 ; Nagel 1995］(5)。欧米の研究スタイルが分析型になっている理由の一つは、はじめから関係性が視野に入っているからであろうと私は見ている。近代社会における「エスニシティの復活」を理解するために、これらの研究は社会構造を隅々まで調べ上げたり、そのための分析モデルを構築している（第3節参照）。

一方、わが国のエスニシティ研究がなかなか分析型にならない一つの理由は、私がこれまで繰り返し指摘してきたように、関係性を視野に入れようとしないからではないか［谷 1989b ; 1992］。関係性を視野に入れることによって、認識は必然的に動態化する。なぜならば、関係性に視点を当てるということは人間計数的に事象を観察することを意味するので、一方が変われば他方も変わるという相互作用のダイナミズムが自ずと視野に入ってくるからである。社会学徒にはごく当り前の発想と思うが、それがなかなか実行されてこなかった。

第2節　民族関係論の目的と視点

(1) 民族関係分析の生活構造論的視座

研究の主題とキーワード

民族関係の解明を目的として、私たちはこれまで四つの主題に取り組んできた。第一は民族関係の〈結合 - 分離〉の社会的メカニズム、第二は民族性（民族文化・民族意識）の〈顕在 - 潜在〉の社会的メカニズム、第三は階層移動と民族の関わり、そして第四はエスニック・コミュニティ（民族集住ないし混住地域）の形成過程と、そこでの日本人サイドの民族関係のあり様――これらに関する仮説の索出である。

階層性と地域性を重視する都市社会学の立場〔鈴木 1986：179–181〕から、第三、第四の主題は設定されている。民族関係は、基本的に「階層」によって規定される比重が高いであろう。また、その階層性に規定された民族関係が、集団参与という形式で具体的に発現する空間が「地域」である。主題の更なる分節化は第5節で詳説することにして、まずは本書のキーワード「民族関係」と、これをめぐる主要概念の定義をここでおこなっておきたい。

民族とは何か

まず、民族（エスニシティ）というものについての私たちの考え方から明らかにしよう。エスニック現象の構成要素に関しては、研究者の間でほぼ共通の理解が得られているといってよいだろう。それは、集団と文化と意識（ethnic group, ethnic traits, ethnic consciousness）の三軸構成である。たとえば、ファン・デン・ベルヘ（P. van den Berghe）による次の規定は、その典型である（強調は筆者）。「エスニック集団とは、ある文化的伝統を分有し、かつ、他文化の集団とは異質であるとの意識を有する集団のことである」〔van den Berghe 1976：242〕。

第1章でも引用したこの規定には、幾つかの確認と補足が必要である。まず、「集団」が社会関係のパターンであることはいうまでもない。また、「エスニック文化」を例示すれば、M・ヘクターは、アメリカ社会で自他を区別するためにもっとも重視される文化的指標（cultural marker）は、言語と宗教と膚色であるという〔Hechter 1978：298〕。これに出身国を加えることも妥当であろう〔Barth and Noel 1972：333〕。そして、「エスニック意識」には他文化集団との対質感覚だけでなく、自集団の「共通の起源との一体性」〔Yancey *et al.* 1976：399〕という時間感覚も含まれている。ともあれ、エスニック現象の三軸構成に研究者の間で異論はないと思われる。これを「実体概念」における合意と理解したい[6]。

かかる共通理解の淵源にたどりつく学史の仕事は私の手に余るが、少なくともM・ヴェーバーの次の定義にまでは遡ることができる。ヴェーバーによれば「エスニック集団」とは、「外見的容姿もしくは習俗の類似に基づいて、あるいは両方の類似に基づいて、またあるいは植民や移住の記憶に基づいて、われらは血統を同じくする、という一つの主観的な信念（Glaube）を宿す人間集団がこれである。したがって、血の共通性が客観的に存在しようが存在しまいが、問題ではない。エスニック集団のメンバーシップがキンシップ集団と区別される点は、前者が、正確には想像上のアイデンティティにすぎず、後者のごとき事実上の共同社会行為を本質とはしていないことである」［Weber（1947）1980：237=1977：71］（傍点と原語挿入は筆者）(7)。

このように、ヴェーバーの定義もまた、民族の実体把握において三軸構成である。ただ、ヴェーバーの謂う「信念」には「移住の記憶」や「血統への信念」という、C・ギアツ［1973=1987：118］など、現代の「原初主義者」が強調するような意識が含まれていることには注意が必要だろう。たんなる「である意識」（consciousness）よりも意味が深い。

ところで、研究者の間で民族の見方が分かれるのは、三軸間の強調点の違いや機能など、分析レベルにおいてである。「民族とは何か？」をめぐる論争の代表例として、〈原初主義〉対〈境界主義〉、〈表出主義〉対〈手段主義〉があるのはよく知られている［吉野 1987］。ここではこれらの論争への深入りは避けて、一点のみコメントを付しておきたい。

たとえば原初主義者は、宗教や言語は永遠、不変、不滅であり、これこそが民族集団の絆だといって、文化軸を強調する［Smith 1984：52］。ところが英国ウェールズ地方では、伝統文化は弱まっているにもかかわらず、エスニック・アイデンティティは依然として根強く、文化と意識が相関していないという［Ragin 1979：625］。これは意識軸を強調し、文化の有無内容を問わない境界主義の考え方に合致した現象といえよう。

また、ヘクター（手段主義）は、産業社会で民族が復活したのは社会経済的不平等に抵抗する政治運動の手段としてであるから、エスニシティなどは不平等が解消すれば消えてなくなる影のようなものだと主張する［Hechter 1974：1177］。しかし、アメリカで成功したアイルランド系市民が「聖パトリックデー」のパレードに参加する動機は、民族的出自を確認し、移住当時の懐かしい思い出に浸るためであって、手段的動員ではない［McKay 1982：407-408］。この点、S・サッセンの移民研究における知見は示唆的である。ニューヨークのドミニカ移民はホスト社会との階層差が小さいために、そのエスニック組織の性格が表出的であり、反対に階層差が大きいコロンビア移民のエスニック組織は手段的であるという［Sassen-Koob 1979］。

このような論争は、エスニック現象の視野を広げる効用をわれわれにもたらした点で評価できよう。しかし、論争に決着がつく日はおそらく永遠に訪れないのではないか。なぜならば、原初も境界も表出も手段も、すべてエスニック現象を構成する諸側面なのだから。偏見の集団心理学的研究に関してG・オルポートが述べている次の言葉は、われわれにとっても真実であろう。「この問題のもっともよき理解は、一つ一つの事例の歴史的文脈を知ることによってのみ得られるというのがわれわれの結論である」［Allport 1958＝1968：225］。それぞれの問題に即したエスニシティ概念の再構成が必要である。原初と境界と表出と手段は、エスニック現象の争点というよりも、スペクトルなのである。

生活構造論的視座

さて、現代の多くの研究者によってヴェーバーの概念が実体レベルで採用されていることを確認した。私たちもまたヴェーバーの定義に従おうと思うが、その場合、とくに注目したいのは、エスニック集団を「信念集団」と見ることによる、ある種の相対化である。そこにはR・マートンの謂う「地位の構造的事実」［Merton 1973：113］が示唆されている。「地位の構造的事実」とは、いうまでもなく個人は一つの地位ではなく地位の束を持っているという周知の命題である。

たとえば、「在日朝鮮人の家族生活」という場合の在日朝鮮人とは、どのような人間存在を意味するのかを考えてみよう。家族という人と人との関係そのものは「エスニック」だろうか？　たしかに多くの在日朝鮮人の家庭には共通の朝鮮文化がある。キムチを毎日食べ、チェサ（法事）をし、儒教的な長幼序列を守旧する生活様式は、エスニック文化といえる。しかし、血縁と姻縁でつながる関係そのものは、「家族」としかいいようのない共同社会関係である。彼らは「家族員」としての地位‐役割を持っている。それと同時に、エスニックな信念を宿し、民族団体などに参加しているという意味で「民族員」としての地位‐役割も持っている。「家族役割」も「民族役割」も、いずれも「生活構造」の一部なのである。

ここで生活構造とは、「生活主体としての個人が文化体系および社会構造に接触する、相対的に持続的なパターン」のことである［鈴木 1986：177］。生活構造論にはいくつかの系譜があるが、私たちの研究には鈴木広の、この包括的定義がもっとも有用と考えられる。この定義に沿って私たちが重視し、後に実際の調査の枠組みを構成することになる「社会構造」とは、インフォーマルな家族・親族関係や友人関係、およびフォーマルな階層構造、地域構造、教育制度などのことである。また「文化体系」には、エスニシティに加えて、さまざまな生活・職業倫理、生活目標、生活様式などが考えられる。

ここで指摘したいことは、生活構造の主体としての〈在日朝鮮人〉と、エスニックな信念を宿す「在日朝鮮人」の概念的非同一性という見方である。この見方を延長させていくことによって、彼らが家族のみならず、固有の職場を、地域を、学校を、友人関係を生きる〈在日朝鮮人〉であることが理解されるだろう。そして、この生活構造のどこかで「日本人」と接触し、その境界面において「在日朝鮮人」としての民族意識を発生させたりさせなかったり、民族役割を遂行したりしなかったりしている。それは日本人も同様である。

問題は、研究者にとって、このエスニック意識の発生のメカニズムを見極めることは、そう容易ではないところにある。難しい理由の一つは、社会学・人類学などのフィールドワークが、多くの場合、エスニック意識を前面に現す「過剰」な人間との出会いから始まる、という事情から説明できるだろう。その出会いはエスニックなものだけを知りたい研究者の関心には適合的であるけれども、背後にある〈在日朝鮮人〉の生活構造を知りたい者には、過剰な民族意識はかえって「壁」となるだろう。

反対に、研究者の意識が「過剰」であっても、ことの本質を見誤る危険性が高い。文脈はやや異なるが、A・ポルテスがキューバ移民の「飛び地」研究で指摘していることは示唆的である。すなわち、移民が自分たちの世界に閉じ籠もり、他のエスニック集団との接触をもたない限り、自分たちの文化特性をそれとして意識することは少ないという [Portes 1984 : 385]。だからたとえば、韓国に住む韓国人が日本に住む在日韓国人よりも日常生活で民族意識が希薄であっても、それはむしろ当然であろうし、また、移民集団に接触したことがないホスト集団のメンバーにとっても、事情は同様である。意識が「過剰」な研究者は、このような人々に失望するかもしれない。

生活構造の中の〈民族〉

以上の論点を定式化すれば、次のようになる。生活主体に自他のエスニシティの境界線が見えている場合、その主体が向かう行為の方向としては二つが重要と考える。①この境界線を越えたり越えなかったりするエスニック次元の水平方向と、②この水平面を含む生活構造における、いわば三次元的な立体方向である。①で形成される社会関係を狭義の「民族」関係、②で形成されるそれを広義の〈民族〉関係と呼ぼう。前者は民族を他民族との関係において捉える概念である。後者は民族を行為主体の生活構造の中で捉える概念である。

私たちの研究は、さしあたりは「民族」関係の研究へ向かう。したがって、以下で民族関係という場合、とくに断りがない限り、それはすべて狭義の「民族」関係を意味していると理解されたい。しかし、私たちの研究は、「民族」関係を生活構造のさまざまな側面において捉えようとしている。その意味で広義の〈民族〉関係を視野に入れている。

ここで〈民族〉関係論を暫定的にまとめておくと、第一に、それはたんにエスニック・カテゴリーを細分化するための平面モデルではない。住民を日本人と在日朝鮮人に分けるとか、在日朝鮮人を「北と南」に分けるといった次元――それは「民族」関係――も含みながら、立体的なモデルが構想されている。

第二に、それでは〈民族〉関係とは何かといえば、「民族役割」を一要素として内含する生活構造の重層的なあり方そのもののことである。民族関係へのこのようなアプローチの仕方を、私たちは〈民族関係分析の生活構造論的視座〉と呼んでいる。

第三に、この視座の利点は視野の開放をもたらしてくれることにある。次のような問いを発することが可能になる。「エスニシティは生活構造の中のどの場所で、いかなる条件のもとで、どのような形態――集団・文化・意識――と、機能――手段・表出――をもって現れるのか?」、「なぜ人はエスニシティを〈信仰〉するのか?」「エスニックな文化や意識の強弱を規定する社会的要因は何か?」そして、「エスニックな意識や行動は、エスニック以外の地位‐役割といかなる関係にあるのか?」等々。

これらの問いは「民族」に狭く限定された視点からは、なかなか発想されにくいであろう。先行する研究でしばしば目にする論理は、「民族対個人」の二分法である。たとえば、「在日朝鮮人である前に、個人としての自分を見てほしい」という当事者たちの訴えが、そのままプリミティブに「理論化」されている場合が多い。だが、ここでの「個人」とは民族以外の何か、すなわち残余範疇にすぎない。内容が空疎である。個人を生活構造の持ち主として捉えることによって初めて、民族を含むさまざまな地位‐役割関係のどこで自己実現をめざしているのかという実態の明細化が可能になるだろう。在日朝鮮人の「生きざま」を理解するためには〈生活構造論的視座〉は欠かせないと、私たちは考えている。

(2) 民族関係の諸類型

民族関係

ここで狭義の「民族関係」を定義したい。それは、形式的には、個人と個人、個人と集団、集団と集団という関係の諸次元を含む「社会関係」のサブカテゴリーであり、内容的には、日本人は異民族と、①現状においていかなる関係を結んでいるのか、いないのか、②将来においていかなる関係を結ぶことができるのか、できないのか、そして、③いかなる関係を結ぶことが望ましいのか、望ましくないのか、という問いを含んだ概念である。

なお、一九八九年に発表した論文で、この概念を私が初めて用いたとき［谷 1989b（本書第3章）］、そこには二つの「含意」があった。一つは、従来の日本人研究者による異民族研究の方法がヘテロ・ロジカルであったことへの反省である。当時はまだ自民族集団を研究対象の外側におく「民族研究」が優勢であったと思う。二つに、たしかにホモ・ロジカルなアプローチ、すなわち日本民族も視野に入れた異民族研究も、あることはあったのだが、多くの場合は、ごく限られた局面においてのみ関係が論じられるだけで、視野の狭さが否めなかった。そこで、これらの態度から距離をおき、民族間の多面的な関係を説明し、予測しうる理論を構築するために、上述の「民族関係」の概念を用いることにした［谷 1993 : 3］。あれから四半世紀が経過し、今ではこのような「含意」は白日の下の当然といった観がある（たとえば奥田［1997］参照）。関係性への視点もまた、もはや珍しくはない。「エスニック関係」、「民族間関係」など、さまざまな用語でそれは表現されている。

それはともかく議論を本題にもどすと、この定義中の「日本人は異民族と」の部分に、たとえば「複数の民族が」を代入することによって、より普遍的な性格を定義に付与することも可能である。しかし目下のところ、私たちの研究は日本社会の現状分析を志向し、とりわけ大阪都市圏をフィールドとする「在日朝鮮人社会」（定義は第4節）と日本人社会の民族関係を当面の研究対象としている。上の定義はそのことを示唆しているが、けっして対象限定的な定義ではない。

それから、民族関係を個人レベルと集団レベルに分けて考える必要があることも、私は繰り返し主張してきた。たとえば友人関係など、自由な個人同士の民族関係の成立はむしろ容易といえる。しかし、その個人が集団の一員としての役割行為において異民族と出会う時に、もしもその集団の結合原理が同質的・排他的であるならば、その集団の行動規制が働き、対立、葛藤などの事態に直面するであろう。民族関係の困難性が発生するのはその時である。「国際結婚」をめぐる家族・親族争議などを一例としてあげることができる。そこで私は、個人レベルの民族関係を「パーソナルな民族関係」、集団レベルのそれを「構造的な民族関係」と呼んで分けることにしている。

とくに「構造的な民族関係」においては、権力関係が制度化されている場合が多い。これを「マジョリティ－マイノリティ関係」という。たとえば、参政権を持たない外国籍者はマイノリティ集団である。ただ、〈生活構造論的視座〉が捉えることのできる中間集団のレベルでは、権力関係は政治・経済・文化をはじめ社会のサブシステムごとにきわめて複雑な様相を呈していることに注意が必要だろう。たとえば、在日朝鮮人が経営する企業に日本人が雇われている場合もある。「通文化的に見渡す時、民族関係が集団間の権力関係によってのみ規定されているわけではないことを知る」[Cohen 1978 : 392]。「パーソナルな民族関係」においては、一層そのようにいえるだろう。

分析枠組み

かかる民族関係の実証的研究のために、図2-3の分析枠組みを用意する[谷 1992 : 280-282]。まずもって、これが中間集団レベルの関係志向を類型化した理念型であることを強調しておきたい。囲み枠が中間レベルの設定を象徴的に表している。また、中間集団レベルの民族関係が基本的に外交・国・地方自治体といったマクロレベルの過去から現在に至る政策によって規定されている客体であると同時に、他方、今後の望ましい政策をアウトプットするための主体ともなりうるだろう。そのことも図化したつもりである。

次に、本図の横軸は、関係志向における〈結合－分離〉を表している。相対する民族（個人・集団）との社会関係において、結合を志向するか分離を志向するか。これがF・テンニース以来のすぐれて社会学的なテーマであることは、とくに説明の必要はあるまい。ただ、民族間の結合－分離関係を理解するためには、結合関係を、①利害関心に基づく相互依存（interdependence）関係と、②価値の合意（consensus）に基づく共同関係、の二タイプに分け

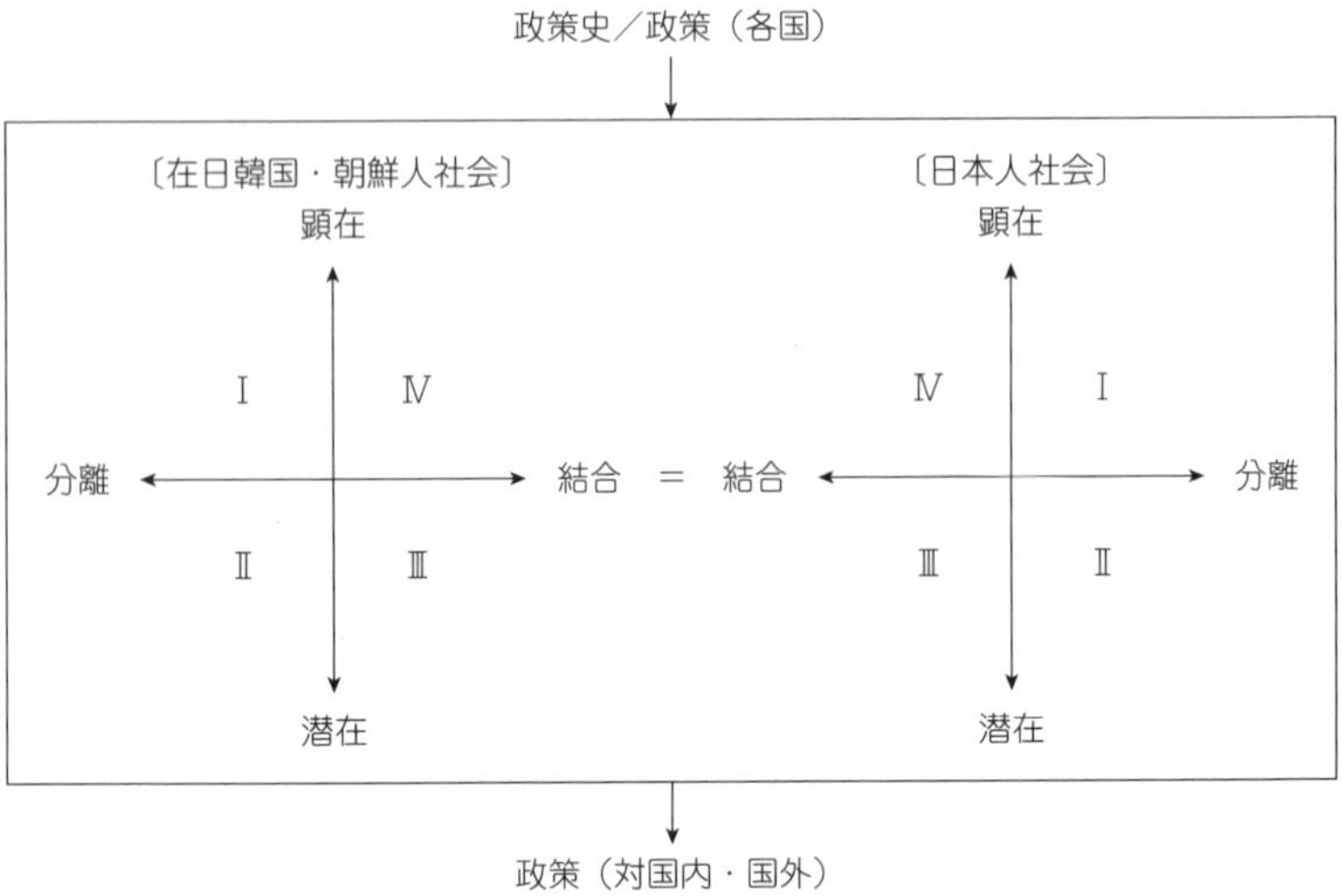

図2-3　民族関係の諸類型

て考える必要があるだろう。H・ブルーマーも指摘しているように、価値の一致がなくても協働は可能だからである［Blumer 1966］。

これら二つの概念を適切に表現する言葉を社会学の在庫目録から探してみると、R・マッキーバーは、①をアソシエーション、②をコミュニティと呼び［MacIver 1917］、R・パークは、①をコミュニティ、②をソサエティと呼んでいるようだ［Park 1921］。同じ「コミュニティ」が両者の間でおおよそ正反対の意味で用いられているのは、われわれにとっては混乱の元であるが、それぞれのコミュニティ論の理論的文脈が異なるので、如何ともし難い［倉沢 1998：19-24］。また、井上ら［1992：24-25］は、①を symbiosis、②を conviviality と表現している。以上を参考に、ここでは当面、①を「協働関係」、②を「共同関係」と呼ぶことにして先に進みたい[8]。

この二種類の結合概念を前提とすることによって、「結合」と「分離」を截然と分ける境界線は、現実には存在しないことがわかるだろう。協働関係における結合（相互依存）と、共同関係における分離（価値の不一致）が併存する場合も少なくない。しかし、理論的には長期にわたる相互依存関係がやがてコンセンサスに至る可能性は捨てられない［Barth and Noel 1972：

340]。本書の究極的な目標も、個別の利害関心に基づく「協働関係」から、民族関係の顕在的結合（後論）を共有価値とする「共同関係」へ至るプロセスの解明にある。

かかる社会関係論を本書では「民族」の次元で議論することを明示するために、図の縦軸に民族性の〈顕在 - 潜在〉を設定する。ここで「民族性」とは、先の三軸構成における民族文化と民族意識のことである。民族性の「顕在」とは、その民族性を顕して生活することである。一方の「潜在」とは、字義的には民族性を「隠す」ことであるが、ここでは「捨てる」ことも含めて定義したい。隠すにしろ捨てるにしろ、強制的か自主的かは問わないことにする。

民族文化は、中心的・根源的で一度身につけたら変わりにくい項目（言語、味覚など）から、周辺的で付け替えが容易な項目（服装など）まで幅広く存在するので、〈顕在 - 潜在〉の諸相は現実にはきわめて多彩である。また、民族性の内面化の過程は、成長期における上の世代からの「継承」と、成長後の自主的な「獲得」、これら二つのパターンに分けることができるだろう。継承と獲得の関係、および〈継承 - 獲得〉と〈顕在 - 潜在〉が相互に独立した軸と考えられることについては、次節で議論する。

民族関係の四類型

次に、これら二軸の組合せによって構成される四つの「理念型」を順に説明すれば、まず、Ⅰ型「顕在 - 分離」とは、自己の民族性を顕在させつつ、他民族と対立、葛藤しているタイプである。ナショナリズム・イデオロギーによる移民の排斥運動などは、その典型例である。Ⅰ型の分離関係は、共同性は勿論のこと、協働性も皆無である、と解されたい。

Ⅱ型「潜在 - 分離」とは、自らの民族性を意識的に隠しながら分離を志向するタイプである。たとえば「パッシング」のように、ある目的遂行のために一時的に自らの民族性を否定したり、相手の民族に成りすましたりするような行動である。ゲゼルシャフト的な（都市）社会に適応するための知恵ないしは戦略ともいえるだろう。あの「境界主義」［Barth 1969］が着目したエスニック現象が，これである。日本人と在日朝鮮人の民族関係に関していえば，人種的・外見的な同質性（アジア・モンゴロイド人種）が，このⅡ型と，次のⅢ型の行動様式をより容易なものにしている。

Ⅲ型「潜在－結合」とは，自己の民族性を捨てて，他民族の社会と文化へ限りなく同化融合しようとするタイプである。マイノリティである在日朝鮮人の場合なら，うわべの帰化（Ⅱ型）にとどまらず，社会関係や価値観なども含めて日本人になりきろうとするタイプが，もっとも理念型に近い。一方のマジョリティである日本人の場合ならば，ある種の贖罪意識から準拠集団を在日社会に移す自己否定のタイプである。

最後のⅣ型「顕在－結合」とは，民族性を顕示しつつ結合を志向するタイプである。自らの生存のために他者と分業（協働）するだけでなく，相互の違いを認め，尊重し合いながら心的に交流する，そんな「多民族コミュニティ」のことである。しかし，民族性を顕在させるという条件付きで，協働関係も含めておきたい。そうすることによって，Ⅳ型はⅡ・Ⅲ型（これらのタイプは民族性を潜在させた協働関係を含む）と区別されるし，協働関係すら皆無のⅠ型との懸隔も明確になるだろう。

（3）「多民族コミュニティ」への道程

以上の四類型を二民族間でクロスさせることによって，民族関係の全体像を図2-4のような十パターンで描き上げることを試みたい。このパターンについて順次説明していくが，その検証となると，じつはなかなか容易ではないと思う。そんな議論をここであえて行う動機は，実現すべき目標として漠然と合意が得られているかに見える「多民族コミュニティ」なるものの相対的な位置の確認である。この目標へ至る「長い道のり」をしっかり認識した上で研究をおこなう必要性を，私は痛感している。なお，パターンの構想と呼称に際しては，［山中 1982：291］や

［Schermerhorn 1978 : 83］などを参考にした。

まず、①Ⅰ－Ⅰ関係（Ｋ－Ｊの順。以下同）の「多元主義」とは、空間的にはセグリゲーション、政治的には自治組織として確認可能な価値志向のことである。ベクトルの方向が正反対とはいえ、相互に分離理念を認め合うという前提がある限りは、文化的にも政治的にもいちおうの秩序が保たれるだろう。

②Ⅰ－Ⅲ関係「Ｊによる分離の忍従」と③Ⅲ－Ⅰ関係「Ｋによる分離の忍従」では、いずれにおいてもⅢの側に「分離の忍従」が強いられる。たとえ権力関係が民族関係を規定している場合でも、事態に変化はないだろう。マジョリティ（Ｍ）がⅠで、マイノリティ（ｍ）がⅢならばなおのこと、ＭがⅢで、ｍがⅠであっても同様である。なぜならば、Ⅲは定義上自らの民族性を否定するから、Ｍ民族に付与されていた権力意識・権力行使は放棄され、ｍの「分離」力に対抗するだけの「結合」力を発揮しうるかどうかは疑問だからである。ただし現実問題としては、ＭがⅠである場合、もう少し複雑な事態も想定しうる。第一に、Ⅰ（Ｍ）がⅢ（ｍ）の同化をある程度黙認するかもしれない。分離の忍従を強いるか、同化を黙認するかは、権力者の「さじ加減」ということになる。第二に、Ⅰ（Ｍ）がｍ民族の間の多様な志向をⅢへ無理やり収斂させる場合もあるだろう。「同化の強要」である。

K＼J	Ⅰ 顕在－分離	Ⅱ 潜在－分離	Ⅲ 潜在－結合	Ⅳ 顕在－結合
Ⅰ 顕在－分離	①多元主義	⑨PASSING	②Ｊによる分離の忍従	④（穏健な／抵抗を伴う）分離
Ⅱ 潜在－分離	PASSING	PASSING	PASSING	PASSING
Ⅲ 潜在－結合	③Ｋによる分離の忍従	PASSING	⑥「すれ違い」	⑦ＫがＪへ同化
Ⅳ 顕在－結合	⑤（抵抗を伴う／穏健な）分離	PASSING	⑧ＪがＫへ同化	⑩多民族コミュニティ

図2－4　民族関係のパターン

（注）Ｋ：在日韓国・朝鮮人社会，Ｊ：日本人社会．

④Ⅰ－Ⅳ関係と⑤Ⅳ－Ⅰ関係の「分離」では、権力関係が介在し、かつ（a）MがⅠで、mがⅣの場合は、「抵抗を伴う分離」。反対に、（b）MがⅣで、mがⅠの場合は「穏健な分離」となるだろう。（b）が穏健なのは、Ⅳ型が定義上、相手の志向を尊重する立場だからである。もちろん、④Ⅰ－Ⅳ関係では（a）より（b）が、⑤Ⅳ－Ⅰ関係では（b）より（a）が、現実型に近いことはいうまでもない。また、権力関係が介在しない場合でも、「分離」であることに変わりはない。

⑥Ⅲ－Ⅲ関係はどうだろう。先にも述べたように、マジョリティである日本人の場合は、ある種の贖罪意識に基づく自民族の否定が典型的である。在日朝鮮人を前にして「私は日本人としての誇りを持たない」といってしまう日本人は、在日の運動に関わる若い活動家などに時々見かけるタイプである。Ⅲ型同士はすすんで結合関係を持とうとはしないかもしれない。自分が否定した民族へ同化する人同士が互いに尊敬し合えるだろうか。この関係を仮に「すれ違い」と名づけておこう。日本に住んでいるという状況の中で考えた場合、Ⅲ型の（日本人になりたがっている）外国人だけでなく、多くの外国人が、Ⅲ型の日本人に対して「なぜ日本人であることに誇りを持てないの？」という疑問を抱くに違いない。

次に、⑦Ⅲ－Ⅳ関係では在日朝鮮人による日本人社会への「同化」が、⑧Ⅳ－Ⅲ関係では日本人による在日社会への「同化」が起こるだろう。この場合も、権力作用の影響力は小さいと思われる。なぜならば、（a）MがⅣで、mがⅢの場合、Ⅳは基本的に相手の志向を尊重する立場であるから、Ⅲの同化を容認するだろうし、反対に、（b）MがⅢで、mがⅣの場合も、Ⅲは定義上権力行使の否定だから、ⅢとⅣの力関係の差は相対的に縮小し、ここでもやはり、相手の志向を尊重するⅣの立場によって民族関係が規定されると考えられるからである。もちろん⑦Ⅲ－Ⅳ関係では（b）より（a）が、⑧Ⅳ－Ⅲ関係では（a）より（b）が、現実型に近いことはいうまでもない。

さて、最後のⅣ－Ⅳ関係にいく前に、⑨いずれか一方がⅡ型のパターン「パッシング」を見ておこう。先にⅡ型を「ある目的遂行のために一時的に自らの民族性を否定したり、相手の民族に成りすましたりするような行動」と定義しておいたように、Ⅱ型は相手がどのタイプであっても、上辺はそれに順応することができる。したがって、権力関係がどちらに傾いていても、原理的にはその場の主導権はつねにパッシングをする側が握ることになるだろう。都市社会にはかかる「パッシング空間」が遍在しているといってもよい。

そして最後の⑩Ⅳ－Ⅳ関係こそが、「多民族コミュニティ」に他ならない。これは相互に相手の民族性を尊重しつつ結合する平等関係を原則とするから、権力関係は既に消滅しているはずである。

このⅣ－Ⅳ関係が民族関係の望ましい方向を指し示していることはいうまでもない。しかし、これら十パターンのどれが現実型であり、どれが可能態であり、どれが限界点であり、どれが……かは、個々の現実社会の中で個別具体的に解明されるべき問題である。ここでもまた、本節冒頭部で引用したオルポートの「結論」が真であろう。本書は政策提言を直接の目的とするものではないけれども、民族関係の解明は、政策方向を見いだす基礎理論を提供することで、一定の有効性が期待できると思う。

第3節　民族関係論の系譜

(1) 四つのアプローチ

私たちの民族関係論の目的と視点を述べた次に、この研究の特徴を明らかにしておきたい。そのための手続きとして、幾つかの社会学的アプローチが並存していることを考慮して、そこでの私たちの位置を確認する、という形式を採用したい。その際、冒頭で示唆しておいたように、「民族関係の研究」はわが国ではあまり深まっているとはいえないので、目を国内ばかりでなく海外にも向ける必要がある。

いくつかの文献を読めば、社会学的民族関係論には、①社会心理的アプローチ、②地域社会学的アプローチ、③社会文化的アプローチ、そして④社会経済的アプローチがあることがわかる。カテゴリーの名称は便宜的に私が付けた。ただ、個々の研究をこの内のどれかに截然と分類することは困難な場合が多い。現実にはこれら四者のアプローチは密接に関連しているからである。また、他にもアプローチの方法はあるだろう。

結論からいえば、前節冒頭に掲げた民族関係論の四つの主題のうち、第一（結合－分離）と第四（エスニック・コミュニティ研究）の主題は②のアプローチに、第二（顕在－潜在）は③に、そして第三（職業・階層移動）は④に、それぞれ関連すると見てよいように思われる。また、①のアプローチは前節で論じたエスニシティの概念、見方に関わる最近の研究動向を含んでいる。①から順に見ていこう。

(2) 社会心理的アプローチ

インサイダーの意識構造

ここで社会心理的アプローチとは、エスニック意識やエスニック・アイデンティティに関する研究のことである。この分野では、Adorno *et al.*［1950］、Allport［1958］、および Blumer［1958］などの偏見研究がよく知られているが、近年の「民族の復活」現象の中で、研究者の関心が古典的な黒人集団の研究——しかも支配者集団、白人の「まなざし」をもって——だけでなく、エスニック・メンバーの内側や、最近のラテン系やアジア系移民も含む多様なエスニック集団間の関係にも向いていることは当然である。

このうち、私がとくに興味深く感じたことは、じつに多様な角度からエスニック意識へ迫りながら、結論がほぼ一致している点である。すなわち「エスニシティは変数である」［Cohen 1974: xv］という基本的命題が、多くの研究に通底している。(9)

たとえば、L・デュプレ。「アフリカの一地方の出身者である南米ガイアナ人は、外国人と対立する時はアフリカ出身ではない人ともガイアナ国民としてまとまり、ガイアナ国内に住む東インド諸島出身者と対立する時はアフリカ人でまとまり、アフリカの他の地方の出身者と対立する時は……」［Despres 1975: 109］。この現象を彼は「入子状の対立」(segmentary opposition) と呼んでいる。同じ現象を「流動的なエスニック境界」(fluid ethnic boundary) と呼ぶのは、ネーゲルとオルザックである [Nagel and Olzak 1982 : 133]。日本でも、沖縄の「シマ社会」などで日常見られる社会現象である。(10)

エスニック意識の社会的条件

Nagel [1995] も、私の関心を引いた一つである。彼女によれば、アメリカン・センサス上、一九六〇年から一九九〇年の間にネイティブ・アメリカン人口が三倍に増加した。同様の復活現象 (ethnic renewal) が多方面で起こっているという。復活のパターンはじつに多彩で、たとえば、しばらく怠っていた宗教儀礼を再び厳守するようになる「回復」(ethnic reclaiming)、黒人がキリスト教からイスラム教へ改宗する「取換え」(ethnic replacing)、アイルランドとアルメニアの混血者による前者から後者への「生活様式の修正」(ethnic amending)、およびエスニック・アイデンティティに初めて目覚める「入信」(ethnic filling) などのパターンが、各エスニック集団で展開されている。

これらの現象は「エスニシティが社会的に構築されるものであることを理解するのに役立つ」[*ibid.* : 947] と考える彼女は、その社会的条件として、①連邦政府のネイティブ・アメリカン保護政策、②黒人運動を原型とする[Merton 1973 : 103] エスニック政治の普及、③ネイティブ・アメリカン自身の政治的行動主義（レッド・パワー）の三点を析出した。「構築主義と社会構造的アプローチの結合」[*ibid.* : 948] という、きわめて健全な社会学的思考法を採用している点を評価したい。

状況的エスニシティ

N・ハトニックは、英国のインド系移民の第二世代には「自分はイギリス市民でもあり、かつインド人でもある」と意識している「多元的アイデンティティ」(multiple identity) の持ち主が少なくないことを発見した。そして、複数のアイデンティティの選択肢（multiple identity options）を持って適宜使い分けることは、一般に指摘されるような「アイデンティティの危機」ではなく、社会適応のための「健全な選択」（healthy choice）なのであるという考え方を示している［Hutnik 1986：151］。

資源動員論で指摘される「戦略としての切換え」（ethnic switching）も同様である［Nagel and Olzak 1982：129］。他ならぬエスニシティが集合行動の基盤となるのは、他の社会的アイデンティティよりも、そちらに依拠する方が確実に利益が見込まれる場合であって、それは原初的な絆によって基礎づけられるというよりも、状況規定的な政治的通貨（political currency）なのである［Olzak 1982：254］。かかる心理的メカニズム、すなわち「特定の社会的文脈に応じて、今・ここにおける適切なアイデンティティを選択すること」を、J・パーデンは「状況的エスニシティ」（situational ethnicity）と呼んでいる［Okamura 1981：452］。

以上の諸研究から、今日の社会心理的アプローチが、エスニック・メンバーのアイデンティティの多元的構成、すなわち文化的多元主義を前提としていることがわかるだろう。エスニック・メンバーが自律的な意識をもって自らを再生、創造する存在として把握されている。エスニック・アイデンティティとは、そのために可能な選択肢の一つ（a possible focus）にすぎないのである［McKay 1982：398］。

なお、他ならぬエスニック・アイデンティティが集団関係において突出し（salience）、活性化する際の社会的条件は、社会経済的アプローチとの連携なくして解明しえない問題であり、かかる研究の範例をNagel and Olzak［1982：129］、Nielsen［1985：129-130］などに見ることができる。

如上の社会心理的アプローチは、民族性顕在化の社会的条件や、社会構造＝生活構造における民族役割の相対化を研究の焦点とする私たちにとっても、きわめて示唆的といえる。わが国の都市エスニシティ研究にも在日朝鮮人研究にも、このような視角が比較的乏しいだけに、一層その感を強くする。

（3）地域社会学的アプローチ

民族関係の結合と分離

地域社会学的アプローチに関しては、まず、本書の主題に深く関連する次の研究に論及したい。シゲルマンら［Sigelman *et al.* 1996］は、百万都市デトロイトを対象に、黒人と白人の「社会的接触」(social contact) の規定要因を解明しようとしている。一九九五年、デトロイトの黒人の割合は二五%で、全米平均の二倍という高さである。しかも、黒人が都心人口の七五%を占め、反対に郊外には六%しか住まない「超凝離都市」(hypersegregated metropolitan area) である。このデトロイトにおける人種間接触の規定条件が、接触量別、接触深度別、白人・黒人別に詳しく分析されている。ここでは、やや一般的な形で結論を列記し、地域社会の民族関係をテーマとする私たちの研究に示唆を得たい。

①「近接効果」(propinquity effect)。社会的接触（人種間の接触のこと。以下同）にとって、地域、職場、教会などの近接性が決定的に重要である。

②「履歴効果」(carryover effect)。生育期に人種的異質性の高い環境で育つと、成長後もかかる接触をノーマルと見なし、接触機会を多く持つようになる。

③「機会仮説」(opportunity-based interpretation)。配偶者、親、職業人、仲間集団、地域住民、市民、余暇集団など、社会的役割が豊富な人ほど、より多くの接触機会をもつようになる。その意味では中年世代が、若者や高齢者よりも、同時にたくさんの社会的役割を遂行しているので、それだけ接触機会も多いといえる。

④「態度仮説」(attitude-based interpretation)。社会化体験が異なれば、内面化する価値・態度も異なる。その意味で、公民権運動が盛んだった一九六〇年代半ば以降に成長期を迎えたアメリカ人は、親世代よりもリベラルな態度を人種関係に抱くだろう。ゆえに若者と中年が高齢者よりも接触機会を多くもつと期待できる。これも一種の履歴効果である。

以上の仮説は本書にとってもきわめて示唆的である。従来、アメリカの人種関係に関しては「サイズ」のマイナス効果の研究が主流であった。すなわち、当該社会における黒人人口の量・密度の増大が白人に経済的・政治的脅威をもたらし、それによって差別・偏見が助長される、とするH・ブレイラックの定式化〔サイズ→脅威→偏見〕が、一つの決定版である［Blalock 1967; Quillian 1996: 820-821］。しかし、それに比べて「近接居住と相互作用の関係の研究ははるかに少ない」とシゲルマンらはいう［Sigelman *et al.* 1996: 1306］。彼らの関心は、「サイズ」のマイナス効果をプラスに転換する「接触効果」（社会的接触は肯定的関係をつくる）の分析にある。

なお、民族間の「接触」に関する最近の研究としては、他にHagan［1998］やFeld *et al.*［1998］などが注目に値する。いずれも、M・グラノヴェターのネットワーク理論に依拠して、民族間の弱連結（weak ties）のプラス効果に着目した研究である。今後わが国の民族関係論においても、弱連結のメカニズムは必要不可欠な研究テーマとなるだろう。

日本社会の民族関係

民族間の接触効果に関する知見は、じつはわが国でも早くから、少ないながらも存在していた。韓培浩・洪承稷［1977: 2］が行った民団系対象の意識調査によれば、日本人ときわめて親しい個人的関係をもっている在日韓国人の方が、そうでない在日韓国人よりも、日本での永住希望の割合が高い（五九％と四四％）。同様に、前者の方が後者よりも、「日本人に長所がある」との回答率が高く（四五％と三九％）、「長所はない」の回答率が低い（一九％と二五％）。これらの結果から、彼らは「職場で日本人と機械的な接触をするよりも、日本人と兄弟のようにつきあえる条件を多くつくることの方が民族間の親近度を促進させるうえでもっとも重要である」（傍点筆者）と指摘した［洪・韓 1979: 112］。だが問題は、その「条件」である。残念ながら、彼らはそれを解明するまでには至っていない。

「民族関係」の視点をもって、ある程度体系的に在日朝鮮人社会のフィールドワークを行った先例を、私は鄭大均［1978；1979］しか知らない。彼のフィールドは、在日集住地域として有名な川崎市池上町である。戦中の軍需工事に朝鮮人集住の起源をもつ池上町であるが、鄭が調査を行った一九七六年当時、全住民一四四九人中、六四％が韓国・朝鮮籍であった。この地域から鄭はきわめて興味深い知見を引き出している。

①在日朝鮮人と結婚した日本人の妻は、在日と個人的な友人関係を作る可能性はあるけれども、民団・総聯への参加は困難である。同様に、総聯から移籍した新民団住民は、総聯住民と個人的な関係は維持するけれども、総聯組織の公式行事への参加は継続しない。私の言葉を用いるならば、「パーソナルな民族関係」と「構造的な民族関係」が相互に独立した次元を構成していることを例証している。

②一方、雇用における民族関係は、次のようである。町内では、多くの場合、朝鮮人が日本人を雇う立場であり、その逆は少ない。しかし、その朝鮮人土建屋も、日本の大企業と直接取引きする日本人業者の下請けにすぎない。「部落レベルの両者の関係は、より巨大な日本社会の差別・被差別構造にすっかり〈のみこまれ〉ている」［鄭1979：57］。このように鄭は、池上町という地域社会の民族関係と、日本社会のマクロな民族関係、この二重構造の連環に絡め取られた在日朝鮮人の生活世界を描き出している。前節で断っておいたように、私たちの民族関係論も中範囲レベルの観察をめざすだけに、鄭の報告はたいへん示唆深い[11]。

（4）社会文化的アプローチ

民族文化の顕在と潜在

次に、私たちの研究の第二の主題は「民族性の〈顕在－潜在〉の社会的メカニズム」である。

民族文化に関連する研究は、わが国では福岡・金［1997］によって大いに前進した。在日韓国人の全国組織の名簿を母集団とするランダムサンプリングという画期的方法もさることながら、エスニシティの「継承」と「獲得」

のメカニズムを発見した意義は大きい。彼らは、家族などを通して継承される民族性と、民族団体などへの参加を通して「獲得」される民族性とがあることを明らかにした。だが、「継承」と「獲得」の割合を比較した場合、圧倒的に前者の方が多いという注目すべき調査結果を出しているにもかかわらず、著者たちはこの事実にまったく触れていない。

具体的に指摘すれば、因子分析の結果振り分けられた変数群のうち、「獲得」因子を構成する質問項目（五問）の場合、実際に「獲得」されている割合は最大二五・二％〜最小一一・八％にすぎない[12]。たとえば、「獲得」変数の一つとされる「母国語の文章を大なり小なり理解できる」の回答率はわずか一一・八％であった。一方の「継承」因子を構成する五つの質問項目では、「継承」されている割合は最大六九・〇％〜最小三五・〇％であった[13]。「獲得」の最大は、「継承」の最小にも及ばない。文化継承における家族の決定的重要性が、共著では軽視されていると思う。そのため、在日朝鮮人社会の「問題の所在」が明確にされずに終わっているのは残念である。

近い将来、在日朝鮮人の急減が予測されている。高齢世代の死去、帰化、日本人との結婚と新生児に対する日本国籍の選択等の動向を見れば、それは容易に予測される事態である。そのような状況にあって、朝鮮民族の文化を若い世代に引き継がせることが望ましいと考えるならば、「家族」こそがもっとも重要なエージェントであることを忘れるべきではないだろう[14]。

次に、継承された文化が「顕在」するメカニズムが問われなければならない。せっかく家族を通じて継承された民族文化も、「潜在」したままでは無意味である。ここでも福岡・金［同：116］の次の仮説との突き合わせが、いちおう問題となるだろう。彼らの調査結果からは、同胞の集住度とエスニシティの〈継承－獲得〉との間に有意な関連性は見いだされなかった。しかし諸研究［Yancey *et al.* 1976 : Sigelman *et al.* 1996］を踏まえれば、エスニシティ形成を論じる場合、エスニシティの〈継承－獲得〉と〈顕在－潜在〉は相互に独立した次元を構成していると考えるのが妥当であろう。右の福岡・金説を受容するとしても、彼らは集住と〈顕在－潜在〉の関連に論及しているわけではない[15]。

エスニシティが顕在化（emergent）する条件を分析したW・ヤンシーらは、それが世代間の文化継承の次元（家族）とは異なる構造次元に存在することを示唆している。すなわち、①職業的同質性、②同胞集住地区における定住、および③当該地域のサービス機関や公共施設（バーや教会など）の利用を通した対面的相互作用である［Yancey *et al.* 1976 : 392］。「日常生活が近隣の相互扶助の中で営まれ、かつ、彼らが同じエスニシティを有している場合、エスニックな行動と意識はそれだけ強く顕在化する」［*ibid.* : 400］というのが、彼らの結論である。

ところで、上の三条件を見て気づくことは、①同質性と②定住性はコミュニティの形成条件であり［谷 1988 : 283］、③地域的相互作用はコミュニティそのものである［Hillery 1955］。ヤンシーたちは「エスニックな下位文化はコミュニティの形成条件が存在するところで顕在化する」と述べているが［Yancey *et al.* 1976 : 400］、このことと先のシゲルマンたちの社会的接触論とを併せ考えた場合、コミュニティ要因は、民族が混住する地域社会において、エスニック文化が顕在する条件ともなれば、民族間の結合条件ともなりうる、両方向に作用するものと仮定できるのではないだろうか。

じつはそのような社会関係を可能にするメカニズムの解明こそが、本書の課題である。大阪都市圏という「きわめてユニークなフィールド」（次節）を重視するのは、そのためである。

（5）社会経済的アプローチ

近代化と民族の復活

そもそも第二次世界大戦後のアメリカで「民族の復活」（ethnic resurgence）が議論されるようになったきっかけは、一九六〇～七〇年代における黒人運動と、新しい移民の流入であった［Portes 1984 : 383］。もちろん「民族の復活」はアメリカだけの現象ではない。同時期にアジア・アフリカにおける新生国家の誕生や、ヨーロッパにおける非ヨーロッパ人の移住など、世界各地で「民族」が顕在化した。その意味では日本は例外といえよう。一九七六年にファン・テン・ベルへは世界的な視野からこう記していた（傍点筆者）。「『エスニシティ』なる言葉は、最近再発見された現象を記述するために創られた造語である」[van den Berghe 1976 : 242]。

ここで問題とすべきことは、民族の復活現象が機能主義とマルクス主義、これら二つの生産力史観に与えた衝撃である。周知のように、この二つの理論は近代化によるエスニシティの意義の消滅を主張していた。機能主義によれば、労働市場は技能と効率という普遍主義的業績原理に基づいて形成されるから、仕事はエスニック集団（属性本位）を横断して配分されることになる [Hechter 1978 : 311]。マルクス主義にとっても、社会闘争の基本的単位は「民族」から「階級」に変わるはずであった。これでは民族の復活現象は到底説明できない。民族関係論の社会経済的アプローチは、これら「古典的社会理論」[*ibid.* : 311] を乗り越えるために生まれたのであった。

したがって、このアプローチの焦点が、労働市場の民族的構成とエスニックな政治的動員の関係や、社会経済的地位（学歴・職業・収入など）の民族間比較などに置かれるのは当然である。

労働市場とエスニック動員

まず、労働市場の民族的構成に関しては、国内植民地論 [Hechter 1974 ; 1978]、分割労働市場論 [Ragin 1977 ; 1979]、中間マイノリティ論 [Bonacich 1973]、「飛び地」経済論 [Wilson and Portes 1980 ; Portes 1984 ; Portes and Stepick 1985 ; Portes and Truelove 1987 ; Portes and Jensen 1987] など、さまざまな現状認識が示されている。これらについては、すでにわが国でも詳細な紹介論文があるので深くは立ち入らないが [堤 1993]、英米における認識の推移は、おおよそ〔機能モデル→反発モデル→競争モデル〕といった経過をたどっているように見える。

英国の地域比較研究を行ったM・ヘクターによれば、ウェールズなど周辺地域の民族運動は、中心地（イングランド）の搾取に対する「反発」であるという [Hechter 1974]。労働市場がエスニック特性に基づいて画然と分割され、差別がある。これを「文化的分業」(cultural division of labor) という。いうまでもなく世界資本主義の矛盾を指摘した「従属理論」の国内版であり、かかる状況を抱える国（たとえば英国における北アイルランド）には適用可能性が高いだろう。

だが、産業化が遅れているがゆえにエスニシティが顕在化すると説く反発理論には、裏返せば、国内周辺部が産業化を果たして中心経済に統合されればエスニック結束は弱まるとの含意があり、結局、近代化がエスニシティの重要性を低下させると説く「機能モデル」と、論理的に同型である［Nielsen 1985：147］(16)。

これに対して「競争モデル」は、「機能モデル」や「反発モデル」と同一の前提（産業化）に立ちながら正反対の結論を導き出す点で、よりラディカルなエスニック理論といえる。すなわち、産業化・近代化によって達成原理が優位となる結果、民族境界線を越えて社会移動が起こり、文化的分業は崩壊するが、その場合でもエスニックな差異は消失せず、むしろ同じ資源をめぐって民族集団間の競争が政治化する。このモデルの主唱者の一人、C・レーギンは、ヘクターと同じ地域を研究して、かかる正反対の結論に達している［Ragin 1977；1979］。両者の矛盾をF・ニールセンが次のように説明する。両者の見解の相違は、イギリス近代化の異なる発展段階に照準を合わせた結果であると［Nielsen 1985：147］。

階層比較

次に、学歴・職業・収入などの社会経済的地位の民族間比較も、労働市場の民族的構成に関わる研究である。たとえば Hurh and Kim［1989］は、アメリカで一般に流布しているアジア系アメリカ人の「成功イメージ」の虚偽を、「公平理論」(equity theory) を用いて暴露した。センサス・データで調べた結果、アジア系アメリカ人は実際に就いている仕事以上の能力を有しており (overqualification)、言い換えれば能力以下の職業に甘んじており、高い学歴が有効活用されていない (underutilization) ことがわかった［*ibid.*：525-526］。

また、A・ポルテスたちも同様に、教育程度や労働経験などの「経歴」をコントロールしてもなお社会経済的地位に格差がある状態を「差別」と定義し、ヒスパニック系新移民が編入される労働市場が「差別」的である（キューバ人の「飛び地」経済は例外）ことを独自の大量調査から明らかにした［Portes and Truelove 1987 : 366］。なお、日本でもごく最近、公平理論を用いた在日韓国人の社会移動研究が現れている［金・稲月 2000］。注目すべき動向といえよう。

日本の場合

以上、きわめて大雑把ながら欧米の社会経済的アプローチをたどってきて気づくことは、一九六〇、七〇年代以降今日までの日本で、かかるアプローチがほとんど試みられていないことである。充実した実証研究としては、金・稲月［2000］の他に、石井［1999］があるくらいだろう(17)。

わが国で社会経済的アプローチが乏しい理由は、これまで述べてきたところからも大体の見当はつくだろう。私見によれば第一に、戦後の高度経済成長期に移民現象や、大衆的な公民権運動がほとんど起こらなかったこと。第二に、日本の社会学界で機能主義とマルクス主義が光彩を放った一九六〇年代、いずれの理論の信奉者たちも民族をまったく問題にしなかったこと。また、戦後日本社会の現状分析に基づく民族理論も生まれなかったこと。第三に、そのため、たとえ現在進行中の民族現象に対する理論的関心が芽生えても、批判的に乗り越える先行理論が存在しないこと。そして第四に、実証的研究に役立つデータが存在しないか、あっても開示されないこと——これはかなり深刻な制約であるが、幸い近年少しずつ克服されてきているようにも見える。本書もまた、そのような試みの一つであるが、この点については次節で再説したい。

第4節　研究対象

（1）「在日朝鮮人」とは誰のことか

ここで私たちの研究対象を定義しよう。本書で「在日朝鮮人」とは、「朝鮮半島・済州島における戦前・戦中の日本の植民地支配と終戦直後の政治的混乱のなかで、同地から日本へ来た者とその子孫のうち、韓国・朝鮮籍を持っているか、もしくは、たとえ日本国籍を取得した後も自民族への一体感や帰属意識をなにほどか抱きつつ日本に定住している人々」を指している［谷 1995b：135］。したがって、すべての朝鮮籍者は「在日朝鮮人」といえるけれども、すべての韓国籍者が「在日韓国人」というわけではない（留学やビジネスなどでの滞在者）。また、日本籍へ国籍変更した旧韓国・朝鮮籍者であっても、意識の持ち様によっては「在日朝鮮人」と呼べる人もいる。それから、朝鮮文化（言語など）を無視するわけではないが、その保有が帰属の決定的条件というわけではない。しかし、同じ民族意識の持ち主なら、民族文化を持つ人が持たない人よりも、エスニック集団の中心近くに位置していることは確かである。

なお、大阪の歴史的事情として、戦後の高度経済成長期、日本最大のサンダル産地であった大阪――その中心的担い手が生野区の在日朝鮮人――が誘引した済州島などからの密航者等も、その後に「特別在留許可」を取得して定着し、すでに四十年以上が経過している。今では孫を抱く世代になっている彼ら――「戦後第一世代」と呼べる――も「在日朝鮮人」に含めるべきだろう。

一方、「在日朝鮮人社会」は、「在日朝鮮人」だけから成るものではない。それは、彼らを核としつつも、その後に韓国から来た人々、あるいは国際結婚をした日本人等を含む多国籍の人々、さらには日本人社会へ同化していく民族同胞などの集合体という意味で理解されたい［谷 1995b：139］。

（2）研究意義

ここでは、都市社会学と民族関係論における「在日朝鮮人社会」および「在日朝鮮人集住地域」の研究意義と限界点を六点にまとめて列記する。

第一に、それは都市的現象である。在日朝鮮人が農村より都市に多く住んでいることはいうまでもない。とりわけ大阪都市圏は、在日の人口量と密度において日本最大の都市である。「在日朝鮮人」の人口規模は在留資格「特別永住者」数によって一定の目安を得ることができる。「特別永住者」とは、戦前の旧植民地時代に朝鮮半島と台湾から来日した人とその子孫に付与される在留資格のことである。これを指標に用いると、韓国・朝鮮籍「特別永住者」は、一位の大阪市九万八九四九人が、二位の東京都四万六三六四人を大きく引き離している（二〇一二年十二月末、以下同）。

その大阪でも在日朝鮮人が抜群に多い地域が本書の中心舞台、生野区である。「韓国・朝鮮籍」が二万七千人弱、区民人口の二〇〜二五％を占めている（その他の外国人は約二千人）。なお、韓国・朝鮮籍に占める特別永住者数は、区別・在留資格別外国人統計が未公表のため不明である。ただ、全国レベルでは公表されていて、その割合は七一・二％（二〇一二年）だから、生野区は韓国・朝鮮籍の九割方がオールドタイマーだと推測できる。また、大阪市で生野区に次いで「在留外国人」が多い区は東成区だが、その数は七千人弱と一桁小さい。さらに、生野区には住民の過半数を韓国・朝鮮籍が占めている町丁目が七カ所もある［西村 2008：102］。以上から、生野区は日本最大級のエスニック・コミュニティを擁しているといってよい[18]。

第二に、日本都市最大のエスニック集団である在日朝鮮人社会は、フィッシャーの謂う下位文化の強化、普及のための人口臨界量を優に越していると考えられるがゆえに、エスニック文化の創発・持続・変容過程に関して、他の在留外国人集団よりも豊富なデータや知見を得ることが期待できる。また、民族関係に関しても同様のことがいえるだろう。地域社会とは、民族関係のあり様が集団参与という形式で具体的に目に見える空間に他ならない。

しかも第三に、在日朝鮮人は、日本の外国人移民の中で定住の期間がもっとも長い。七十年以上の歴史がある。この長い歴史の中から、今後のニューカマーに関して下位文化と民族関係の行方を占う「カード」を得ることが可能ではないか［谷 1993 : 2-9］。

第四に、とりわけ大阪都市圏へ移住した戦前期朝鮮人の「編入モード」は、現代の移民にも通ずる普遍性を有している。「編入モード」(mode of incorporation) とは、ある社会的属性を持つ個人が移住先で入っていく社会経済的文脈のことをいうが［Portes and Truelove 1987 : 368］、帝国主義が当時の国際労働力移動を根本で規定していたことを踏まえた上で、大阪という工業都市を目指し、中小零細工場の低賃金職工に編入された済州島農民の移住は、現代移民の資本主義的編入モードに近いといえよう。九州・北海道の炭鉱や日本各地の軍需関連工事現場などの、いわゆる強制連行とは、ある意味で異質である。

第五に、在日朝鮮人のみならず定住外国人研究に共通する限界点は、統計データの入手がきわめて困難なことである。たとえば、「外国人登録原票」を母集団設定のために利用することは、現状ではほとんど不可能に近い。国勢調査の国籍別データも利用できないし、各種官庁統計は国籍別には取られていないだろう。欧米の資源動員論が、主としてかかるデータを基礎に行われている状況に鑑みても、日本で社会経済的アプローチが遅れている理由は明白である(19)。

しかし第六に、かかる状況のわが国でも、一定の研究の進展が認められることは確かである。たとえば、最近年のSSM調査における競争モデルの適用が注目される［金・稲月 2000］。私たちも、次の二つの方法で社会経済的アプローチを試みてきた。一つは職業・階層の世代間継承、再生産過程に関する家族分析である（本書第Ⅲ部）。もう一つは、在日朝鮮人の社会移動パターンを量的データによって把握した上で、そのパターンが行為者にとって持つ意味を生活史データを用いて解釈する、という方法である［稲月 2002a］。

(3) 剝奪仮説

商工住の混合密集地帯であり、人口減少と住宅老朽化が激しく、かつ民族的異質性が漸増しているインナーシティの生野区猪飼野地区で、一九八〇年代後半から私がフィールドワークを行ってきた目的は、民族間の結合条件を地域構造の中に探ることであった。その結果索出された仮説を「剝奪仮説」と呼んでいる。

「剝奪仮説」とは、本来自らに備わっているべき価値が剝奪されている場合、その価値を奪還するために民族と民族が結合して状況に立ち向かうことをいう。言い換えれば、相互に協力し合わないことには共倒れになってしまう状況下において、ようやく民族間の結合関係が成立する［谷 1992：279–280（本書第4章）］。

たとえば、地域福祉活動。障害児・障害者などを対象とする民間の小規模福祉グループでは、民族の区別なく、該当者は誰でも受け入れていた。また、通学児童の七割を在日朝鮮人が占める市立M小学校のPTA活動でも、同様の結合関係が芽生え始めていた。

これを少し詳しく説明すれば、当時、生野区内のすべての小中学校で、PTA執行部を日本人の親が「独占」していた。そのため、在日朝鮮人保護者のPTAに対する関心度も参加度もきわめて低く、とりわけM小の事態は深刻であった。運動会のテント張りができない、年中行事のバザーを開催できない、そういうPTA自体の存続が危ぶまれる崖っぷちに立たされて、ようやく在日保護者を執行部に迎え入れることにしたのであった。

また、斜陽化しつつある地元商店街が地域振興計画を推進中であったが、そこでも利害を共通にする民団系・総聯系・日本人の商店主が協働で事業にあたっていた。

このように、損なわれた「肉体的精神的活動」、解体しつつある「組織」、失われゆく「利益」、かかる剝奪状況を契機とする結合関係の成立である。しかも剝奪状況以外の結合条件を、少なくとも地域住民組織レベルで見いだすことはできなかった。ただし、地域外からやって来る日本人のボランティア活動などは、また別の契機で結合するという現実もある［谷 2000b］。このような、かつてのフィールドワークの発見と限界を踏まえ、さらなる結合条件の探索に踏み出すために、私は一九九二年に「民族関係研究会」を組織した。

第5節　「世代間生活史法」の試み

（1）在日朝鮮人と家族

家族・親族

民族関係研究会（略称、関係研）は、大別して二つの社会調査を実施した。一つは、前述した一九八〇年代のフィールドワークを引き継ぐ形でおこなわれた在日朝鮮人集住地域「桃谷地区」（猪飼野を含む）の実態調査である。もう一つは、在日の家族・親族を対象とする「世代間生活史調査」である。以下しばらくのあいだ後者の説明に集中し、前者には本節第4項で関説したい。

在日朝鮮人社会における家族・親族結合の強さは、きわめて注目に値する事実である。昨今の海外からの単身出稼ぎ移民とは異なり、七十年以上の定住の歴史をもつ在日朝鮮人はすでに四世代の層をなしている。こうした人々で作る家族・親族が在日社会の非常に重要な準拠集団となっている。その理由は、儒教精神に基づく家族・親族結合の絶対的強度――その象徴が祖先祭祀（「法事」、「チェサ」ともいう）――と、家族・親族以外の社会関係が少ない――日本社会の民族障壁に起因する――ための相対的強度の両面から説明できるだろう。私はこれまでこのことを証明するデータを断片的ながら繰り返し示してきたが［谷 1989b：72–73；1994：255–291；1998：187–188］、本書第Ⅲ部では一つの家族を取り上げて、世代ごとに検討してみたい。

ところで、ここで「家族」とは、家族社会学の概念である定位家族と生殖家族を意味している。また、「親族」とは、複数の家族が血縁または姻縁を基に結合している集団のことである。いずれも形式的な定義であって、結合の様式は当面は問わない。事実として血縁と姻縁に基づく何らかの結合関係が存在すれば、それを家族といい、親族ということにする。

これはT・ハレーブン［Hareven 1982＝1990：8］の定義に近い。ハレーブンは家族を、居住単位である「世帯」から区別し、「同居集団としてだけでなく、世帯の外にも広がる親族体系」と捉えている。ただし、親族一般と同義ではない。家族・親族の「共同性」を重視し、また、家族員の主観的認知や家族観など、相互作用の意識的側面をも考慮している［森岡・青井 1985：48-49］。世帯を越えた生活共同集団としての親族集団である。在日朝鮮人社会の中にも、そのような「家族」が存在している。共同し、自分たちは家族であると認知している血縁・姻縁の人々の集まりである。

朝鮮の伝統的な親族の「理念型」が父系の単系出自集団であるのに対して、私たちは「現実型」において家族を定義しようと思う。結果的に「理念型」に近い家族は当然あるけれども、少なくとも定義においてはこれを採用しない。その理由は、「世代間生活史法」の問題意識――民族関係と文化継承――に照らせば、「理念型」の意義は小さいと考えられるからである。

たとえば、在日朝鮮人の法事は必ずしも父系直系的に行われるだけでなく、ここで定義する意味での家族の集合の場となっているケースが現実に少なくない。亡父の法事を、その長男ではなく、亡父の妻が司祭するケース。亡父の法事に、父方の親族は現存するにもかかわらず誰も出席せず、「亡父の妻と妻方の兄弟姉妹」の全家族が出席するケースなど、じつにさまざまである。

なお、家族と親族の間を画然と分ける基準を設けることは、現実には困難であろう。従兄弟も兄弟同然と考えている（在日）朝鮮人社会の場合、両者は日常生活の中で連続していると見るべきである。

世代間生活史法

私たちは在日朝鮮人社会における家族機能の重要性に着目した結果、世代間の〈関連と比較〉という発想を得た。

生活構造のパターンが家族・親族結合を通して継承・伝達される（もしくはされない）プロセスへの着目である。ここから「世代間生活史法」という具体的な調査法の案出に至るまでは、そう長い距離ではなかった。

ここで「世代間生活史法」とは、家族・親族のメンバーである個人の生活史を、縦に祖父母・親・子・孫と、おじ・おば＝甥・姪関係、横に夫婦・きょうだい・いとこ関係――これら血縁・姻縁関係の中に位置づけることにより、長いタイムスパンで民族関係、文化継承、および職業移動などの変動過程を追求するための、ライフコース研究の一方法である。

この方法により、一方、世代間の比較を通して、家族・親族、職業、地域、学校、友人など、社会構造との接触パターンの持続・変容過程がつきとめられる。他方、肉親と婚姻の絆を通して、親から子へ、子から孫へ、おじ・おばから甥・姪へ、祖父母から孫へと、生活様式・生活理念・価値意識など、文化体系の継承・獲得・持続・変動過程が追求できる。これら社会関係と文化体系の相互連関の変動過程も究明できる。さらには家族を準拠集団の「原型」としつつ、そこを基点とする集団参加の多様な展開過程も明らかにできるだろう。従来のコーホート分析とは違って、世代間の「比較」にとどまらず、「関連」が追求できることが、最大のメリットである。名前は私が付けた⒇。

ここでのひとつの含意は次のことである。世代別の議論を始めると即座に連想されるテーマが、各世代の類型的な比較である。たとえば、「日系米人の一世は祖国志向で、二世は同化志向で、三世は……」。しかし、私たちはこうした比較にとどまらず、関連も追求しようとしている。

なお、この方法が、〈生活構造変動分析としての生活史法〉という従来から私たちが採用してきた生活史方法論の応用であることはいうまでもない。この方法論に関する基礎的問題――仕方、視点、有効性と限界点、および量的方法との相互補完関係等――は、すでに別の機会に論じている［谷編 2008：3-38］。

(2) 世代区分

世代間生活史法の実際の手法と作業仮説を説明する前に、世代区分について注記しておきたい。本書では十代をどの時代で生きたかによって、世代を四つに分類することにした。具体的には、時代を終戦（一九四五年）、高度経済成長（一九六〇年～）、オイルショック（一九七三年）の三つのエポックで四区分し、操作的に調査対象者を十五歳時（中学三年生）を生きた時代で四分類する。すなわち、①「戦前移住世代」、②「戦後世代」、③「成長期世代」、④「定住世代」である。なお、②と③をまとめて「戦後・成長期世代」と呼ぶこともできる。

この時代区分は、Lipset and Bendix［1959］の「成長期の地域社会」（community of orientation）にヒントを得ている。彼らによれば、「成長期の地域社会」とは十代をすごしたコミュニティのことである。発達過程における十代という段階についてはなお検討の余地はあろうが、十代が、基本的に家族の社会経済的地位に規定されつつ、地域や学校の社会環境と相俟って、人格・価値観・社会認識・対人関係観などが意識的に形成される成長期であるとするならば、十代を生きた「歴史時間」との関連で個人の生活史が理解できる部分は小さくないであろう。ちなみに、リプセットたちは「成長期の地域社会」が大きければ大きいほど、その人のつく職業上の地位が高い傾向にあることを実証した［1959＝1969：194‒195］。

なお、私たちの調査対象者の十代居住地は、戦前移住世代ならば朝鮮農村部か大阪都市圏、戦後世代以降はほとんどが大阪都市圏であったから、十代居住地に関しては、きわめて同質的といえる。各世代について若干のコメントを加えておきたい[21]。

①「戦前移住世代」は、おおよそ「移民第一世代」に対応している。私たちのインフォーマント（調査対象者）も、一人を除いてすべてそうであった（表2‒3参照）。この世代は、現在では在日朝鮮人全体の中で一割に満たなくなっている。

なお、彼らは一般に「在日一世」などと呼ばれる人々であるが、本書では「在日一世、二世、三世」という呼称は原則用いないことにする。代わりに「移民第一、第二、第三世代」という呼称を使うことにしたい。第一世代の子が第二世代、第二世代の子が第三世代であることはいうまでもないが、親のいずれか一方が第一世代であれば、その子は「移民第二世代」、また第二世代と第三世代の間の子は「移民第三世代」とする。(22)

②「戦後世代」と③「成長期世代」は、事実上「移民第二世代」に対応している（私たちの調査では一人を除いて）。したがって、「第一世代の子」という観点から②と③をひと括りにすることも、場合によっては必要だろう。④「定住世代」は、おおよそ「移民第三世代」に対応している（これも調査では一人を除いて）。この「定住」という呼称には少し説明が必要かもしれない。一九七〇年代から八〇年代にかけての時代は、在日朝鮮人の「定住化」が法的地位の面でも、社会保障の面でもいよいよはっきりしてきて、それが意識の面で定住志向を強めてきた時代であった［梁 1996：140-146］。それは、在日の目が祖国に向いていた「成長期世代」の一九六〇年代（その象徴が北朝鮮への「帰国船」）とは、きわめて対照的といえる。社会運動も、六〇年代は南北の政治的対立を軸としていたのに対して、七〇年代はかかる運動も一方では継続しながら、むしろ差別反対運動に代表される地域や職場に拠点をおいた、その意味での「在日」を志向する運動が主流になってきたといえるだろう。「定住」という呼称は、そのような歴史的推移を示唆している。(23)

(3) 調査概要

四家五七人の生活史

民族関係研究会が在日朝鮮人家族を対象とする世代間生活史調査に初めて着手したのは、一九九三年九月のことであった。そして、最後の訪問調査が一九九八年五月であったから、足掛け六年の歳月を費やしたことになる。この間、結局、阪神圏に住む四家族五七人の在日朝鮮人から生活史を聞きとることができた。二回、三回と繰り返し訪問したケースもあり、延べ七二回の訪問回数となった。そのインフォーマントを家族と世代で分類すると、表2

表2-3　インフォーマントの世代分類

世　代	W　家	Y　家	X　家	V　家	計
戦前移住世代 〜1945	W3(1), W7(1), W8(1)	Y3(2)	X9(1)	V13(1)	6
戦後世代 1945〜59	W1(2), W2(2), W9(2)	Y2(2), Y6(2)	X2(2), X3(2), X6(2), X10(2), X16(2)	V1(2), V9(2), V10(2), V11(2), V12(2)	15
成長期世代 1960〜73	W4(2), W5(2)	Y1(2), Y5(2), Y12(2)	X7(2), X8(2), X11(2), X12(2)	V3(2), V5(2), V6(2), V8(3)	13
定住世代 1974〜	W6(3), W10(3), W11(3), W12(3)	Y4(3), Y7(3), Y9(3), Y10(3), Y11(3), Y13(3)	X1(3), X4(3), X5(3), X13(2), X14(3), X15(3)	V2(3), V7(3), V15(3), V16(3)	20
その他		Y8(日本人)		V4(新来韓国人) V14(日本人)	3
計	12	13	16	16	57

(注) カッコの中の数字は，移民第1〜3世代を示す．

-3のようになる。

ここで四家族を簡単に紹介しておけば、W家は「猪飼野」に住む工場職人の家族である。Y家［高畑 2002］は大阪都市圏周辺部にある、もう一つの集住地域に住む家族である。既述したように、猪飼野は、戦前の大阪の産業化によって朝鮮人職工・職人が増加した資本主義的編入モードの典型である。一方の周辺集住地域は、大戦末期の軍需工事に動員された朝鮮人肉体労働者が戦後も現場にそのまま定住した、形成期において下層的性格の強い集落である。このようにWとYは地域特性において対照的である。それが彼らの生業に影響していることを両家族の生活史の比較から確認できる。Y家はまた、X家［山本 2002］とも、別の意味で対照的である。Xは第三世代から高学歴・専門職（端的に医者）を多数輩出している。そして最後のV家［野入 2002］は、キリスト教信仰が重要な絆となって結ばれている、いわゆる「クリスチャン・ホーム」である。本書では、このうちW家の世代間生活史をとりあげ、記述と分析を試みる（第Ⅲ部）。四家族調査の全体像は谷編［2002］を参照されたい。

ラポール

彼らへのラポールのとり方は、生活史をうかがった方に、次にどなたか身内の人を紹介してもらう、いわゆる「雪ダルマ式手法」である。しかし、私たちの感覚としては、むしろリレーのバトンタッチに近い。しだいにデータが膨らんでいったのは事実だが、私たちがリレーのバトンになって、次から次へと親族の間を渡り歩かせていただいたという感覚の方が強い。

また、質的調査なので、量的目標は厳密には定めなかった。時間との関係で、それはおのずと決まってくるわけである。しかし漠然と六〇人くらいは、と考えていたので、私たちとしては満足のいく結果だと考えている。性別、世代、国籍、地域、学歴、職業等のバランスを考慮した。これらの社会的属性にあまり大きな偏りが生じないように、調査対象者の負担にならない程度で、こちらから候補者の希望を申し出た場合もある。

調査者は、原則二人以上、せいぜい四人までで訪問することにした。少なくとも初回だけは一人で行くことを避けた。インタビューの一部始終をカセットレコーダーに録音したが、これを拒否されたケースは皆無であった。

聞き方の手順としては、フリートーキングに入る前に基礎的な事実関係を聞き取り、これを「フェイスシート」に書き込むことにした。シートは、年齢、国籍をはじめ、定位家族、生殖家族、地域移動、教育歴、職業移動など、生活史の基礎的項目で構成されている。フォーマットの詳細は谷編［2002：729-737］を参照されたい。この作業が私たちの〈生活構造変動分析としての生活史法〉にとって避けて通れない基本的なワンステップであることは、第二節の説明からも了解いただけただろう。とはいえ、高齢者のインタビューでは、これだけで二時間近くもかかった場合もある。調査対象者からは「身元調査みたい」と皮肉られることも稀にはあったが、その後のインタビューの過程でそうした疑念は払拭されるのが常であった。私たちの研究の意義――民族関係の可能性――が理解されたからだと、私は信じている。

フェイスシートは、その後のフリートーキングでもたいへん役に立つ。フリートーキングでは、基本的に社会移動〈地域移動と職業移動〉の道筋に沿って生活史を聞くことにしていたから、フェイスシートがその「道案内」の役割を果たしてくれた。たとえ話題が逸れていっても、移動歴が掌握できているから本筋に戻ることが容易にできたのである。また、凋密な家族・親族ネットワークに囲まれて生活している人々なので、当然、たくさんの名前が会話の中に出てくる。そのため、ややもすると頭の中が混乱しかねないが、予め定位家族と生殖家族の成員名を聞いているので、そのような事態も回避することができた。

フリートーキングに際しては、他に何を聞いてもいいけれど、この項目だけは聞き漏らさないようにしようという「基本的な質問項目」リストを用意して臨んだ。いわばカンニングペーパーである。定位家族、生殖家族、地域、教育、職業、政治的体験・意見、日本人との親交関係などの大項目の下に、幾つかの小項目を箇条書きにしている（[谷編 2002：727-728] を参照されたい）。

これらもまた、〈民族関係分析の生活構造論的視座〉から必然的に導出された調査項目である。たとえば、大項目の下の小項目には「結合・分離志向」とあるのだが、そこでは、職場や地域などの生活場面における民族関係の質と量を聞くわけである。「カンニングペーパー」には他に、歴史時間・家族時間・地域時間・教育時間・仕事時間の相互関係がひと目で確認できるような簡単な生活周期図と、在日関連の歴史時間がひと目でわかる略年表も付けておいた。

テープ起こしの三段階方式

録音テープの声を文字に転換するスクリプトの作成にあたっては、テープの音韻をできるだけ正確に文字化することを基本とした。第Ⅲ部の生活史記録では、方言や指示語などでわかりにくい言葉は〔　〕の中で解説している。足りない言葉は筆者が（　）で補って前後の語りがつながるように配慮した。また、インタビュー場面の状況や雰囲気などを読者に伝えたい場合は〈　〉で説明する。

以上の基本方針に従い、①粗起こし、②クリーニング、③最終確認の三段階でスクリプトを完成させることにした。これを私たちは、〈テープ起こしの三段階方式〉と呼んでいる。具体的には、①では、とにかくまずテープをそのまま起こす。これを担当するのは、実際にインタビューをしたメンバーか、アルバイター（インタビューには随行していない）である。次の②では、このスクリプトを別の人がテープを聞きながら読み、修正する。これを担当するのは、原則としてインタビュアー以外の研究メンバーである。当該調査を経験していない人が聞くと、また違った角度からの新たな気づきがあり、それだけテープ起こしが正確になるだろうと予想した。そして最後に、③「クリーニング」されたものを実際にインタビューをおこなった人へ返し、その人が再度テープを聞いて「最終確認」をする。

このような経過を経て仕上がったスクリプトは、いわばテープの「コピー」である。しかし、論文等にデータとして掲載する際には、ある程度の「編集」を施している。重複部分の削除や並べ替えの他に、会話の中で発せられる感動詞（そうそう、あのぉ、ええ等）や間投助詞（ですね、わ等）などで煩雑に感じられる部分は適宜省略した。この編集はデータ使用者の判断でもおこなわれるので、同一箇所の引用であるにもかかわらず、共同研究者によって細部の表記が異なる場合がある。しかし、内容には齟齬がないように気をつけた。それから、人名、地名など、個人が特定されるものはすべて仮名とした。

スクリプトの公表にあたって調査対象者と約束したことは、上記の匿名性に加えて、研究目的以外には使用しないことと、公表前にスクリプトを確認いただいて、訂正、削除、加筆等をお願いするという三点であった。

（4）分析の全容

民族関係研究会がおこなった分析は、家族分析、主題別分析、地域分析の三つである。次に、それぞれの分析法のアウトラインを説明したい。

家族分析

私たちが生活史を聞いた四家族は、先述の紹介からもうかがえるように、地域性、階層性、家族文化等においてきわめて個性的かつ対照的である。そこで家族分析では、まずはそれぞれの家族に対する「異文化理解」に力点を置くことにした。その際、とくに世代間継承への目配りが本研究の特色である。民族関係、民族文化、および職業・階層――これらの世代間継承がどのようになっているのかが、四家族の分析に共通した着眼点である。

また、比較を容易にするために、家族分析の構成を標準化した。これを本書に即して説明すれば、まず第6章で家族（親族）の概観と調査概要を記述し、家族の特徴に即した「主題」を提示する。続く第7章では、四世代（戦前移住世代、戦後世代……）から典型的と思われるケースを一つずつ選択し、順次紹介していく。定位家族、生殖家族、地域生活、友人関係、学校生活、および職業生活などに関わる意識と行為について、生のデータを提示する。そして最後の第8章で、第6章に提示した「主題」に即した分析と考察を試みる。要するに、第6章と第8章が「論文」としての呼応関係にあり、中間の第7章に「資料」を分厚く綴じ込む形式である。これは、生活史研究における「異文化理解」を重視する立場［谷編 2008］からの一試みである。読者は第7章を飛ばして第6章から直接第8章へ読み進まれても、「主題」に対する分析結果はある程度把握が可能なように、第Ⅲ部は構成されている。そうした読み方もあってよいと思う。本書が、話者の長い記録をあえて付録としてではなく、本編に組み入れた認識論的根拠については、すぐ後の、「アウトサイダーの知識」のところで、詳しく説明したい。

主題別分析

主題別分析は、生活構造論のアスペクトから、①「民族関係の結合－分離」［二階堂 2002］、②「エスニシティの顕在－潜在」［西田 2002］、および③「生活倫理・職業倫理の持続－変容」［近藤 2002］を選択した。これらが、民族関係のⅣ型「顕在－結合」の諸条件を探索する試みであることはいうまでもない。生活構造論との関連でいえば、

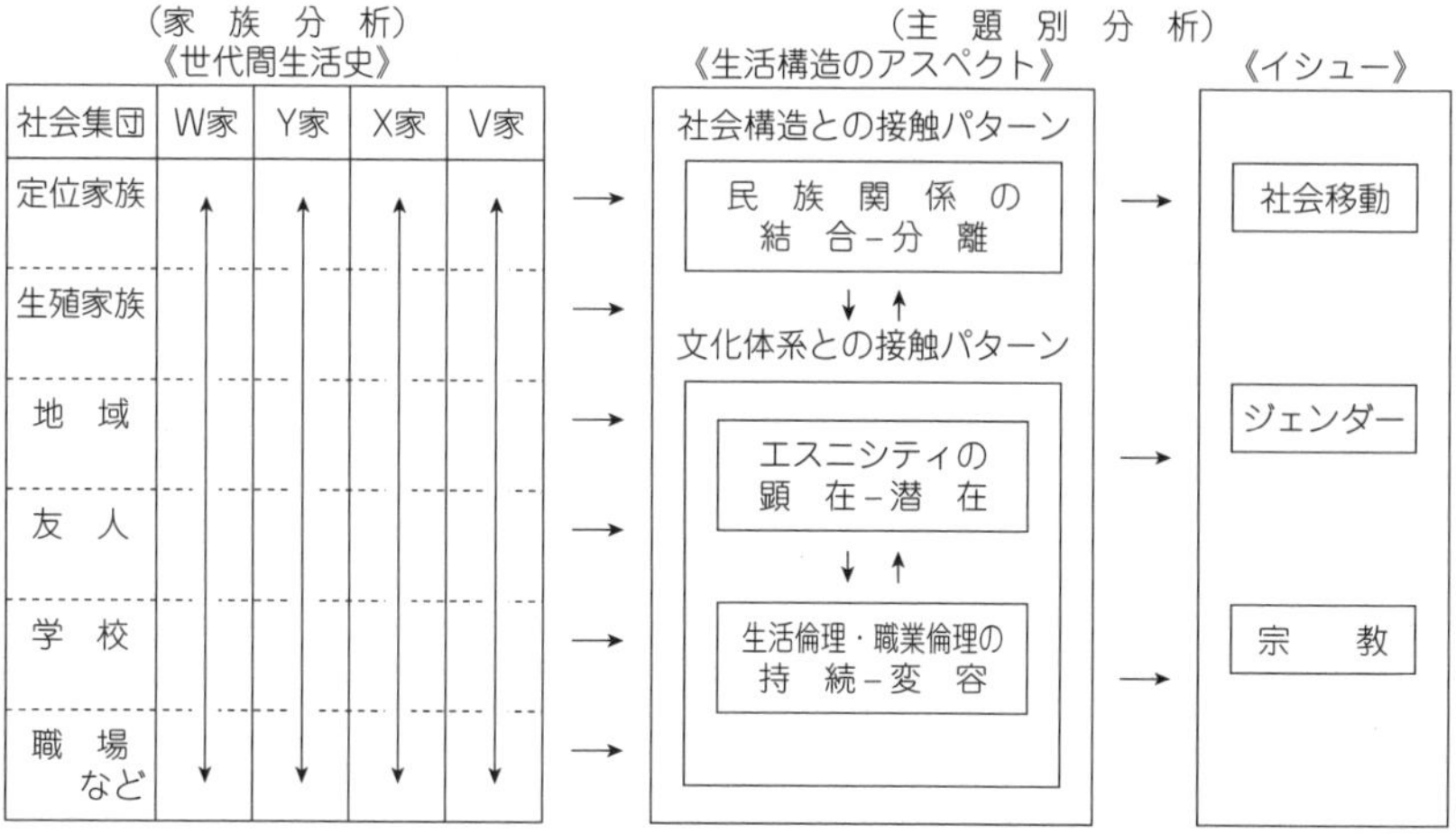

図2－5　世代間生活史研究の全体

①が社会構造との接触パターン（集団参与）に、②と③が文化体系との接触パターン（生活理念）に、それぞれ対応している。

また、在日社会における④「社会移動」［稲月 2002a］、⑤「ジェンダー」［大束 2002］、および⑥「祖先祭祀」［中西 2002］といったイシューが、第3節で概観した民族関係論の系譜に鑑みても重要であると、私たちは考えている。すなわち、④は「社会経済的アプローチ」の系譜に、⑤と⑥は「社会文化的アプローチ」の系譜に、それぞれ連なるテーマである。

なお、家族分析と主題別分析の方法論上の目標は仮説の索出である。索出した仮説を量的調査によって検証するのは今後の課題である。両分析の関連を図示すれば、図2-5のようになる。

地域分析

民族関係研究会では、こうした生活史調査と同時並行で、在日集住地域「桃谷地区」（猪飼野を含んでいる）の実態調査を遂行した。先にも述べたように、この実態調査は、私自身が一九八〇年代後半に着手したフィールドワーク（本書第Ⅱ部にまとめている）のさらなる展開であり、また、民族関係論の「地域社会学的アプローチ」の系譜に連なることを志向している。具体的には、「桃谷地区」の歴史的形成過程の解明［西村 2002］と、同地区の日本人住民を対象とする大量調査［稲月 2002b］である。このうち西村雄郎［2002］は、戦前期大阪の産業化に伴って流入した朝鮮人と、それを迎え入れた地元日本人住民との関係を生態学的観点から解明する、それ自体意味のある探究であると同時に、家族史の都市的環境を理解する一助となっている。また、稲月［2002b］は、北九州の在日集住地域との比較で、エスニック・コミュニティにおける日本人住民の意識と民族関係を明らかにしている。

以上のすべての研究から索出された仮説群［谷編 2002：715-722］を「結章」で提示し、これをもって本書の結論としたい。

アウトサイダーの知識

私たちは、スクリプト・データのほぼ全面的な掲載（といってもごく一部なのだが）を編集の基本方針とした。読み手にとっては煩わしいとも感じられるそのような方針をあえて立てた根拠は先述した「異文化理解」にあるわけだが、では、民族関係の異文化理解という行為には、どのような含意があるのだろうか。

私たちは民族関係を視野に入れているとはいえ、実際の調査場面では、いわばアウトサイダー（日本人）として在日朝鮮人と向き合ってきた。このインサイダーとアウトサイダーの関係について、R・マートンの知識社会学は示唆的である。彼は、現象を直接熟知している「経験的知識」（Acquaintance with）と、直接経験を伴わない「抽象的知識」（Knowledge about）を区別した。前者はインサイダーの、後者はアウトサイダーの知識である。

前者はリアリティをもつ反面、「真相の把握」（authentic awareness）を困難にする場合がある――たとえば虚偽意識に気づかない。一方の「抽象的知識」は、社会生活の規定要因を分析する上で有用、不可欠ではあるけれども、人間味を感じさせない無味乾燥な概念であって、これが知的にパワフルになればなるほど、社会科学者の関心を人間の激しい感情的体験から逸らしてしまいかねない［Merton 1973：131-133］。これをマートンは「社会学的婉曲作用」（sociological euphemism）と呼んでいる。本書の場合ならば、さしずめ民族関係、文化継承、生活構造、社会階層、仮説索出など、この序論で展開したすべての概念が、ある意味で「婉曲作用」をもつだろう。

マートンはまた、インサイダーの知識はインサイダーにしか理解できないとする「インサイダー主義」の矛盾を社会構造論の立場から次のように鋭く突いている。「個人は一つの地位ではなく、地位の束を持っている。したがって、白人しか白人を理解できない、黒人しか黒人を理解できない、男しか男を……、女しか女を……となると、あるインサイダーは他のインサイダーを理解できないというパラドックスが起こる。白人の男は白人の女を理解できないことになる」［*ibid.*: 113］。そこでマートンは、右の二つの知識の統合によって「真相の把握」は可能になると考えたのだった。

私たちの調査がインサイダーの深い体験に触れえたと断言するだけの自信はまったくないが、ともあれ読者にも、私たちが収集した「経験的知識」にそのまま接していただいて、私たちと同じ地点で、私たちと共に、民族関係の「真相」を見据えていただきたいとの思いから、生活史記録をまるごと掲載することにしたのである。

第6節　作業仮説

すでに基軸テーマの説明は済んでいるが、それも含めて民族関係論の課題を分節化し、作業仮説の形でまとめるならば、以下の十点になる。ただし、質的研究を重視する本書そのものが仮説索出の試みであるから、以下の箇条書きは仮説というよりも、個別の論点といった方がより正確かもしれない。
（1）まず、民族関係の〈結合－分離〉に関する「帰無仮説」。在日朝鮮人サイドも日本人サイドも、全体に「結合」関係は少ないと予想される。もしもそうならば、「多民族コミュニティ」（前図2-4）への道はなお遠いといわねばならない。しかし、事態を前向きに捉えるならば、結合条件として従来からあげられている「コミュニティ要因」［Yancey *et al.* 1976: Sigelman *et al.* 1996］が重視されよう。また、同じ結合でも「共同」よりは「協働」

が、当面の目標としては現実的ではないか。歴史的経過も踏まえて、これらコミュニティ要因と結合様式が明細化された形で都市の中に発見できるかどうかが、民族関係論の当面する都市社会学的課題であると、私たちは考えている。

なお、帰化者の民族関係に関しては、現時点ではまだ十分なデータが得られていない。図2-3に示したⅢ型「潜在-結合」のことである。おそらく日本社会では事のよしあしは別として、結合関係は在日朝鮮人の「帰化」という方向で進展している場合が実際には多いことだろう。その意味では、私たちが出会ったインフォーマントの全員が韓国・朝鮮籍保持者であったことは、データのある種の限界を示しているといえなくもない。ただし、日本人と結婚したインフォーマントはいたし、親族の中の帰化者のことが語られる場合もあって、間接的ながら、データとして使用しうる語りがあることは、ここに明記しておきたい。

（2）民族性の〈顕在-潜在〉に関して繰り返し強調するならば、最近のエスニック・アイデンティティ論の視野の狭さを克服したい。アーバニズム論に関する倉沢進［1999：208］の、「人々の意識は、基本的な要因である都市要因から生み出される、どちらかといえば随伴的な事態である」という指摘は、民族関係論にも当てはまるだろう。私たちはエスニック・アイデンティティのあり様自体に主たる関心があるわけではない。社会構造と生活構造の側からエスニック・アイデンティティの形成条件を見つけ、かつ、他の社会的アイデンティティとの相対化を図る必要性を痛感している［西田 2002；近藤 2002］。

（3）世代間生活史法によって、世代間の比較が可能になる。たとえば、配偶者選択（同胞か日本人か）と、それに関わる儒教的文化（祖先祭祀）の継承意識について、世代別と性別で比較する試みがおこなわれる［中西 2002］。だが、世代間生活史の可能性は比較だけではない。家族の生活史をつなぎ合わせることによって、親の考え方・生き方が子の世代へどのように継承されているか（いないか）を知ることができるだろう。具体的には、学歴志向、職業移動、生活・職業倫理、対人関係、民族意識、結婚観、祖先祭祀、そして信仰などの諸相を通して、生活目標や生活理念が世代を通して浸透していく在日朝鮮人家族のあり方を明らかにしたい。

（4）特に移民第一世代のオモニ（母親）を起点とする文化継承が注目される。子育てにおける〈女の力〉である。だがそれは、子育てだけでなく、生活のさまざまな領域にも及んでいるのではないか。私たちが最初にこれを発見したのは、生駒山地の「朝鮮寺」であった。朝鮮寺の巫俗信仰を第一世代の女たちが支えていた。多くの夫はこれを迷信とみなし、妻の朝鮮寺への多額の喜捨を快く思わないにもかかわらず、口出しはできないのである［谷 1995a］。今回の調査によって、〈女の力〉が家庭における夫婦の力関係一般の宗教的反映といえるのだろうか。アボジ（父親）の文化エージェントとしての役割はどうなのだろう。夫婦の役割関係を戦前から現在までの歴史時間や家族時間とのシンクロニズムにおいて究明するという課題がある［近藤 2002］。

（5）もしも前記の（3）や（4）で有益な知見が得られれば、「世代間生活史法」がライフコース論の展開に寄与する可能性を示すことができるだろう。家族社会学で用いられてきた従来のライフコース・アプローチは、個人とその協同者（consociates）に焦点を合わせる傾向が強い反面、概して世代間関係分析の志向が弱かった。アメリカでも、ライフコース・アプローチと世代間関係分析は分離したジャンルを形成しているという［森岡・青井編 1985：4］。これらの限界を克服できるかもしれない［藤澤 2002］。私は、この方法は、ひとり家族社会学の専売特許ではないと思っている。近現代を貫く社会構造と生活構造の連動関係を、世代をつなぐという方法で追求できるとすれば、社会学全体にとって意味のある方法となるであろう。（3）や（4）に類する知見を増やし、相互に関連づけることによって、社会学的研究法の可能性を広げることができるのではないだろうか。

（6）ところで、在日朝鮮人の社会移動にはパターンがあるのだろうか。あるとすれば、それは何か。また、移動における属性原理と達成原理の関係はどうか。家族・親族・友人などのゲマインシャフト的結合関係における相互扶助的職業移動が依然として顕著ではないか［稲月 1997］。しかし、かかる属性原理が優越している中でも、社会移動に対する教育効果（達成原理）は見逃せないだろう。学歴が職業移動の手段として最大限に利用される傾向は、若い世代ほど顕著である。高い教育歴を可能にする条件と、反対に困難にする障壁、および彼らの職業観・家族観などが探求されなければならない［稲月 2002］。

（7）達成原理による上昇移動においては「分離効果」が優勢となるのだろうか。私たちの見るところ、移動効果における達成原理と属性原理の関係は、そう単純ではないだろう。上昇移動が生活構造の「豊富化」につながる場合もある。そのような民族的アイデンティティを保持しつつ、家族はもちろん他の同胞とも日本人とも、豊かに親交関係を築く行動パターンはいかにして可能か。社会移動と民族関係の相関関係をテーマに設定する必要があろう。

（8）朝鮮半島からの移住者たちの三、四代にわたる生き方の中に、「自力主義・家族主義・相互主義」が確認できるだろうか。ここで「自力主義」とは所与の条件と各自の力量に応じた手職の獲得の意志と能力のことであり、「家族主義」とは自己の生活をある程度犠牲にしてまでも直系家族の制度規範に従う行動様式のことであり、そして「相互主義」とは家族も含むもっと広い範囲の第一次集団内での相互扶助の原則のことである［谷 1989a］。これらは、かつて私が、沖縄から本土の大都市圏へ移住し、再び那覇都市圏へUターンした人々の社会的適応過程の中から仮説的に索出した、沖縄に特徴的に見られる生活様式――沖縄的なるもの――であるが、この生活様式の普遍性が研究の一つの焦点となっている［谷・安藤・野入編 2014］。

（9）朝鮮民族独自の信念と儀礼を有する「祖先祭祀」（チェサ）が、親族の統合とメンバーの動機づけに、昔も今も大きな機能を果たしていると予想される。子どもは、日本人の友人の家庭の法事を見ることで、自文化の独自性に気づく、そういう体験をもつ場合が多くあるようだ。その意味で生活史調査は、「エスニック・アイデンティティ」が異文化によって触発される瞬間に、私たちを立ち会わせてくれるだろう。

また、子ども時分に祖先祭祀を「楽しいもの」として体験している人が少なくない。親戚にお小遣いをもらい、ご馳走をいただく場として。成長期におけるエスニック・アイデンティティの自覚の場を、楽しく体験するか苦々しく体験するかは、その後の民族意識と民族関係に少なからぬ影響をもつかもしれない。また、日本人との「国際結婚」や帰化が、祖先祭祀をどう変容させていくのかも究明したい課題である［中西 2002］。

（10）最後に、私たちの研究目的は政策提言ではないけれども、社会政策や都市計画にかかわる社会学的示唆が在日朝鮮人の生活史に含まれていることは十分予測できる。オールドタイマーの世代間生活史とは、彼らが日本社会に根を下ろそうと懸命に努力し格闘してきた足跡に他ならず、彼らの家庭生活と職業生活がもはや日本以外のどこかで営まれるとは考えられないことを、生活史を読む誰もがはっきりと認識できるはずである。民族関係と民族性の望ましいあり方という観点から、現在から未来へ至る諸政策の合理的選択のための基礎的データを、私たちは提供できると考えている。

注

（1）これは、大阪府・京都府・兵庫県・滋賀県・奈良県・和歌山県の全三二六市町村自治体を対象に、一九九七年八月から九月にかけて実施した実態調査の結果に基づいている［共同研究「国際交流」チーム 1998］。回収率六四・四％（二一〇票）であった。

（2）いわゆる平成の市町村合併によって、現在は愛知川町・水口町・甲西町・新旭町は、それぞれ愛荘町・甲賀市・湖南市・高島市に編入され、栗東町は市に昇格している。

（3）戦前に遡る産業都市大阪の「グローバル化」の歴史については、杉原［1998］から多くのことを学んだ。

（4）山脇［2000：129-130］は、福岡モデルに対する徐［1997］や石川［1992：78-79］などの批判的代替モデルを踏まえている。

（5）わが国でエスニシティの形成条件に関する本格的な研究が現れたのは、金明秀［1997］が最初である。ちなみに、金は福岡の共同研究者であるから、前者が分析論を、後者が分類論を、それぞれ相補的に担当しているといえなくもない。しかし、金は福岡の構成した志向タイプ（図2-2）を分析しているわけではないので、そのような見方は適当ではないと考える［福岡・金 1997］。

（6）他に、Hechter［1974：1152］、Yancey *et al.*［1976：399］、McKay［1982：413］、Nielsen［1985：135］なども参照。

（7）英訳版、"Ethnic Groups"［Sollors ed. 1996：56］も参照し、日本語訳を少し変えている。

（8）井上たちがこれら二つの英語にあてる日本語はいずれも「共生」である。本書では、日常用語として多義的に用いられる「共生」という言葉は、別の意味で混乱を招く元となるとの判断から、専門用語としては原則用いないことにした。
（9）偏見研究の流れ、特にBlumer［1958］に端を発する「脅威認知」の社会心理学的研究も、現在なお発展し続けている重要テーマであるが、ここでは扱わないことにする［Bobo *et al.* 1996］。
（10）「沖縄的ローカリズムの世界は、喩えていえば、入れ子細工のような重層構造をなしている。一番大きな箱が沖縄県で、その蓋を開けると本島、先島などいくつかの箱が入っており、それぞれの箱を開けるとさらに小さな箱が入っており、……と繰り返していくと、結局、シマという最小の箱に分かれる」［谷 1989a : 142］。
（11）他に、早くから在日朝鮮人社会と日本人社会の「民族関係」に関説した研究に、小林［1980 : 38］、辻村・金［1980 : 86］、田口［1981 : 12-13］などがある。
（12）この割合は、四〇個の選択肢から複数回答を求めている「問二七　民族関連知識の獲得度」以外の四個の単純集計結果である。
（13）「気楽に話し合える同胞の友人を欲しいと思うか」など五問。
（14）エスニシティ（意識・文化）の継承における家族の重要性を指摘した研究として、Smith［1980］を参照。
（15）エスニシティ形成を〈継承－獲得〉と〈顕在－潜在〉という二次元の論理構造で把握する試みとして、谷［2002b（本書第5章）］を参照されたい。
（16）ここではヘクターの「論理」に着目しているが、彼の「国内植民地論」に対する批判は、主としてイギリス社会の現状認識に向けられていることを付言しておくべきだろう。Ragin［1977 ; 1979］を参照。
（17）石井［1999］はマレーシア社会の研究である。しかしこれは、「社会経済的アプローチ」のフィールドワークに先鞭を付けたわが国のフロンティアとして、一つの準拠点におくことができる。
（18）もう一つの最大級の「エスニック・コミュニティ」が東京都新宿区にある。区市町村別在留外国人総数の全国順位は、一位が新宿区の三万三千人、二位が生野区の二万九千人で、今のところ大差はない。新宿区は中国人ニューカマーが多く住んでいると見られるから、いろいろな意味で生野区とは対照的な、都市社会学的にもきわめて興味深い地域である。
（19）金原ほか［1986］、福岡・金［1997］、林［2001］など、例外的な成功例はある。とくに林［2001］は、民団岡山県地方本部保有の「国民登録者名簿」を母集団に無作為抽出を行っている点で、前例のない一成果である。
（20）私がこの方法を初めて用いた社会調査は、一九九三年に大阪府の委託でおこなわれた［定住外国人問題研究会 1994］である。当時はまだ「世代間生活史法」という名前は付けていなかった。委託調査の経緯については谷［2000a : 804］を参照されたい。部落研究の分野でも、近年同じ方法が用いられている［村上 1997］。
（21）四つに区分したそれぞれの時代の特徴、とりわけ在日朝鮮人社会に関わる時代認識は不可欠であるが、ここでは④「定住世代」に関する若干のコメントを付するのみで、その他の世代については、第Ⅲ部の生活史の流れに即して適宜触れていきたい。

梁［1996］も参照のこと。

(22)　世代区分法は、研究対象、目的や視点などによって異なるのは当然であるから、これを実体視すると、いろいろ不都合が生じてくる。最近では「在日一世、二世」という呼び方が日常用語として定着しているために、研究者もこれを採用する場合が少なくない。しかし、この区分法は今では一人歩きして、「一世」と「二世」の間に生まれた子を「一・五世」などと分類している。場合によってはこれが事の本質を表す場合もあるのだが、私たちのような世代間生活史の研究では、むしろ不都合な場合が多いといえる。たとえば「一・五世」と「二世」の間に生まれた子は何と呼べばよいのだろう。

(23)　なお、石油ショック以後をさらに細分化する考え方もあるだろう。いわゆる「八二年体制」も、ひとつのエポックだからである。しかし「第二の解放」と称された八二年体制――この時、朝鮮籍者の永住がようやく保障され、各種社会保障が国籍条項から居住条項へ切り替わった――は、ある意味で一九七〇年代の世論と運動の成果ともいえるので、ここではむしろ七〇年代との連続性を重視し、境界を設けないことにする。

【方法論ノート1】実証研究の三位一体

1　問題・アスペクト・方法

一般に、研究の始めに〈問題〉があり、その〈問題〉をある特定の——たとえば社会学の——〈アスペクト〉で解明しようとする志向が生まれた後に、データ収集のための最適な〈方法〉が割り出されてくる。研究の〈方法〉は、〈問題〉および〈アスペクト〉との適合性において選択される。これが思念の流れであり、その逆ではない。いくら〈方法〉に長けていても、実際に使って見せてくれないことには話にならない。かかる意味において三者は密接不可分、「三位一体」の関係にある。実証研究（後述）にとってごく常識的なこの論理の再確認から、小論を始めなければならない。近ごろ、〈問題〉のない研究に出くわすことが少なくないからである。

まず、ここで〈アスペクト aspect〉とは、観察主体の「視点」であり、同時に研究対象の「側面」である。日本語で「視点」と「側面」と書けば、両者は対立する概念のように見えるけれども、けっしてそうではない。観察者がある特定の位置（視点）に立つことによって、対象のある特定の部分（側面）が見えてくる。aspect は、認識という行為における主体と客体の「一対一対応」の関係を示す、たいへん有用な概念である［Zetterberg 1963= 1973：25］。

だからよろしくない、という意見もあるだろう。いわく、始めから「視点」を決めてかかると視野を狭めてしまう。別の表現を使えば、研究者が勝手に人間や社会のある側面を切り出してみても、それでは本当に当事者たちを理解したことにはならない。――何れも一見もっともな理屈のようではあるけれども、事の本質を見誤っていると思う。たしかに〈アスペクト〉という概念には認識の有限性が示唆されている。本来は無限に多様なあり様をもつ存在から、その一部を切りとった認識にならざるをえない。しかし、それは〈問題〉を解こうと決めた瞬間に受け入れなければならない認識一般の宿命であり、そして学問の目的もまた認識にある以上、この宿命から自由ではない。〈問題〉に関して学問に与えられている可能性は、取り上げる〈問題〉の取捨選択、より良質な〈問題〉の選択である。そしてそれぞれの学問は、その〈アスペクト〉の固有性や力量によって存在意義が社会的に承認されている。

社会学もまた例外ではない。ある社会現象が生まれる原因、理由、条件を社会学の〈アスペクト〉で解明しようとする〈問題〉意識の発生が、社会学的研究の初発の動機である。かかる研究の範例をM・ヴェーバー『プロテスタンティズムの倫理と資本主義の精神』やE・デュルケーム『自殺論』をはじめ、多くの古典に見いだすことができるわけだが、今日の社会学界において、もしも問題解明という原理・原則が崩れはじめているとすれば、それ自体が解明すべき知識社会学的〈問題〉であろう。

それはともかく、かくして〈問題〉と〈アスペクト〉が決まれば、それにふさわしい〈方法〉が割り出されてくる。〈問題〉＝〈アスペクト〉が方法選択における内在的基準であり、もっとも重要な基準となることはいうまでもない。しかし、ことが社会調査のような場合、外在的な条件も現実には考慮に入れざるをえないことがしばしばある。たとえば、母集団の設定が不可能であるにもかかわらず、大量調査をしようとする場合は、誤差――「事実」と「データ」の間の距離――が大きくなることを憂慮しなければならない。これらの事情については、次節で私たちの研究例に即して具体的に説明しよう。ともあれ、解明すべき〈問題〉と社会学の〈アスペクト〉が、データ収集の〈方法〉を規定するのであって、その逆ではない。かかる形式において〈問題・アスペクト・方法〉

は三位一体、密接不可分な関係にある。また密接不可分でなければ、研究は成就しないであろう。

こうして最終的に〈問題〉への解答が引き出される。しかし、もしもそれが仮の答え〈仮説〉にすぎないならば、この〈仮説〉を再び〈問題〉として、よりふさわしい〈アスペクト〉と〈方法〉を採用し、より確実性の高い解答を見いだすために研究が繰り返されることになる。いつまで繰り返すのかといえば、理念としては〈理論〉に到達するまでである。

観察され検証された事実に基づいて理論を形成する研究を「実証研究」という。それは、上で説いた「三位一体」の手順を踏んで、データと事実の懸隔を少しでも縮め、理論へ一歩でも近づく努力を不断に続ける研究のことである。「実証研究」と「実証主義」は区別されなければならない（後論）。

2　民族関係の都市社会学

問　題

社会学的研究において〈問題・アスペクト・方法〉が密接不可分な関係にあることを、私たちが取り組んできたエスニシティ研究——民族関係の都市社会学——をもとに、さらに具体的に説明していきたい。

「大阪都市圏の在日朝鮮人社会」は日本の在日社会の中でも特殊な事例といえる。なぜならば、大阪ほど在日朝鮮人が大量かつ高密度に集住している地域は、他に類例がないからである。また、戦前帝国主義下における大阪への移住が比較的早期から、産業都市を目指す「資本主義的編入モード」を主流とした——現代の移民現象に通ずる——ことも、当時としては稀有な歴史であった。

私たちは民族関係の視点から、かかる大阪都市圏の実証研究を遂行し、いくつかの仮説を索出した。特殊事例の中に普遍的鉱脈を発見することが社会科学の一つの目標であるとするならば、社会調査の方法が、この目標に到達するための目的合理的行為として割り出されることは当然であろう。私たちが設定した民族関係論の〈問題〉は、以下の四つである。

第一に、大阪都市圏における在日朝鮮人社会と日本人社会の民族関係、とりわけ結合関係（いわゆる共生）の分析。いかなる条件の下で、結合関係は可能となるか。

第二に、在日社会における民族文化と民族意識の諸相の把握。民族間の関係を問うためには、まずは民族そのものを知る「異文化理解」が不可欠であろう。

第三のテーマは、在日社会の階層特性、社会移動である。民族を理解するためには民族文化や民族意識だけでは不十分であって、彼らの階層的位置を知り、それによって階層と文化・意識のダイナミズムにおいてエスニック集団を把握する必要があると考える。

そして第四に、日本人の民族関係にも目を向ける。具体的には、在日朝鮮人と日本人の混住地域に住み、日ごろから「異民族」と隣り合って生活している日本人を対象に、民族関係に関する意識と行動を明らかにする。第一の問いに対する日本人サイドへのアプローチである。

アスペクト

以上の〈問題〉を解明するために、基本的視座を「民族関係」におきつつ、在日朝鮮人の家族・親族集団へ「生活構造」の〈アスペクト〉からアプローチすることにした。ここでは在日朝鮮人社会における「家族・親族」の意味と生活構造論について簡単に説明しておきたい。

まず、在日朝鮮人社会における家族・親族結合の強さは、きわめて注目に値する事実である。今日の海外からの単身出稼ぎ移民とは異なり、七十年以上の定住の歴史をもつ在日朝鮮人は、すでに来日後、四世代を重ねている。この家族・親族が、在日社会における非常に重要な準拠集団となっている。その理由は、①儒教精神に基づく家族・親族結合の絶対的強度――その象徴が祖先祭祀――と、②家族・親族以外の社会関係が少ない――日本社会の民族障壁に起因する――ための相対的強度、これら両面から説明できるだろう。これを証明する既発表データは少なくない〔谷 1989b : 72-73 ; 1994 : 255-291 ; 1998 : 187-188〕。

このような家族・親族集団のメンバーとしての在日朝鮮人へアプローチするわけだが、その際の基本的な〈アスペクト〉が「生活構造」である。ここで「生活構造」とは、「生活主体としての個人が文化体系および社会構造に接触する、相対的に持続的なパターン」のことである〔鈴木 1986 : 177〕。そして、この生活構造の変動過程を分析するために用いるデータが生活史である。これを私たちは〈生活構造変動分析としての生活史研究〉と呼んでいる。

その方法論上の有効性はいろいろあるが、エスニシティ研究に関して一つだけ指摘しておけば、以下の通りである。先行する研究でしばしば目にする論理は、「民族対個人」の二分法である。たとえば、「在日朝鮮人である前に、個人としての自分を見てほしい」という当事者たち（とりわけ若者たち）の訴えが、そのままプリミティヴに「理論化」されている。だが、研究者が指摘する「個人」とは「民族以外の何か」、すなわち残余範疇にすぎないので、内容が空疎な場合が多い。

これに対して、その「個人」を「生活構造」の持ち主として捉えることによって、「生活構造」の中に有する民族および民族以外の地位‐役割関係のどこで自己実現を目指したり、日本人との社会関係を形成したりしているのかの明細化が可能になるだろう。同時に、「生活構造」のどこで民族文化を顕在させたり潜在させたり、あるいは継承したり獲得したりしているかの明細化も可能になるだろう。

方　法

在日朝鮮人社会と日本人社会の「民族関係」、および在日社会の「家族・親族」と「生活構造」を把捉するためには、どのような〈方法〉が適切だろうか。また現実に可能であろうか。これには社会調査の量的方法と質的方法の両面からの検討が必要である。

まず、量的方法の可能性を検討するならば、先の第四番目の問い（日本人の民族関係）に対しては、選挙人名簿を母集団とするランダム・サンプリング調査が可能であり、実際に私たちも、大阪市生野区の「猪飼野」と「木野」という二地区で実施した。だが、在日朝鮮人社会に関する統計データの入手はきわめて困難である。それは、ひとり在日研究のみならず、定住外国人研究一般に共通する限界でもある。たとえば、日本人の住民基本台帳や選挙人名簿などに相当する「外国人登録原票」を質問紙調査の母集団に利用することは、ほとんど不可能に近い。なお、こうした困難な状況下にあって、例外的な成功例として金原ほか［1986］、福岡・金［1997］、林［2001］などがある。とくに林［2001］は、岡山民団保有の「国民登録者名簿」を母集団に無作為抽出を行っており、調査法に関して注目すべき前例といえる。

また、国勢調査の国籍別データなどを研究に利用することも難しいし、各種労働・経済統計も国籍別には取られていないだろう。日本のエスニシティ研究が欧米などに比べてかなり遅れている原因の一つは、ここにあると思う。

私たちが在日朝鮮人社会の調査にあたって「生活史法」を採用した背景には、かかる消極的な事情があったことは確かである。だが、積極的な理由もある。それは、「生活史法」などの質的方法が秘める異文化理解の豊かな可能性である。ただし、理論形成過程における生活史法の位置が、「仮説索出」の段階にとどまることは一つの限界である［谷 2008］。

その生活史法だが、上述のごとく在日朝鮮人社会において家族の果たす役割がきわめて大きいことから、私たちは家族・親族集団における世代間の〈関連と比較〉という発想を得た。生活構造のパターンが世代間で継承・伝達される（もしくはされない）プロセスへの着目である。私たちはこの方法を「世代間生活史法」と呼んでいる。定義すれば、家族・親族のメンバーである個人の生活史を、縦に祖父母・親・子・孫と、おじ・おば＝甥・姪関係、横に夫婦・きょうだい・いとこ関係――これら血縁・姻縁関係の中に位置づけることにより、長いタイムスパンで民族関係、文化継承、および職業移動などの変動過程を追求するための、ライフコース研究の一方法である。

この方法により、一方、世代間の比較を通して、家族・親族、職業、地域、学校、友人など、社会構造との接触パターンの持続・変容過程がつきとめられる。他方、肉親と婚姻の絆を通して、親から子へ、子から孫へ、おじ・おばから甥・姪へ、祖父母から孫へと、生活様式・生活理念・生活規範・価値意識など、文化体系の継承・獲得・持続・変動過程が追求できる。これら社会関係と文化体系の相互連関の変動過程も究明できる。さらには家族を準拠集団の「原型」(prototype)としつつ、そこを基点とする集団参加の多様な展開過程も明らかにできるだろう。そして、従来のコーホート分析とは違って、世代間の「比較」にとどまらず、「関連」が追求できるメリットがある。

実際に聞き取りをした家族・親族は、W・Y・X・Vの記号で表される四家である。W家は、大阪都心の在日朝鮮人集住地域「猪飼野」に住む工場職人の家族である。Y家は大阪周辺部にある、もう一つの集住地域に住む家族である。前者の猪飼野は戦前の大阪の産業化によって朝鮮人職工・職人が増加した資本主義的編入モードの典型であるのに対して、後者の周辺地域は、戦争末期の軍需工事に動員された朝鮮人肉体労働者が戦後も定住した、形成期において下層的性格の強い集落である。このようにWとYは地域特性において対照的であり、それが彼らの生業にも影響している。さらにY家はX家とも、別の意味で対照的である。それは、X家が移民第三世代に高学歴・専門職（端的に医者）の子弟を沢山輩出しているからである。そして最後のV家は、キリスト教信仰が重要な絆となって結ばれている、いわゆる「クリスチャンホーム」である。

この概観からも、地域性、階層性、家族文化等において、彼らの家族史がきわめて個性的かつ対照的であることが想像できるだろう。私たちはこの四家族五七人の世代間生活史と日本人住民の意識調査を総合して、一定の仮説を索出した。それは、本書「結章」を参照されたい。

3　生活構造変動分析としての生活史研究

以上、「実証研究の三位一体」という、聞き慣れない名称ではあるが実体はごく月並みな社会調査のモデルを用いて、私たちの研究過程を説明した。そこで最後に、私たちの研究法の心臓部にあたる〈生活構造変動分析としての生活史研究〉の特徴を、他のタイプの生活史研究との比較を通して、もう少し明確にしておきたい。

生活史の代表的な研究者、桜井厚氏が実証的な生活史研究に懐疑的であることは、氏の文章の随所から容易に察せられる。たとえば、「私は、すでにライフストーリーが『事実』を語ったものという考え方はしていない」［桜井1996：64］。「事実としての生活史」と「データとしての生活史」の間の溝がそう簡単に埋まるものではないことはその道のプロなら誰でも知っていると思うけれど、もしも口述記録がすべて事実であると主張する者がいれば、その人に「実証主義者」のレッテルを貼ることは許されるだろう。

また、桜井氏が批判する実証主義の「観察的で自然科学的な方法論的一元主義」が、とりわけ人間行動の研究において不十分であることは、M・ヴェーバー以来の社会学の常識である。近世英国の詩人、A・ポープの詩にこんなアフォリズムがある。「神を調べようと思うな。人類が研究すべきものは人間である」（宗像巌訳）。「神」がいるかどうかはともかく、神を信じている人間がいることは「事実」である。社会学は「神についての語り」が事実かどうかという議論は普通しないものである。それが信者の社会的行為を意味づけているという「事実」がある場合に、社会学は信仰の語りに耳を傾ける。ところが、この「意味づけ」という「事実」は外からはなかなか見え難いので、「観察的で自然科学的な方法論的一元主義」では不十分だということになる。

イデオロギーとしての実証主義（データ即事実）ならともかく、理念型としての実証研究――データと事実の懸隔を少しでも縮め、理論へ一歩でも近づく不断の努力――を否定することは難しいように私には思われるけれども、氏にとって両者は同一のもののようである。桜井氏は「実証研究」を志向していない。しかし、人間の生活を理解したいという希求は、立場の違いを越えてすべての生活史研究者に共通しているはずである。そこで以下では、この共通する希求の界面から二つの論点をとりあげ、多少の議論を試みたい。①「生活」とは何か。そして、②何のための生活史か。

桜井氏は滋賀県の被差別部落の生活史調査を続けている間に、そこの「人びとのライフヒストリーは、どうも『差別と貧困にあえぐ人びと』という定型化されたイメージからはほど遠い」［桜井 1996：48］ということがわかり、それを契機に、「わたしたち調査者の側に一定の構えがあることに気づいた」［桜井 2000：130］という。その「構え」（私の用語ではアスペクト）を氏は「差別‐被差別の文脈」と呼んでいるが、この自己反省の経緯は以下のようである。

「調査者の自然的態度のなかに、語り手から被差別体験を聞こうとする志向性が強くある」ために、「被差別部落に生きる一人ひとりの個人、また、その一人ひとりがもっている自己概念や生活世界のあり方や見方などにあまり関心がはらわれず、その多様性と多声性に目を向け、耳を傾けようとする姿勢が、この枠組み（差別‐被差別の文脈――著者挿入）には希薄であった。（中略）こうした反省から、わたしたちは被差別部落のライフヒストリー・インタビューの枠組みを『差別‐被差別の文脈』から、一人ひとりの生活する『主体の自律性』（生活戦略）という、より広いカヴァレッジをもつ枠組みへとしだいに変えてきたのである」［桜井 2000：130-131］。

自らの「枠組み」が狭いと気づくまでに長年月を要したことを氏は示唆しているが［桜井 2000：130］、その結果到達した「より広いカヴァレッジ」、すなわち「一人ひとりがもっている自己概念や生活世界のあり方や見方」が、私たちの「生活構造」概念と本質的に違わないことは先の定義から了解されるだろう。〈生活構造変動分析としての生活史研究〉は、生活世界の広い空間と深い奥行き、行為とその意味を幅広く把捉しうる〈アスペクト〉を最初から用意して研究に着手する。生活概念に関する限り、桜井氏の到達点は私たちの出発点にすぎないのである。

では、何のための「より広いカヴァレッジ」なのか。この点で特徴的なことは、氏の生活史研究には、実証研究なら当然設定されるはずの解明すべき〈問題〉がないので、「生活戦略」なるものの実践的意義がなかなか見えてこない、ということである。彼の研究に見いだすものは、かかる「生活戦略」が多様に存在するという「事実」のフラットな記述である。それはそれで人間理解や異文化理解などの意義は十分にあるだろう。だが、たとえばピューリタン信仰や禁欲的職業倫理の実践的意義を資本主義誕生との関連で明らかにした『プロ倫』などとはタイプが異なることは明らかである。何のための生活史か――この点でも考え方は分かれるようである。

私は、自らの方法に固執するつもりはまったくない。方法は用途によって使い分けられなければならないからである。にもかかわらず、あえて反実証的な生活史研究と私たちの方法を対比したのは、質的調査と量的調査の相互補完関係を念頭においてのことである。もしもこの関係を積極的に構築しようと思うならば、両者は同じ方向を向いていなければならない。それが「実証研究による〈問題〉解明」である。質的方法の一つとして生活史研究も、異文化理解とともに〈問題〉解明の力量を高めることにより、量的方法との豊穣な関係を築いていきたい。

［付記］この方法論ノートは、第五二回関西社会学会大会（二〇〇一年五月二十六日、桃山学院大学）のシンポジウム「社会調査の多様性と可能性」でおこなった「エスニシティと社会調査」と題する基調報告に基づいている。

第Ⅱ部　猪飼野エスノグラフィ

第3章　猪飼野の民族関係覚書——一九八〇年代

はじめに

この章は一九八八年六月十一日、広島女子大学図書館主催の文化講座でおこなった講演の内容が基になっている。私は一九八七年十月から翌年三月までの半年間、当時の本務校、広島女子大学（現県立広島大学）から大阪大学へ国内研修に行き、在日朝鮮人の集住地域「猪飼野」（後掲図3-1）に住んでみた。「地域社会の民族関係」というテーマを自らに課して、現地で生活しながらフィールドワークをおこなったのである。講演は帰広後まもなく、フィールドワークから得た知見を学生ならびに教職員に報告するために開催された。本章はこの講演記録を基に原稿を作成しており、次節以下は基本的に聴衆に語りかける文体になっていることをあらかじめご了承いただきたい。

ところで、一九八〇年代とは、在日朝鮮人にとってどんな時代だったのだろうか。本論に先立ち、当時を概観しておこう。一九八一年、日本は国連難民条約を批准したが、これが在日朝鮮人の運命を大きく変えた。この条約は自国に受け入れた難民に対する「内外人平等」を原則としている。「内外人平等」とは、初等教育、公的扶助、社会保障などについて、難民に自国民と同等の待遇を与えることである。そのため日本は、この原則を適用する上での法整備を進めることになり、その過程で長く日本に住む在日朝鮮人も同等に処遇する必要性が生じた。

その結果、第一に、一九八二年、「出入国管理及び難民認定法」が施行され、それまでは一部の在日朝鮮人にしか付与されていなかった「永住資格」が、すべての在日に付与されることとなった。これによって、すべての在日朝鮮人に日本における無制限の活動（職業など）と、無期限の在留が保障されることになった。第二に、同年、国民年金、児童手当、福祉手当等、社会保障関係の法令の適用対象が「国籍条項」から「居住条項」に変更された。それまでの「日本国籍を有するもの」から「日本国内に居住するもの」に、適用対象が変更されたのである。これら法制度の改正は、日本国が在日朝鮮人の「定住」を認知したことを意味する。これを「一九八二年体制」という［梁 1996：140-146］。

一九八二年体制は、在日朝鮮人の生活と意識に大きな影響を与えた。とくに若者たちにとって、「定住」を前提とする将来のビジョンが描けるようになったことの意味はきわめて大きい。それまでは日本にも「祖国」にも生活の基盤をもてなかった彼らに、「日本で暮らすこと」、「この地域で暮らすこと」を真剣に考えることを可能にさせたのである。一九八〇年代とはそういう時代であった。そこでは「共生」がひとつのテーマとなり、それを阻む制度や旧慣の変革を求める社会運動が盛んに展開されていった。その典型が「指紋押捺拒否運動」である。「なぜ私たちだけが罪人のごとく指紋を採られなければならないのか？」。日本で在日がもっとも多く住む大阪市生野区が、そうした運動の強い磁場を形成したことは当然である。この地で沸騰する民族運動はメディアを介して全国に紹介され、そのシンボリックな地名として「猪飼野」の名が広く知られるようになった。だが、そのわりにはこの地域の実態は、あまりよく知られていなかったのである。

そこを明らかにするために、私は猪飼野のフィールドワークを試みたのだが、時あたかも一九八五年の「プラザ合意」による円高をきっかけに、日本にはニューカマーが急増していた。他国ではすでに起こっていたグローバル化の波に、一九八〇年代後半、ついに日本も巻き込まれたのである。そこで、私がフィールドワークに際して考えたことは、在日朝鮮人というオールドタイマーの経験をこれから本格化するグローバル化に生かすための視点をもつことであった。それが「地域社会の民族関係」である。本章は、こうした問題意識をもって猪飼野に入った最初のエスノグラフィであり、一九八〇年代後半の猪飼野の姿を今に伝えるものであることを、あらかじめお断りしておかなくてはならない。

第1節　韓国を旅して

(1) 大韓航空機爆破事件

今日は私の国内研修の成果をお話しさせていただくわけだが、その前に研修中の十二月初旬にソウルで開催された「第五回アジア社会学会議」に参加した時のエピソードから講演を始めたい。私の韓国訪問はこの時が初めてである。

私が大阪から飛行機でソウルに向かったのが、十一月二十九日。この日はどういう日だったかというと、ここに持ってきたのは翌三十日の韓国「中央日報」の朝刊だ。一一五人を乗せたＫＡＬ機が、二十九日の午後二時頃失踪したという一面の大見出し。その後、十二月二日の現地新聞には「日本人」とか「北韓系」とか、そんな見出しが大きく載って、あららと思っていたら、たぶんその次の日の新聞だったと思うが、「日本人真由美」という大見出しと、女性の大きな顔写真がトップで載っていて、びっくりしたようなことだった。それと、ちょうど十二月十六日が大統領選挙の投票日で、そういう選挙運動真っ最中の時期でもあった。

私はソウルの学会に出席した後、大邱へ行き、啓明大学日本学科に知日家の人類学者、崔吉城《チェ・キルソン》教授を訪ね、先生の計らいで当地も少し調査させていただいた。そして、十二月八日に釜山から関釜フェリーに乗って帰国した次第である。

(2) 韓国人の在日観

韓国へ行くにあたって、学会や調査など直接の目的の他に二つ三つの関心事があった。その一つは、韓国の人たちは在日朝鮮人をどう見ているのか、彼らの問題にどう対処しようとしているのか、ということ。

このことについては一九八〇年に、金鍾泌《キム・ジョンピル》という現在の新民主共和党総裁が日本の雑誌のインタビューに答えて、「日本の在日の二世三世は、もう日本人になりきりなさい」という話をしている［金 1980 : 36］。当時、これを読んだ在日朝鮮人には少なからぬショックを与えたようだ。要するに帰化しなさいと、また、日本政府などにも帰化できる土壌を作ってもらいたい、という考え方である。韓国人一般はそういったことをどう考えているのかなというのが、問題意識にあった。

けれども、私が出会った本国の人たちからは、そういう話題はほとんど出なかったし、こちらから質問してみても、金氏と同様の意見か、あるいは無関心というのが、限られた人数だが、大方だった。また、書店も覗いてみた。ソウルにはとても大きな書店がある。「教保《キョボ》文庫」がその一つ。これは「文庫」どころではない、「大全集」。広島では紀伊國屋書店がワンフロアでは一番広いと思うが、あの二、三倍はあろうかと思われる広さの本屋だ。韓国人の知的関心と文化水準の高さが如実にわかるようなことだけれども、そこで私はつぶさに見て回った。さいわい表題には漢字を使っている本が大部分なので、比較的容易に探せたのだが、在日朝鮮人関係の本はほとんどなかったようだ。

(3) 植民地時代の「痕跡」

それからもう一つは、こういうことがあった。私は学会の前後、ソウル市内をあちこち一人で歩き回っていた。初めての土地を、地図だけを頼りに。そのうち良いことを思いついた。それは、バスを利用して「観光旅行」をしようということだ。ただし観光バスではなく、普通の路線バスに乗って。ソウルの都心と郊外を結ぶバス輸送のネットワークがとても発達している。あなた方も，もしも行かれたらこういうことをやってみられたらいいと思うが，バスには系統番号が付いている，二五番とか一三八番とか。この系統番号を憶えておいて乗る。どこへ連れて行かれるかはわからない。とにかく終点のターミナルまで行く。そこで降りて，そのあたりを見学してから，また同じ系統番号のバスに乗って帰ってくる。これだと確実に，ソウル市内の元の停留所付近に帰って来られるわけだ。しかし，往きのと違う系統番号に乗ってしまうと何処へ連れて行かれるかわからないから，大変なことになるだろう。また，往復の道々，車窓からいろんな面白いものが目に入ってくるから，慣れてくれば途中下車も一興だ。

そんなバスツアーを気ままにやっていたときのこと。ソウルのバスは，市内は一律一三〇ウォン。円に換算すれば，だいたい五分の一から六分の一くらいになる。しかし，韓国国内にいる限りでは，一三〇ウォンは一三〇円という実感だ。この一三〇ウォンでどこまでも乗れる。あるいは，これは後で知ったのだが，主なバス停の付近に小屋が建っていて，そこで「トックン」（token＝代用貨幣）と呼ばれる回数券のようなものを買って乗る方法もある。これが一二〇ウォン。そんなことは知らずに，また，運賃の払い方も知らずに乗り込んで，勝手に後払いのつもりで座っていたら，みんな先払いで乗っている。これはいけないと思って財布を開けてみると，あいにくコインが足りない。たしか一〇〇ウォン一個と，五ウォン一個しか入ってなかった。大きな紙幣は少し持っていたが，両替をしてもらえそうな様子ではない。困っていると，すぐ後ろの座席の中年のおばさんが日本語で話しかけてきてくれた。「どうかなさいましたか?」と。こういうことでお金が足りなくて困っていると事情を話すと，三〇ウォンくれて……。私はずいぶん恐縮して何度も断ったのだが，とうとうご厚意にすがって五ウォンだけ返した。それから，その方といろいろな話を日本語でした。「あなたは一人でこういうバスに乗って度胸がありますね」とか言われたりして。また，「どこの国でもそうだと思うけれども，韓国にも良い人もいれば悪い人もいるから注意しなさいよ」という忠告もしてくださって，感謝しながら聞いていた。

そのうち一つのことに気づいた。それは，おばさんの話す日本語がとてもきれいだということだ。最近の日本語は乱れているというようなことがよくいわれるが、彼女はとても美しく響く日本語を話すのであった。穏やかに、ゆったりと、一語一語はっきりと発するその声は、今も耳を離れない。「日本語はどうされたのですか?」と、あえて尋ねてみると、やはり植民地時代の学校教育であった。日本に来たことは一度もない。日本に知人もいないという。頭脳明晰な方なのだろう。学童期に習った日本語をそのまま憶えておられたわけだ。そのきれいであるということに胸が痛んだということだ。こういう形でも、かつての日本の占領の「痕跡」が残っていることに胸が痛んだようなことだった。

以上の二つが、これからお話しすることとの関連で、強く印象に残った韓国旅行のエピソードである。ほかに大統領選挙に関する国民の興味深い肉声も少し聞くことができて、それも私の主要な関心事の一つではあったのだが、これを話していると今日の本題からどんどん逸れていきそうなので、別の機会にお話しできればと思う。

第2節　在日朝鮮人の社会

(1)　生野区の人口

大阪市の生野区というところに話をもっていきたい。図3-1の東成区と生野区の境目に近鉄線が東西に走っていて、それがJR大阪環状線とクロスしている生野区の北西部が図3-2で、区全体の約五分の一の面積だ。環状線に外接した空間的な位置関係は、そこが「推移地帯」(zone in transition)であることを連想させるが、事実もそのとおりで、おいおい明らかにしていくように、商・工・住が混在密集し、人口密度は区別で大阪一のインナーエリアである。

ちなみに、一九八五年の国勢調査によると、大阪市の人口密度(人/km^2)の高い上位五区は次のとおりである。①生野区(一万九六六七)、②西成区(一万九四四二)、③東成区(一万八六〇二)、④城東区(一万八五九一)、⑤

豊中市
吹田市
摂津市
寝屋川市
尼崎市
守口市
東淀川区
門真市
淀川区
旭区
都島区
西淀川区
鶴見区
北区
城東区
福島区
大東市
大阪環状線
此花区
西区
中央区
東成区
東大阪市
天王寺区
猪飼野
港区
浪速区
生野区
大正区
西成区
阿倍野区
八尾市
東住吉区
住之江区
平野区
住吉区
堺　市
松原市
藤井寺市

図3-1　大阪市と猪飼野

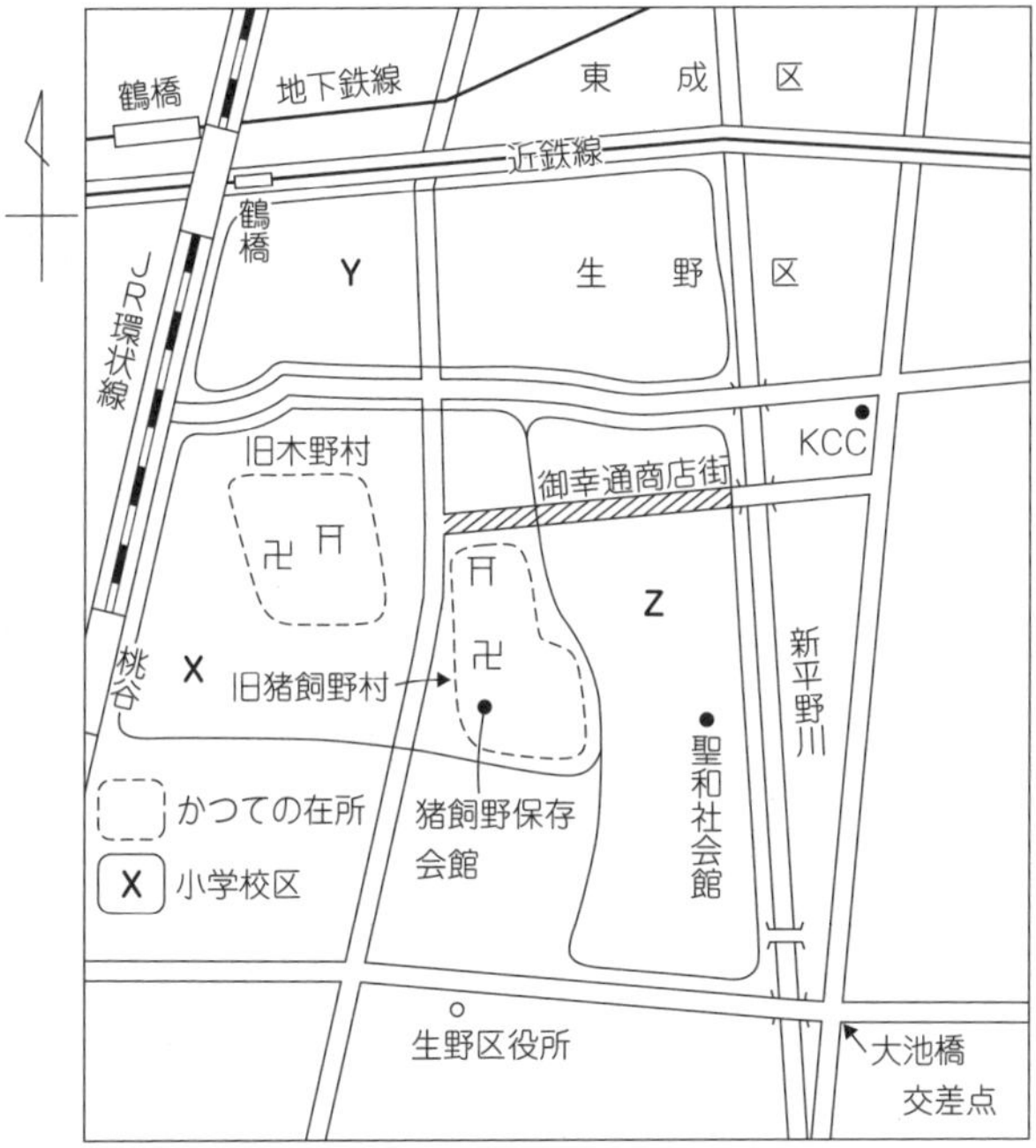

図3-2　旧猪飼野村・木野村の周辺

阿倍野区（一万八五五三）。いずれも環状線に外接しているという共通点がある。

ところで、生野区の総人口は一九八八年三月末で、一六万三九一九人。このうちの三万八六七八人、二三・六％が韓国・朝鮮籍者である[1]。一九八六年十二月末現在で、日本には韓国・朝鮮籍者が六七万七九五九人いるけれども、都道府県別では大阪府が一番多い、一八万八一二一人。東京が二位で八万二二七九人だから、大阪は抜群だ［法務省入国管理局 1988］。とりわけ生野区は、日本でも稀なる在日朝鮮人の集住地域ということがいえる[2]。ただし、これは外国人登録者数であって、登録をしていない短期在留者や超過滞在者などは含まれていない。それらも含めた生野区の在日は五万人にのぼるだろうと、当局は見ている。公式統計でも、表3-1のように過去十数年、韓国・朝鮮籍人口は緩やかな減少から停滞、そして八〇年代半ばからは増加の萌しも見えはじめている。これと、早くから始まっていた日本人の年間千人から数千人規模

表3-1　生野区における韓国・朝鮮籍の割合（各年3月末現在）

	日本人	韓国・朝鮮籍	日本人を100とした場合の韓国・朝鮮籍の割合	（備考）その他の外国人
1975	163,680	39,404	24.07	228
1976	159,334	39,572	24.84	267
1977	155,466	39,347	25.31	236
1978	151,847	39,152	25.78	233
1979	144,313	38,882	26.94	220
1980	142,053	38,713	27.25	185
1981	138,504	38,447	27.76	188
1982	135,595	38,499	28.39	193
1983	132,992	38,434	28.90	197
1984	130,439	38,456	29.48	204
1985	128,947	38,417	29.79	182
1986	127,710	38,458	30.11	209
1987	126,316	38,615	30.57	238
1988	125,023	38,678	30.94	218

（注）「日本人」は住民基本台帳人口，「韓国・朝鮮籍」は外国人登録者数.
（資料出所）『大阪市統計書』および「外国人登録国籍別年齢別人員調査報告月報」.

の大幅な減少傾向（主として他出）が相俟って、在日の人口比は一貫して上昇している。

なお、過去も現在も生野区には被差別部落は存在していない。日本の都市で一般に見られる在日集住パターンは、被差別部落と朝鮮部落の近接ないしは混在であるが、この点で生野は異なっている。後で説明する「民族関係」をそのものとして抽出したい意図から、この調査を開始するにあたって「被差別部落」の要因をコントロールした。生野区を調査対象地に選んだ理由の一つはこれである。

(2) サンダル製造

さて、生野区の特徴を、まずは在日朝鮮人サイドから十点、指摘したい。

第一点は、やはりどういう産業・職業で生活しているのかということ。それは、零細家内工業が中心である。一階が工場で二階が住居という、いわゆる併合住宅で職住一致の生活をしている。もちろんそういう生活形態は、生野区では日本人の職人にも多く見られるものだ。ただ、在日朝鮮人が大部分を担っている業種にサンダル加工業がある。最近ではあまり履かれなくなって、サンダル業界は不況のようだが、大阪市全体に今もサンダル会社の同業組合が三つある。そのうちの二つの組合が生野とその周辺の企業で構成されていて、二つあわせて七八社あり、そのうち在日朝鮮人が経営する会社が六二社（八〇

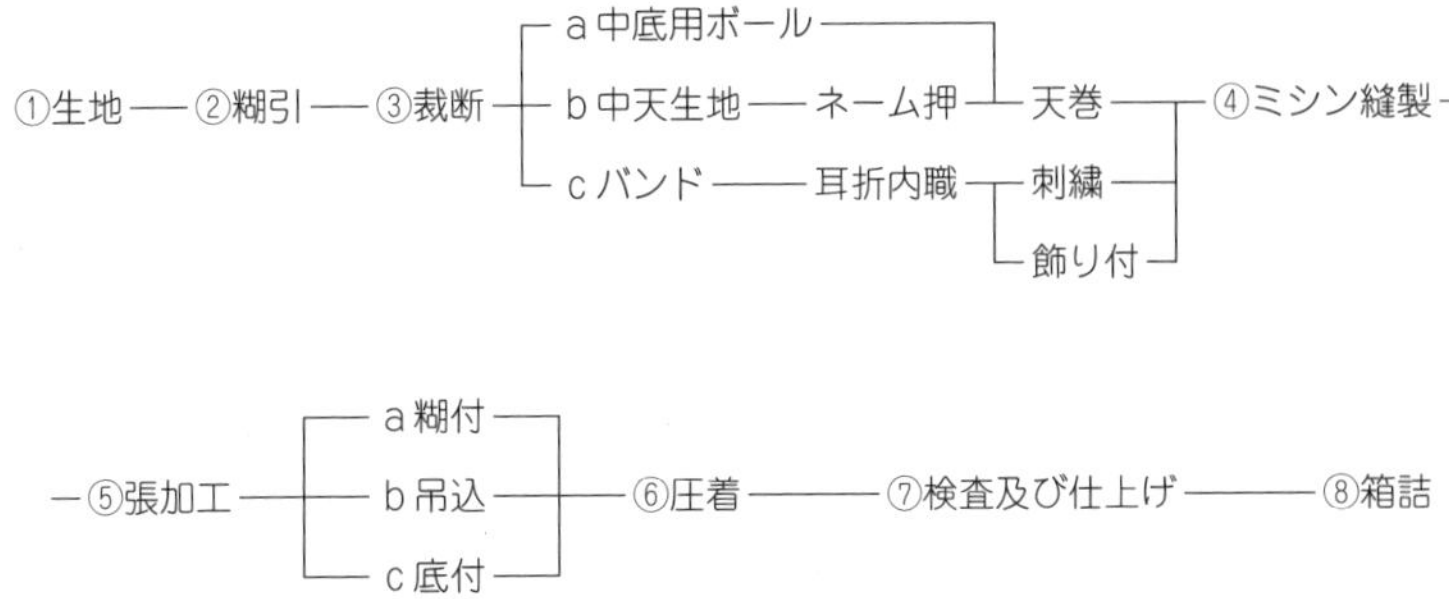

図3-3　サンダル製造のプロセス

%）に上っている。ちなみに、残り一つの組合には二〇社が加入していて、すべて日本人だ。これは、大阪都心部旧市街のかつての問屋筋がサンダル業界に転業して作ったもので、組合の発生基盤が異なっている。とにかく、生野のサンダル工業は在日朝鮮人の典型的な業種といえる。そして、組合各社が下請・孫請をもっていて、その下請・孫請も生野区の在日朝鮮人住民がたくさんやっている。先に零細家内工業といったのは、この階層のことである。

図3-3は、サンダル製造の工程図だ。本図にはサンダル産業の頭脳部分であるデザイン工程が抜けているが、これを掲載する意図は、製造工程が一五ほどに細分されていて、その一つ一つが異なる下請・孫請職人によって専門的に分業されており、それだけ下請・孫請の規模と数が零細かつ大量ということになる――そのことが本図からうかがえるからだ。ある親会社の社長さんは、「生野区は、ちょうどベルトコンベヤのようなものだ」と言っていた。未完成品が一つの家から次の家へ、小型トラックで運ばれていく。生野区内を少し注意しながら歩いていると、そんなトラックが狭い路地を頻繁に行き交っているのに気づくだろう。しかも、サンダル製造は一種のスウェット・ショップで、一九五九年に在日職人がサンダルの貼り加工で使うゴム糊で中毒死した事故があった。今はそういうことはないだろうが、それでも、サンダル製造業者にはシンナーなどによる肝機能障害の発症率が高いなど、いろいろな面で労働環境・条件は悪く、日本人が嫌がる仕事の一つである。生野区の産業についてはもっと総合的に分析する必要がある。今日はほんの一端を示したにすぎない。

表3－2　生野区の生活保護（1986年）

	被生活保護世帯	生活保護率
日本人	1,334（57.4％）	16.5‰
韓国朝鮮人	986（42.4％）	45.9‰
その他の外国人	5（0.2％）	
計	2,325（100.0％）	

（資料出所）大阪市生野区福祉事務所［1987：18-19］.

（3）生活保護世帯

第二点として、生活保護世帯が非常に多い。生野区の生活保護率が近年、大阪市の平均をかなり上回って上昇していることから、生野区福祉事務所が一九八六年七月一日時点の実態把握と分析を行った報告書が出ている。表3-2は、その報告書から数字を拾ったものだ。これを見ると、生野区の全被保護世帯に占める在日朝鮮人世帯の割合が四二％もある。これをやや別の角度から見ると、日本人全体では一〇〇〇人中一六・五人しか生活保護を受けていないのに対して、在日朝鮮人の場合、四五・九人もいるという非常に高い数字になる。これについて報告書は、生野区特有の課題として「外国人問題」、「住居問題」、「就労問題」の三点をあげ、それぞれに分析を加えている［大阪市生野区福祉事務所 1987：22-44］。これら三要因の総合的な分析が必要だ。これも他日を期したいと考えている。今日はどれも、問題の所在を指摘するだけにとどめざるをえない。

（4）朝鮮市場

第三点は、通称「朝鮮市場」という商店街が生野区にある。前図3-2のちょうど真ん中あたりに「御幸通商店街」というのがある。東西約五百メートルのこの商店街は、生野はもとより、（誇張でなく）関西広域の在日朝鮮人の間で昔から利用されてきた市場だ。朝鮮食品の店が主で、ほかに民族衣装や葬祭具、韓国歌謡曲のテープなどを売る店もある。私が一軒一軒つぶさに調べてみたところ、表3-3のように、店は全部で一四五軒あり、その半分が在日経営の店だった。この商店街は三つの商店会に分かれている。一本の通りをほぼ三等分する形だ。商店会別に見ると、在日朝鮮人の経営者がもっとも多いB会で、七割近くを占めている。その辺りを歩いていると、ここは一体何処なのか、韓国ではないか、そんな錯覚にふと陥ることがある。だから、生野に住んでいる私の友人で、

写真3－1　御幸通商店街（生野コリアタウン）にある朝鮮食の店。店頭には白菜，大根，キュウリなど，いろいろな野菜のキムチが容器に入って並んでいる。（1988.3.30 筆者撮影）

朝鮮人から「日本の店は一軒だけになってしまった」と聞いたのをずっと事実だと思い込んでいた人がいるが、そういう誤解も、ある意味では仕方ないことかもしれない。いろいろな人に聞いてみても、それが周辺住民一般の抱くイメージである。しかし、それが事実とはかけ離れているということ――。

次節で再び言及するが、この商店街を含む南北に広がる地域の旧字名を「猪飼野《いかいの》」という。在日朝鮮人問題に関心がある人ならば、日本人であると在日であるとにかかわらず、知らない人はいないくらい全国的に有名な地名である。その方面でここを知らない人は「もぐり」といってよい。

猪飼野や猪飼野にまつわる人物をテーマにし、あるいは「猪飼野」を標題に掲げた本が毎年のように出ている。たとえば、『わたしの猪飼野』（金蒼生、一九八二年）、『異邦人は君ヶ代丸に乗って――朝鮮人街猪飼野の形成史』（金賛汀、一九八五年）、『猪飼野タリョン』（宗秋月、一九八六年）、『女たちの猪飼野』（太田順一、一九八七年）、『猪飼野路地裏通りゃんせ』（金香都子、一九八八年）、『イギョラ！ トッカンさんの指紋裁判』（金徳煥氏の外登法裁判を支援する会、一九九〇年）等々……。どうしてそんなに有名かということは、

表3－3　御幸通商店街の民族関係（1988年）

	在日朝鮮人経営の店	日本人経営の店	計
A商店会	12（34.3％）	23（65.7％）	35（100.0％）
B商店会	38（66.7％）	19（33.3％）	57（100.0％）
C商店会	24（45.3％）	29（54.7％）	53（100.0％）
計	74（51.0％）	71（49.0％）	145（100.0％）

今まで述べてきたことからおわかりいただけたと思う。

ただ、その有名になるなり方が、偏向的とまではいわないまでも一面的だと、私には思われる。客観的な裏づけに乏しいイメージがひとり歩きしている状況が生野にはかなりありそうだということが、「朝鮮市場」一つをとって少し調べてみても、すぐに察せられるわけだ。差別や偏見の発生伝達メカニズムは、これから理論的に勉強していきたいと考えているが、そういうことがいつ起こってもおかしくない状況だということだ。何故そのような状態でこれまで来ているのかというと、それはおそらく「地域社会」に焦点を据えた在日朝鮮人社会の実証的な研究がこれまでおこなわれてこなかったことと深く関連しているのではないか、というのが私の問題提起である。右に列挙した文献からも察せられるように、猪飼野は従来、もっぱら在日の「情念」と「運動」の渦巻く社会空間としてのみ捉えられてきて、そういうものを読んだり聞いたりしてここに立ち寄る研究者もまた、もっぱらそういう角度からのみ、生野にアプローチしている。在日朝鮮人と日本人の「関係」を捉える視点は、非常に弱かったように思われる。右にあげた本も、すべてが猪飼野の「在日」に視線が向いている。

話を戻そう。皆さん、キムチはお好きだろうか？　最近は私たちの家庭でもよく飯台にのるようになった。これも、もちろん御幸通商店街で売られている。白菜をすぐ近所にある卸売市場から一株二〇〇円で買ってくる。これを一晩漬けて、半株に分けて、一つ五〇〇円で売る。八〇〇円の儲けというわけで、これがたいへんよく売れる。美味しい店と、そうでない店と、評判はまちまちである。私は、キムチ屋のおばさんで六年間キムチを売って、三千万円で家を建てた人を知っている。

ポッタリジャンサという商売もある。担ぎ屋だ。朝、飛行機で韓国へ行って衣類をたくさん仕入れて、夕方の便で帰ってくる。それを売る。これで儲けた金を、今度は「契」（頼母子のこと）に回して殖やす。こうして数億儲けて、大阪にビルを四つ、韓国にも一つ持っているおばさんも知っている。そういう意味では、在日朝鮮人社会は非常に階層差が大きい。このおばさんたちのような上昇移動もある一方、下降移動はうんと激しいようだ。別のおばあさんは、十年前まで大阪市内でゴルフ練習場、焼肉屋、レストラン、喫茶店を一手に個人経営していたが、いろいろないきさつがあってすべて人手に渡り、今は生野区内の貸家にひっそり住んでいる。[3] 大部分の日本人は官僚制的産業組織のなかに位置を得ることによって、相対的に安定した生活が維持できている。日本人の九割が中流意識をもっているというのも、そうした基盤の上にいることの意識的反映である。これに対して、在日はビューロクラティック・ルートから始めから排除され、自営型の社会移動を強制されている。その不安定さを、彼女たちの経歴に見ることができる。

(5) オモニハッキョ

第四に、「オモニハッキョ」というボランティア団体を紹介したい。朝鮮語で「オモニ」はお母さん、「ハッキョ」は学校という意味で、訳せば「お母さん学校」だ。戦前・戦中の幼い頃に日本に来て、学校に行けず、働きづめで苦労して、字を知らない。カタカナと数字しか書けない。やっと暮らしが楽になったところで、ひらがなや漢字も覚えたい。そういう在日のおばあさんのために字を教えるボランティア団体が、生野には何カ所かある。最近では、韓国から在日の家に嫁いで来た若い女性も通っている。それは新しい傾向だ。私が住んでいたアパートのすぐそばに、「聖和社会館」（図3-2参照）という在日韓国人が館長を務めるキリスト教系のコミュニティセンターがある。そこでもオモニハッキョをやっていたので、私も週二回、ボランティアで参加した。そのおかげでたくさんの友人ができた。ここのオモニハッキョは、去年（一九八七年）、十周年を迎えた。「生徒」は常時四、五十人。「先生」は、私が参加していたとき（一九八八年一月〜三月）は、私も含めて一六人だった。先生の属性を少しあげると、男女半々。二十代が六人、三十代が八人、四、五十代が二人。社会人一三人と大学院生三人。生野区在住者と非在住者が半々。そして、日本人一三人と在日韓国人三人。中心メンバーとしてグループを支えているのは、草創期から教えている三十代の非生野区在住の社会人、しかも日本人という特徴がある。

(6) 子ども会

第五に、地域の在日朝鮮人の子どもたちのための子ども会がある。私が知りえたのは二カ所だが、そのうちの一つは、右に紹介した聖和社会館を会場にしておこなわれている。小学生に一般的な遊びや読書の他に、民族料理の作り方や、韓国の楽器や遊びを教えたりしている。指導する「お兄さん、お姉さん」は約十人で、女性が若干多い。彼らは全員、生野在住の在日の若者だ。みんな、子ども会活動に強い情熱を傾けている。学生、社会人さまざまだが、社会人の場合、子ども会のある土曜の午後は暇のとれる仕事をわざわざ選ぶことによって、子ども会中心の生活を組み立てている人もいた。年間スケジュールをきちんと決めて、週二回、放課後の二、三時間やっている。毎回平均二十人くらいの子どもたちが集まるが、私が観察したときは日本人の子ども二人、在日の友人と一緒に参加していた。

(7) 地域福祉ネットワーク

第六に、貧困が堆積していることとも関連して、福祉面でもいろいろな問題を抱えた家庭が多い。共働き家庭のための乳幼児保育所、障害児のための学童保育、その障害児がやがて義務教育から離れると、次に彼らの職場確保のために作業所を開設するといった具合に、課題に即して福祉施設がボランタリーに作られて、今ではかなりの数に上っている。私も幾つかの保育所と作業所を訪問した。I保育所では在日三人、日本人二人、計五人の保育士で、在日一二人と日本人（ただし帰化家族）三人の乳幼児を保育していた。五人の保育士のうち四人までが生野区在住だ。また、J学童保育所では障害児と健常児の共同保育をしている。在日の二人の指導員で、在日・日本人あわせて一〇人の子ども（はっきりつかめていないが、在日の方が若干多い）が通所していた。W作業所は障害者と健常者の共同作業所。日本人職員二人が、日本人六人と在日一人の計七人の通所者（うち健常者一人）と一緒に働いている。ここではアルミ缶を回収して収入の一部に充てている。そこで、他の福祉施設がこれに協力してアルミ缶を集めてあげている。逆に、廃品回収をしているJ保育所や、牛乳パックを回収してハガキや名刺に紙漉き再生している施設には、Wがそれぞれの施設の回収物を提供してあげている。こうして、生野区内には少なくとも七つ以上の在日関連の福祉施設があり、同様の互酬的関係に基づいて結ばれており、「連絡会」も作っている。在日と日本人の協働関係が確保されている点にも留意されたい。

ところで、表題の「民族関係」という概念を、私は「社会関係」の下位概念に位置づけている。つまり、地域社会において日本人と在日朝鮮人が、どういう社会組織でどんな関係を現在もっているのか、いないのか。また、これからどんな関係を作っていくことが望ましいのか、を考えてみたいと思って、この調査を始めたわけだ。そのために、生野区にあるめぼしい社会集団を在日のも日本人のも、できるだけくまなくあたってみようと計画した。まだ漏れているところもたくさんあると思うが、それは今後の課題としたい。ともかく、これまでのところでもたくさんのデータを集めることができて、まだ整理が済んでおらず、今日はそのごくアウトラインをお話ししているわけだ。ただ、わかったことの一つは、相互に共通の問題を抱えている、言い換えれば本来備わっているべき価値が奪われている社会層が、いま紹介したような形式で社会関係を作っている。それは「民族関係」の、唯一ではないが、ひとつの条件だと考えられる（この「条件」に関する考察を次章で深めたい）。

（8）「下位文化」の創造

第七に、「生野民族文化祭」というフェスティバルが毎年一度、開催されている。生野区内の小学校のグランド

写真３－２　'87生野民族文化祭で「農楽」を楽しむ人々。写真の左隅には小鼓（ソプク）を持ったちびっ子たちが出番を待ってしゃがんでいる。祭りは1983年から2002年まで続いた。（1987.10.25　筆者撮影）

を借りて、在日朝鮮人の若い二世、三世が中心になって、民族舞踊や民族音楽、民族劇などを演じるものだ。在日なら誰でも参加が自由で、練習参加を呼びかける案内ビラが街中に配られる。一年かけて練習し、上手で、美しく、見ているだけでも興奮してきて、とても楽しいものだ。今年（一九八八年）も十月に第六回目が開かれる予定で、準備は着々と進んでいる様子である。これを企画、運営するのは「生野民族文化祭実行委員会」という一年交代制の組織で、拠点は、これも聖和社会館に置かれている。祭りの日、先ほどふれた子ども会のメンバーや、後述する小学校の「民族学級」や「民族クラブ」に参加している子どもたちも、日ごろの練習の成果を披露する。また、焼肉をはじめ、さまざまな模擬店が出る。グランドいっぱいに焼肉の匂いが充満する。その模擬店には、今まで紹介してきた作業所や保育所のメンバー、オモニハッキョの先生・生徒、民族学級の親子などが参加する。演者は若者だが、観客や模擬店を通してその家族や年輩者が参加している。生野民族文化祭は、在日朝鮮人のインフォーマルグループとフォーマルグループ、およびそれらのネットワークが一堂に会する、いわば民族のコミュニオンなのである。

このような祭典が生野で可能だというのは、第一に、在日朝鮮人が全人口の四分の一以上を占めている（当時）という人口学的な大前提があるだろう。C・フィッシャーの概念を用いれば、「民族的下位文化」（ethnic subculture）を構造的に創出・維持できるだけの人口の「臨界量」（critical mass）が確保されているということだ［Fischer 1975］。生野民族文化祭の当事者たちに個別にインタビューをしてみても、共通していわれたことは「このような祭りはここでしかできませんよ」というコメントであった。

なお、生野民族文化祭には自文化を表出する喜びや満足感といった自足的側面に加えて、猪飼野の在日の結束力を内外に誇示することによって、民族運動の実効力を高めようとする手段的側面もあることを見逃すことはできない。生野民族文化祭は「構成された民族」なのである。

（9）閉鎖的な学校PTA

いま学校のことを出したが、これが八つめに指摘したい点だ。生野区内には公立小学校が一九校、中学校が九校ある。小学校の在日児童の平均在籍率は三二・三％。もっとも在籍率が高い学校はZ校区（前図3-2参照）のM小学校で、七四・六％。二位の学校五三・〇％を大きく引き離している。また、五〇％に近いか、それ以上の学校が四校ある。中学校では平均二八・二％で、五〇％以上の学校は一校である（以上、一九八七年五月現在）。当然、教育とPTA活動の両面で問題が山積し、それに対処するための活動もいろいろ展開されている。それをここで詳しく話している余裕はとてもない。ここでは「地域社会の民族関係」という視点から一つだけふれておくと、やはりPTAだ。PTA組織は、役員組織（会長、副会長、書記、会計、会計監査などが一般的だが、学校差あり）が一番上にあって、下に委員会が、たとえば表3-4はM校の例だが、このように分かれている。そして、両者を結ぶところに役員と各種委員長からなる実行委員会がある、というのが一般的な構成だ。

私は生野区の小中学校を、結局全部で九校訪問し、校長先生にインタビューをおこなった。その中で、在日朝鮮

表3-4　M小学校のPTA委員会（1987年度）

委員会	委員長	委員（内数，在日）
会計監査		2(2)
企　画	※	2(0)
成　人		4(1)
保　健		4(2)
給　食		4(2)
広　報	※	4(0)
厚　生		4(3)
教育推進		4(1)
校外生活		4(3)
1年(学級)		4(2)
2　年		4(1)
3　年		4(2)
4　年		6(3)
5　年		6(5)
6　年		6(4)
特別（人権）		4(0)
計		66(31)

（注）※：委員長が在日．

人の保護者が「役員」になっている学校は、なんと皆無であった。それは生野区全体について言えることであって、M校も然り。M校の場合、全一六人の委員長の中に在日朝鮮人は、わずか二人だけだ。委員六六人の中には三一人いた（一九八七年度）。しかし、一九八八年度から、この学校では役員に一人（会計監査）だけ、在日の父親を迎え入れることにした。これは、生野区では画期的な出来事といえる。日本人の間にはかなり抵抗があったようだ。しかし、この人事を積極的に推進したのも、日本人のPTA役員であった。彼は自身がPTA役員になってはじめて、このように在日朝鮮人が圧倒的に多い学校で、日本人だけでPTAを運営していては活動の低迷状態から抜け出せない、在日朝鮮人が役員に入ることは、彼らのモラールを高め、ひいてはPTA全体の活性化につながる、ということを悟ったという。将来は、せめて副会長ポストには在日の親を迎えたいという展望で、彼ら推進派は頑張っている。実はこの人は、昭和四〇年頃という比較的最近生野に来て自営業を営んでいる定住化来住層であり、年齢も五十代前半という生野の住民組織の中では比較的若い層に属している。この属性上の特徴は「民族関係」の形成にとって一つの条件になりうると考えられるが、この点は最終節で再考しよう。

ところで、このようにPTAから名目的にはともかく、実質的に疎外されている状況に在日朝鮮人の保護者はどう対処しているかといえば、PTAとは別に「外国人保護者会」という組織を作っているケースが多い。学校によっては課外活動としての「民族クラブ」や、在日嘱託講師を市から派遣してもらって「民族学級」を開いて、朝鮮半島・済州島の地理、歴史、言語、音楽、風俗、習慣などを、希望する在日生徒に教えている。そういう学校には「外国人保護者会」があって、そうした活動を物心両面で支えている。顕在的な機能はそういうことだが、より深いところでは、日本人ＰＴＡに対する対抗的結束集団という側面もあるようだ。この分析も、別の機会に詳しくやりたい。

(10) 先祖祭祀

第九に、皆さんのお宅でも、ご先祖様の供養を命日やお盆などでやるだろう。韓国でもまったく同じだ。いや、日本人以上に熱心にやる。この先祖祭祀を韓国では「チェサ」（祭祀）という。チェサは、朝鮮人社会ではたいへん重要なものに位置づけられている。生野で親しくなったKさん（一九四〇年生まれ）にも、親族がたくさんいらっしゃる。彼が出席する先祖代々のチェサが、大阪近辺に年間三〇もあるという。大ざっぱにいって、父方二〇と母方一〇。図3-4は、そのうちの父方の先祖だ。正確には二二人だった（▲●印）。この系図はKさんの五代上の先祖と、そのすぐ上の兄とを淵源とするすべての子孫を網羅している。点線で囲った人以外は、すべて関西在住だ。彼がチェサに出席する先祖は一つの例外を除けば、すべてこの範囲に含まれている。祭主（直系）からみて五代以前の先祖については弔い上げとなる（カッコ付き▲印）。一方、Kさんの亡父のチェサに来る親族（世帯主）も、ちょうど二〇人だった（△印）。チェサの御香料は三千円から五千円が相場というから、またこれだけの親族だから結婚式も少なくないわけで、親族関係に費やす年間の出費はたいへんな額に上るという。しかし、それでもきちんとやる。これは、もちろん日常の濃密な親交・扶助関係を前提としている。そういう面も含めて、在日朝鮮人の結合集団としては、やはり家族・親族は一番強い部類に属するだろう。

さらに、身近な親族の範囲を越えて、始祖を同じくするK氏全体の集まり、「K氏宗門会」がある。これは、中国の「宗族」にあたるものである。なんでもK氏の始祖乙那王は耽羅国（済州島）の国生み三神人の一人で、その

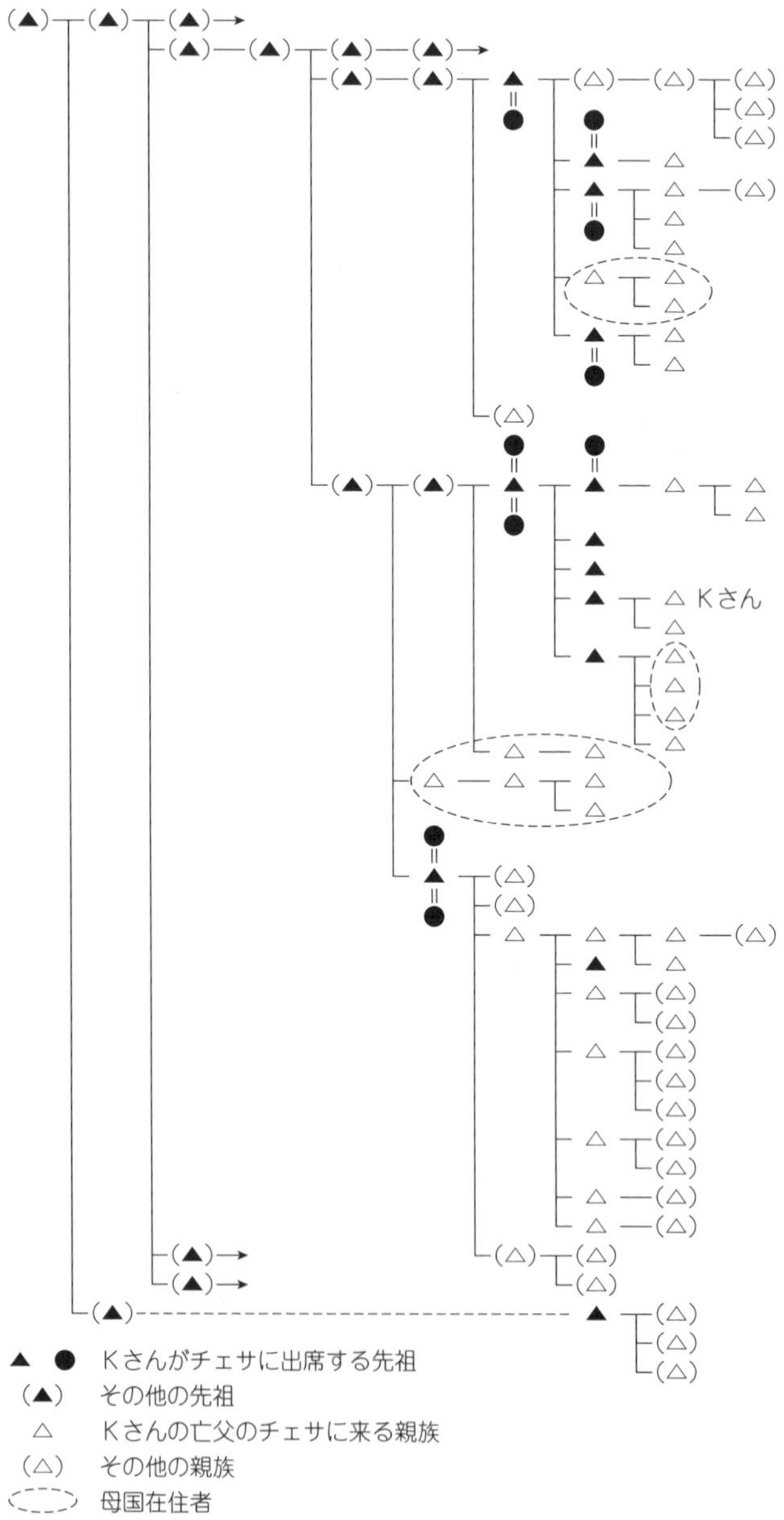

図3-4　チェサ（法事）の親族関係

三神人が地中から現れ出たと伝えられている「三姓穴」なる場所も、済州島にはあるのだとか。彼の家には「族譜」といって、この乙那王から始まる一族の家系図の本がある。正式名称は『済州K氏大同譜霊谷公派篇』という。「K氏」もさらに幾つかの派に分かれていて、霊谷公派はその一つだ。この一派だけで「族譜」が何巻もある。お宅に伺ってみると、本棚一段が全部族譜で占められていた。族譜は宗門会で編纂されている。Kさんは、その「大阪支部」のメンバーである。

(11) 民団・総聯・KCC

最後に、政治的には「南」と「北」ということになるが、南の大韓民国を支持する団体が在日本大韓民国居留民団、略称「民団」。北の朝鮮民主主義人民共和国を支持する団体が在日本朝鮮人総聯合会、略称「総聯」。生野区には民団と総聯の支部が、それぞれ四つある。一区に四つも支部がある所は、他に例がないだろう。両者の対立が厳しいことはいうまでもない。地域関連の調査をしていても、ちらちらと対立の構図が見えてくる。しかし、人口勢力では圧倒的に民団が優勢だし、その傾向は近年いっそう強まっている。一九八〇年三月末で、生野区の外国人登録者のうち「韓国籍」が二万九五二六人（七六・二％）で、「朝鮮籍」が九一八七人（二三・八％）。四年前の七六年三月末には、それぞれ二万八九〇七人（七三・〇％）と一万六六五人（二七・〇％）であった。「朝鮮籍」から「韓国籍」への「国籍変更」がひとつの傾向としてずっとあり、たとえば一九七五年度から七九年度までの五年間に、生野区で二一九七人、年平均約四四〇人が「国籍変更」をしている。

巷での民団の評判はあまりよいとはいえない。政治的次元に関しては未調査の部分がたくさんあって、はっきりしたことはいえないが、民団は必要ないという人もいる。たとえば、一般の在日韓国人との関係では、彼らが韓国に旅行に行く際の旅券をここで渡している。これは本来、韓国総領事館がやるべきところを民団が窓口代行しているのである。それで仕方なしに出向くと、そこで民団の団費を払わされる。もともと帰属意識が薄いのだから、これでは評判が悪くなるのも無理はない。

むしろキリスト教系組織が民団系住民の地域的統合に大きな力を発揮しているようである。それは、「在日韓国基督教会館」（ＫＣＣ）である。関西在住韓国人キリスト教界の中枢組織で、これまで紹介してきた福祉・社会教育・文化活動のほぼすべてがこの会館を母胎として生まれている。私も、さまざまな運動団体や末端組織から遡って関連団体をたどって調査を進めていくと、行き着く先はたいがいＫＣＣであった。ここは、ほかに指紋押捺拒否などの人権運動や、少年非行問題、地場産業振興など、地域の在日関係の問題ならなんでも取り組んでいるし、実績も上げてきた。詳しくはまた別の機会にお示ししたいが、総合的な取り組みの点で、ＫＣＣは宗教面のみならず、運動面でも在日の中枢機関といってよい。

そうはいっても、やはり民団が在日の社会的統合に果たしてきた歴史的、潜在的機能には軽視できないものがある。民団は経済・金融・税務関係の民族機関と結びついて、在日韓国人の生活を政治・経済的な外枠において規定していると推測しうるし、それ以外の面でも、私などの目には届かない構造的な連関があるようだ。

一方、総聯系の結束は、顕在的にもたいへん強いといえる。すぐ目につくのは「朝鮮学校」で、区内に初級学校四、中級学校一の計五つもある。日本の公立小中学校には総聯系の家庭の子どもはほとんど通っていないという。また、未確認だが、朝鮮学校でも夜間の識字教室が、もう三十年以上も続いているそうだ。なお、総聯系の地域集団の調査はまだほとんど手つかずの状態で、これも今後の課題の一つである。

手つかずといえば、同郷集団もある。たとえば、済州島出身者には「済州島会」がある。ローカリズムを原理とする結合は「道」から「里」（日本のムラ）までのどのレベルでも見られるのだろうか。それは、先ほどちょっと紹介したような同祖集団とどんな関係にあるのだろうか。ついでにいえば、「朝鮮寺」[5]や「契」など、女性特有のインフォーマル関係もあるし、さらには日本への帰化者のグループ、在日労働組織、指紋押捺拒否等の政治運動グループ、そして無数の文化サークルと広がっており、メインテーマの「地域社会」を越えて、私の興味も尽きないのである。

第3節　日本人の社会

(1) 大都会のムラ

これまで在日朝鮮人の側から生野をスケッチしてきた。しかし、そこにはまた、日本人の姿もちらちら見えていたと思う。では、正面から日本人社会に焦点を当ててみると、こんどはどんな「猪飼野」が見えてくるのだろうか。

繰り返しになるが、生野区の住民の四分の一以上が在日朝鮮人である。とりわけ前図3-2で示した部分は在日の人口密度が非常に高く、しかも西よりも東の方が高い。このことは、あとで自治会のことをお話しするときに具体的に説明したい。ともかく、そのど真ん中に住んでみて、よくわかった。ここの日本人たちがそうした状況にどう対応しているのかということが。前節と同様、個人レベルではともかく、社会学的に見た場合、つまり集団としてどのような反応を示すのか、ということを考えてみたい。それは、結論からいうと、ひと言で「ムラ」の結合である。大都会のなかのムラである。以下、日本人社会に関して五点、指摘したい。

(2) 猪飼野村

このあたりはもともと農村地帯であった。図3-2に二つの鳥居（⛩）と二つの卍が見える。西が弥栄《やえ》神社と宗玄寺、東が御幸森天神宮と安泉寺である。弥栄神社と宗玄寺を中心にして「木野村」が、御幸森天神宮と安泉寺を中心に「猪飼野村」があった。これら四つの社寺が、それぞれの村の昔からの氏神社と檀那寺であることはいうまでもない[6]。一八四一（天保一二）年の「五畿内掌覧」という古地図にも、この二つの村名はちゃんと記載されている。明治に変わって、一八八九（明治二二）年に、この二村と、岡・東小橋・小橋の計五村が合併して「東成郡鶴橋村」が誕生し、さらに一九一二（大正元）年に「鶴橋町」になった。五村は、町の大字として名前も残っていくが、一九七三（昭和四八）年の町名変更で、小橋・東小橋の名前以外は地図の上から消えてしまった。

この一帯には明治末から大正にかけてどんどん人口が入ってきて、急速に都市化した。鶴橋町の戸数と人口の推移を『東成郡誌』（大正一一年刊）で見てみると、表3-5の通りである。流入者数を示す「入寄留」の欄が設けられていて参考になる。また、同誌には当時の人口流入に関して次の記述がある［東成郡役所 1922：552］。鶴橋町が大阪市に編入されたのは、一九二五（大正一四）年のことである。

［戸口］本町は十数年以前迄は戸数僅々二百余戸、人口二千に満たざる一寒村に過ぎざりしが、日清日露戦役以来漸次発展の気運に向ひ、最近に至り長足の進歩をなし、今や人口二萬五千、戸数五千五百余を有する一大町となり、全く昔日の観を止めざるに至れり。日清戦役以後二十余年間に人口戸数に於いて十数倍の増加を見たるは、各種工業の盛になれるに依れるなるべし。即ち本町民は従来農を以て家業とし、日々耕耘に努めたりしが、隣接大阪市の商工的大発展の余勢を受け、殊に明治三十七八年戦争（日露戦争——筆者注）開戦以来工業的方面に意を注ぐに至り、各所に小工場の設立を見、各種の工業漸次盛大に赴き、加ふるに大阪砲兵工廠の拡張となり、多くの職工の採用せらるゝと共に、此等工場に職を求めんとする者、土地家屋其他諸般の生活費比較的低廉なると、郊外地として空気の比較的新鮮なる等のため、近くは大阪市より、遠く他府県より来住するもの、年一年と増加し来り。殊に欧州大乱（第一次世界大戦——筆者注）勃発して戦時工業の隆盛となるに伴ひ、益々基率を高くし、大正二年以来年々数千の激増を見るに至れり。

では、こんにち旧村の姿はまったく見る影もないのかというと、それが残っているのだ。表3-5に「寄留」という言葉がある。来住層を「寄留民」と呼ぶ地方は少なくない。それに対する土着層とその集落を、このあたりで

表3-5　戸口累年対照表

年度	戸数	性別	本籍	出寄留	入寄留	現在合計
1902年（明治35年）	332	男	1,095		39	2,143
		女	991		18	
1907年（明治40年）	781	男	1,435		253	3,290
		女	1,360		242	
1908年（明治41年）	934	男	1,630	78	439	3,899
		女	1,539	27	396	
1909年（明治42年）	1,396	男	1,748		661	4,652
		女	1,646		597	
1910年（明治43年）	1,900	男	2,106		1,011	5,934
		女	1,903		914	
1911年（明治44年）	2,170	男	2,817		1,246	7,440
		女	2,313		1,064	
1912年（大正元年）	2,723	男	3,450		1,454	8,832
		女	2,748		1,180	
1913年（大正2年）	4,062	男	3,420	266	4,177	13,564
		女	3,329	212	3,116	
1914年（大正3年）	4,202	男	3,545		3,960	15,267
		女	3,250		4,512	
1915年（大正4年）	4,767	男	5,418	458	4,920	16,543
		女	3,345	241	3,559	
1916年（大正5年）	5,153	男	6,059	599	5,887	20,255
		女	3,707	410	5,611	
1917年（大正6年）	5,405	男	6,137	648	7,374	23,718
		女	4,321	564	7,098	

（資料出所）東成郡役所［1922：523］.

は「在所」という。「猪飼野の在所は七〇軒」と、地元では言い伝えられている。また、猪飼野村について「明治九年の人口八五二。同二四年の戸数一八七、男四六三人・女四六九人」という記録もある。[7]だから、「在所七〇軒」というのは、本家筋の家数と推定されるが、それはともかく、興味深いことは、現在の土着層の世帯数が、この「戸数一八七」という数字に非常に近いことである。土着の本家・分家が現在、一五〇〜一六〇世帯くらいあろうと推測できる。何故そのようなことが言えるのかというと、土着の人たちだけで世帯単位に「猪飼野保存会」という会を作り、すぐあとで紹介するような活発な活動をしているが、そのメンバーが、一九八八年度の「会員名簿」によれば、一七〇人（世帯主）いるからである。土着層以外も少し入っているようだが（ただし日本人）、それは例外的なケースだ。そこでまず、会の沿革を保存会の資料を原文のまま引用して説明しよう［猪飼野保存会建設広報委員会編 1987 : 5］。

江戸時代の中期（元禄〜享保）、村にお伊勢参りの講が出来年寄りを兄若、若い者達を若衆といってこれを若中と呼んだのが始まりであると伝えられている。

年を経て大正二年、若中を青年会と改め、同九年に鶴橋青年団が結成されこれに伴い当会を猪飼野分団に改称された。その後支那事変・大東亜戦争の勃発により団員が次々と招集されたため、自然消滅のやむなきに至ったのであるが、終戦の翌昭和二十一年に旧村の世話人年寄り若中会を再結成され、発足したのである。

昭和四十八年、大阪市の住居表示実施に伴い生野区から猪飼野という町名が消えることとなったので、由緒あるこの町名と文化（遺跡、地車等）を永く後生に言い伝えるため、猪飼野保存会と改称し今日に至るものである。

前身は若中会だが、改称の趣旨に沿って、現在はその親や祖父の世代もメンバーに入っている。「会員名簿」を見ると、いくつかの本・分家関係の存在がうかがえる。比較的メンバーの多い同姓グループが十余りあるからだ。そこで聞き取りをして確認してみたところ、事実その通りであった。さしあたり五つの本・分家関係を紹介しておく。図3-5である。本図にある保存会メンバー（▲●印）は、一人（Q家四男）を除いてみな旧猪飼野地域に住んでおり、ほとんどが自営業を営んでいる。ただ、保存会のメンバーシップの観点から家族関係を追ったために、他出家族と女きょうだいなどは十分フォローできていない。その意味で家系図としては不完全である。しかし、猪飼野に住んでいる土着層で非メンバーというのは、隠居（O家の△）と非世帯主くらいのものであり、したがって、本図は土着層の家連合的な団結の強さをうかがわせている。大都市の中の一地域にこれだけの本・分家関係が集住し団結しているということは、驚きである。加えて、姻戚関係が家と家をつないでいる。保存会メンバーは、「おれ達はみんな親戚のようなものだ」と言っているが、それは親密さを表すたんなる比喩などではなく、事実そのものである。保存会の実体はムラであり、それはいわば「ムラの再生」なのである。

ところで、会の前身が若中会だから、現在の会長も三十代後半だし、その他の実働的な役員も、三十代が中心である。保存会の主たる活動も、氏神社の夏・秋例祭で曳く「だんじり」（地車）の保存である。しかし、会で本当に実力を有しているのは、彼らの親や祖父の世代である。その代表が、「世話人」として役員組織にも名を連ねている一〇人のOBである。いくら会長でも、彼らOBが首をタテに振らないことには物事を決められない。それだけに、若い世代にとっては煙たい存在である。日常活動で間に立つ会長の気苦労は並大抵のものではない。それから、これも重要なことだが、保存会は独自の会館を共有財産として所有している。去年（一九八七年）、鉄筋二階建てのすばらしい新館が完成した。これが、メンバーの会合やサークル活動、宴会などで利用されるコミュニティセンターとなっている。こうして、在所が地縁と血縁と世代でまとまって、がっちりスクラムを組んで、彼らの「猪飼野」を守っている。一方の旧木野村には、文字通りの若者だけの若中会はあるが、これほどまで強い結束はないようである。先ほど少し述べたように、在日朝鮮人の居住率が旧猪飼野ほどは高くないことと一定程度関係がある

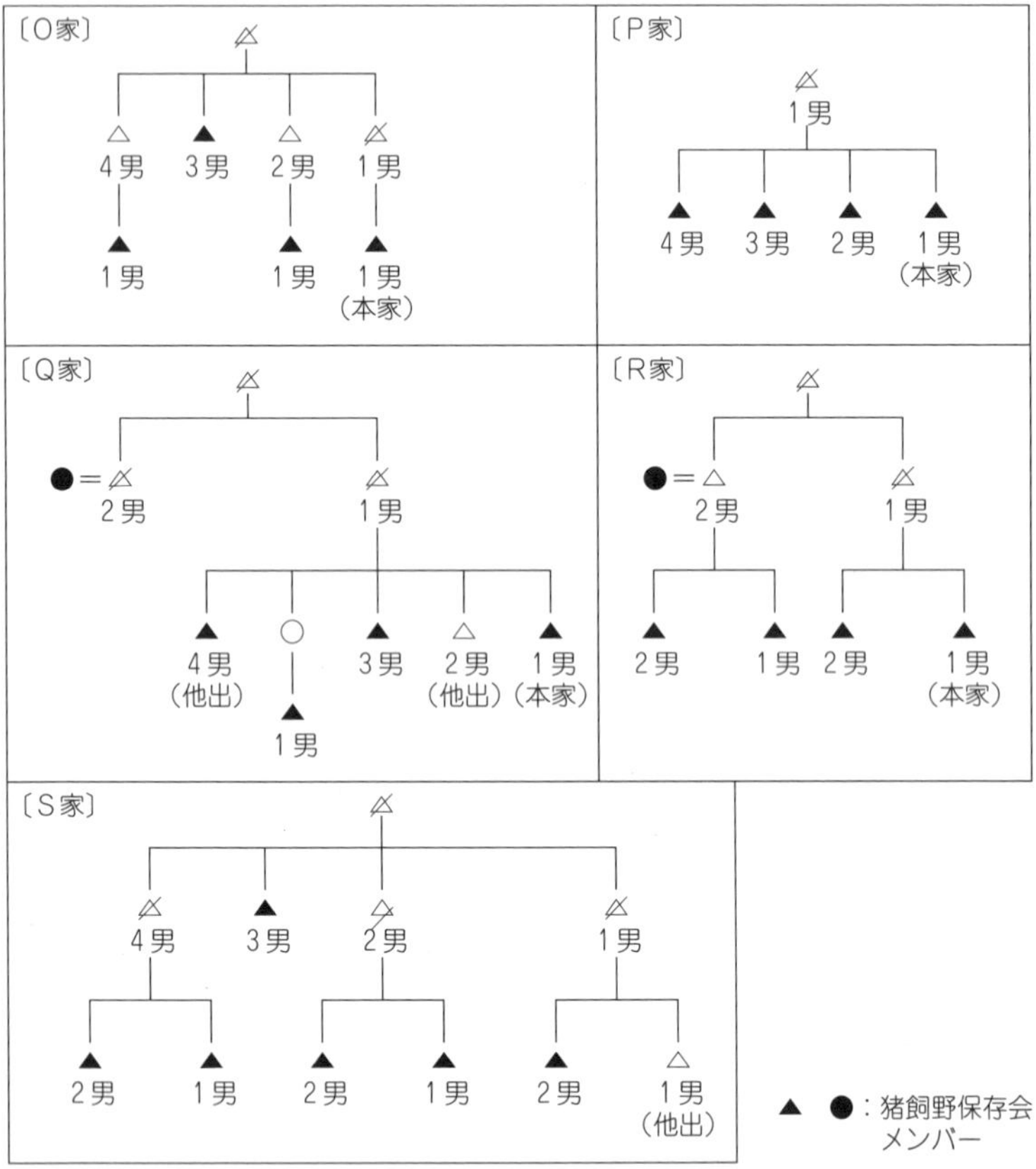

図3-5　猪飼野保存会メンバーの本・分家関係（一部）

写真3-3　再建された白亜の猪飼野保存会館。2階には地域文化財の陳列もあり，ミニ博物館の趣である。1980年代、民族運動最盛期の猪飼野では，日本人土着層も活発にコミュニティ活動を行っていたことを象徴する建物。1987年11月竣工。（1988.3.30　筆者撮影）

のではないかと、私は見ている。

ちなみに、旧猪飼野村の南隣に旧T村がある。この在所の地理的境界は今も鮮明である。そこにも「T地車保存会」が組織されていて、百五十年前のだんじりを今も曳いている。保存会の中は若中会（壮年）、青年会、小若（小学生）に分かれ、やはり結束は固い。朝鮮人が生野に住みついたきっかけは、大正期の平野川改修工事（図3-2の新平野川）であった。その飯場がこの在所に隣接してあったので、Tは、生野でも朝鮮人の定住が比較的早くから始まっていた。現在、この在所は、やや誇張していえば、在日朝鮮人居住地域に囲まれた恰好になっている。

（3）宮　座

日本人社会に関する第二点として、御幸森天神宮では明治四一年頃に専任神職が配属されるまでは宮座が設けられていて、祭田も保持し、氏子が年番で祭事にあたっていた。隣の弥栄神社も、やはり大正六年まで一五戸の宮座があった［大阪市立鶴橋小学校八十周年記念誌編纂委員会編 1956：275］。一般に、かつて村の構成単位が「イエ」

におかれていたころは、祭祀参与の条件が家格の条件を形成していた［肥後 1941］。そういう宮座に連なった家系が、今も全部ではないが、この地域に現住している。旧木野村の一五戸の宮座とは、H姓一〇家、I姓三家、Ma、Mb姓各一家である。どれも庄屋か地主層である。このうちH姓の三家、I姓の二家、それにMa家が、それぞれの分家と共に残っている。いずれも弥栄神社を囲むように、大きな屋敷を構えている。しかも、かつての宮座一五家が、今でも年に一度、正月に親睦のために神社に寄り集まっている。

一方、猪飼野には、一説に一〇家あったという宮座の末裔は、今は二家しか残っていない。かつて猪飼野には、K家という大地主がいた。今でも地元で語り草になっていることだが、彼は「猪飼野から生駒山麓まで他人の土地を踏まずに行けた」といわれるほどの大土地所有者であったようだ。これは、ここに長く住んでいる人なら日本人でも在日でも、誰でも知っている伝説である。今は、K家は住居を区外に移し、猪飼野にもつ広大な私有地で不動産業を営んでいる。猪飼野保存会に集まるメンバーの家は、当人たちによれば、もとはみなK家の小作であったという。これに対して、木野にはそのような巨大地主はいなかった。木野では旧地主層が年に一度集まり、猪飼野では旧小作層が（保存会に）集まる。もとより集合の目的は異なるが、その形式が対照的である。歴史的に、一方は大地主の単独支配型村落で、他方は中小地主の複数支配型村落であったことの一つの結果ではないかと考えられるが、これは仮説。また、結束の度合いが異なることは、民族関係の観点からも興味深い。何度も言うようだが、木野には猪飼野ほど、在日朝鮮人は多く住んでいない。対内結束は対外分離に比例する、あるいは「ゲマインデ（共同体）あるところフレムデ（よそ者）あり」という、民族関係におけるセグリゲーションの一般法則が、ここでも作用していると解せよう。

(4) 町内会

第三に、町内会について、そのムラ的な側面に限って少しふれておきたい。町内会については、これもお話ししたいことが山ほどあるが、残念ながら全面的な解明は別の機会に譲らせていただく。では、何がムラ的かというと、それは一種の長老主義だ。大阪の町内会は「振興町会」という。それが小学校区ごとに集まって「連合振興町会」を構成している。だから、生野区には一九の連合町会がある。連合会長は、町会長の中から一人選ばれる。任期はあるが、再任は妨げられない。連合会長は、地域ではたいへん重要な位置にあるようだ。この点が今日は詳しくお話ししている余裕がないのだが、たとえば小学校の卒業式などで、PTA会長の次に壇上に上がって祝辞を述べる。校下のすべての町会長はPTA役員組織の中に「顧問」として名を連ねている。連合会長はそのトップなわけだ。しかし、彼が壇上に上がるときは「校下社会福祉協議会会長」としてである。社協役員は会長以下、だいたい町会役員が兼任しているから、町会と社協は同じ地域集団の二つの顔とみてよい。そして、かような連合会長がほぼ永久職だということである。

表3-6をご覧いただきたい。生野区の三つの連合町会（X・Y・Z）を調べてみた。これらは前図3-2の三校区に対応しており、すべて会長は日本人である。X会が先の二つの旧村の在所を含む土着層の地域。YとZは、かつての在所を囲んでそれぞれ北側と東側に広がっていた農地や湿地を大正期以降開発した、来住層の地域である。会長の職業は明記しなかったが、まず九割は自営業かそのリタイア組である。このうち来住層の地域で、連合会長の町会長としてのキャリアが二十年を越している。正確にはY会が二十八年、Z会が二十五年である（一九八八年三月現在）。連合会長になってからでも、それぞれ十一年と九年である。とくにZ会の場合、現連合会長は明治四二年生まれの四代目。歴代三名の連合会長は、すべて亡くなるまでその職にあったという。生野区には町

表3-6　振興町会長の属性（1987年度）

連合振興町会		X	Y	Z
町会長（人）		11	14	9
出生年代	明治	1	1	＊1
	大正	7	＊11	6
	昭和	＊3	2	2
居住歴	土着	2	0	0
	戦前来住	＊7	＊9	＊8
	戦後来住	2	5	1
会長歴	1～5年	5	6	3
	6～10年	＊3	3	3
	11～20年	2	3	2
	21年以上	1	＊2	＊1

（注）＊：連合町会長の属性.

会長歴三十五年という連合会長が四人もいる。また、居住歴では「戦前来住」という特徴が、連合会長ばかりでなく、町会長にもある。X会には当然、土着層の会長もいる。また、全体に「戦後来住」は少ない。Y会に五人いるのは、すべて昭和二〇年代の来住だ。そして、在日朝鮮人がとくに密集している東側のZ会で、年功序列的な特徴がよりいっそう顕著にうかがえる。

要するに、連合会長は、いずれも戦前来住層という共通点がありながら、Xの連合会長は比較的若く、キャリアも短いのに対して、Zではかなりの高齢でキャリアも非常に長いというコントラストが認められる。しかも、連合会長のみならず、町会長全体からもほぼ同様の傾向が指摘できるのである。ここで「ムラ」の秩序原理の一つ「長老主義」の観点を導入すれば、X連合会はあまりムラ的ではなく、反対にZは非常にムラ的で、Yはその中間である。これをどう解釈するか。

Xの町内会があまりムラ的でないことは、ここには猪飼野保存会や若中会という土着の準拠集団が別にあることとの関連で解釈が可能であるし、また、ZがYよりもムラ的であることは、在日の人口量と密度の違いに関連づけて解釈することができるだろう。すなわち、土着層は町内会とは別に独自の伝統集団に依拠して結合し、一方、来住層にはそもそもそうした自分たちの同質性を保持しうる伝統的基盤がないために、町内会そのものを結合の拠点とし、そこをいわば「第二のムラ」（神島二郎）として日本人社会を形成しているのではないだろうか。しかも、YとZを比べれば、在日朝鮮人との緊張関係が強いZほど、町内会の「第二のムラ」的性格がよりいっそう際立っている。

(5) 閉鎖的な構造

これに関連して第四に、町会役員に在日朝鮮人がいるケースがまずない。少なくともこの三会では皆無だ。それは、いま指摘した葛藤の厳しさの反映と解することができる。X会では、せいぜい町会の衛生部副部長と防犯指導員に在日朝鮮人を入れているだけだ。それも一種監視的な意味あいで、意図的に入れているのであろう。また、町会の下に班（隣組）がある。班長の役割は町会費の徴収や、広報等の配布といった使い走りだが、これには何人かいる。しかし、X連合会を例にとると、一一町会三二班中、在日朝鮮人の班長は七人しかいない（一九八七年度）。班長でも、この程度である。X会のいちばん東にある班の班長にお聞きしたら、その方が昭和二四年にそこに越してきた時の隣組は一三戸で、そのうち在日朝鮮人は一軒だけだったという。それが現在では逆に、全一〇軒中、日本人の家は自分だけになってしまったという。先に、東へ行くほど在日が多くなると言ったことの、これが実態だ。そして、そのような人口変動とは無関係に、地域住民組織はほぼ日本人だけで維持、運営されている。社協のメンバーにも在日朝鮮人が皆無であることは、これまでの説明から容易に察せられよう。PTAについてはすでに述べた。猪飼野保存会は、あくまで土着の人々の集まりだ。共有財産が絡むので、そこには日本人でさえ、来住者は容易に入ることができない。私は例外的に加入できた定住化来住層の一人を知っているが、彼は永く住んで、土着層の女性と結婚し、在所の人たちとの商売上のつながりもできて、しかるべき人の推薦で入ったのだった。腰を低くしてとてもよく尽くしておられた。以上のすべては、日本人社会の閉鎖性をはっきりと示している。

(6) 祭　り

最後に、氏神社の祭りについて述べてみたい。大阪の夏祭りに出る山車は「だんじり」と呼ばれる曳き山である。猪飼野のだんじりも、それは見事である。赤欅造の台には隙間なく彫り物が施され、それを囲う羅紗の幕には桐に竹虎、波浜千鳥などが刺繍され、豪華絢爛、勇壮そのものである。町中を曳いて練り歩くのだが、クライマックスは深夜の宮入り。その頃になると、天神宮に見物人が大勢集まってきて、境内も道路も人であふれんばかりである。氏子地域を回り終えて宮前に戻ってきただんじりを猛然と担ぎあげ、鳥居を一気にくぐり抜けて行く。これは猪飼野だけのやり方だそうで、肩に担がれただんじりを見ないと祭りは終わらないと、土地の人は言っている。このだ

写真３－４　夏祭り。地車（だんじり）を曳いて御幸森天神宮の氏子地域を回る猪飼野保存会の会員たち。この地車は明治20年造の２代目。（1988.7.16　筆者撮影）

んじり曳行は猪飼野保存会の独壇場だ。クライマックスの宮入りで、会長がだんじりの先頭に乗って采配を振っている姿を眺めていると、これがあるから辛い会長職も務められるのだろうなぁと納得する。

この他に御輿も出る。その「霊入れ」と「霊抜き」の儀式は黒装束に身を包んだ宮司が顔に大きな口あてを付け、息を殺して厳粛に執り行う、古式そのものといった感じである。私は「霊入れ」の最中、御輿にカメラを向けると、宮司から撮影を止められた。生野民族文化祭が在日朝鮮人のコミュニオンとすれば、神社の祭りは旧村の人々の自己確認の場である。だんじりにぶらさがっている大きな赤提灯には「猪飼野」と、はっきり白抜き大書されていた。

在日朝鮮人は神社の氏子ではないから、総代組織に関わることはない。しかし、個人的に神社信仰をもっている人はいる。だんじりが家の前まで来れば、祝儀をあげて祝福を受ける在日も、多くはないだろうが、確かにいることを私は知っている。御幸森天神宮の宮司は、毎月一度訪問してお祓いをしてあげる在日朝鮮人の家を近所に三軒もっている。終戦直後からの付き合いだそうで、その方の家には神式の神棚もあるという。また、私が生野で懇意になった在日のおばあさんも、ときどきお祓いをしてもらっているし、境内を通り抜けるときはお賽銭と柏手を打つことを忘れない。そして、そういう在日女性は意外に少なくないようである。

それからもう一つ、「生野まつり」というのがある。これは、行政のいわゆるコミュニティ施策の一環として、市の外郭団体「生野区コミュニティ協会」が主催し、区内の各種地域団体、任意団体、企業などが後援して開かれるものである。大阪全区で同様の「まつり」が行われている。生野区では、今年（一九八八年）が一五回目になる。これに在日朝鮮人の団体の参加はまったくみられない。協会職員の説明によると、かつて第六回のまつりで民団と総聯の両方に参加協力を呼びかけたところ、どちらも「うちだけなら」という条件を曲げなかったために実現できず、それっきりになっているとのことであった。前節で、「地域関連の調査をしていても、ちらちらと対立の構図が見えてくる」と述べたのは、たとえばこういうことである。

それはともかく、以上から生野の日本人の在日朝鮮人に対する集団レベルの対応が非常に「ムラ」的であることが、おわかりいただけたと思う。これは、異民族に対する日本人の民族関係のひとつの典型的パターンではないだろうか。在日朝鮮人はチェサに表象される家族・親族結合の中で自らのアイデンティティを確認し、日本人は氏神祭に表象されるムラ的集団への同一化を通して自己を保持しようとしている。しかも、人口の異質性が高まれば高まるほど、相互にますます自分たちのアイデンティティを際立たせて分離していく。両者は決して相交わることのない生活様式を構造化させているのである。

第4節　コリアタウン計画

（1）「チョアヨ！　コリアタウン」

次ページの新聞記事をご覧いただきたい。これは、「毎日新聞」大阪版の夕刊に載った記事である。最近、これ

1988年(昭和63年)　1月5日　(火曜日)　毎日

生野に「コリアタウン」

南大門など建築

ソウルを模し　友好の街へ

約三万八千人の在日韓国・朝鮮人が住む大阪市生野区の中心部約一五一㌶を「コリアタウン」として再開発する構想が、ソウルオリンピックに合わせ、具体化に向け動き出した。軸になるのは大阪青年会議所（吉本晴行理事長、九百二十五人）と、在日韓国人の社長や商店主らでつくる韓国大阪青年会議所（徐昇会長、百三十人）。タウンの核に予定されている商店街が、早ければ今月にも「コリアタウン宣言」をし、大阪市などと協議しながら街づくりに着手する。

構想では、単なる地域開発にとどまらず、歴史、芸術など日本と韓国・朝鮮文化交流の拠点となる「コリア文化センター」の建設も打ち出しており、日韓友好のシンボルとして、韓国政財界の注目も集めている。

類似構想は五十九年に生まれかけたことがあるが、土地問題などがからんで一部住民が反対、"凍結状態"が続いていた。しかし、ソウルオリンピック開催を機に、キムチ、乾物などの食料品店やチマ・チョゴリなどの民族服店が軒を連ねる同区の中心部、御幸通商店街（生野区桃谷三、四、五、延長五百㍍）で具体化への機運が盛り上がり、昨年十月、「コリアタウン推進委員会」（藤井正委員長、六十二店）を発足させた。

新たに固まった構想によると、対象地区は同商店街を中心とした半径七百五十㍍圏内で、人口は約三万八千人。ロサンゼルスなど数千人のコリアタウンをしのぐ、世界一の規模。入り口には、ソウル市の南大門や東大門など伝統建築を模したゲート、タウン内には韓国の物産を展示、販売する商店と飲食店を集中させたアーケード街、文化センターなどをそれぞれ建設する。

また、タウン内のショッピング情報を提供し、韓国・朝鮮語を普及させるためCATV（有線テレビ）ネットワークも整備する。

推進委員会では、同商店街の完全合意を取りつける一方、工費、工期などの詰めを急ぐが、完成目標は二十一世紀に設定。「コリアタウン宣言」をして、ソウルオリンピック開催で予想される"韓国ブーム"に乗り、年内に両青年会議所と合同で物産展や芸能祭など様々なイベントやPR作戦を展開する。

すでに大阪青年会議所の左藤章・都市開発委員長らが昨年十一月訪韓、韓国政財界人に構想を説明して「日韓友好に有意義な計画で、できる限りの協力をしたい」との賛意も得ており、韓国大阪青年会議所の高行三・コリアタウン推進委員長は「大阪に、神戸や横浜のチャイナタウンのような国際色豊かな街をつくり、大阪の国際化に役立てたい。コリアタウン建設を目指し、コリアタウンのイメージ定着に全力を尽くす」と意欲を燃やしている。

桐山謙一・大阪市経済局長の話　コリアタウンはヨーロッパ村、アメリカ村同様、二十一世紀に向けた豊かな都市づくりのきっかけとなる構想。地元住民の完全合意が得られれば、周辺整備や街の特色づくりなど、様々な面で協力する。

コリアタウンの核となる御幸通商店街（中央左上から右下にかけての通り）＝上方が東、大阪市生野区桃谷の上空で毎日新聞社ヘリから写す

（出典）毎日新聞，1988年1月5日．

に関連する、しかしこれとはまったく異なる動きが御幸通商店街の中から出てきたので、紹介したい。神戸元町には中華街があり、大阪ミナミの繁華街ではアメリカ村がつくられている。いずれも地元商業の活性化が企図されている。朝鮮市場の「コリアタウン計画」も同様である。しだいに客を鶴橋駅の近鉄ガード下の通称「国際市場」に取られつつあるので、巻き返しを狙っている。一九八七年十月、「コリアタウン推進委員会」が地元で発足した。そこで中心になって活動しているのは、B商店会（表3-3参照）の若手八人である。日本人一人（委員長）、民団系四人、総聯系三人という構成メンバーで、全員が近い将来、店の後継者となる二、三十代である。彼らが、商店街が斜陽化しているなかで、将来の経営不安を全身で感じていることは、インタビューをしていてもひしひしと伝

写真3－5　横断幕をデザインしたのはコリアタウン推進委員会のメンバーで，在日３世の若手画家。（1988.3.30　筆者撮影）

わってくる。

そこで、日本人と在日、「南」と「北」という違いを越えて、地域振興という一点で協力し合おうじゃないかという趣旨の集まりである。まず着手したことは、B商店街の東西の入口に「チョアヨ（好きやねん）！　コリアタウン」と書いた横断幕を張り渡すことであった。次にやろうとしていることは、「御幸通商店会」とか「チョアヨ！　コリアタウン」という文字を刷りこんだレジ袋を作って各商店で使ってもらうとか、通りの両サイドに並んでいる照明灯の電柱をコリアンカラーに塗り替えて、それらしい雰囲気を作ろうとか、さらには、これまで前例がないという「商店会いっせい大売り出し」を企画し、その際、民族文化祭でやるような踊りやイベントも持ってこようといったことを、委員会で話し合っている。要するに、まずは自分たちの活動を広く認知してもらおうというところからのスタートである。「コリアタウン計画」といっても、意外につつましい、しかし堅実な取り組みなのである。

ところが、この新聞記事にはとても大きなことが書かれている。とくに下三段。当の委員会メンバーもびっくりしているようなことだ。この記事にある地図の斜線で囲った範囲は

表3-7　御幸通商店会の役員構成（1987年度）

A商店会	会　長	1
	副会長	3
	幹　事	2
	会計監査	1
	相談役	4 (2)
	会　計	1
B商店会	会　長	1 (1)
	副会長	2 (2)
	会　計	1 (1)
	庶　務	1 (1)
	会計監査	1
	相談役	2
C商店会	会　長	1
	副会長	1 (1)
	会　計	1
	顧　問	5 (1)

（注）かっこ内：在日の内数.

非常に広大で、前図3-2で鶴橋駅と「大池橋」の交差点を対角とするスクエアだ。旧猪飼野・木野がすっぽり入る範囲である。ここを全部「コリアタウン」にするというのは、まず不可能であろう。どうしてこんな地図が載ったのか。推進委員会の委員長も「自分は言っていない」と、びっくりしているようなことである。

⑵　朝鮮市場の民族関係

私は、推進委員会が考えているような「コリアタウン」を、ぜひ実現していただきたいという希望をもっている。たしかに商店街は「面」ではなく「線」だから、「タウン」の内実に乏しい。しかしこれは、日本人と在日、「南」と「北」といった壁を乗り越えるひとつの試みでもある。しかし、現実にはかなり難しい。

B商店街には店の将来の後継者で、推進委員会に入っていない人が二人いる。いずれも在日で、彼らは「コリアタウン」に熱心ではない。いずれにせよ、B街の後継者は、結局一〇人だけである。とくに日本人の店では「二代目はサラリーマンになって出て行ってしまう」とは、委員長のお話。彼によれば、西隣のA商店街では後継者はゼロだという。C街には五人いる。内訳は在日三人、日本人二人で、彼らは全員、推進委員会に合流すべく、動き出しているようである。B街でいち早く活動を開始できたのは、B商店会の正式メンバー、すなわち親世代の賛同——ただし、反対はしないという程度の消極的な——が得られたからである。他の商店街では、そこまで漕ぎつけるのにも多大な困難があるわけだ。

写真3-6　商店街の入口に設置された門（ゲート）。「コリアタウン計画」の一成果で1993年12月竣工。（1996.4.28 筆者撮影）

「コリアタウン計画」に対する三商店会の対応の違いは、役員構成を見ただけでも容易に察することができる。表3-7のように、A会とC会では在日朝鮮人の役員は少なく、とくに前者では要職に皆無である。これとは対照的に、B会ではほとんどの役職が在日で占められている。前表3-3で見た在日と日本人の店舗率をそのまま反映した役員構成の違いとなっている。しかし、B会でさえ、積極的に協力する姿勢ではない。そもそも在日にも日本人にも、親世代にまとまろうなどという気持ちはさらさらなく、とくにA会とC会では、その本心を隠さない。このように、今のところ「コリアタウン計画」は御幸通商店会が一体となった運動とはいえないということである。推進委員会のメンバーも、自分たちが経営主になるまでは実現は無理だとはっきり自覚している。ましてや、周辺の日本人住民の反応は推して知るべしである。この新聞記事が出た翌日、委員長の自宅に、「こんなことをしたら、わしらの街はどうなるんだ」といった抗議電話が二〇本もかかってきたという。

もう一つは、この誇大な新聞記事の出所が民団系の青年会議所あたりであることが、記事の中に示唆されている。しかし、民団が絡んでくると非常に厄介なことになるだろう。通称朝鮮市場と呼ばれてきたのには、もともとここの商店主の間では総聯系が「マジョリティ」であったという歴史的経緯がある。民団系の商工会議所や銀行が入ってくると、総聯系もだまってはいないだろう。すでに主導権争いを始める気配も見せている。こうなると、もう地元の若大将の手には負えまい。このように、幾つもの困難が重なっていて、「コリアタウン」の早期実現は望めそうにない。それでも、五年、十年、あるいは二十年、三十年という長い目で着実にやっていきたいという次世代の若者の強い意志があるので、今後も成り行きを見守っていきたい(8)。

第5節　「国内の国際化」

(1) 外国人労働者の急増

さて、最近新聞などで「国内の国際化」という言葉をよく目にする。このことに言及して、今日の話を締めくくりたい。日本では今、外国人労働者が急増している。彼らはわが国の「出入国管理及び難民認定法」(以下、入管法)に違反しているから、「不法就労者」というレッテルを貼られている。広島にいては夜の盛り場以外ではまだあまり見かけないようだが、東京あたりでは大学の清掃労働者が明らかに南方系のアジア人であるとか、ビルのエレベーター・ボーイがそういう人だとか、あちらこちらにいるというわけだ。法務省は、一九八七年の一年間に入管法違反の不法残留者を一万一三〇七人摘発したと発表した。また、未摘発残留者は五万人を超えていると見ている(いずれも「朝日新聞」一九八八年三月六日付)。それから、留学生が全国に、一九八七年五月現在で二万二一五四人いる。その約九割がアジア人。政府は、西暦二〇〇〇年までに留学生を一〇万人にするという「留学生十万人計画」を検討している。また、中国残留孤児三〇六二人(孤児家族)が、本年六月までに永住帰国している(同新聞、一九八八年六月四日付)。彼らはもちろん日本民族だが、それにふさわしい処遇を受けているのかどうか。さらには海外帰国子女をめぐる、たとえば学校でのいじめ問題などを聞くと、彼らさえも、よそ者のように扱われるのが日本の風土なのかと、考えさせられてしまう。

　こういった人たちをめぐる問題が、「国内の国際化」を考える場合に無視できない問題になる。彼らと私たちがどんな隣人関係をこれから結んでいくのかというのが、私の現在の一番大きな関心事だ。これは、おそらく外国から日本を見た場合に、こういう問題になると思う。すなわち、日本はいったい何処へ向かって進もうとしているのか、と。

　中曾根康弘前首相が現役の時、一九八五年、八六年、八七年のそれぞれ夏に、一連の講演を行っている［杉山 1988：29-30］。これをつなげてみると、政府首脳が考えていることがだいたい見えてくる。中曾根前首相は、一九八五年と八六年に「日本文化を知れ」と提言した。そして、民族の名誉と精神性の高さを知れと言った。その時に引き合いに出されたのが、あのアメリカ人の「知識水準」だった。そして、八七年の講演では、日本文化の頂点に天皇がいると。正確には、「天皇は超然として天空に輝く太陽のような存在だ」と揚言している。これは新聞記事だから、皆さんもすぐにご覧になれる（「朝日新聞」一九八七年八月三十日付）。

　自国の文化を知ることは大切だと思う。私も、かつて「日本文化論」というテーマで講義をしたことがある。また、そうした優秀な面を誇っていけないわけがない。ただ、それが、この日本が「一番」優れているんだ、という結論にいくと、それは飛躍だろう。なぜなら、そう思ってしまうと、他人を真剣に理解しようという気持ちが、もうそこで起こらなくなってしまうからである。自閉化が始まる。これは国粋化だ。

　ある在日の友人が、「区別をしないところに差別が生まれる」と言っていた。日本人は自他の区別をせず、曖昧なままにしておくから、差別が生まれるというのだ。中曾根発言も、そういうところに通じると思う。他人を区別しようとしないということは、理解しようとしないことと同義である。これもまた、社会的閉鎖性の再生産である。

（2）在日の世代差

ムラ的な行動様式も、日本文化のひとつに違いない。この日本文化の長所と短所を分別することが、外国人と隣人になる資質を鍛えるひとつの道だと考えられる。そうしないと、「国内の国際化」にとっては随分都合の悪いことがたくさん出てくるのではないか。ただ、その場合、在日朝鮮人でも一世、二世、三世というふうにあると、世代によってかなり考え方が違うように思われる。そして、これに対応する日本人の側でも、世代ごとの違いがあるようだ。

以下は短期間の現地調査による知見にすぎず、一般化はまだできないが、ひとつの目安として述べさせていただくならば、世代間でおおよそ次のような違いが見られた。一世――彼らは日本人はもう大嫌い。反発だ。それはそうだろう。ひどい目にあわされてきたのだから。この人たちの顔が、巷間よく言われるように本当に祖国に向いているのかどうかは、今ひとつはっきりしないが、仮にそうだとしても、それが幻想の祖国になりつつあることは、本人たちもよく自覚しているようである。二世――この人たちは大摑みにいって、日本人になろうと努めている。同調だ。在日であることを日本人には言わないといった過同調も、時には見うけられた。痛ましいけれども、それも彼らが生きた時代への適応パターンとして理解できないことではない。

ところが、三世――彼らは、一世、二世が苦労して築き上げた経済と生活の基盤の上で、無理なく日本社会に適応しているようである。彼らが「在日として」日本人と交際しようとしている姿が印象的である。生野民族文化祭をやっているのも、中心メンバーはこの世代の人たちである。彼らが自分たちの民族文化に情熱を注ぐ動機は、今ひとつはっきり摑めていないが、少なくとも観念的な飛翔を可能にするだけの土台が彼らに備わっていることは確かなようである。ただし、これは私が調査した各種団体で出会った人たちの観察を通していうことだから、そういう活動に参加して生活を社会化させている層に限ってのことなのかもしれない。これら三世代の体系的な検討は今後の課題として残されている。

一方、猪飼野保存会で一所懸命活動している土着の若者たちにも、個人的には在日の友人が何人かはいる、という場合が少なくない。しかし、その関係が集合体レベルでは断ち切られている。たとえば、彼らが一緒にだんじりを曳くということは、したくてもできないのである。若者の間でさえ、集団レベルの関係形成はとても困難な現状である。しかし、媒介項として、たとえば先の在日保護者をＰＴＡ役員にすることを提案した日本人来住層のような、地域に愛着をもち、信頼もされて、若者とそう年齢も隔たっておらず、また地域的な利害やしがらみからも比較的自由な社会層が間に入ることによって、どのような展開が可能になるのかということは、考えてみるだけの価値があるだろう。

今や一世は日本全体で二〇％を切り、一〇％近くにまで減っている。この一世に、そしてそれに対応する年代の日本人に、つまり戦前戦中の教育と生活経験をもつ人たちに考え方を変えよ、というのはこれはちょっと無理ではないかと、私などは思っている。もちろん、政治家や国民を引っ張っていく立場の人がそうであっては困る。一般の、それこそ猪飼野に住んでいるような人たちには。しかし、これからの世代の人たちが一世と同じような考え方では、これは困る。ところが、政治は国民をそういう方向へ、変革の方向へ引っぱって行こうとしているのだろうか。先の中曾根発言にもあるような、日本人の国際性を伸ばすのとは反対の方向へ連れて行こうとしているのではないだろうか。これでは若い世代も、親や祖父母の歩いた道を再び歩くことにはならないかと危惧される。

（3）簾を取り払った関係

最近、海外旅行がとても盛んだ。卒業記念に海外旅行を今から計画している人も少なくないだろう。それは結構なのだが、ただ、海外旅行をして国際人になったとは誰も思わないだろう。柳田国男は、日本人にとって外を知ることと、外から知られることは別だと言っている。外の世界には旺盛な好奇心を発揮するけれども、自分たちのことを知られるのは嫌い。喩えて言えば、簾の中から外を見るようなものだ。そういう思考様式が日本人にはあると、柳田は言う［柳田 1976：182］。簾を取り払った関係は、いったいどうすれば可能なのか。簾の中につれてくる、取り込むのも、ひとつの道だと私は思う。ムラに連れてきて、同化してもらう。それならそれで、最後まできちんと責任をもてばいい。ところが帰化しても、なお差別が残る。でも、ちゃんとやれば、これもひとつの道だと思うし、今日の話の冒頭でも紹介した金鍾泌総裁も、そういう意見だった。けれども、現実には帰化を望まない人もたくさんいるのだから、互いの異質性を認め合った関係はどうすれば可能なのかが、大きな問題として残っている。

確たるプログラムが、まだ私にあるわけではない。しかし、まず始めなければならないことは、先ほど述べた他者を「理解する」訓練ではないだろうか。いろいろな機会を捕らえて、積極的に理解のトレーニングを積み重ねる努力をするべきだろう。私たちのように広島にいると、異民族と触れあう機会はまだ少ない。しかし、「都市の国際化」が、東京を起点に急速に全国に波及浸透している現状だ。早晩、広島でももっと日常場面で外国人と触れあうことが多くなるだろう。今日は、そういう問題について、私の調査研究に基づいて少しお話しさせていただいた。ご静聴ありがとうございます。

注

（1）韓国・朝鮮籍以外の外国人は、二一八人。
（2）朝鮮人の生野区への移住の歴史については、金［1985］を参照されたい。
（3）ちなみに、この「おばあさん」の生活史にご関心のむきは、谷［1994］の第8章「ある在日韓国人女性の信仰－生活史――猪飼野調査より」を参照されたい。
（4）一九九四年四月から「在日本大韓民国民団」に改称された。
（5）「朝鮮寺」に関しては、谷［1985：1995a］および飯田［2002］を参照されたい。
（6）ちなみに、御幸森天神宮と弥栄神社の間の直線距離は、わずか一五〇メートルである。このような至近距離に村の在所が隣り合って存在することは珍しい。このことは、現在、両村の間を南北に抜ける道路が、近世、川であったことから説明がつく。前近代にあって川向こうは別世界である。その川が埋め立てられて、今は道路になっている。

表3-8　御幸通商店街の民族関係（時系列変化）

	韓国・朝鮮籍経営者の店	日本人経営者の店	不明	計
1988年	74（51.0％）	71（49.0％）	0	145（100％）
1995年	59（51.3％）	55（47.8％）	1（0.9％）	115（100％）
2011年	94（71.2％）	38（28.8％）	0	131（100％）

（資料出所）1988年と2011年のデータは筆者調査．1995年は吉田［1996：128］参照．

（7）『角川日本地名大辞典二七　大阪府』角川書店、一九八三年、一〇八ページ。

（8）この論文を本書に収載するにあたり、新たなデータを一つ追加したい。御幸通商店街の韓国・朝鮮籍経営者と日本人経営者の数・割合の時系列変化である。表3-8のように、両者の割合は一九八八年の半々から、二〇一一年の七対三に大きく変化した。店舗数も減少から増加傾向に転じている。近年の「韓流ブーム」が影響していることは間違いない。休日には韓流ファンが広域から大勢押し寄せて、商店街はごった返している。修学旅行のコースにもなっているという。今では「朝鮮市場」という名称はほとんど死語となり、「生野コリアタウン」と呼ばれることが多い［八木・谷 2014］。

第4章　在日社会と都市多民族化

第1節　外国人労働者導入の論理

(1) 二つの提言

エスニシティの問題は、日本でも古くて新しい問題である。しかし今、東南アジアや南アジアなどから来ている「新しい異民族」を対象とした議論が活発におこなわれている反面、かつて戦前・戦中に東アジアから来た「古い異民族」を、現在の「多民族化」――グローバル化の一側面で、民族的異質性が増大すること――の問題のなかに明確に、かつ適切に位置づけた議論は、その必要性は言われながらも、あまり深まってはいないように思われる。そうした風潮に、「古い」問題はさておき、あるいは別次元のこととして……、といった忌避の態度を感じとるのは私だけだろうか。

このような問題提起は、彼らを迎えるわれわれ日本人が昔と比べてどれだけ変わっているのか、という自省と結びついている。仮に日本人にも「古い日本人」と「新しい日本人」がいて、今は「新しい」という前提に立つことが許されるならば、「新しい異民族」に限定した議論にも、あるいは妥当性があるのかもしれない。しかし、そんな前提は成立するだろうか。たとえば、日本人および日本社会の「国際性」は戦前と比べてどれだけ向上しているかと自問してみるとよい（後述）。

本章では、以上の認識に基づく二つの提言を試みたい。その第一は、現代日本の外国人労働者問題を在日朝鮮人の存在と切り離して扱うことはできないということ。第二は、その際、「民族関係」の視点を導入する必要があるということである。

ここで「民族関係」(inter-ethnic relationships) とは、第2章で定義したとおり、形式的には個人と個人、個人と集団、集団と集団という関係の諸次元を含む「社会関係」のサブ・カテゴリーであり、内容的には、日本人は異民族と、①現状においていかなる関係を結んでいるのか、いないのか、②将来においていかなる関係を結ぶことができるのか、できないのか、そして、③いかなる関係を結ぶことが望ましいのか、望ましくないのか、という問いを含んだ概念である。このような概念を学界に提出するのには二つの含意がある。一つは、従来の日本人研究者による異民族研究の方法がヘテロ・ロジカルであったことへの反省、すなわち自民族集団を研究対象の外側におく研究態度が優勢であったことへの反省である。そして二つに、たしかにホモ・ロジカルなアプローチ、すなわち日本人も視野に入れた異民族研究も、ないことはないのだが、その場合は、ごく限られた局面においてのみ関係が論じられるにすぎず、視野の狭さが指摘できると思う。私は、これらいずれの態度からも距離をおき、かつ日本社会論が比較研究によってつとに蓄積してきた貴重な成果を踏まえつつ、民族間の多面的な関係を説明し、予測しうる理論を構築するために、「民族関係」の概念を用いたい。

(2) 多民族化の戦前と現在

いうまでもないことだが、日本における最近のエスニシティ研究の興隆は、一九八〇年代後半から大都市圏を中心に外国人単純労働者が急増したことが、一つの重要な契機となっている。そこでまず、日本の労働力市場が外国人労働者を導入する論理を踏まえておく必要があるだろう。その際、これを歴史的視点からおこなうことによって、在日朝鮮人社会の問題をエスニシティ研究の基礎に据える本章の妥当性が主張できると考える。簡単にいえば、戦前と現在の間で外国人労働者を導入する論理にどれほどの違いがあるのかということである。

戦前の導入論理を端的に表現していると思われる資料として、一九一八（大正七）年九月七日付の「ブラジル時報」に載った「朝鮮総督府出張所員」の談話記事を紹介したい。「ブラジル時報」とは、戦前から戦後にかけてブラジル日系移民社会で広く読まれた日本語新聞である。「朝鮮人を使え――内地で待遇さえ注意すれば三百萬の労働者が得られる――」と題する左の記事は、「日本近信」という母国日本の近況を伝えるニュース面から、私が偶然見つけたものである（仮名遣い原文のまま）。

目下下級労働者の払底は極端に達してゐる。其結果鮮人（原文のまま、以下同）労働者の輸入に依って国内の労働問題を幾分なりと緩和させやうと云ふ目論見が起こってゐる。右に就き、朝鮮総督府の出張所員は語る。「鮮人も数年前から大分盛んに内地に出稼ぎするやうになったが、折角出掛けて来た連中も内地人の虐使に遭って酷く日本人を恐れてゐる。此風が段々朝鮮人の一般に伝る上に元来他出を厭ふと云ふ因習的弊風が手伝って最近では出稼は勿論観光にさへ却々出かけなくなった状態である。

鮮人は大体内地人よりも体質が勝れてゐるのみならず寒暑に対する抵抗力が甚だ強く且つ忍耐力に富んでゐるなど、云ふ特徴があって労働者としては最も適当してゐるのである。一人抜駆けの功名をしやうと云ふやうな競争心は全然欠けてゐるが時間の観念に乏しい所から牛の歩みはのろくとも式に長時間の作業には常に最後の勝利を得ると云ふ風もある。

賃金なども、内地で目下七八十銭も払ふべき程度の者なら四十銭前後で結構雇入れられる。若し雇主が相当と待遇して内地人との区別をつけない位の注意を払へば彼等は封建時代の主従関係の如く殆んど献身的に其命に服従して決して背かぬのが例である。内地人の注意次第で鮮人の斯の如き美点が見られるのであるから、斯うして彼此の理解も出来れば一般に円滑な関係が行き渡り其結果例の労働者払底の声も大いに消滅されるに違ひない」云々。

只彼等は内地語を解さぬと云ふ欠点は免れぬとしても増給を強請して同盟罷工をするなど、云ふ騒ぎを起す恐れは決してない。そして其労働者供給力は少くも三百萬人はあると云ふ。此際耳よりな話である。

この記事の内容は、近代史では常識に属することかもしれないけれど、私のようなものの眼には非常に新鮮に映った次第である。というのは、今日の日本が外国人労働者を導入する論理が、ここにほぼ出尽くしていると思われるからである。その論理を要約すれば、次のようになる。（第一次世界大戦後の）経済の好景気を背景として、「目下下級労働者の払底は極端に達してゐる」。そのため、「低賃金」で使役できる「鮮人労働者の輸入に依って国内の労働問題を幾分なりと緩和させやうと云ふ目論見が起こってゐる」。しかし現実には、「内地人の虐使」を恐れて、なかなか「出稼ぎ」に来たがらない。そこで、「内地人の注意次第」では彼らの「美点」を引き出すことができるのだから、「彼此の理解」を通して「円滑な関係」をつくり上げるよう、努力すべきである――。

戦前の外国人労働者の導入が帝国主義的であり、暴力的導入も合法化されていたのに対して、現在は世界資本主義体制下の未曾有の経済格差を与件とする、「エン」の魅力で誘っている。このように導入の枠組みに違いはあるものの、導入の動因には昔も今もまったくといってよいほど差異がないことが、右の記事から判明するのである。試みに、前段の文章中「経済の好景気……」以下の部分で「鮮人」を「アジア人」に、「内地人」を「日本人」に、それぞれ置き替えてだれかに読ませてみるとよい。その際、この文章は現在日本で起こっている「外国人労働者の増加」について述べられたものだという偽りの解説を添えたとして、それを疑う者はいるだろうか。

要するに、戦前・戦中に朝鮮人が安価な労働力として出稼ぎあるいは強制連行されてきた結果、終戦時に二百万人が日本に滞在し、そのうち五〇万人が戦後も残留して今日の在日朝鮮人社会を形成したという周知の事実を、ここでは指摘しておきたいのである。その意図は、この事実に依拠して、現代日本社会が異民族を安手の労働力商品として扱う結末を見通すためのモデルケースとして、在日社会を位置づけたいということにある。戦前の日本が富国強兵型の帝国主義的グローバル化を強行した結果、戦後、在日朝鮮人と日本人の間でどれだけの摩擦を経験しなくてはならなかったか。膨大な犠牲を払って相互の共存の道を暗中模索してきたし、今もしている。この戦後史を、今日のグローバル化を議論する際の認識の出発点に据えたいと思うのである。

ところで、個人の国際性を測るインデックスとして、少なくとも外国語の運用能力と外国人との社会関係量の二つをあげることに異論はないだろう。そうすると、外国語も満足に喋れず、外国人の知人も皆無に等しい大部分の日本人にとって、多民族化に対処する知恵は西欧の経験から学ぶとともに、身近な外国人、たとえば在日朝鮮人や留学生などとの「民族関係」に学ぶほかに、今のところ出てきようがないのではなかろうか。日本人として多民族化を議論する以上、この民族関係の過去と現在から何も学ぼうとしない態度は欺瞞的とさえいってよいと思う。

結局、だれのためのグローバル化なのかが、まず問われなくてはならないということである。今、そうした視点を欠いた発言の一例として、ある著名な西洋史学者の文章を引用してみたい。

(3) インテリのエゴイズム

これは、一九八五年一月に発表されたごく短いエッセイの一部である（木村尚三郎「ヒトの国際化」『自動車とその世界』二一〇九号）。ちなみに、まだ「グローバル化」（二九ページ注(6)参照）という言葉は、日本ではあまり使われておらず、同じ現象を「国際化」と呼んでいた頃の文章である。

学者・芸術家や経済人・政治家など、一部の立派な人、偉い人だけが国際的に交流し合うだけでは、真の国際化とはいえない。日本の場合、モノの国際化は事実上実現され、今はカネ（円）の国際化・自由化が進もうとしている。これから、とくに九〇年代に起こる国際化とはヒトの国際化であるだろう。そしてその意味は、良い人も来れば悪い人も来る、上流階級もやって来れば労働者もスリも泥棒もギャングもやって来るのを覚悟するということである。

ことに外国から労働者を日本で働かせよという要求が起こった場合、これにどう対処すべきかは深刻な問題である。（中略）

しかしながら、少なくとも研究開発の分野では、ヒトの国際化は不可欠である。風土により異なった発想と発想が組み合わされれば、摩擦が生じ、火花も散り、能率は上がらないかも知れないが、新しい次元の大きな知恵は、まさにここからしか生まれないだろう。

これが書かれたのが「プラザ合意」（一九八五年九月二二日）のまさに「前夜」であったことを考慮に入れるならば、とても洞察力に富んだ文章だと、ひとまず言ってよいと思う。「九〇年代に起こる国際化とはヒトの国際化であるだろう」という、目下真剣に議論されている重大な論点を、「プラザ合意」以前に指摘した人はどれだけいるだろうか。「ヒトの国際化」など、一般にはまだだれも予測していなかった時分である。さすがは西洋史の泰斗と、その慧眼に敬服する次第である。

だが、この文章の論理は要するに、研究開発の分野で「新しい次元の大きな知恵」を生むためには「スリも泥棒もギャングもやって来る」リスクは致し方ない、ということである。つまり、この文章からはグローバル化の果実を食べるのは経済人や政治家や、彼らと結びついた学者などで、一般庶民の方は外国人労働者はもちろん泥棒などとも付き合うはめになって、その尻ぬぐいをしなくてはならない、それを「覚悟」しろ、という論理の二重構造が透けて見える。これは、筆者自身意識しているか否かは別にして、洞察力の使い方を間違えたインテリの身勝手な発想と言わざるをえない。こうした一見もっともらしい思考の枠組みは、言論界ではよく見かけるパターンである。

　では、庶民の側に立ってこの問題を考えてみたらどうなるだろうか。次節では、彼らを受け入れた結果、双方がどれだけの苦労をし、エネルギーを費やさなくてはならなくなるのかということを、在日朝鮮人の集住地域「大阪市生野区」の事例調査を通して仮説的に示してみたい。国際間の経済格差を放置したままに外国人労働者に門戸を開けば、人口爆発を続ける発展途上国からとめどなく人口は流入し、その結果、わが国が「多民族国家」へ移行することは避けられないと思う。そのことの賛否を問う前に、それが地域社会のレベルでどんな影響を及ぼすものなのか、コミュニティ・レベルからグローバル化の意味を問うてみたいということである。

第2節　エスニック・コミュニティの民族関係

(1)　結合関係の模索

　生野区の民族関係については前章で、一九八〇年代後半の実態として在日朝鮮人社会と日本人社会のセグリゲーションが優勢パターンであることを明らかにした。しかし、そのなかから相互の結合関係が多少とも芽生え始めている側面も見ることができた。以下では、この部分を再度確認しながら、民族関係の可能性を理論的に考察したい。

　一九八七年当時、生野区内の学校ＰＴＡは在日朝鮮人に対してきわめて閉鎖的であった。どの小中学校でも、在日はＰＴＡの一般会員ではあっても、執行部役員になっている学校は皆無であった。また、執行部の下部組織である各種委員会でも、委員長が在日のケースは非常に少ない。在日児童在籍率が七五％を占めるＭ小学校ですら、在日の委員長は二人しかいない。在日児童が四人に三人も占めているのに、在日の親はＰＴＡからほぼ完全に排除されていたのである。役員になれない在日は当然ＰＴＡに無関心で、活動にもあまり参加しない。保護者の「マジョリティ」を構成する在日が参加しないのだから、当然ＰＴＡ活動は停滞する。こうしてＰＴＡの機能が停止寸前となって、ようやく在日の保護者を一人、執行部に招き入れることにした。一九八八年のことである。わずか一人とはいえ、生野区では文字通り画期的な出来事で、これで地域組織の民族間に風穴が一つ開いたことになる。この風穴を開けた人は、当時のPTA会長で、一九六五年頃、猪飼野に来て自営業を営む、いわゆる戦後の定住化来住層であり、年齢も五十代前半と比較的若い。このような社会的属性が、土着的な地域で民族関係を形成するリーダーたる一つの条件ではないかと仮定される点で、注目に値する人物である。

(2) 剝奪仮説

PTAが機能停止寸前の局面で結合関係が生まれている点に注目したい。同様のパターンは他の地域集団でも認められた。生野区内にある障害児施設、障害者共同作業所、共働き家庭のための保育所などの福祉施設では、職員と通所者の双方において、在日と日本人が共同参加しているケースが少なくない。また、将来の斜陽化が危ぶまれた「御幸通商店街」でも、ある種の共同化が模索されていた。この商店街は別名「朝鮮市場」と呼ばれる民族色濃厚な市場で、「在日の街・猪飼野」のシンボル的な場所とされているが、ここで「コリアタウン計画」なる地域振興策が自前で進められている。担い手は地元商店の若い次期後継者たちで、彼らは日本人も在日も、在日は民団系も総聯系も、民族と政治的立場を越えて「推進委員会」をつくり、地道な活動を続けていた。客を鶴橋駅ガード下の通称国際市場に取られつつある状況で、将来に危機感を覚えた若い世代を中心に関係形成に踏み切ったのであった。

これら三ケースを通して言えることは、結合的な民族関係が剝奪状況において形成されている、ということである。これを民族関係の「剝奪仮説」と呼ぶことにしたい。当事者たちに本来備わっているべき価値——PTAならば「組織」、商店街ならば「利益」、障害者施設ならば当事者たちの「肉体的精神的活動」、これらの諸価値から疎外された状態に立ち至ってはじめて、他民族との協働関係が志向されている。有り体に言えば、協働しないことには共倒れになるからである。

なお、私の猪飼野調査（一九八七〜八八年）では、これら三ケースしか、集団レベルにおける民族の結合関係を発見することができなかった。では、こうした階層的・地域的な剝奪状況が唯一の結合条件なのか、それとも他の要因を未だ発見できていないだけなのか、さらなる探究が必要である。

第3節　民族文化と民族関係のゆくえ

(1)　民族文化の世代継承性

民族文化と民族関係の将来はどうなっていくのだろうか。その解答をここで明確に示すことは当然ながら不可能であるが、民族文化に関しては「世代継承性」の観点から一つだけ触れておきたいことがある。よく知られているように、E・エリクソンは、人間は八つの発達段階のそれぞれにおいて「一つの核心的な葛藤」を経験することで新しいアイデンティティを追加し、それによって成長を遂げると考えた。そして、「成年期」の葛藤を「世代継承性対自己没頭」（generativity vs. stagnation）と定式化している。ここで「世代継承性」とは、「次世代を一人前に導くことへの関心」と定義されている［Erikson 1963=1977 : 347-351］。

ところで、ハワイの日系移民の文化変容に関して、一世はアメリカ社会に反発、二世は同化、それに対して三世は、親たちが築きあげた社会的、経済的基盤の上で、アメリカ社会に適応しつつ自己のルーツにも関心をもつ、囚われない、伸びやかな行動様式を特徴とする、そういう法則的事実が指摘されているようである。はたして在日三世にも、この「法則」は適用できるだろうか。なるほど、私の猪飼野調査の印象では、在日三世も所謂「ハワイの日系三世」に近かった（一四六ページ参照）。だがその後、私はこの問いに対して判断保留の立場をとることに変えた。

というのは、猪飼野調査を通して知り合った在日の知人から次のような手紙をもらい、いろいろと考えさせられたからである。私は調査を終えて生野区のアパートを引き払った直後、調査の印象をまとめたエッセイ――それは、第3章の元となった講演録である――を作成して、滞在中にお世話になった方たちに送った。ここで引用する二通の手紙は、そうした方々からいただいた、私のエッセイの感想をしたためた礼状の一部である。「手紙A」は、木野地区に住む中年女性から一九八八年七月十七日付で、「手紙B」は東住吉区に住む中年男性から同月一四日付で、それぞれ送られてきた。二人は在日二世である。互いに見知らぬ二人が、期せずしてともに綴っていたことは、子どもたち（三、四世）の行く末であった（本書のコンテキストに合わせた小学校名と〔　〕の注記以外は、すべて原文のまま）。

〔手紙A〕

「ムラ」の形成は、在日にも通用するようですね。

猪飼野という街を通じて、閉鎖的な日本人と、一世、二世、三世と世代は移っても、底にある現象が、あまり変わっていない在日同胞との交わりえない部分がよくわかります。日本の縮図を見ているようです。（中略）民族文化祭には、七〇％も在日同胞の通っているM小学校の児童は、何も（ほとんど）反応を示さず、一部の、民族的なことにかかわっている、えらい人達だけの祭りではないでしょうか。

우리말〔ウリマル＝「母国語」の意味〕が話せなくとも、チャンゴがたたけなくとも、違う方向で、たとえば、在日子弟の教育、職業など、生活レベルの事を、真剣に考えていかないと、中学生になり、自分が韓国・朝鮮人であることに目覚め、どうせ、親と同じ職業しか選べないと、将来を悲観し、ぐれる、非行に走る、そんな我子を、親は、生きることで精一杯やから、断絶する。そんな繰返しが、今も続いている。

私は、我子には、生野から出て一人前に生活できる職業を、選んでほしいと望んでいます。一人一人の親が、他に働くとこないからとヘップ〔サンダル〕工場の運転手に終らせないで、日本社会の中へ、三世四世は、ほりこんで、自分で選択させたい。又、そのためにできる事を、子供達につたえたい。その為には、いろんな意味での教育が根っこなんだと、親たちは感づかないと、我々は、輪の中を廻るだけの人生で終わるような気がしてならないのです。

〔手紙B〕

在日の若人達の中には、不幸にも自分を見失い、享楽に走り、不安定な環境から逃避し、又必要以上に民族性を主張する人達等、さまざまに分れています。又、一世、二世の人達にも経済的に余裕の出来た人や教育、就職の問題等で同化する人達もたくさんいます。絶えず異民族という中で揺れ動いているのです。

今私が感じる在日という立場は、朝鮮、韓国人でもなく、日本人でもない、日本に居住する異民族というものだと思われてなりません。

私は、子供達に真の国際人となり世界中何処でも自由に行く様にと話しをします。又「他の国を知り人を知り相互理解をして、人の痛みのわかる人になってほしい」と。

今私の考えも激しく揺れ動く時があります。

しかし人は善です。いつか私達が心配していた事が笑い話として語られる日が来ることを望んでいます。

若い在日に関しては、「手紙A」も少し触れている明るくたくましい部分は、マスコミなどを通じて広く知られているけれども、これらの手紙にはその反面の真実が語られている。若者の境遇が一般に悲惨であり、親の世代の苦悩が若者にも継承され、再生産されているという現状認識で、二人は一致しているのである。それを、前者は「変わっていない」、「繰返し」、あるいは「輪の中を廻るだけの人生」と表現し、後者は「絶えず異民族という中で揺れ動いている」と表現している。もちろん、苦境を克服する道を親の世代が真剣に模索していることも事実である。前者は「日本社会の中へ、……ほりこ」むブレイクスルーによって、後者は「真の国際人となり世界中何処でも自由に行く」コスモポリタニズムによって――。

一方、チェサなどを通して祖先崇拝や長幼序列など儒教的な道徳観念もまた、在日次世代へしっかり継承されていることを私は知っている。結局、民族文化の世代間継承は、今も、儒教的道徳生活と劣悪な経済生活の両面で続いていると見るのが公平であろう。したがって、今後、良い伝統は伝え、悪弊は絶ち切る取捨選択の努力がなされていくものと推察されるが、諸文化要素の体系的連続性を前提に考えるとき、そうした取捨選択がどこまで成功するか、早晩難問に突き当たることが予想されるのである。たとえば、「ブレイクスルー」や「コスモポリタニズム」による逆境の乗り越えは、同時に儒教道徳の世代間継承を絶ち切り、伝統文化を置き去りにし、衰退させてしまうかもしれない。

(2) 都市多民族化の「再来」

今、日本が迎えている「国境を越えた都市化の時代」、それは「再来」であるという認識を欠くことは許されないであろう。これまで日本人が経験したことのないまったく新しい事態が到来するかのようにいう都市多民族化論は、非常に疑わしいし、危険だと思う。なぜならば、そうした歴史認識からは、過去を反省し歴史の経験に学ぶ意識と態度は生まれようがないからである。

また、グローバル化の社会変動を、かの西洋史学者のように二十一世紀に向けて何かしらすばらしい新世界が開けてくるようなバラ色のイメージで想像する気分にも、私は到底なれないのである。なぜならば、国際間の経済格差と労働力需要を与件とする「異質性」増大の結末が社会解体的であることは、今世紀初頭のシカゴで、戦前・戦後の日本で、その他で、すでに実験済みだからである。

そんな実験済みの体験を、つまり結末が眼に見えていることを、しかもたいした熟慮もないままに、今日本は財界主導でやろうとしている。外国人労働者導入計画が、政、財、官ほか各方面からいろいろと提案されている。しかし、発展途上国からの猛烈な人口圧力、いわば巨大なる「人間的自然 human nature」（R・パーク）に、小手先程度の各種社会計画がどこまで耐えうるかは、まったく予断を許さない。

ここで広く問いかけたいことは、グローバル化に必然的に伴う社会解体を再び構造化させるためには多大なエネルギーを投入しなくてはならなくなる、そのための覚悟が国民にはできているのかということである。本格的なグローバル化の時代を迎えるにあたり、まずこのことを国民が自問することが先決であり、また、そのための判断材料を、すなわち客観的、実証的な現状分析を提供することが、われわれ社会学者の当面している任務であるだろう。

（3）出稼ぎから定住へ

このことに関連して最後に指摘しておきたい論点が一つある。それは、「出稼ぎ外国人」と「定住外国人」を概念上区別しておく必要があるということである。出稼ぎ外国人とは、いうまでもなく母国へUターンすることを前提に日本に来ている、いわば「旅行者」としての外国人労働者のことである。彼らが日本社会で束の間、自己の存在を「労働力」に純化させて現出させることができるのは、そしてまた、ホスト社会の日本人も、意識していると否とにかかわらず、彼らをそのようなものとして扱うことが可能なのは、彼らがUターンを前提に日本に居住している事実に、多くは因っていると考えられる。この段階の都市多民族化に対処しうる社会学の力量は、今のところあまり大きくはないのではないか。せいぜい、現代社会論の視角から、日本に来ることができる一部のアジア人の「欲望のグローバル化」に、日本資本主義が寄与しているにすぎないのではないかと、グローバルな社会移動調査をはるかに展望しつつ、私などは懐疑してみる程度である。

ついでにいえば、かつて高度経済成長末期に落合英秋［1974］が試みたような階級的視点からの体制論的分析が、

と、「鉄の檻」へ組み込む「ガンツ・ウンテン」外国人労働者を外国人労働者を「ガンツ・ウンテン」へ組み込む「鉄の檻」と、

管見ながらあまり見られないのがやや意外である。外国人労働者を「ガンツ・ウンテン」へ組み込む「鉄の檻」と、そうした事態を状況主義的にズルズルと容認していく国民世論とに対する批判的な分析が、もっと出てきてもよさそうに思う。ちなみに、総理府（現内閣府）の国民世論調査によれば、外国人労働者受け入れ容認派は一九八八年の五二％から九〇年の七一％へ上昇している。

ともあれ、出稼ぎ外国人の大部分はきっとUターンして帰るに違いない。定住化よりは流動の常態化としての多民族化である。これは、私の沖縄Uターン者調査［谷 1989a］に基づく作業仮説であるが、そうはいっても、やがて彼らのなかから結婚、子育てや定職の獲得などを契機に日本に定住する人たちが、いくらかは必ず出てくるはずである。そうして彼らが地域社会の隣人となったとき、すなわち日本で「生活者」としての営みを始めたときこそ、日本人の国際性が問われることになろう。今からその時の備えを開始すべきであり、そのための寄与を社会学は意図すべきである。要するに、外国人労働者問題を日本人自身の生き方にも関わる問題として捉え、目先の現象に囚われず、多民族化の行き着く先を見越した、長期的な視野に立った研究が必要である。日本人との民族関係がともかくも「成熟」している在日朝鮮人社会に学ぶことの意義はここにあると、私は考えている。

第5章　民族文化の〈継承‐獲得〉と〈顕在‐潜在〉

第1節　民族文化の〈継承‐獲得〉と〈顕在‐潜在〉

（1）アイデンティティを表象する文化

日本の近現代史上、定住外国人としての歴史がもっとも長いのは在日朝鮮人と中国人である。このうち、前者が人口規模において日本最大のエスニック集団を形成していることはいうまでもない。本章では、在日朝鮮人社会を通して定住外国人の文化について考えてみたい。

在日朝鮮人の文化へ社会学的にアプローチするわけだが、その際、「生活様式としての文化」がアイデンティティを表象する側面に焦点を当てようと思う。この視点を簡単に説明すれば、以下の通りである。

民族の自他を区別するための目印を文化的指標（cultural marker）という。ちなみに、アメリカ社会でもっとも重視される文化的指標は言語、宗教、膚色などであるが［Hechter 1978：298］、在日朝鮮人の場合、名前、言語（朝鮮語）、国籍などがそれにあたる。本名を朝鮮語読みで使用している人――有名人を例にあげれば、小説家の梁石日《ヤン・ソギル》、詩人の金時鐘《キム・シジョン》など――は、「自分が朝鮮人であること」（エスニック・アイデンティティ）を表明して生活しているわけで、われわれはこの本名を指標として、彼らが堅固な民族的アイデンティティの持ち主であることを理解する。だからといって、通名＝日本名を使用している人がすべて朝鮮人としてのアイデンティティが希薄であるとは限らない（たとえば、歌手の新井英一）。

指標機能をもつ「文化」は他にも沢山ある。本章では家族・親族集団の内輪で執行される「祖先祭祀」と、同胞集住地域における民族的下位文化の生成を取り上げたい。その意図は、かかる文化的制度――家族と地域という個人の生活にとってもっとも基礎的な社会領域を基盤とする文化的制度――が、在日朝鮮人の「社会的アイデンティティ」の現在的な様相をもっともよく表していると考えられるからである。この論理を次に説明しよう。

（2）文化生成の論理

アメリカ社会の研究でも、民族的アイデンティティが世代から世代へ継承されるきわめて重要な場として「家族」が指摘されている［Smith 1980］。そして、家族の中で培われた民族的アイデンティティが外社会に向かって顕在する場として「地域」をあげることができる［Yancey *et al.* 1976］。同胞の人口密度が高い地域社会ほど民族的下位文化の集積率が高い［Fischer 1975］。この集住地域の下位文化を通じてアイデンティティが表出されている。逆に、同胞の人口密度が希薄な地域では文化的制度が創造されにくいために、せっかく家族を通して継承されたアイデンティティも顕在化する機会が少ない。すなわち潜在してしまう場合が多い。

また、文化的制度は民族的アイデンティティが顕在する場として機能するだけではない。民族教育、民族団体、民族運動などへの参加が民族的アイデンティティに目覚める、言い換えれば、アイデンティティを獲得する場ともなっている。とくに在日朝鮮人の若い世代の特徴として、これらの活動を通じてエスニシティが獲得される場合がしばしばある。ただし、〈継承〉と〈獲得〉を比べれば、後者は前者ほど高い確率で発現するわけではない。しかし、多感で不安定な青年期における民族的体験が、強烈なインパクトで若者の心を捉えることはあるだろう。ちょうど宗教への入信が人間の生き方を根本から変革することがあるように。

このように、民族文化の変容と生成を〈継承－獲得〉と〈顕在－潜在〉という二次元の論理構造で把握しようというのが、本章の基本的な分析枠組みである。

ここで〈継承－獲得〉とは、民族性（文化・意識）の内面化の過程には、上の世代からの〈継承〉と自主的な〈獲得〉の二類型があるという考え方を表している。人間の成長過程において、一般に前者の経験が後者よりも早く起こる場合が多いだろう。一方の〈顕在－潜在〉とは、民族性を顕して生活するか、隠して生活する（または捨てる）かである。民族文化は中心的・根源的で一度身につけたら変わりにくい項目（言語、味覚など）から、周辺的で付け替えが容易な項目（服装など）まで幅広く存在するので、〈顕在－潜在〉の諸相は現実にはきわめて多彩である。

では、これら二軸の関係をどのように考えればよいだろうか。この点に関しては、すでに本書第2章で先行研究を詳細にレビューし、エスニシティの〈継承－獲得〉と〈顕在－潜在〉は相互に独立した次元を構成していると考えるのが妥当であるとの結論に達している（六四ページ）。とくにW・ヤンシーたちの研究が重要である。彼らは、エスニシティは家族において継承され、コミュニティにおいて顕在化すると主張した。「日常生活が近隣の相互扶助の中で営まれ、かつ彼らが同じエスニシティを有している場合、エスニックな行動と意識はそれだけ強く顕在化する」[Yancey *et al.* 1976: 400]。こうした先行研究を踏まえ、以下ではエスニック文化の〈家族における継承〉と〈地域における顕在〉に焦点を当てた議論を試みたい。

第2節　家族におけるエスニック文化の〈継承〉

(1) チェサ

一般に、在日朝鮮人の祖先祭祀は母国の儒教の伝統に則って行われる。これを「祭祀《チェサ》」という。日本民族も祖先崇拝の観念はけっして弱くはないけれども、朝鮮民族はその上をゆくだろう。在日社会も同様である。

チェサは「家祭」と「墓祭」に大別される。墓祭とは、五代以前の祖先たちを墓所で祀る儀礼のことである。七十年以上の時を刻む在日朝鮮人社会ではあるが、五代以前の祖先が日本の地に眠っているケースは、まだ現れていないだろう。したがって、今のところ日本で本来の意味の「墓祭」が行われることはまずないと思われる。

一方の家祭とは、三年喪の終了後四世代の間行われるもので、これには各先祖の毎年の命日に行う「忌祭祀《キジェサ》」と、元旦や旧盆（朝鮮語で「秋夕《チュソク》」という）などの名節に忌祭祀の対象となるすべての祖先に捧げる「茶礼《チャリェ》」とがある。司祭の権利と義務は原則として父から長男へ直系相続され、その他の子孫や近親者がこれに参列する。場所は司祭者の家。そこに大勢の家族・親族が参集する。日本仏教の回忌制度（七回忌、十三回忌など）とは異なり、毎年、多くの親族が集まって挙行される点が特徴である。

チェサは長い歴史を経て高度に洗練された儀礼の体系を作り上げている。その儀礼分析は文化人類学に譲るとして、ここではチェサの社会学的側面について、さらに一、二の注記を加えておきたい。まず、儒教の男尊女卑の思想に従い、原則として男性しか拝礼は許されないが、この原則は核家族化によって崩れつつある。主婦や娘など女性たちも祭壇の前に参列しなければ、もはやチェサの維持は困難である。そのような家庭は、今後さらに増えるだろう。また、核家族化に伴う規模の縮小や、近親の先祖のみを祭祀の対象とする私事化の傾向も、近年顕著である[谷 1995a : 301-304]。

さて、多くの在日朝鮮人にとって、もっとも信頼できる準拠集団は、家族と家族を単位とする親族集団である。そして、そのことを表象する文化としてチェサはある。チェサは、①血縁の紐帯を引き締め、②民族的アイデンティティを継承、再確認する場として機能している。このことを私たちのデータから確認していきたい。

なお、ここで使用するデータは、私たちが「世代間生活史法」を用いて大阪都市圏に住む在日朝鮮人の四家族三世代、五七人から採集した生活史である。世代間生活史法の方法論と調査概要は、本書第2章を参照されたい。

(2) 統合機能

多くのインフォーマントが、チェサを親族が集まる貴重な機会と考えていた。なお、次のスクリプトにも見られるように、当事者たちはチェサのことをふつう「法事」と呼んでいる。また、以下のスクリプト冒頭の記号は、インフォーマントの家族（V・W・X・Y家）と個人の認識番号。その下のカッコ内は（性別、生年）、文中のそれは筆者による補足である。

【Y2】（男、一九四三）法事ってのは、ええことやと思いますよ。先祖を敬うて、それがために現存している人がね、忙しい時間を割きもってでも寄れるわけですから。あれはただの古い儀式とか、習慣とかだけでは片付けられへんと思いますわ。それでのうても、世は核家族とかいうてね、あっちこっち散ってしもうて、暮らしが忙しくてなかなか寄る間がないんですけどね、そういう儀式があれば、それにかこつけて、みな寄れるわけですから。

【X1】（男、一九七二）今日は誰それの法事で、みんな元気やっていうのを確認するような場としては大事やし。

このように、家族・親族が集まることそれ自体に価値がおかれている。だが、それと同時に、その場の相互作用が当事者たちに有形無形の意義をもっていることも事実である。次のX5は女医である。

【X5】（女、一九七三）（私が）五年生ぐらいの時に（チェサで親戚が集まった場で）「X5ちゃんは（将来）何になるの？」って言われて、「わかんない」とか言って。で、「医者になったらいいよ」とか言われて。（やがて）高校生になって、おばさんに「高校やねぇ。（進路は）どうすんのかなぁ」とか言われて、「理系受験しようかな」とか言うと、「医学部もいいよ」とか、いろいろ勧めるじゃないですか。（そんな時に）ちょうどX15（従兄弟）が神戸大の医学部に入って、近くに住んでたから、よく家に遊びに来てたんですよ。で、いっつも私が「分からない問題、教えて」とか言ってやってて、それでいろいろ話を聞いて。「医学部何してんの？」とか（聞いて）。で、「医学部入ってよかった」とか、「迷ってるんやったら、医学部入ったらいいでぇ」と（アドバイスを受けた）。そんな影響もすごくあったと思うんですよ。

チェサが身内（親族）の子どもたちの進路を方向づける一つの契機になっている。他に結婚や仕事の相談などもするし、次のデータのように、子弟の躾の場ともなっている。X13が子ども時代の祭祀体験を語っている。

【X13】（女、一九六二）「朝鮮人なんやから、ちゃんとせなアカンで」というようなことは（チェサの場で）言われたような覚えがありますね。それから、たまに朝鮮語の片言で「アンニョンハシムニカ」って挨拶したりすると、おばあちゃんがすごく喜んで、というようなことはありましたね。

これはチェサが躾の場となっていることを示すスクリプトである。同時に、エスニック・アイデンティティの

〈継承〉とも関わっていることを示唆していて興味深い。次にこの点を確認しよう。

（3）アイデンティティの〈継承〉

いつ頃から朝鮮人であることを知っていたかと尋ねると、世代を越えて、小さい頃から知っていたと答える人が多い。そして、その問答の文脈で決まってあげられるのが祖先祭祀である。

【W9】（男、一九四四）そら、（小さい時から朝鮮人であるという）自覚はありました。よそ（日本人）のとこ遊びに行っても、全然食べもんも風習も違うからね。法事もあるしやね。そういう意味で、実際にわかっているということでは、やっぱり小学生低学年ですわ。

【X13】（女、一九六二）法事に行ったりすると、朝鮮語がいっぱい飛び交うということで、何となく「自分は朝鮮人なんだなぁ」と。

【Y9】（女、一九六八）うん知ってた、法事とかするし。

これらの語りから、民族的アイデンティティが次世代に継承される場としてチェサが強く機能していることが確認できる。ところで、子どもたちが自他の民族の違いを自覚する契機は、その場で繰り広げられる儀礼の様式や朝鮮語の会話、総じて「文化項目」だけだろうか。もちろんそれが重要な契機であることは疑いないが、祭祀の本質が先祖の崇敬にあることを考えるならば、遠い祖先とのつながり、言い換えれば「集団の起源に関する信仰」も、祭祀を通して意識的、無意識的に感得されているのではないだろうか。

エスニック・アイデンティティは「共有する文化項目」と「集団の起源に関する信仰」、これら二本の支柱によって支えられている［吉野 1987：5］。私たちの調査経験では、この両方で支えられている人もいれば、一本で支えられている人もいた。たとえば、「私たちは、あなたたち日本人とどこも違いませんよ」と前置きして生活史を語り始める人がいる。その時、「この人は日本に同化し、日本人としてのアイデンティティで生きているんだな」と解釈すると大きな誤りを犯すことがある。

日本語しか話せず、通名を名乗っている人でも、「祖先とのつながり」において朝鮮民族と一体化し、そのことに誇りを抱いて生きている人は多い。言語や名前と違って「祖先とのつながり」は表面に表れない「信仰」であるだけに、われわれアウトサイダーにそこまで見透すことはなかなか困難である。先祖を崇拝するチェサが、そのためのほぼ唯一の指標ではないだろうか。民族の文化や起源を重視する立場の民族理論を「原初主義」というが、在日社会の原初的側面を理解する上で、「チェサ研究」は不可欠なテーマなのである。

(4) 境界主義とチェサ

右で、チェサが民族的アイデンティティを継承する場であることを指摘した。もしもそうならば、逆もまた真であろう。儒教式の祭祀を放棄することが民族を捨てることを意味する、そういうデータを次に示したい。

W5(女、一九四九)の父は韓国人、母は日本人。四人兄弟で自分以外はすべて帰化している。次の語りは、彼女の兄が死んだ時にその子どもたちに説いて聞かせた内容を、私たちに再現してくれたものである。自らは夫とともに在日朝鮮人としてのアイデンティティを強く維持しているW5であるが、甥たちには「日本人になるのなら日本式で葬式・法事をするようにしなさい」と諭している。

【W5】兄は日本国籍取ったでしょう。で、子どももいてるでしょう。私、兄亡くなった時に(甥たちに)言ったもん。「お葬式を日本式にするのか、韓国式にするのか、どっちにする?」って。ほんでね、「韓国式にしたら、ずっと引きずらないかんで」って言うて。朝鮮人だということを引きずらないかん。「でも、いま日本式にするなら、朝鮮式をほって〔捨てて〕しまいなさい」と。「そうしないと、あなたたちにね、両方は無理だ」って言って。ほんで「よく考えて。もうはたちも過ぎてるんやから」って、兄弟三人考えさせて。日本籍だから、うちは親戚がないからね、いけるの。もう姪なんかみな日本人になってるんやから。日本の人と結婚して、もう朝鮮式のことはしない。だから、私の兄が亡くなった時に全部〔仏壇などを〕ひと揃いそろえてあげて、〔死んだ兄に手を合わせ〕「もう兄ちゃん、これで〔朝鮮式では〕しないよ。これからはもう日本式に子どもたちがしていくんだ」っていうことを申し送って、全部流してしまった。どっかで踏ん切りをつけないとね、両方引きずりはだめ。どっちにもなりきれない。

〔インタビュアー　お葬式の仕方を全部日本式にすれば、日本社会に日本人と認めてもらえるというのは――〕

【W5】でもね、若いから。〔それに〕たくさん親戚があったらね、法事も行かなアカン。私とこころはね、全然いないから。私たち兄弟だけだから、お付き合いするのは。父親〔W5の父〕が末っ子で、〔兄弟みな死んで〕おれへんからね。だから、うちにはちょうどいいわけ。で、母親が「どないすんの？」言うから、「もうこの際だから、あっこはもう離すよ」って。私の代は付き合うと、兄弟だから。でも、うちの子ども達は従兄弟だから〔多少は〕付き合うだけ。その下は付き合わないですよっていうことで。「だから、あの子達には日本のことをさしてあげようと思う」って。〔母は〕「それもそうね」って言う。そりゃあ反対する人もいてるやろうけども、「だめ！」って。「自分たちで考えたことは、はっきりした方がいい」って。両方引きずりは大変なのよ。

このスクリプトは、在日朝鮮人社会においてチェサという儀礼が、エスニック・バウンダリーの内と外を分ける象徴としての意味があることを示唆していて、きわめて興味深い。民族集団内部の文化や起源を強調する原初主義に対して、外部（外集団）との相互作用と主観的な帰属意識（自分がA民族と思えばA民族だ）を重視する民族理論を「境界主義」というが、在日社会の境界主義的な側面を理解する上でも、チェサは本質的に重要な調査項目なのである。このスクリプトには、「在日が日本人になる」瞬間が記録されている。

第3節　地域におけるエスニック文化の〈顕在〉

(1) 個人レベルの〈顕在〉

地域社会におけるエスニック文化の〈顕在〉は、個人レベルと制度レベルの相互連関として捉えることができる。前者は個人が自らのエスニック・アイデンティティを表明することである。後者は、そのような人々が集まって多様な下位文化が生成され、制度や組織として形を現すことである。そして、いったん成立した文化的制度は、個人がそれを通して民族アイデンティティを顕在化させたり、あるいは新たに獲得したりする場としても機能する。

個人レベルの〈顕在 - 潜在〉の条件を在日朝鮮人について解明しようとする場合、まずは日本人との生物学的同質性（アジア・モンゴロイド人種）を最大の与件として位置づけておく必要がある。アメリカ社会で黒人が一目でそれとわかるのとは事情がまったく違っている。在日の場合、黒人の「膚色」と機能的にもっとも近い文化的指標は、「本名」である。誰もがそれによって、瞬時に自他の区別をつけられる。しかし、通名を使って隠そうと思えば容易に隠せるわけで、アメリカの黒人のように、民族性が個人が意志するしないにかかわらず顕在化してしまうという状況には、多くの在日朝鮮人は置かれていない。

したがって、個人レベルの顕在化の条件としては、まず何よりも個人の意志が介在しなければならない。この「意志」の社会的形成をめぐって、民族理論の「手段主義」と「表出主義」の間で対立、議論があるが、詳細は先行研究を参照いただくとして［吉野 1987］、ここでは次のような日本の現状の一端に触れておきたい。

この「意志」に働きかける教育に、たとえば小中学校の民族教育がある。民族教育の一つの目標は、「本名宣言」という形でのカミングアウトである。教育者が顕在化指標として「本名」をいかに重視しているかが、これでよくわかる。しかも各種研究は、在日朝鮮人の集住地域ほど民族教育が熱心におこなわれていることを明らかにしており［金 1999 など］、人口の集住性とエスニシティの顕在性の有意的関連を示唆している。ちなみに、このことの方法論的含意にふれておけば、集住性と顕在性の関連を証明するためには、個人を分析単位とする意識調査よりもむしろ、地域社会を分析単位とする集団レベルの事例比較研究が妥当であろう。集住地域の構造的特性が把握されなければならない（本書第3章を参照されたい）。

それはそうと、民族性の顕在化に伴うもっとも緊要な実践的課題として、私はここで「民族関係」をあげたい。民族を顕在させながら、他民族と結合することはいかにして可能か？　しかし、現実において民族関係の〈顕在-結合〉は容易ではなく、むしろ〈顕在-分離〉が必然的であることは、次の論理からも明らかである。すなわち、民族性の〈顕在〉とは自他の間に目に見える形で境界線を引くことと同義なので、他の条件を捨象して考えた場合、それは、必然的に内集団と外集団の結晶化、すなわち民族関係の分離を引き起こす。したがって、〈分離〉を〈結合〉へ転換させるためには、何らかの条件がそこに介在しなければならない。私たちはその分析を「民族関係論」の最重要課題のひとつと考え、追究してきたが、結論のみ述べれば、以下の通りである。

地域などの社会構造の中で、民族役割以外のさまざまな地位-役割関係を迂回路として、その過程で互いの民族性を尊重しながら共同関係を形成する、そういう「バイパス結合」の可能性を、われわれは世代間生活史データを基に明らかにした。これを〈バイパス仮説〉と呼ぼう。たとえば、同じ地域の住民、職場の同僚、同じ信仰の持ち主、同じ趣味サークルの会員等々として、まずは共通の関心（インタレスト）に基づく協働関係（symbiosis）をもつことから、〈顕在-結合〉関係への道は開かれる。

ただし、「バイパス結合」が現実のものになるためには、さらに多くの要因が介在しなければならない。たとえば、狭い国土の集約的利用を強いられる日本では居住の空間的凝離がそもそも成立し難く、外国籍住民は日本籍住民と隣り合って住んでいる場合が多い。〈バイパス仮説〉は、この「近接居住」の普遍性という日本の現実を反映しているともいえるだろう。その他、少年期における異民族との接触体験（履歴効果）など、いくつかの「媒介要因」を私たちは重視しているが、詳細は本書の結章を参照されたい。ともあれ、職場の同僚になれば、即仲良くなれるなどという単純なものではない。だが、さりとて職場の同僚にならなければ、仲良くはなれない道理である。

先行する研究でしばしば目にする論理は、「民族対個人」の二分法である。たとえば、「在日朝鮮人である前に、個人としての自分を見てほしい」という当事者たちの訴えが、そのままプリミティブに「理論化」されている場合が多い。だが、そこでの「個人」とは民族以外の何か、すなわち残余範疇にすぎないので、内容が空疎である。これに対して〈バイパス仮説〉は、その「個人」を生活構造の持ち主として捉え、生活構造の中に有する民族以外の地位‐役割関係のどこで自己実現を目指しているのかを明細化するとともに、そこでの個別の利害関心に基づく協働関係（symbiosis）から、民族関係の〈顕在‐結合〉を共有価値とする共同関係（conviviality）へ至るプロセスに着目する社会学理論である。

（2）制度レベルの〈顕在〉

つぎに、制度レベルの文化の〈顕在〉に関して、わが国でもっともよく知られている都市理論は、C・フィッシャーの「アーバニズムの下位文化理論」であろう。人口規模の増大（アーバニズム）によって、下位文化が多様化する。下位文化は、人口の「臨界量」に基づく諸制度の完備と、下位文化相互の競争（文化衝突）によって強化される。これらの命題を含む下位文化理論は、在日朝鮮人社会にも、ある程度適用が可能である。

大阪市生野区は、区民人口約一五万人中、三万六千人、約二五パーセントが韓国・朝鮮籍である（二〇〇二年現在）。住民の過半数が韓国・朝鮮籍である町丁目が、生野区には七つもある。生野は人口量と密度において日本最大のエスニック・コミュニティである。これが「臨界量」を優に超えていることは、次の事実からも明らかである。工業、商業、サービス業、金融、不動産、政治（民族団体）、社会運動、医療、福祉、教育、言論、出版、報道、放送、宗教、趣味、娯楽など、ありとあらゆるエスニック機関が、顕在的にも潜在的にも生野には揃っている。ないのは治安機関くらいなものだろう。第2章第3節で紹介したヤンシーたちの研究が、そのまま当てはまる地域社会である。

生野における多様な下位文化の個別具体的な記述と個々の歴史的経緯は、生野のまちの一隅でボランティアとして多少の社会的実践にも関わる私としては、とても興味深いテーマである。エッセイや小説なども含めて、この三十年間、生野に関する多くの書物が著されてきた。それらの系統化が図られるべき段階に来ていると思う。

ところで、これだけの下位文化が揃っているということは、どれかの制度への参加・利用を通して、エスニック・アイデンティティの表出も獲得も、比較的容易であることを意味している。たとえば、本名で通学すること（文化の表出）は、在日朝鮮人人口の低密度地域に比べれば、抵抗感は少ないだろう。韓国舞踊を習うこと（文化の獲得）も、その気になれば近所の文化教室にすぐ通うことができる。

もちろん、すべての在日朝鮮人生徒が本名で通学しているわけではない。民族の表出に対する抵抗感を拭い去ることのできない家族は、生野にもたくさんあるに違いない。にもかかわらず、このような「比較」がけっして低レベルの議論ではないと私が信じるのは、低密度地域の在日朝鮮人の「悲哀」に少し触れた経験があるからである。一八〇万都市・札幌市の外国人登録人口比率は、〇・四パーセントにすぎない（一九九九年）。ちなみに、日本全体では一・二パーセント、大阪市は四・六パーセントである。札幌市の外国人全体に占める韓国・朝鮮籍は全国並みの約四割だが、地元で「集住地区」と呼ばれている地域は、大阪・京都・神戸はもちろん、広島・福岡に比べても、とても「集住」とはいえないものである。

その札幌で、民族運動に関わっている在日朝鮮人のL氏にインタビューをしたことがある（一九九六年、於札幌市内）。氏は、かつて生野区の知人の家に泊めてもらった時の朝、二階の窓からウリマル（朝鮮語）が聞こえてきたのにびっくりしたという。彼が札幌と生野の違いを実感した瞬間である。

そのL氏が、大阪との比較で私たちに繰り返し語っていたテーマは、いわば「地域の接触機会」であった。氏は北海道の在日朝鮮人運動の難しさをこう表現した。「関西なら大阪と兵庫でつるめる（連帯できる）が、こっちはつるめない。赤信号みんなで渡れば怖くないの『みんな』が少ない。このことが大阪の人にはわからない。民族的な切なさをわかってもらえない」。

民族的下位文化が少なければ、民族性を顕在させるきっかけは乏しい。それは「結果的に隠すことにつながる」という事態の真相を、L氏は正確に把握しているのである。こうして、エスニシティが日常的に潜在化すれば、ますます下位文化の生成は困難になる。

この悪循環を断ち切ろうと、一九八九年に札幌にも韓国伝統音楽の演奏サークルが結成された。しかし、同胞は、このサークルに参加してエスニック・アイデンティティを形成、強化させている反面、公の場で演奏することにはためらいがあるという。L氏はその理由を、「それは写真を撮られたくないからだ。不測の暴力、つまり日本人がいつ牙を剥いて向かってくるかわからないという気持ちを、私もずっと持っている」、こう解説してくれた。民族低密度地域で周囲を日本人に包囲されていると感じる在日朝鮮人の圧迫感、閉塞感を吐露した、私にはショッキングなコメントであったが、ここでは本章の文脈に沿って、このサークルがエスニシティの〈獲得〉の場ではあっても、〈顕在〉の場とはなっていないという二元的現実に注目しておきたい。

以上を要するに、民族低密度地域の場合、①個人レベルの〈顕在〉は、本人の「意志」次第では不可能ではないかもしれない。集団参加における〈バイパス結合〉を経て、顕在的な結合関係に至る道がある。しかし、②制度レベルの顕在チャンスからは決定的に疎外されている。民族低密度地域で民族性が顕在化しにくいのは、個人の問題であると同時に、構造的な問題なのである。

第4節　エスニシティ形成の二元論

本章では、エスニシティ形成には文化の〈継承‐獲得〉と〈顕在‐潜在〉という次元の異なる二つのメカニズムがあることを説いた。最後に、このことを例証する興味深い語りを提示して、本章を終えることにしたい。V6（男、一九五五）は、かつては「自分が在日朝鮮人であることを、とにかく必死に隠していた」という〈潜在〉型の少年であった。しかし――、

【V6】そうでもなかった〔法事に嫌々参加するようなことはなかった〕ですね。料理がね〔楽しみだった〕。（自分が）朝鮮人（であること）は嫌いですけども、それ〔法事〕は喜んで、ちゃんと起きてやってました。

おいしいご馳走に釣られて参加したといえばそれまでだが、しかし、この少年が祭祀で摂取した「栄養」は、けっして食べ物だけではなかったはずである。比喩的に表現すれば、家族・親族の集合体が醸し出す〈チェサの空気〉を、彼は吸収し、栄養分としていたのではないか。私たちが聞き取った彼の生活史の全貌をここで示す紙幅はないが、三十八歳になった現在（調査当時）、朝鮮人であることを嫌う〈潜在〉型の生き方から脱皮して地域の民族教育に携わり、我が子には「先祖を忘れないための儀式を引き継いでもらいたい」と語る彼を見て、私はそう思うのである。

【方法論ノート2】「現象学的」フィールド体験

1 なぜフィールドワークなのか?

私は一九八七年から、大阪市生野区をフィールドとして都市社会学的研究に従事している。生野区が在日朝鮮人の人口量と密度において、現在(一九九五年)までのところ、わが国でもっとも民族的異質性の高い地域社会であることは、よく知られた事実である。そのような地域社会を研究対象とする一定の問題意識と視点が、フィールドワークを不可避の方法たらしめている。以下で論じてみたいことは、こうした問題意識とフィールドワークの関係である。

その際、二つの動機から、やや私的で内面的な記述のスタイルをとることをお許しいただきたい。どの社会調査でもそうだと思うが、とりわけフィールドワークのような生身の人間と相対する調査の場合、調査者は調査される側からその主体性を鋭く問いかけられていることをいつも意識しておかざるをえない。ある人ははっきりと口で、またある人は目で、こう問いかけてくる。「この忙しい時に頼まれもしないのにやって来て、根掘り葉掘り聞かれるのはまったく迷惑だ。いったい何のための調査なの?」。フィールドワークは調査対象者との関係性が生命である。したがって、こう問われたときに相手を納得させられるだけのものを、われわれはつねに懐にもっておかなくてはならないと思う。そこのところの〈私の場合〉を、このあたりで振り返っておきたいというのが一つの動機である。

それから、参与観察や生活史調査のような、いわゆる質的調査の欠点としていつも指摘されるのが、データの信頼性、主観性である。調査対象者との「関係性」から得られるデータは、他の調査者によっては再現不可能な場合が多いという批判は論理的に妥当であろう。したがって、質的調査を選択する場合には、その目的合理性や方法の客観性を示していく必要があるし、とくに私の場合は、方法選択の必然性が自身の生活史・研究史の中にある「背後仮説」にも、一つの強い根拠をもっている。その意識化の作業も、あわせてこの機会に行いたいと思うのである。

2　ホワイトの教訓

当時、三十代半ばの私が猪飼野のフィールドワークを決心したときに、まず念頭にあったお手本は、W・F・ホワイトの『ストリート・コーナー・ソサイエティ』であった。この本をはじめて知ったのは、今から二十年以上前の大学二年のときである。九州大学で社会学専攻に進学したばかりの私たちに、鈴木広助教授（当時）が都市社会学の講義のなかで、参与観察法なるものをこの本を引いて紹介して下さった。そのとき一緒に、当時博士課程の大学院生だった故山口弘光さん（松山大学教授、一九九二年没）の参与観察にも触れられて、「うちの研究室にはフーテンの研究のために自分もフーテンをやりながら修論を書いた院生がいます。彼がほかのフーテンたちと一緒に路上でシンナーを吸っていたら、新聞記者が他ならぬ彼の方へ取材に寄ってきたそうで、新聞記者に間違われるほど成りきっていたんですね」。

こんな話を聞かされて心を動かさない社会学志望の学生がいるだろうか。さっそく読んでみたのは、私一人ではなかったはずである。ボストンのイタリア系移民街に住み込んだハーバード大学の院生ホワイトは、そこの非行少年集団に入れてもらって行動を共にしながら地域社会を徹底的に観察し、若者集団の生活世界とスラムの社会構造をリアルに描きあげていく。傍目には「解体」としか思えないスラムを当事者の目で見ることによって、そこに「構造」を発見し、かつ、それが若者たちに生きる意味を与えている様を開示して、都市の解体的側面を理論化したシカゴ学派都市論にアンチ・テーゼを提出して見せたのが、ホワイトの貢献であったと思う。都市は解体的か、構造的か？　ホワイトは、この強烈な問題意識に突き動かされて調査を進めていたわけである。

「参与観察はたんなるもの珍しさだけでは使えないんだ」というのが、そのときの読後感であった。リアルな問題意識に支えられてはじめて参与観察法は生きてくる。「まずは参与観察を必然たらしめる『問題』から発見することだよ」と、ホワイトはこの入門者に教訓を与えてくれたのであった。

3　研究目的によるラポール

あれから十数年がたった一九八七年、当時は広島に住んでいた私が、大阪の在日朝鮮人集住地区で生活しながら、できれば地域のボランティアグループなどにも参加しながら、地域調査をやってみたい、いや、やる必要がある、と思ったとき、まず自問せざるをえなかったことが、この「ホワイトの教訓」であった。勤務先の国内研修制度を利用した、わずか半年の滞在期間であったが、なぜフィールドワークなのかということの得心が自分自身によくよくいかなければ、他人を動かし、日々の協力を得ることなどできるはずはないからである。

日本人は異民族と、現状においてどのような関係を結んでいるのかいないのか、今後どのような関係を結ぶことができるのかできないのか、そして、どのような関係を結ぶことが望ましいのか望ましくないのか。設定した課題はこれである。「民族関係の社会学」（the sociology of inter-ethnic relationships）に属する設問である。

この問いには三つの意味が内蔵されている。少なくとも私がこの研究を始めた当時はまだ、日本人研究者による異民族研究の方法は、どちらかといえばヘテロ・ロジカルであったと思う。ここでヘテロ・ロジカルとは、研究主体と研究対象を切り離すものの見方をいうが、当時のわが国の異民族研究においては、自民族を研究対象の外側におく研究態度が優勢であった。これを反省したいというのが、一つの含意。

二つには、たしかに日本人自身も視野に入れたホモ・ロジカルな異民族研究もないことはないのだが、その場合はごく限られた局面においてのみ関係が論じられるにすぎず、視野が狭い。そこで、民族間の関係の多数の側面を全体関連的に把握し、予測しうる理論を構築するために、民族関係の現状分析をめざそうと考えたわけである。

そしてその際、民族関係のなかでもとくに集団レベルの関係を重視したいということが、三つめの含意である。友人関係など、自由な個人同士の民族関係の成立はむしろ容易といえよう。しかし、その個人が集団の一員としての役割行為において異民族と出会うとき、もしもその集団の結合原理が同質的ないし排他的であるならば、それによる行動規制が働き、対立、葛藤などの事態に直面するであろう。民族関係の困難性が発生するのはそのときである。「国際結婚」をめぐる家族親族争議などが一例である。そこで私は、各種地域集団にターゲットを絞り、その内部の民族関係の有無と様態をつぶさに調べあげるという調査方針を立てた。

右の設問には問うだけの価値があるという確信があった。なぜなら、このフィールドワークを始めた頃からそろそろ一般の関心も喚ぶようになっていた「グローバル化」の問題と関連するからである。急増する外国人労働者の大部分は、おそらく祖国へUターンして帰る出稼ぎ者であろう。しかし、その中から何パーセントかは必ず日本に定住するはずであり、それが高齢化などと並んでわが国の二一世紀に深刻な影響を及ぼすことは確実なので、今からそのことを真剣に考えておかなくてはなるまい。その際、歴史的にも在日朝鮮人社会はニューカマー定住化の先例として位置づけることができるのだから、在日社会と日本人社会の民族関係の過去と現在をしっかり踏まえておくことは、いま始まろうとしている新たなグローバル化の将来を見通すためにも、きっと役に立つに違いない。

私はこうしたことを、在日の市民運動家にも、民族団体の職員にも、福祉施設の職員にも、宗教家にも、商工自営業者にも、実業家にも、一家の長にも、一方、日本人の地域住民組織の役員たちにも、ボランティアにも、社会運動家にも、学校の先生にも、市・区職員にも、ジャーナリストにも、その他にも、調査対象者の一人一人に訴え、そして理解してもらえたと思っている。六カ月間で延べ百人あまりの聞き取り調査に過ぎなかったけれども、「おまえは俺たちに何をしてくれるのか」といったような性急な問いを突きつけられたことは、一度もなかった。理屈が無意味なのは、在日の場合も日本人の場合も、黙ってこちらを凝視している老人たちである。後者についてはともかく、前者に対しては、せめて識字教室でボランティアをしながら身をもってわかってもらうか、アパートの隣人となった在日の老夫婦の相談に乗ってあげることぐらいしか、私などにはできないのであったし、また、それで良いのだとも、自分に言い聞かせていたのである。

ちなみに、エスニシティのような研究では、いわゆる立場性なるものが問われるようである。学会発表でも、そうした質問をしばしば受けたことがある。しいて答えるならば、このテーマに関するかぎり、私にとっては当時も今も、「日本人の研究者」という立場が基本であり、その限界性を踏まえながら、可能性を追求することだと考えている。われわれ研究者の仕事が言葉の正しい意味での「認識」以外のなにものでもなく、その結果が誰によってどのように利用される（べき）かという実践上の問題は、研究者も含むもっと広い社会が担うべき、認識とは別次元の問題であることを、ある人には理屈で、他の人には身体で（もちろん、いずれの場合も心は込めたつもりである）、わかってもらえたからこそ、地域の運動家や生活者たちから強請もされなければ、無視もされず、一定のラポールをとりつけることができたのだと思っているのだが、それは楽観的に過ぎるだろうか。

4　ムラの発見

立場性の問題はともかく、民族関係の問題と視点が以上のようなものであるとするならば、これを解明する方法も、おのずと決まってくるであろう。まず、質問紙を用いた量的調査を地域で行うことは、少なくとも現時点では不可能だし、無意味でもある。というのは、大量調査にかけるべき要因も仮説も明らかにされていないから不可能なのであり、在日社会の母集団設定もランダム・サンプリングも不可能だから、やっても意味がないのである。ただし、将来におけるその可能性と必要性を否定するつもりはまったくない。むしろ私は、一日も早いその実現を望む一人である。

質的調査、とくに住み込み調査を選択するにあたっては、二つの事実を踏まえていた。一つは、自らの「国際性」の低さである。言い換えれば、右に述べた「日本人であることの限界性」である。一般に、個人の国際性を測るものさしとして、外国語での会話能力と外国人との親交関係量を用いることに、大方の異論はないであろう。朝鮮語も喋れなければ、在日の友人も皆無に近い状態は、要するに彼らのことは何も知らないというのに等しい。書物からの知識は、この際まったく別次元の事柄である。したがって「異文化理解」こそが、まず最初の課題であり、そのためには、とにかく彼らと日常的に出会わなくてはならなかったのである。

踏まえたもう一つの事実は、民族関係研究の現段階である。それは、いま述べたような、大量調査にかけるべき要因も仮説も摑んでいないという現状である。仮説の索出は、異文化理解とともに質的調査のひとつの強みである。かくして私は、猪飼野の安アパートを借りて、ありとあらゆる地域集団を一つ残らず調べあげようとの意気込みで、広島から持ってきた自転車に乗って、生野一帯を日々駆け回ったのであった。結局、先述のように一〇〇人余りの聞き取りで時間切れとはなったけれども、いくつかの重要な知見を得ることができた。さしあたり三つ指摘しておきたい。

① 「在日の町」の代名詞ともなっていた「猪飼野」という地名が、じつは江戸時代からある村の名称であり、そこでは今も「イエ」と「ムラ」が地域組織や土地所有関係を強く規定している。

② 在日朝鮮人も日本人も、相互に異質な準拠集団に依拠し、いわば背を向けながら混住している。

③ そうした状況で両民族が共同する条件ないしは契機としては、階層的、地域的な剥奪要因しか、今のところ

見つけられていない。

これらについては、これまで何度も詳しく報告する機会があったので、ここでは①に関してまだ述べていないことのみ、書き記すことにしたい。

「在日の街」として全国的に有名な猪飼野で「イエ」と「ムラ」を発見できたことは、私のような地域研究者には大きな驚きであった。そしてその驚きは、次のような疑問を生む。ここを訪れたたくさんの研究者やジャーナリストは、なぜこれまで一度も猪飼野の「イエとムラ」に言及してこなかったのだろうか？　だがそれは、言及しなかったのではなかったのだと思う。在日朝鮮人社会の内部を覗き込むことには熱心でも、彼らと日本人の「関係」を見ようとしなかったために、外来者の視野にそれが入らなかったのではないか。このような観察態度には日本人のある種の民族観が反映されているように、私には思われる。それは、「民族」を語るときに、われわれ自身の問題として語ろうとしない、ヘテロ・ロジカルな研究態度である。かくいう私自身も、生野区に住んだ当初から「ムラ」が見えていたわけではない。「地域」を調査対象の基本単位に設定し、民族と民族の「関係」に視点を据えたことによって、徐々にそれが私の目の中に入ってきたのである。これは、「現象学的」と形容しうるじつに面白い調査体験であった。

5　ヘテロ・ロジカルからホモ・ロジカルへ

大阪には縁もゆかりもなかった私が大阪の在日朝鮮人と知り合ったきっかけは、一九八二年から参加した「朝鮮寺調査」であった。塩原勉先生（大阪大学名誉教授）に「宗教社会学の会」に誘っていただき、当時住んでいた金沢から時々出てきて会のメンバーと一緒に生駒山に登ったときに、信者としての彼らと初めて出会ったのである。

多くの読者は朝鮮寺のことはご存じないかもしれないが、大阪と奈良の県境に位置する生駒山には朝鮮巫俗

（シャーマニズム）と仏教が混淆した寺が当時は六十あまりあって、主として在日朝鮮人の婦人層によって熱心に信仰されている［谷 1985；飯田 2002］。みんなが協力してやる山中踏査は本当に楽しかったし、異文化理解としての宗教社会学的研究も十分できたと思っている。問題は、これを今後の研究にどう生かしていくかということであった。

朝鮮寺調査は、ある意味でヘテロ・ロジカルな研究であった。研究対象の中に自分自身を見いだす契機がなかなか見つからなかったからである。先ほどそのような研究態度に批判的に言及したのは、じつは私自身への反省でもある。といって、私はヘテロ・ロジカルな研究を否定しているわけではけっしてない。あくまで、問題が研究方法も研究態度も規定する部分が大きいからである。言い換えれば、ホモ・ロジカルな問題を私自身が求めていたということである。山の調査をいちおう終えて［宗教社会学の会編 1985］、これからは朝鮮寺信仰を必要としている在日の生活世界をトータルに把握しようと巷へ降りることになったのを機に、これまで述べてきたような研究を計画し、遂行してきたという次第である。「フィールドワークを通しておのれ自身を知れ」。これも、学生時代に学んだ「ホワイトの教訓」であった。

第Ⅲ部　世代間生活史法

第6章　問題提起——猪飼野の工場職人とその家族

第1節　職人層の民族関係と文化継承——第Ⅲ部の主題

（1）大阪の産業化

一九二〇年代後半から三〇年代にかけての大阪の都市化は、「大大阪」という言葉に象徴されている。一九二五（大正一四）年四月一日の「第二次市域拡張」によって市域が全国一となり、人口も（一時的に）東京市を抜いて全国一となった大阪市を、当時の人々は「大大阪」と誇らかに呼んだ［大阪市史編纂所 1999：279］。この大阪の構造変化を牽引した機関車が、重化学工業であったことはいうまでもない。

一九三〇年代は全国的にも重化学工業化の時代であった。全国の機械器具工業・金属工業の工場数は、一九三〇年の九六〇八が、四〇年には三万六五二四と四倍近くに増えている。しかも増大した多くの工場が中小工場であり、下請工場であった。大阪も同様である。

大阪の機械・金属工場はすでに一九二〇年代から増加をはじめ、三〇年代に入ってその速度を急速に増している。創業の立地は、主に東成区、西淀川区、東淀川区、西成区など、第二次市域拡張によって新たに「大大阪」に編入された市内周辺部――JR大阪環状線の外接部――に求められた。安い用地を求めて、工場地帯の外延化が始まったのである。なかでも東成区は、一九三〇年以降六三八の工場が創業し、機械・金属関係では大阪市内で最も工場数が多い地域となった。しかも小規模工場が圧倒的な割合を占めていたことが、植田浩史［1998：294-321］の研究によって明らかにされている。ここに大阪都市圏の「遷移地帯」が姿を現した。そしてその姿は、八十年後の現在も基本的に変化はない。

ところで、当時の東成区は現在の生野区の一部と城東区を含んで、現在の二倍以上の広さがあった。これが一九四三年に分区されて「生野区」が誕生した。戦前の旧東成区の中でも現在の生野区に当たる部分が、第Ⅲ部に登場するW家の戦前から現在に至る生活の主舞台であり、その中心が「猪飼野」である（前掲図3-1、2参照）。

（2）大阪と済州島

戦前の在日朝鮮人にとって、旧東成区とはどのような地域だったのだろうか。この問いに対しては、杉原達［1998：102］が次のような構造連関を指摘している。「中小零細工場地帯として急速に発展する東成地域がもった、低賃金職工に対する根強い需要を背景にして、一九二〇年代後半から三〇年代にかけて、済州島からの渡航者が血縁・地縁をたよって猪飼野に集中してくる」。

W家の移民第一世代もまた、まさしくそのような人々であった。したがって、本章も、まずは彼らの戦前における来住過程の確認から始めなければならない。しかし、私たちの主たる関心はむしろその後にある。戦前から戦後、そして高度経済成長期を経て今日に至る在日朝鮮人の七十年を越える定住化過程を、世代をつないだ営みとして把握することが、主要な課題である。町工場の職工・職人として生きる（生きた）家族の民族関係と文化継承の世代間の持続・変容過程を、大阪の都市化・産業化との関連で明らかにしていきたい。

なお、ここで「職人」とは、工場労働者のうち、長年の経験的熟練によって腕を磨いた熟練工のことを指している。彼らの多くは、成人前に見習工で入り、職工（未熟練工）を経て一人前の職人（熟練工）へたたき上げていく。自前の工場をもつことが彼らの到達目標である。そこには大工や指物師など狭義の職人とも共通した、①徒弟的な技能の習得過程と、②自分の仕事振りに自信をもち、腕を磨くことを信条とする「職人気質」とが認められるのである。ただし、職人気質には②とともに、「飲酒などゆとりを伴った生活」という享楽的側面も指摘されるように、職人気質の二面性にも注意が必要である。

第2節　W家の親族関係

(1) 済州島の移民家族

W家の親族から生活史を聞き取ることができたのは、全部で一二人である。そのうち最年長者は、W7（一九二一～二〇〇〇、女）である。彼女は済州島の道頭里という村から一九二六（昭和元）年に移住してきたK家の長女である。一九三九年にW家の四男仁淑（一九一八～一九四六——仮名、以下同）と結婚した。二人は移民の第一世代である。

仁淑たちW家の出身地は済州島の、現在は済州市に編入されている吾羅里という村である。先祖は「済州島三姓始祖」の一つで、移民の第一・第二世代はその「始祖」から数えて第七七・七八代目にあたることが「族譜」に記されている。この家柄を由緒あるものとして、第一・第二世代の人々は誇りに思っている（次章第1節と第2節を参照）。

W家の移住の歴史は次節で述べるとして、ここでは生活史調査に応じて下さった一二人のインフォーマントを中心に、現在の親族関係の概略を、図6-1を用いて説明していきたい。

なお、私たちとW家・K家を結ぶキーパーソンは、W2である。私とW2の十年来の個人的な親交関係が、W家

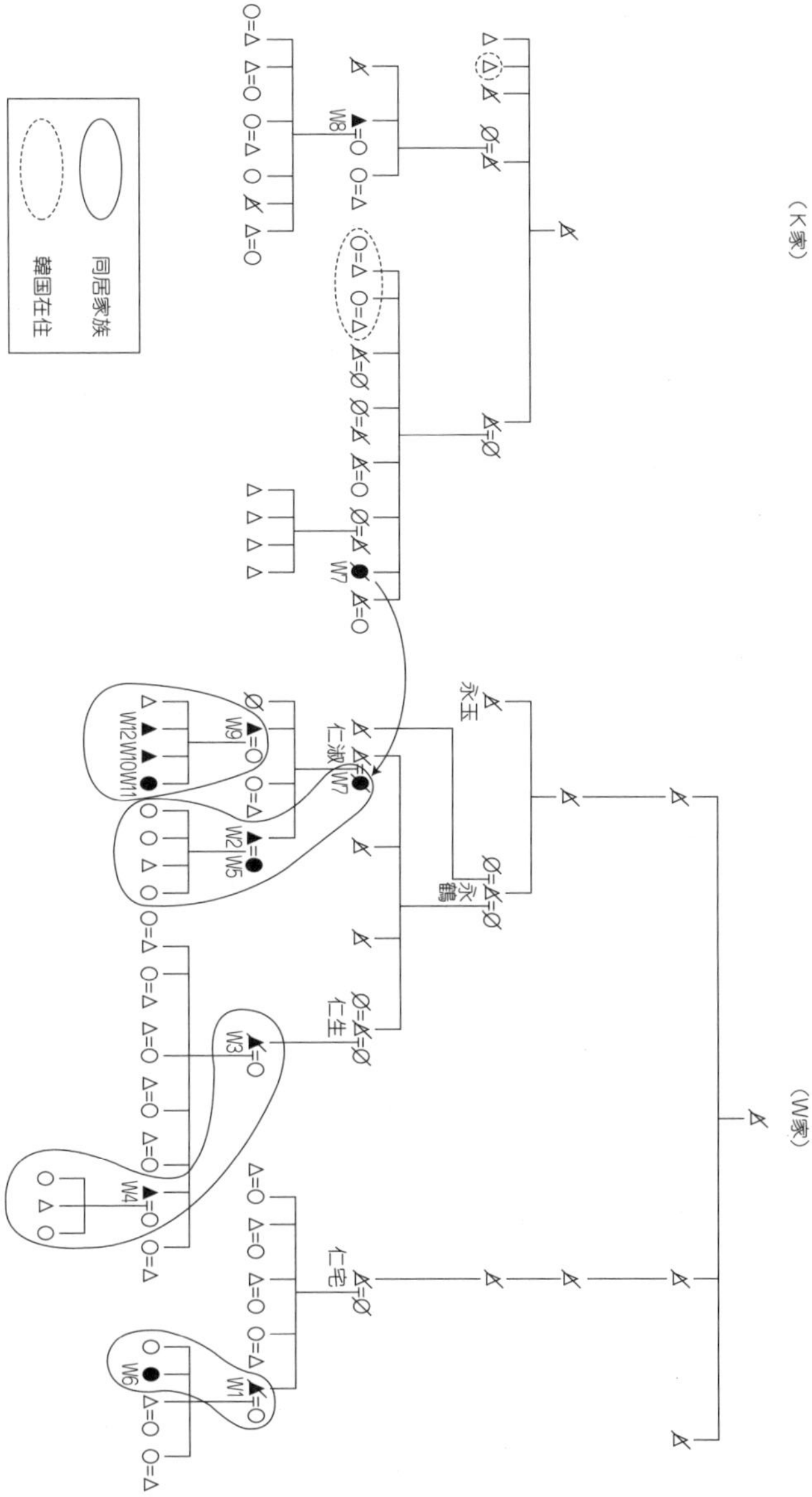

図6－1　W家のインフォーマント

の調査を可能にした。そもそも親族関係というものの全貌を描き上げることなど、事実上不可能であろう。どこまでを親族の範囲とするかという問いには、一義的な解答はない。この図は、さまざまな意味で「W２を中心とする血縁と因縁のつながり」であることを理解されたい。もしも他の個人を中心におけば、また異なる親族関係図が描かれるだろう。

さて、W７夫婦は二男二女をもうけた。その長男がW２（一九四〇～）、次男がW９（一九四四～）である。彼らは移民の第二世代である。末子の次女は生後間もなく麻疹で亡くなっている。

W２は一九七五年にH家の長女W５（一九四九～）と結婚した。W５の父親も済州島からの戦前の移住者である。母親は九州出身の日本人である。W２＝W５夫婦には一男三女がいる。一番年上の長女が一九七六年生まれで、調査開始時はまだ高校生であった。末子の三女は一九八三年生まれである。W２の家族はW７を含む三世代同居である。

W２の弟のW９は三男一女をもうけており、長女がW11（大学浪人――調査時、以下同）、長男がW10（高校二年生）、次男がW12（同一年生）である。W２とW９の子どもたちは移民の第三世代である。

W３（一九二七～一九九六）は、W２とW９の年上の従兄弟である。一九三七年に十歳で渡日した。したがって、系譜関係ではW２と同世代（従兄弟）であるが、移民としては第一世代に属している。W３は二男五女をもうけた。そのうち長男が、W３夫婦と同居しているW４（一九五二～）である。W３のその他の子どももたちもすべて成人し、親から独立別居している。

つぎに、W１の父仁宅（一九〇四～一九七四）もまた、済州島吾羅里から戦前に大阪へ来た移民の第一世代である。W１（一九四三～一九九四）は一男三女をもうけた。W６（一九七〇～）は、W１の次女である。W６の二人の兄姉は結婚して別所帯をもっている。

W１は、W３やW２たちと十親等も離れている。にもかかわらず、この三人は兄弟のように仲が良かった。「良かった」というのは、W1とW3が、私たちが生活史をうかがって間もなく、相次いで病気で亡くなってしまったからである。私はW2から「朝鮮人は従兄弟は兄弟も同然と考えている。生まれてくる腹が違うだけのことだ」という説明を受けたことがある。「兄弟」を亡くしたW2の心中は察して余りある。

ところで、この十年間、彼ら三人を結束させた「絆」は、郷里における親族共同墓地の建設事業であった。済州島吾羅里にW2の父の名義で千五百坪の土地があり、そこにW2たちの祖父母の世代から上のすべての先祖を七、八年かけて合祀した。「あっちの山、こっちの山にあった墓を一カ所に集めたんですわ」とW1が語っていた。なお、合祀した先祖の範囲はここに掲げた親族関係図をはるかに越えている。

(2) 姻戚関係

W7の従兄弟W8（一九二四〜）はK家の血統に属するが、便宜上「W」の記号を用いて表記する。彼は十歳で済州島から大阪へ来た移民の第一世代である。W8夫婦は四男二女をもうけたが、二十一歳で死亡した次男を除けば、すべて親から独立した生計を営んでいる。

最後に、W7の実の兄弟姉妹にも触れておくべきだろう。W7は八人きょうだいの長女である。現在、ソウルで暮らしている下から二人の妹弟を除いて、大阪にいた五人のきょうだいはすでにこの世にいない。しかし、きょうだいたちとの生前の親交関係は、W7とその子どもたち（W2・W9）の生活史において、きわめて重要な役割を果たしている。若くして夫を亡くしたW7の生活を支えたのは、主として実のきょうだいたちであった。一番下二人の弟妹も大阪で生まれたが、父が韓国へ連れて帰った。ソウルにいる弟とW7の家族は、現在も相互に訪問しあって親密な関係を保っている。

以上の一二人のインフォーマントのうち、W7・3・8は「戦前移住世代」である。次章第1節では、この三人の中からとくにW3の生活史を選んで詳しく紹介したい。じつはW7の生活史にも非常に興味深いものがある。た

表6-1　W家のインフォーマント

戦前移住世代	
W7（女，1921～2000）	済州島→大阪市東住吉区。韓国籍。学歴無し。隠居。
W8（男，1924～）	済州島→大阪市生野区。韓国籍。小卒。金物製造業自営。
◆W3（男，1927～1996）	済州島→大阪市生野区。韓国籍。学歴無し。ゴムローラー加工製造業自営。
戦後世代	
◆W2（男，1940～）	大阪市此花区→大阪市東住吉区。韓国籍。夜間高卒。ウェルダー加工（カバン製造）業自営。
W1（男，1943～1994）	大阪市東成区→大阪市生野区。韓国籍。高校中退。縫製業自営。
W9（男，1944～）	和歌山県日高郡（疎開先）→大阪市生野区。韓国籍。大卒。不動産会社経営。
成長期世代	
W5（女，1949～）	大阪市東住吉区→大阪市東住吉区。韓国籍。高卒。ウェルダー加工業家族従事。
◆W4（男，1952～）	大阪市平野区→大阪市生野区。韓国籍。大卒。ゴムローラー加工製造業自営。
定住世代	
◆W6（女，1970～）	大阪市東成区→大阪市生野区。韓国籍。専門学校卒。保母。
W11（女，1978～）	八尾市→大阪市生野区。韓国籍。大学浪人中。
W10（男，1979～）	八尾市→大阪市生野区。韓国籍。高２。
W12（男，1980～）	八尾市→大阪市生野区。韓国籍。高１。

（注）１：（性別，生年～没年）出生地→現住地，国籍，学歴，現職の順.
　　２：現住地，国籍，学歴，現職は，調査時点.
　　３：◆のついた生活史データの全貌を順次第２～５節で紹介する.

だ、私たちが調査を行ったW・Y・X・V家の全体を通して、移民第一世代の男性から生活史を聞く機会がW3の他になかった。また、W3の事業を息子のW4（次章第3節で紹介する）が継いでいることも、私たちの問題関心――世代間継承――に照らして、たいへん重要な要素といえる。これらの理由からW3を選ぶことにした。

つぎに、W1・2・9・5・4は移民の第二世代であるが、日本で育った時代背景に多少の違いが認められる。前三者は十代を戦後～高度経済成長期以前にすごしている「戦後世代」である。後二者は十代を高度経済成長期～オイルショック以前にすごしている「成長期世代」である。第2節では、三人の戦後世代の中からW2の生活史を紹介したい。W2はW3の従兄弟である。また、第3節では二人の成長期世代の中からW4の生活史を紹介したい。

W6・11・10・12の四人は、移民の第三世代である。いずれも一九七三年のオイルショック以後に十代をすごした「定住世代」である。第4節では、四人の定住世代の中から、ただ一人成人しているW6の生活史を紹介したい。なお、次章で紹介できないW7やW1などの生活史は、第5章の「分析と考察」のなかで努めて活用するつもりである。

一二人の社会移動のプロセスを表6-1にまとめている。また、それぞれのインフォーマントに調査を行った日付・時間・調査場所を表6-2に示す。

表6-2　W家の調査記録

W1：1993.9.12, 13:30〜16:30；W1工場	
W2：（1回目）1993.9.12, 16：50〜20：40；W2・5・7自宅	
	（2回目）1996.9.10, 19：30〜20：30；同上
	（3回目）1998.11.29, 14：40〜21：00；調査者（谷）自宅
W3：1993.10.31, 19：00〜22：00；W3自宅	
W4：1993.11.21, 17：00〜20：00；W4自宅	
W5：1993.12.19, 16：00〜18：00；W2と同	
W6：1993.12.18, 14：15〜16：00；父 W1工場	
W7：1994.1.20, 13：30〜18：00；W2と同	
W8：1994.2.13, 15：10〜18：40；W8工場	
W9：（1回目）1996.9.19, 19：00〜22：30；W9自宅	
	（2回目）1996.9.29, 20：45〜21：50；同上
W10：1996.9.29, 19：00〜19：50；同上	
W11：1996.9.29, 19：50〜20：45；同上	
W12：1996.9.29, 19：50〜20：45；同上	

（注）調査日，調査時間；調査場所，の順.

第3節　移住史

(1) チェーン・マイグレーション

W家の中で最も早く日本へ渡航した人は、永鶴（一八八一〜一九三〇）と思われる。永鶴は系譜上の最長老で、郷里では漢方医と書堂（日本の寺子屋）の漢文教師を務めていた。大阪済州島人の間でも「学者」として名が通っていたという。この人がいつ何のために大阪へ来て、何をしていたのかはほとんどわかっていない。ただ、長男の仁生（一九〇二〜一九三六）が一九二六年に大阪へ来た（後述）時はすでに郷里に帰っていたことからすると、一九二〇年前後の来日ではないかと推定される。

永鶴の弟永玉（一九〇〇〜没年不詳）が、当時、留学生で大阪にいたという。この永玉が、永鶴の長男すなわち甥の仁生（一九〇二～一九三六）を呼び寄せた。その時期はいろいろな人の証言を総合して一九二六（昭和元）年頃と推定されるが、年下の叔父が年上の甥を呼び寄せている。詳しい事情は仁生の一人息子W3が、次章第1節第2項の冒頭で語っているので参照されたい。

ともあれ、年下の叔父が年上の甥を呼び寄せた事実には、年齢の上下関係よりも系譜の上下関係を重んずる儒教社会の一端が表れていて興味深い。しかも朝鮮農村では十親等、十二親等は「近い親戚」と考えられているとのことであるから［伊藤ほか 2014：269-270］、叔父－甥の三親等関係など「親子」も同然、日本へ呼び寄せても当り前だったのかもしれない。現在の通念とは異なる儒教的＝家父長的呼び寄せ慣行が、当時は珍しくなかったと推察される。

ところで、仁生は男ばかり五人兄弟の長男である。このうち次男・三男・四男も済州島で生まれて大阪へ来た（末子だけは日本生まれ）。彼らの来阪について、四男仁淑の息子W2が次のように語っている。

【W2】父は、十一歳か十二歳の時に来たいうこと聞いてます。一番の原因は、結局、国でも百姓以外の仕事がないいうことですよね。先にお父さんの一番上の兄さん〔仁生〕が来られてたんですよ。洋服屋さんの仕上げみたいな仕事をやってたとかいう話を聞いてます。続けて次男、三男も来てた。うちの父親〔四男〕も、その年齢なるとやっぱり日本へ来たんですね。お祖父さん〔永鶴〕も日本へ行ったり来たりしてたんですけどね。父はいわゆる「ボンサン」いうやつですね。鉄工所に見習工で入って。で、二十一か二十二の時「のれん分け」いう形で独立さしてもらったいうことです。日本人（経営）の会社です。

先に見たように、長男仁生の来日は一九二六年頃であった。そして四男仁淑の来日が一九三〇年頃であることがここで語られているから、この移民第一世代の兄弟たちは、一九二〇年代後半から三〇年代初頭にかけて、年の順に大阪に来たことがわかる。

その他の第一世代の人々の来日時期も同様である。W家の四男仁淑に嫁いだW7が両親に連れられて来日したのも一九二六年であった。そのW7の従兄弟W8が来日したのは、一九三四（昭和九）年である。W3も一九三七年に来日した。K家も済州島出身であることは前述した。

一方、永鶴とは七親等離れた仁宅が来日したのも大正時代であった。その長男W1によれば、父は大阪に来て洋服屋（縫製）にボンサン（丁稚）で入り、成人式の後に独立させてもらったという。一九〇四年生まれの人がかぞえで成人式をあげる年は一九二三（大正一二）年だから、この証言通りであれば、仁宅は阪済航路が開通する一九二四年よりかなり前に来日していたことになる。永鶴とほぼ同時期の渡日ではないか。

ところで、在日社会には本国との間に地縁・血縁の共同関係に基づく連鎖移住（chain migration）のリクルート・システムが構築され、同業種への職業斡旋と日本社会への適応に役立っていたことはよく知られている。W7も「村の人を頼って来るんです」と語っていた。

あの年下の叔父に呼び寄せられた仁生が大阪へ来て洋服屋に就職したのも、仁宅の世話による。その仁生の弟たちも、兄を頼って順に日本へ来たことは想像に難くない。W7の父とその弟（W8の父）の関係も同様である（図6-2参照）。二人は大阪都心の専売局（たばこ製造）で馬車夫（運搬夫）をしていた。その妻たちも、単身出稼者用下宿で「賄い」を生業としていた。

しかも、この「賄い」が前述のリクルート・システムを構成する一要素であることは象徴的である。W8が当時の家族の呼び寄せの実態を、こう語っていた。「出稼ぎに来た人にはうちのお母さんがご飯をして、弁当持たせてね、仕事を世話してあげてるうちに、自分が落ち着いてきたら手紙を書いて家族に来てもらう」。

以上から、W家の移民第一世代の人々が、当時の大阪ではごく普通の済州島出身者であったことがわかるだろう。

(2) 阪済航路

杉原［1998：88-96］は、在阪朝鮮人の渡航過程を次のように分析している。植民地支配による済州島の経済的疲弊が島民を「内地」へ押し出し、工業化する「大大阪」の労働市場が彼らを引き寄せた。そして、この民族大移動を現実のものとしたのは、一方の植民地政府の渡航奨励政策と、他方、一九二四年に開通した大阪―済州島間の阪済航路（定期航路）であった。

かくしてW家の人々が次々に大阪へ来た一九二〇年代半ばから三〇年代前半というのは、済州島から大量の人々が大阪へ出稼ぎに来た時期にぴったり重なるのである。一九三四年の統計では、済州島人口の四人に一人が「内地出稼」をしていた。島の家の三軒に二軒の割合で出稼ぎ者がいる。平均して一軒に一人は出稼者を出していた［枡田 1935：2,16］。

W家の第一世代が大阪で最初に就いた職業もまた、多くの済州島出身者と同様であった。W8が鋳物製造の見習工、W3が旋盤見習工、W2の父も鉄工所の見習工。そして、W1の父は縫製見習工である。W3の父も、W1の父の世話で縫製工場に就職した。枡田［1935：9-10］の職業調査によれば、当時の済州島出身者には、男子の場合、鉄工がゴム工に次いで多く、縫製も珍しくなかった。W家の中にも縫製業に携わる人が、戦前から戦後にかけてしばしば現れている。その背景には、彼らが定住した旧東成区の工業化が明治期の繊維産業から始まったという経緯がある。これが大正期にいっそう進展し、当地の産業特性を形成したのであった［西村 2002］。

次節で見るように、現在のW家の人々には第一世代の職業を継承している人が少なくない。繰り返しになるが、民族の集住地域で世代をつないで町工場を営む在日家族の姿を描き出すことが第Ⅲ部の一つの狙いである。なお、移民第一世代の親の世代が済州島でどんな仕事をしていたのかは、ほとんどわかっていない。尋ねてみても、「粟や麦を作っていた」、「半農半漁だ」、「何もしていなかったのではないか」といった漠然とした答えしか返ってこなかった。永鶴のような特殊な場合を除いては、郷里の先祖のことは伝承されていないようである。

第4節　W家の現在

(1) 職　業

現在もW家とK家には自営業主や会社経営者と、その家族従事者が非常に多い。図6-2がこのことを示している。本図には第三次産業の自営業者なども見られるが、ほとんどは見習職工からたたき上げた零細下請工場の経営主である。このうち、W3は前節で述べたように初職は旋盤工であったが、その後ゴム業に転じた。図中の書き込み（現職）が前節の記載と異なるのはそのためである。また、W2の父は金属の他に、ゴム工場なども営んでいた。W2も、金属の他にサンダル業（現職）など、さまざまな事業を経験している。

この図を見て気づくことは、事業が親子の間で継承されている場合が少なくないことである。ゴムローラーの製造工場を経営していたW3と長男W4。ベスト専門の縫製業を営むW1（長男）とその父。ナット製造の鋳物工場を営むW8とその長男。また、事業の継承関係はないが、結果として類似の業種で仕事をしている場合もある。W7のすぐ下の妹夫婦とその長男は、同じ金属製造業である。W2（長男）とその父も同様である。いずれも長男が、父の事業を継承、もしくは同様の仕事に就いている共通点も興味深い。直系を重んずる在日朝鮮人社会の儒教的な一面が表れている。その実態を次章の口述史で明らかにしていきたい。

なお、W家の職業・階層的特徴を「職人」とするのは、ある意味で一面的に過ぎるかもしれない。親族の範囲をもっと広く取れば、そこには多様な階層の人々が含まれているからである。図6-2では捨象したが、W2から七、八親等離れた親族には大学教授や韓国系民族学校の校長などがいる。また、W2の腹違いの叔父の子（W2の従兄弟）には民族系銀行の支店長がいる。いずれも大阪に住んでいる。

ここでは、一二人のインフォーマントたちがそれぞれの生活史で実質的な関わりをもつ親族を中心にW家の特徴

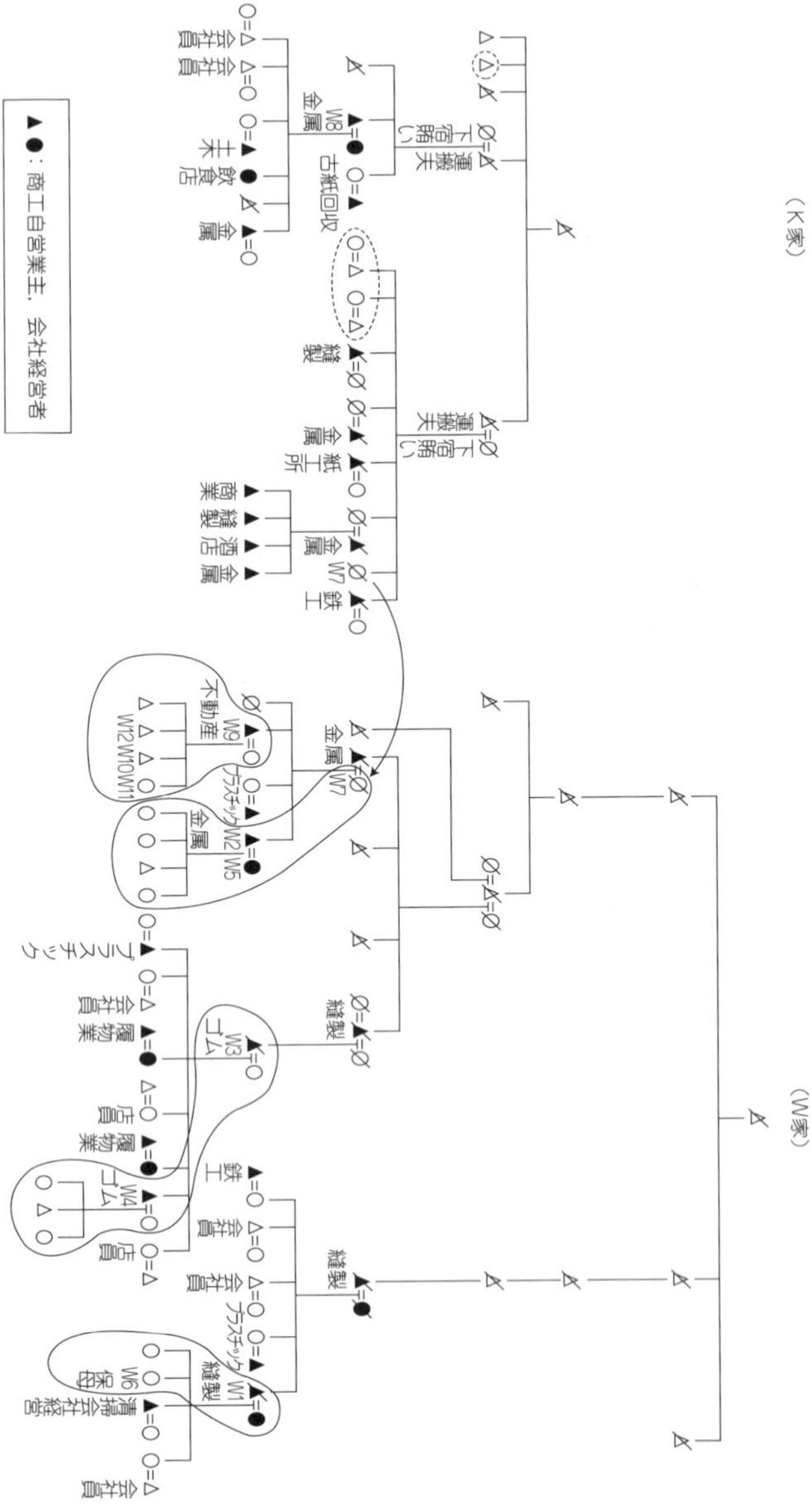

図6－2　職　業

を記述している。言い換えれば、一二人の生活史の語りの中に登場する人々である。これを実質的親族関係と呼べば、この輪の外側には儀礼的親族関係が存在している。それは主として法事（祖先祭祀）の交換においてのみ関わる人々であり、生活史の語りにはほとんど登場してこない。この儀礼的関係にまで視野を広げるならば、W家の職業・階層的相貌はずいぶん変わってくるだろう。

(2) 現住地

W家とK家に町工場の経営者が多いのは、彼らの住む地域の特性と無関係ではない。図6-3は現住地を示しているが、このうち黒印が生野区とその隣接区に住んでいる人々である。しかも、ここで「隣接区」とは、東成区、東住吉区、平野区の三区のことである（同様に隣接している天王寺区と阿倍野区は含まれない）。生野区とこれら三区の範囲は、南北約九キロにすぎないが（前図3-1参照）、W家のほぼ全員がこの狭い範囲内に集住しているのである。W1の妹が住む東大阪市も、生野区の隣接市である。K家のW8の家族も、すべて「隣接区」とその周辺（八尾市、門真市）に住んでいる。そして、これらの地域が戦前から現在まで中小零細工場が多く、かつ在日朝鮮人が集住してきた地域であることは冒頭で述べた通りである。現在の生野区の産業構造は、技能工比率、自営業者比率、家族従事者比率、中小零細工場比率のどれをとっても大阪市の平均を上回っている［西村 2002］。その意味で戦前の移住世代と同様に、現在のW家もまた、この地域ではごく普通の在日朝鮮人なのである。

逆に、関西圏外に住んでいる人はほとんどいない。ソウルに二人、東京に一人いるだけである。このことから、W家の人々の居住範囲の狭さ、言い換えれば「地域移動の少なさ」を指摘することができる。これは、一面では大阪という大都市生活の利便性を物語っているわけだが、反面、地域移動の少なさを階層移動の少なさ――工場経営という同質性の高さ――と重ね合わせてみる時、そこには国籍・民族という社会移動の障壁と、移動を阻止された人々の親族集住による支え合いの現実が浮かび上がってくる。移住後七十年を経た今日における、いまだ厳し

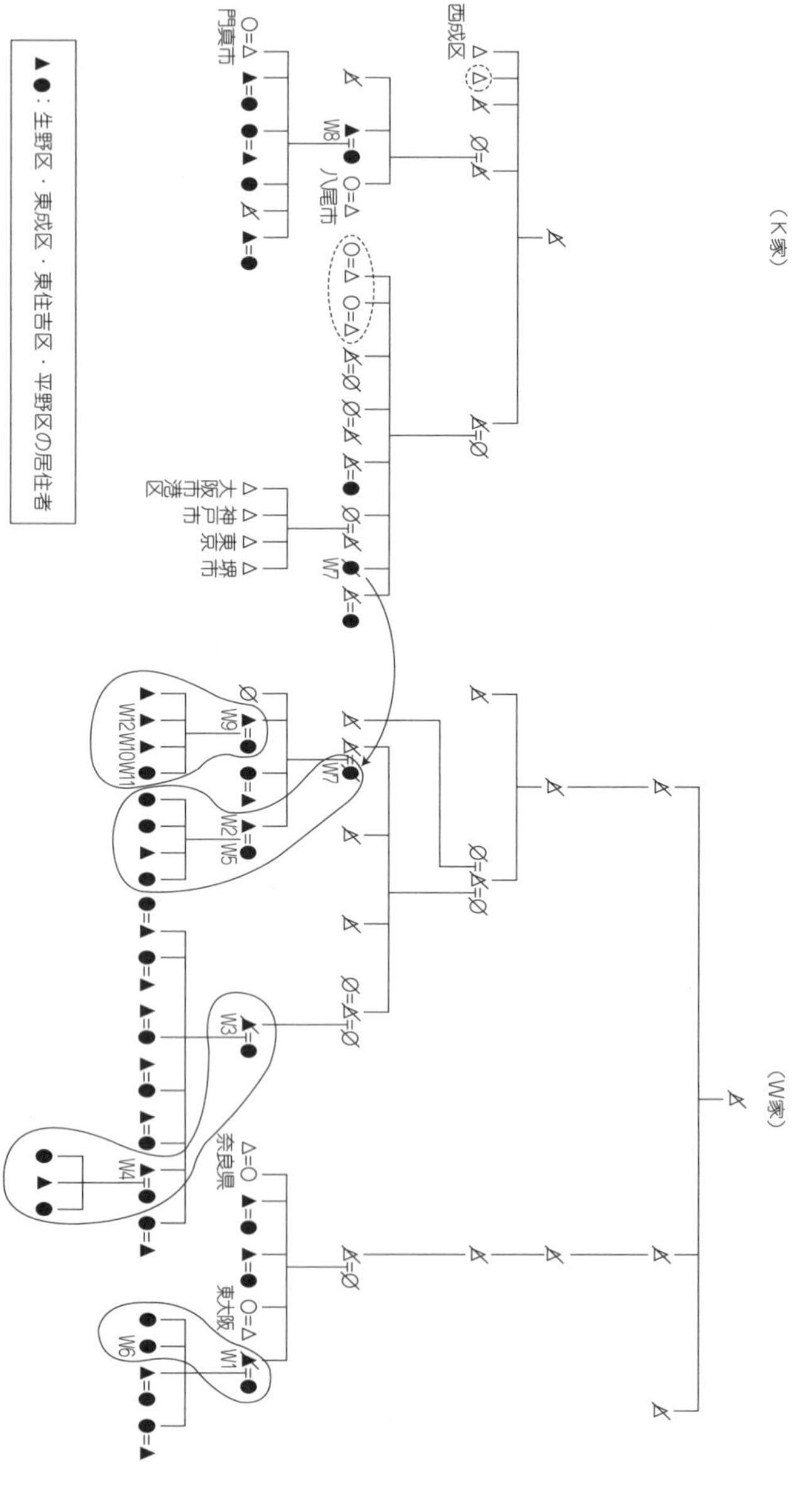
（K家）
（W家）
西成区
八尾市
門真市
大阪市港区
神戸市
東京
堺市
奈良県
東大阪
W1
W2
W3
W4
W5
W6
W7
W8
W9
W10
W11
W12
▲●：生野区・東成区・東住吉区・平野区の居住者

図6-3　現住地

い現実の一端を、ここに見るべきであろう。

(3) 通婚圏と配偶者選択

居住範囲の狭さと社会移動の少なさは、彼らの通婚圏の狭さを示唆している。図6-4で、黒印の配偶者が四区一市（生野区・東成区・東住吉区・平野区・東大阪市）の出身者である。W家では広島市と奈良県がそれぞれ一ケースあるだけで、その他はすべて黒印である。K家でも、移民の第一世代の配偶者に「済州」が散見できるが、やはり同様の傾向といえよう。しかし、若い世代には関西圏外の人との結婚のケースが現れている。W8の下の二人の息子は、それぞれ北海道と徳島市の人と結婚している。

若い世代に見られる通婚圏の広がりは、配偶者の国籍と連動関係にあることが図6-5からわかる。この図で黒印が日本人の配偶者である（帰化者ではない）。日本人との結婚後に帰化したケースもある。日本人と結婚した人たちの共通点は年齢である。一九五九年生まれが一人で、あとはいずれも一九六〇年代に生まれた移民第三世代の人たちである。

W家とK家の中で、二〇〇〇年時点で帰化した人は一人だけである。他はすべて韓国籍か朝鮮籍である。日本人と結婚した人だけが帰化している事実は示唆的である。帰化をする契機がそこに表れている。同じ状況はW5の実家にも見られた。H家から嫁いだ彼女の実の弟は帰化者と結婚し、その後、父の死を契機に自分自身も帰化した。ただし、日本人・日本籍者と結婚したすべての人が帰化しているわけではない。帰化に至る要因連関は、別途考察される必要があるだろう。いずれにせよ、世代が下るにつれて、職業、居住地、配偶者選択など、社会的属性のさまざまな面で多様性が増してきている。今後この傾向はさらに加速するであろう。

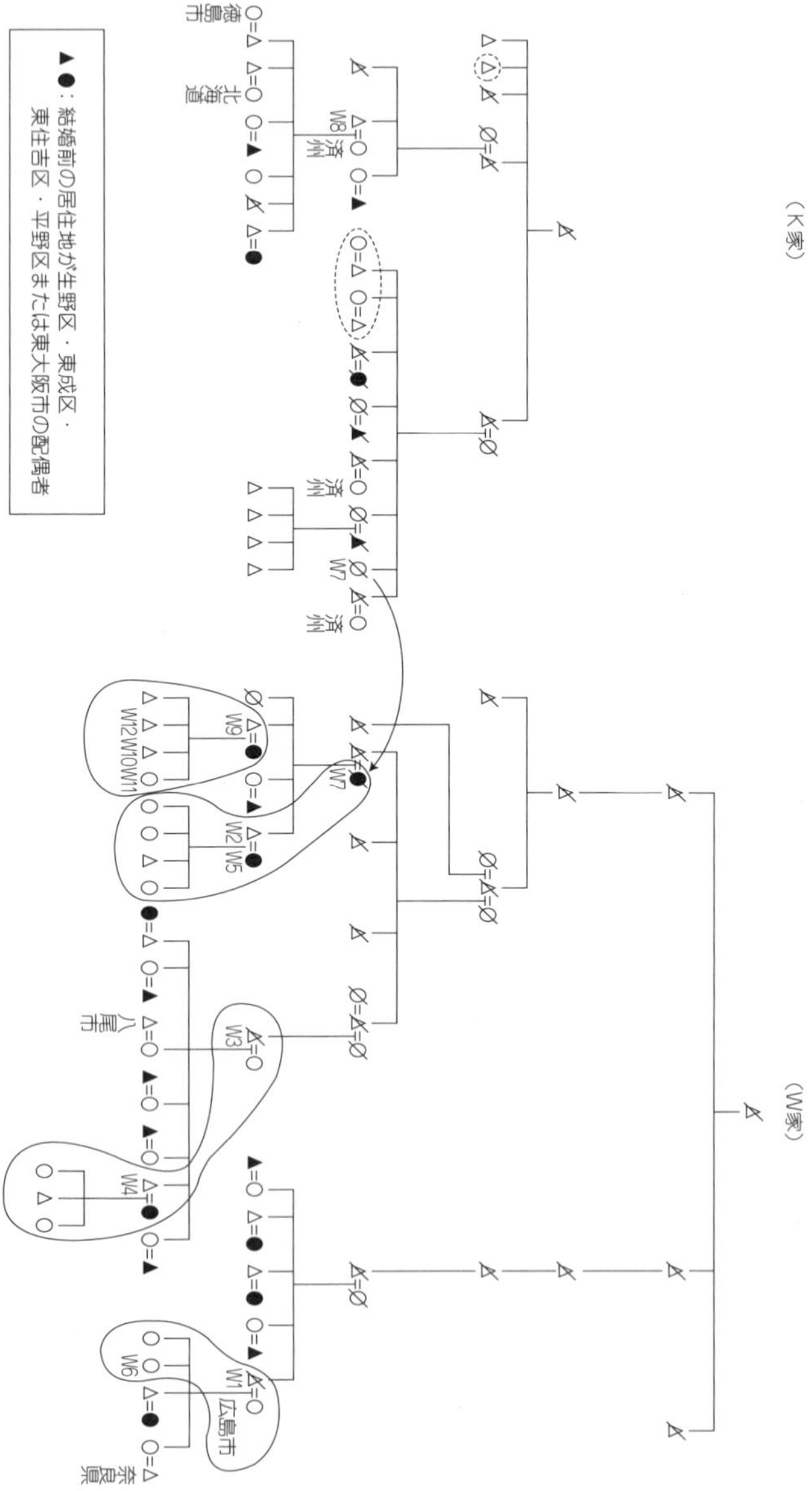
（K家）
（W家）
徳島市
北海道
済州
W1
W2
W3
W4
W5
W6
W7
W8
W9
W10
W11
W12
八尾市
広島市
奈良県
▲●：結婚前の居住地が生野区・東成区・東住吉区・平野区または東大阪市の配偶者

図6-4　通婚圏

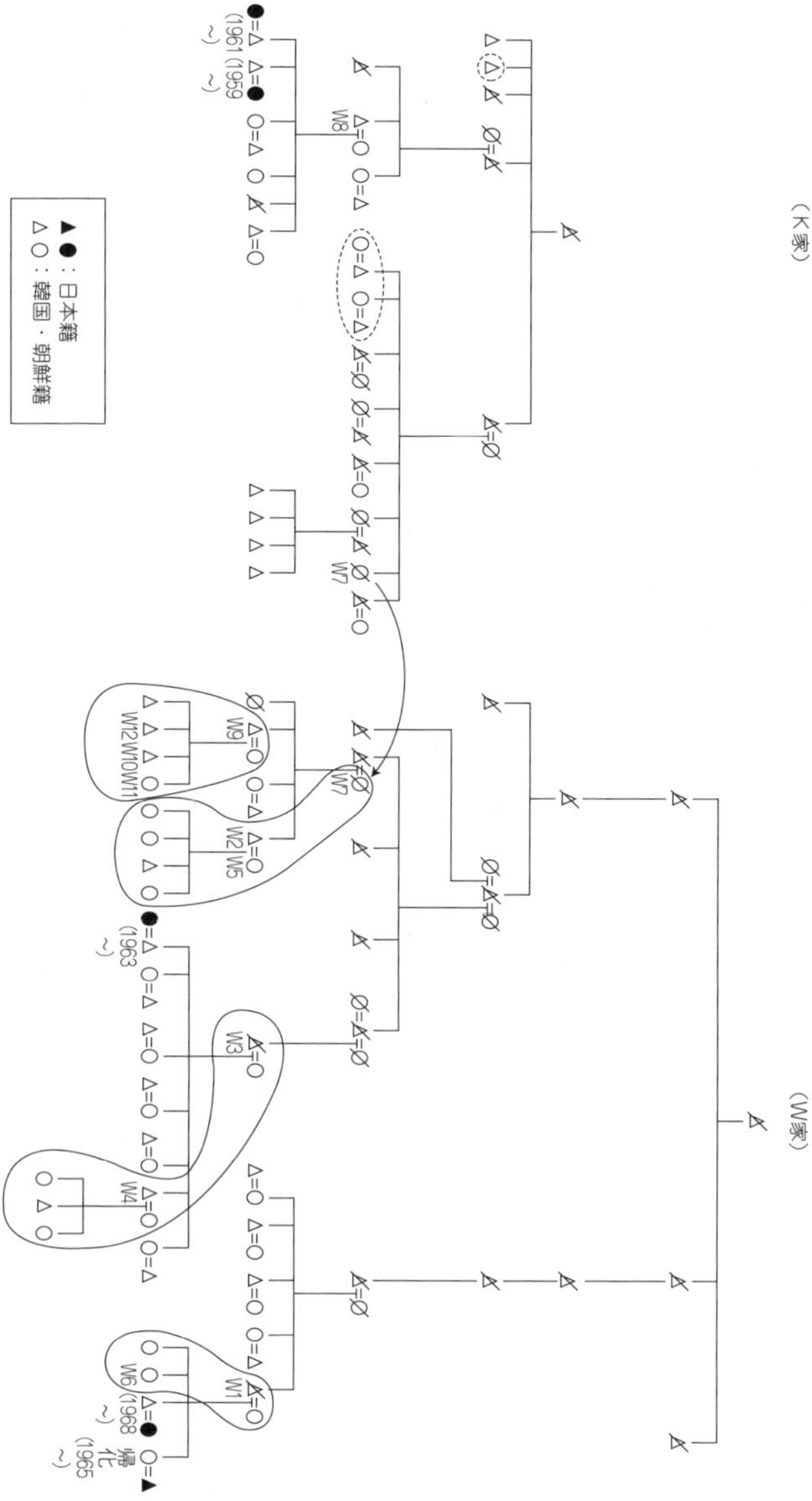
（K家）
（W家）
▲●：日本籍
△○：韓国・朝鮮籍
W1
W2
W3
W4
W5
W6
W7
W8
W9
W10
W11
W12
(1961～)
(1959～)
(1963～)
(1968～)
(1965～)
帰化

図6－5　配偶者の国籍

第7章　在日四世代の口述史

第1節　戦前移住世代の生活史

(1) W3のプロフィール

私は直系でね。長男の筋なんです。私は主〔宗孫〕やからね、向こう〔郷里済州島〕に朝鮮の墓があるから、それの守りをせにゃならんわけやね。

これが、W3（男）の生活史の語り出しであった。こちらから尋ねたわけではない。一九二七（昭和二）年六月、済州島吾羅里に生まれた彼は、「済州島三姓始祖」に淵源をもつ宗家の長男、すなわち「宗孫」である。彼の生活史において宗孫であることの意味が決して小さくないことを、このような話しの切り出し方で私たちに伝えようとしたものと察せられる。一九三七年に十一歳で来阪し、一九九六年に六十九歳で病死するまでの約六十年間を町工場の職人として生き、現役のまま生涯を終えたこの人の生活史を紹介したい。

私たちが大阪市生野区のW3の工場を訪ねたのは、亡くなる三年前の一九九三年十月三十一日のことであった。勤めていたゴム工場を退職して中古の建物を買い、印刷用ゴムローラーの加工を自営で始めて、すでに二十年以上が経っている。一階が工場で二階が住居という、生野界隈ではどこにでもある、いわゆる併合住宅に、家族と少し離れて一人暮らしをしていた。長男（本章第3節に登場するW4）が同じ生野区に新工場を建てて父の事業を継承している。W3自身は、その分工場で悠々自適の「隠居仕事」をしている形である。親子いずれの工場にも従業員はいない、二人だけの家族経営である。

国籍は韓国籍。一九六五年の日韓条約で新たに設けられた法的地位である「協定永住」（「一般永住」よりも条件が有利）の資格を取得した際に国籍を変更した。変更の理由は、氏には頻繁に郷里との間を往復しなければならない宗家としての「義務」があったにもかかわらず、朝鮮籍ではそれが果たせなかったからである。日本籍に変える意志はない。

通名（日本名）も持っており、昔は通名を使うことの方が多かったが、息子に事業の権利を譲ってしまった今ではほとんど使う用事がないという。ただ、スクリプトの編集段階では省いたが、W3は「朝鮮語を知らない日本人には本名を正しく読んでもらえないから、むしろ通名を使う方が相手に親切だ」という考え方を述べている。口述史におけるW3の通名を仮に「山田」としよう。

十一歳まで済州島で育ったこともあって、朝鮮語が、会話のみならず読み書きにおいても堪能である。日本語はいうまでもない。また、漢字の知識が豊富であるが、それは系譜関係を族譜から読み解かなければならない宗孫の役割と不可分と思われる。

W3にきょうだいはいない。また、W3には父仁生の思い出がほとんどない。父（一九〇二年済州島生まれ）は、W3が母（一九〇三年済州島生まれ）のお腹にいる頃はすでに大阪に来ており、やがて別所帯をもって、そのまま一九三六年に大阪で他界した。実母もその二年前に済州島で亡くなっている。ともに若死であった。母の死後、W

3は父方の曾祖父と済州島で暮らしていたが、一九三七年、大阪にいた親戚（父方の亡祖父の後妻）に呼ばれて来阪した。W3の父は男五人兄弟の長男で、W3の生活史にはこれら叔父たちがたびたび登場する。

来阪後の地域移動と職業移動については、氏自身に語ってもらうことにしよう。ここでは氏の生殖家族を紹介しておくと、結婚は一九五〇（昭和二五）年。相手は一九二九年、済州島老衡里生まれの戦前移住世代である。ちなみに、同世代の在日済州島人に吾羅里や老衡里の出身者は特に珍しくない（第2節に登場する従兄弟W2の母親の出身地、道頭里の地名も、ここに連ねることができる）。W3の妻は、氏が現在の大阪市平野区に住んでいた時の近所の人である。W3夫妻には二男五女がいる。その全員が、現在、生野区とその隣接区に住んでいる。前章で概観したように、一般に大阪に住む在日朝鮮人の家族の居住分布の特徴として「近接集住」をあげることができるが、W3の家族もその一つである。なお、以下の口述史で用いられる〔　〕等の括り符号の意味は、本書八〇ページで説明しているので、そちらを参照していただきたい。

（2）旋盤工になる

私は三世？

私、ほんとは一世じゃなくて三世なんですよ。私のお祖父さんが元々こっちにおったんです。（祖父は）昔の学者やったんやね。学者っていうとややこしいんやけど、向こうでは薬局という言い方なんやね。漢文ができた人には薬局もできるんですよ、そこでは。こっちでまぁ一年かそこらはおったんでしょう。向こうへ帰って死んだんや。父親は（大阪へ）来てからここで亡くなったんです。で、そのお祖父さんの二号さん〔後妻。口述史では「まま婆さん」とも呼んでいる〕やね、それがここにおったから、それが（私を）呼んでくれたんや。

父親は私が生まれる前に日本に来ておるわけやね。済州島で何をしていたかはわかりません。何もしてなかったんやろ。百姓の手伝いか、そんなところでしょう。

お祖父さん〔永鶴〕の弟にあたる人〔父から見たら叔父〕が、その当時の留学生っていうことで日本に来て、その当時の（抗日）独立運動でだいぶん力を入れとったらしい。それで生活費が足りなくって……。下宿生活っていうのはそこでメシ食うて月にナンボでしょう。それを払うと金がなくなって、金欲しさにうちの親父に日本に来いと（呼び寄せた）。だから、うちの親父、（母と）結婚してから一カ月一緒に暮らしてないわけや。証明書〔渡航証明書か〕が送られてきたから慌ててこっちへ来てみたら、結局、洋服屋へ住込みでバーンと放り込まれて、そこから金抜かれてね……。まぁ、昔の親父の時代やったらね、なんぼ年が下でも（叔父が甥を従える）権利あったんです。それが儒教なんです。うちの親父はここへ来て十年ほど暮らしたけれども、結局、死んですぐあと（遺骨は）国へ帰ってしまった。

〔昭和一二年八月、亡祖父の後妻に呼ばれて来阪する。〕十一歳の時やね、日本に来たのは。「大阪市東成区南中道〇〇番地」。これは完全に覚えとるわ。未だにそれ忘れてへん。暗記しとかへんかったら「お前、どこ行きや？」って言われて、向こうの言葉〔朝鮮語〕ではっきり言われんと、来れんかった〔朝鮮を出る時、内地の行き先を番地まで暗誦させられたのである――その後、祖父の後妻と暮らした約二年半の生活史は、あまり語りたくない様子であった。〕

戦前の見習期

〔昭和一五年二月一日（かぞえ十四歳）から空襲が激しくなる昭和一九年秋頃まで、此花区高見町の鉄工所に住み込む。〕

こいつは勉強もしないし、連れてって商売さしっていうことで、ここへまぁ住込みで放り込まれた。山高鉄工所っていう鉄工所ですよ。叔父の山田〔父の弟でW2の父〕と、高井という日本人が共同でやってたわけやね。昔の呉海軍造船所の下請やっとった。潜水艦とか、そういうものの大砲の砲身とかね。砲身を削るんじゃなくて、そけやね。

の附属部品やね。小さい旋盤でバーッとやっていくんや。だからまぁ軍需工場やね。まぁ軍需工場いうたかて町工場やから、軍需工場の下請やね。従業員？　高井兄弟とうちの叔父さんと私と森岡いうのがおったわな。五人やね。わし、十四の時握った（旋盤の）ハンドルまだ放してない〔笑〕。昔は鉄モノ削ってたけど、今はゴム削ってるわ

一つだけ一番アホらしかったんは、こういうの漫画にもならんと思うけど、あのね、シリンダーを挽いたんですよね。荒挽きをしたんやな。百個荒挽きして、住友製鋼所へ納品したわけや。そしたら、うちの叔父さん〔経営者の山田〕が「行って番号打ってこい」言うわけや〔百個のシリンダーに通番を刻むこと〕。で、行ったらねぇ、この係長になるんか課長になるんか、まぁかなり上の人。それが「坊主、ちょっと来い」。あの頃は人の名前呼びませんよ。「おーい坊主、ちょっと来い」。これですよね。そして便箋に〔番号の打ち方を〕書いてくれる。これ、みんなで百個ある。1から2、3、4っていって、10入れる。あとは同じように「10～20」と、こうしとる〔メモに書いてある〕わけやね。で、「20～30」としとるわけやね。でも「10～20」やったら、一個余分にいるわけやね。わし、全部その通り〔メモ通りに〕打ってしもたけど、数が足らんわけや。帰ったら何か言われるわと思いながら、まぁ、帰ってしもたわけやね。

そしたら電話かかってきて、「この番号の打ち方、なんじゃ！」いうて、文句言うてきた。「打ち方悪い」と。親父〔叔父のこと〕にしてみたら「あのガキゃ、アホとちゃうか」言うとるわけや。「これなんや、お前！　数が足りんの当り前やろ」。で、うちの親父さんがその時一発、横っ面バーンといきおったけど――あの時分はとにかく横っ面張られるのはしょっちゅうやから――わし、まだ（メモを）大事にたたんでポケット入れとったわけや。ポケットからそれ出して「そない言うたってしゃあないやろ。これ見てみぃ」。ほんで、ぱあっと見て「あぁ、なるほどそうや」。で、〔叔父が〕その工場へ行って、係長か課長かしらんけどそれを呼んでね、言うたったんやな。「坊主にこういうの〔メモ〕持たすからこうなった。こういうことしたったら、そら、この通りなるわ」って。

（叔父が）「これ、どうしたらええか」って言うから、「そんなもん、なんぼでも消せるがな」。「どないして消すねん？」言うから、「俺、行って消したるわ。ハンマーの丸い方で叩いてね、全部消しますわ。ほんでこの上へね、もういっぺん打ち直したらええにゃんか」。それを（聞いて）またうちの親父さん、えらい怒っとった。「お前、そこまで知恵あるんやったら、はじめからわかって〔わざと〕やったんか」。「いや、そうじゃない。こう（メモに）書いてあって、これはおかしいなとは思うたけんども、あの人はそれ書いてくれてるから、その通り打たな怒られるやろ。わし、それやりながらね、こういうことを考えとった。1番から10番は他のとこへ持って行って、次の10番から20番はまた別のとこへ持って行ってと、そういうことなのか」と。ま、こういう考え方もできないわけではなかったわけやね。だからねぇ、坊主の時は、昔は何かにつけて横っ面張られるのはしょっちゅうでしたよ。

（見習工が叱られる場合）朝鮮人とかそういうのは関係ない。そら、関係ない。ただね、それが仮りに朝鮮人であったら、ひと言くっつくわけ。「この朝鮮！」とまぁ、こうなるやん。しゃあないっすよね、僕らの場合は。ま、小さい時に来て、それに馴れてしもうたから、まぁどうせ言われるやっていう。

技術を盗む

山高鉄工所にも（他の工場でも）日本人はいました。しかし一般的にね、一つの固まりの中に入れば「あいつ朝鮮やぞ」と、「そいつ除けとけ」と、こういう言い方、あったんです。ありました。だけども、まぁいうたらものの正確さとかね、技術とか、そういうものでバーンとやった時には合格ですよ。

東洋工作所いうて、これが山高鉄工所の親会社やけど、呉海軍工廠の下請工場なんですね。大きな会社ですわ。十三《じゅうそう》〔淀川区〕にあった。そこに沢田いう人がおって、その人が私を認めてくれて、呉海軍工廠まで一緒に連れて行ってくれたんやね。呉海軍工廠に研修に行ったのは僕だけでしょう、あの当時。三日で帰ってきたから、研修いうより見学ですわな。でも、そらありがたかったですよ。

そこで見た一つだけ面白い話。海軍基地を建設すんのに、あっちこっち方向変えてね、水平を測っとるわけやね。水平いうたら、わかるでしょう、高さを測る。一斗缶の下に穴あけて、そこからホース通しとるわけや。そのホースの先にガラスのパイプが付いとる。それをずうっと持って行ってね、印を付けていく。これねぇ、〔戦後になって〕うちの工場でわしがいっぺんやったんやけど、みんなびっくりしとったね。それ見て、みんな「あいつ、何しとんにゃろ」って。これが〔連中の反応としては〕関の山やったね。やっぱ人間には目の力っていうんですか、見てね、それを頭の中に刻んでおくっていうことがどれだけ難しいか。みんな同じように見とるもんやけどねぇ、大概やったら「あれ、何しとんねん」（でおしまい）や。ただまぁボーと見てるだけ。私、海軍工廠で初めて見たんですよ、ああいうやり方は。今はね、水平器いうのを買うてきてね、水平を測る。昔はそんなん無いから、だからもう、一カ所にドカンと一斗缶置いて、水入れてやね、私が行った時にそれをやっとったわけやな。で、それ、なんにも訊きもしないですよ。あぁ、これやったら〔水平が〕出るはずだ〔と納得した〕。

うちの叔父さん〔親父〕が私に舌巻くいうのはね、じいっと見とったら、明くる日、機械潰してでもそれやるもん。潰れたヤツは修理すればいいんやから。だから、私は教えるという言い方しないんですよ。「盗む」っていうんですよ。技術というものは、盗んでこそ初めて自分の技術になるんですよ。手とり足とり教えてもろたってすぐ忘れます。「あぁ、あいつ、うまいことやっとるなぁ……」と、じいっと見とってそれを真似して、自分でそれを実験するわけやね。そして、できて初めて一つの快感を味わう。

教育歴

私は勉強してないもん。十一の時ここへ来て、住込みで働かされてるでしょう。勉強する間ないですよね。で、勉強したのはわずか一年間ほどね。夜学校で〔福島区玉川にある第二吉野小学校へ通学〕。ところが、昭和一六年に大東亜戦争が勃発して――その時は「大東亜戦争」いうたんです――、まもなく灯火管制に入ってしもたわけやね。空襲あるから、それで結局、夜学が廃止になってしもた。そやから、小学校四年の勉強しかしてないわけや。朝鮮では（学校は）行ってない。向こうに寺子屋のような「書堂」いうのがあるんやけど、そこへ行けなかったんや。（家でも）七十九歳のおじいさん〔曾祖父〕は勉強教えられんかった。んで、こっちへきて、「あいうえお」から習っていくのに、最初の一年間ほどはとにかく勉強せえちゅうので——おばさん〔祖父の後妻〕の生んだ娘で私と同じ年のがおったわけやな——それの勉強しとるのを横で見て覚えたいうことになるんやな。

それで、夜学校行った時には年が十六になっとったから、お前は小学校二年からやれということでやったけど、まぁ先生も無茶苦茶や。最初に二年のを教えとってやね、これが完全にできるなと思うたら三年に飛ばしおるわけやね。んで、（三年の勉強も完全にできると判断されて）四年に飛ばしてもろた時に灯火管制で学校廃止になったわけや。そいで、その明くる年に学校全部焼けてしもうたわけや、空襲で。

卒業証書もろたん、私だけですよ。卒業証書がなかったら、わし、他の会社へ入ろうと思ても入れへんかったわけや、その当時は。小学校の卒業証書もないのに、どっこも行けないですよ。第二吉野小学校の校長の家、知ってるから、わし押しかけて行ったもんな。その校長先生、学校は焼けてしもうたけんども、証書の用紙を家に持っとったわけや。「お前だけや、そんなこと言うて来るの。しゃあないからこれやる」って。

だから結局ねぇ、（私の）一つのルールはね、自分はこれに努力するんだと。しかし、努力したのに相手が裏切れば〔報いてくれなければ〕、それに対して追及するんです。そういう構えだけは全部できとったわけやね。

（3）軍需景気のころ

工場閉鎖

昭和一九年の秋ごろかなぁ。工場が宿替えせにゃならんということで、今の八尾市ですね、そこへ疎開したんですよ、工場じたいが。この時に高井さん〔共同経営者〕も、徴用で海軍の軍属に取られたんやね。〔八尾への工場移転と同時に、工場に近い現在の大阪市平野区へ転居。そこに一九六五年頃まで居住。〕で、終戦になってからうちの叔父さん（W2の父）が、「この工場はお前に任す。わしはこれから大阪へ行ってゴム工場をやるんじゃ」と。それで、ゴム鞠工場でだいぶ儲けてたんやけどなぁ……。鉄工所ばっかりやっとったから、化学薬品の恐ろしさをあんまり知らなんだか……。昔、一斗入るガラス瓶があるんですね。それに硫酸をいっぱい詰めたのを抱いて三輪オートバイのサイドカーに乗ったわけやね。それを運転しとったのが、W2〔第2節〕のお母さんの妹婿やったけれど、これが運転しとって、路地から出てくるのと、進駐軍のジープがバーッと出てくるのが一緒やったんやね。急にハンドル切ったもんやから、スッテンとこけた。それで硫酸の瓶が割れて体に全部かかってしもた。全身火傷やね。入院してたんやけど、そのまま亡くなって〔この事故のことは次節のW2の生活史でさらに詳しく語られる〕。

だからその工場、わしらが引き継いでずっとやっとる形やったんや。でも、途中で高井さんが自分は別れるから機械を出せっていうから、その時、わしの采配で全部やってしもうた。機械三台あったやつ、（高井さんに）二台やったんかな。あとの機械は売り飛ばして、わしの小遣いにしてしもうたけどね〔これで八尾の工場は閉鎖。その後すぐに平野の自宅の裏手に作業場を作る〕。

鉄砲玉

昭和二六年から二七年ごろに「鉄砲玉」ちゅう仕事がものすごあったんですよ。それ何かいうたら、ちょうど小指くらいのもんやが、直径が一〇ミリでね、長さが二五ミリからそんなもんですね。その先を尖らして、ケツへ羽を付けるわけやね。それが一トン爆弾に一万個詰まるわけや。そして、二千メートルほどの上空でそれをバーンと破裂さすわけや。その子がバーッと雨みたいに落ちる。そうすっと、（普通の）鉄砲玉いうたら鉄兜に当たったらピーンとはねてしまうわけね。あれは、はねないんです。上から回転して下りて来とるから。まぁ二千メートル上空からブーンと降りてくるでしょう。で、当たった時に焼けるわけやね、その回転で。みんな貫通する。

朝鮮動乱あったでしょう。あの当時に爆弾でものすごやられとるわけやね。その時の品物はドイツで作った品物や。ドイツでものすご生産されたものが朝鮮動乱の時に使われとるわけや。その予備分を日本で作った。これねぇ、一個につき三〇銭ですね、当時で。んで、富士精工とか、ああいう人きな会社で機械一台で、まぁ七百個から八百個くらいしか削れんわけです。何とかもっと速く削る方法ないかということで私に相談に来たから、よし、わしが知恵絞ったろというので、それやったんがねぇ、一日三千個から四千個近く上がったんです。それだけ上がる段取りが私には組めたんです。

（相談に来た）親父というのが、私のお祖父さんの二号さんの弟であったわけね。「これ、一日お前なんぼできる?」っていうから、「まぁ一日三千個はやる段取りにせな、商売ならんのちゃうか」と、こういう言い方したわけ。「そんなバカなことあるかい。そんなもん上がらへん。親会社が一日七百から八百、それ、しよるとこ見せたるから」言うから、連れて行ってもうたんですね。そしたら、そんなもん鉄工所やなくって居眠りしとるわけやな、ほとんど。回転が遅すぎるわけや。

「お前は一日三千個〔機械一台当り〕できるいうにゃったら、それだけの段取りできたら、四台として一万二千個や。だけど、まぁこれは一日一万個と見よう」と。その当時、電気事情がものすご悪かったんですよね。一日電気来たら、明くる日は一日停電ですよ。だから、確実には仕事できないわけや。だけども、昼夜交替すれば、一日正味作れる。それで結局、一日一万個という風に〔見積もって〕、一カ月二八万個やってくれと。「その残りはお前が、まぁ自分で請求して収入にしたらよろしい」と。一日一万個の受け取りだけははっきりしとって。こりゃ魅力あったわね。「一〇銭やる」言うた。一日一万個やって一〇銭やったらナンボになる。その当時ねぇ、結婚しとる工場長クラスで、まぁ七千円かそこらでしょう、月にね。それが、私が段取りしたら、一日四千個上がったわけや。

そしたら、その親父がわしにソッポ向いてしもたわけ。わしがまだ若かったから、「お前よりもっと技術のええ奴がおる」、そういう考え方や。私、その時二十六歳。結局、わしがその工場を出てしもたんや。出てしもたらねぇ、暫くしてもういっぺん来てくれんかっちゅう誘いがあったけんども、それだけ人をこき使うて騙すような人間に、わし、腕貸す気ない。で、行かなんだんですね。

儒教の一番いけないところは、わしはお前らの叔母であると。叔父さんの嫁さんやから叔母であるとね。それでとにかくがむしゃらを言うてくるわけやね。で、なんでも自分の言う方が正しいと。これが儒教の一番いけないところ。私、あくまで儒教のあと継いで、いろいろ〔済州島にある一族の墓地の整備など〕やっとるけれども、ま、一番困るのはこれですよね。自分より年下でも自分の叔父さんであれば、その人間の言うこと絶対服従やね。これが儒教精神ちゅう……。

(4) 昭和三〇年代

ゴム職人へ転身

〔「鉄砲玉」のあと昭和三二、三年頃まで、生野区の同胞の鉄工所を何軒か渡り歩き、最後は在日朝鮮人が経営するダイハツ自動車の下請工場に勤めた。そして、この工場が生野区猪飼野から同区巽町へ移転するのを契機に退職し、同区田島町の檜原製作所（仮名）へ再就職。〕あんまり遠いからわし、もう行かんとなった時に、近くにおった顔見知りの檜原の親父がやね、うち来てちょっと苦労してくれへんかいうことで。ほんとに苦労だけしたわ、向こう行って……。

〔これは在日朝鮮人が経営するゴムロールの加工工場。W３は鉄工の経験を活かして、職場における技術指導の第一人者の座についた。〕

そこに私が三十から三十七、八までおったんかな〔だいたい昭和三二、三年頃から四〇年頃まで〕。そこには技術者がいなかったんですね。僕もゴムの技術いうのは初めてやった。ゴムを削るというのは初めてやった。いろいろ考えて、私、そこで砥石で削る技術を生み出したっていうのかね。グラインダーね、それで研磨するというのは知っとったから。それでね、東洋ゴム〔親会社〕から太鼓判押されたわけです。この人間のやること、日本一やと、はっきり言われとったんですよ。

職場での肩書はなかった。ただ技術を指導する。この人間はこれ専属に育てていきたい。その人間の気性からして、その手のこなし方からして、この仕事にマッチするから、こっちへ回す。だから（自分の指導や人員配置の仕方に）横からごちゃごちゃ言うなよと。最初は三、四人でゴロゴロやっとったけんども、仕事がどんどん増えてきたんですよね。その工場は場所も広かったから、機械を増やして、技術を仕込んでやっとったら、結局、人数が三十人を越えたかなぁ。日本人の方が多かったでしょう。やはりこのへん朝鮮人が多いっていっても、（絶対数では）日本人の方が多いですよ。

社長の帰化

経営者が朝鮮人でね。それが日本名「檜原」としてやっとったが、東洋ゴムが――「日本の東洋ゴム」いうて、大きな看板もっとるわけやね――そこの連中が、なんとか帰化せえと。朝鮮籍を日本籍にせえということやね、その檜原に対して。結局、帰化しよったわけやね。帰化した時に、わし「帰化することに対してはとやかくは言わんのやけど、帰化する動機は何か?」と、問い詰めたっていうたらおかしいけど、まぁ聞いたんですね。そしたら「あのな、子どもが学校行くようになったらな、父兄会いうてな、親が行くことあるやろう。で、うちのやつ〔妻〕、学校でいっつも寂しい思いして帰ってくるんやと。恥ずかしい思いして帰ってくるんやと。みな、着物姿で行くと。ところが、自分とこは洋服で行くと」。結局、自分が恥ずかしいから日本に帰化したと、わしに言うたからね、「よそ行って、そういう馬鹿なこと言うなよ。言うんやったら、事業を伸ばすためとか、何かひとつの目的を言え。自分の目標を言え」。親父とちょっともめたわけね。

私の最高記録をいうとね、一二五日目に休んだっちゅうのがこれやね。それまで日曜日も休んでないわけや。それで、ひと月の残業が一八〇時間。これが最高の残業時間やね。一八〇時間を三〇日で割ってみなさい。六時間やねぇ、平均して。しかし、日曜日なんか残業やらんから、ほな、間の日は何時までやっとるかっていったら二時、三時ですよ。そこまでやって、わしが間に合わせて、とにかくその工場を盛り上げたわけや。

ところが、帰化でもめてから、ちょっと違うた目で見だしたわけよ、その親父が。そこにおった事務員というのが、進藤ちゅう人間〔日本人〕おったんやけども、それがね、韓国人を差別っていうんかな、やりだしとるんですよ、すでに。檜原の番頭さんやね。

私が言うたのは、大阪でこうしてやるよりも、伸びようと思うたら東京へ出なダメやと。そう私が言うた時に、檜原の親父が神奈川の土地を買うたわけね。で、そこへ工場を建てにかかったわけや。最初、この親父が言うたことは、「さぁ、山田に東京の方へ行ってもらわなアカンなぁ」。当然、わしは行くつもりでおった。（ところが後になって）この番頭が何を言うたかいうたら、「神奈川の工場やるのは韓国人ではダメだ」。これをバーンと言いだしたわけや。

で、わし、それやったらお前の言うこと聞かんと。あいつ示談しよったけど、わしが聞かへんかったらどないもしゃあないわけや。あいつがやり出したこと、全部パーになってしもた〔詳細は不明だが、W3が進出事業から手を引いたことによって、計画が頓挫し、進藤は責任を取って退職したという〕。

交通事故

そいつがいなくなった後でやね、私、夏に交通事故ではねられて新大阪病院へ入院したわけや。バーンとはねられて頭打ったから、失神してもうとるわけやね。ものいうても返事もない。

（時間を遡るが）はねられる前の年に労働組合ができとる。で、その時にわしは全然知らんかった。できてから、みんな急にワーと騒ぎ出したわけ。夏の手当てなんぼくれちゅうようなことを言い出したわけやね。「お前ら、アホか」言うて。「いったいなんぼ欲しいねん」。「絶対一〇日分欲しい」。「バカヤロ。とうにわしが決めてあんねん。お前らな、ゴチャゴチャ言わんとみんな辞めて出ていけ。仕事、ここで教えたの誰や。お前ら、いったい誰に文句いうとるんや。お前ら、銭が欲しけりゃなぁ、とにかく一生懸命やって、わしを追い抜いたら、なんぼでも給料上げてやろうやないか。何もお前らの給料、わしが取っとるわけでもないし、ワァワァ騒いだところで檜原が小そうなるだけで、お前らに何の得、あんねん」いうて、その時にわし、この労働組合を完全に潰してしもうたわけやね。

そして、その明くる年に交通事故でケガしたもんやから、去年の夏のようにまたごちゃごちゃ騒ぐんやないやろかっちゅうことで、わしまぁ一五日で退院してしもたわけや。んで、工場帰ってきてみたら、私の使うとった道具が一つもないわけやね。「山田は死ぬ」ということで、みんなわしの使うとった道具、持って行ってしもうたわけや。結局、使いやすいから、みんな持ってってとる。

「これからわし、一時間ほど事務所行ってへたって〔休んで〕くるから、その間に道具だけは返しとけよ」と、これだけ言うといてね、事務所で座っとったわけや。そしたら親父が工場行って何を言うたかいうたら、「山田、もういかんわ。あいつもう座ったまま動きよらへん」と、こない言うたわけやね。そしたら、わしが現場へ入った時に「山田さん、あんまりそんなワァワァやることないんちゃう？　親父がこんなこと言うとるぞ」。「ふうん、そうか。よしわかった。お前ら、しっかりやれよ」。わし、帽子とって白線ババッとはずして〔白線は技術指導の最高責任者の地位を表すものと思われる〕、「親父、これ〔白線〕くれてやるからな、そこへ退職金全部出せ」と。目の前でその計算させたんや。こんな奴やと思たら、わしもう絶対アカンのやなぁ、きかんのですよね。

で、すぐにうちへ帰って、〔工場を開く〕段取りしたわけやな。退職金全部で二十万あったんかな。それをもって帰って、んでまぁ、子どもの名前でわしまぁ、生まれた月から、月に二百円とか三百円とか、ずっと貯金しとったわけやね。それが約四十万ほどあったわけや。ああいう細こう貯めるちゅうのは大っきいですよ。その子どもの金を借りるつもりで全部引き出して、んで、工場をやり出した。

（5）昭和四〇年代

独　立

〔一九六五（昭和四〇）年頃、生野区田島で開業。工場は、W7（従兄弟W2の母親）の妹の夫の友だちが、ミシンの焼付塗装を営んで失敗して遊ばせていた五十坪の工場を、最初は月五万円で借り、後に五〇〇万円の手形で買い取った。W3は以後死ぬまでの三十年間をこの工場付きの家で暮らすことになる。従業員は最も多い時で一〇人。大半は日本人であった。〕

（最初は）計算機の部品をやり出したけれども、檜原の親父が自分とこの仕事をやれ、やってくれっていうから、そこの仕事を今度は下請でやり出したらね、よそのを除けて、そこのだけで月二〇万越えたわけや。そうした時に、この親父がね、「山田さん、いま六〇円でやっとるやつ、ちょっと負けてくれへんか」とこうなったんや。「おい、それはお前、自分で決めた単価ちゃうんか」。「そやけどなぁ、ほんに頼むわ」。工場の応接間で話しとったから、「ちょっと待て」言うてパッと出て事務所入ってね、「おい平野、あれ、何ぼでやっとるんや」言うて。「一個五〇〇円でやっとるんや」。で、工場へ戻ってきてね、「お前は何かい、五〇〇円も貰うとるやつ、ええ！　六〇円出すのがそんなに惜しいのんかい。アホらしから、お前らの仕事二度とやらんわ」。「誰に聞いたんや？」。「この工場でわしに隠せる人間が誰がおんねん。おるいうたら、テメエくらいのもんやろ、アホが」。で、ボロクソに言うて帰ってしもうたわけやね。それからは、そこの仕事はやりもしないわけや。

あの親父は、そらひどかったね。七十何ぼの（同胞の）おっさん使うて、（W3の工場の）従業員全部止めおったこともある〔従業員が出勤するのを妨害した〕。「もうアソコへ仕事行くな」言うて。そのおっさんを一人の人間が捕まえてくれたんや。（捕まえてみると）その男は（韓国から）密入国して三年ほど暮らしてる奴や。もうヨボヨボやねん。で、檜原に「これどうするか。詫状書け」言うたら、詫状書きよらへんにゃ。ほな（警察へ）このまま渡すか。しかし、渡してしもうたら、私もこの辺にいられへんのですよね。多くの朝鮮人の中でやね、密入国するもんを、まぁ（縄で）括ってしもうたという看板が立ってしまうわけやね。「よし、ええわ。そのかわり、わし、死ぬまでこれ忘れへんからな」言うて、結局その本人は帰らした。

立ち退き

〔一九七〇年に開催された「大阪万博」は、六〇年代後半、大阪の経済を活性化させる大きな原動力となった。万博のインフラ整備のために計画された「中央環状線」の建設は、その一つである。この時、平野区のW3の自宅一帯が環状線のルートにあたり、立退き問題が起こった。六〇年代半ば、W3がちょうど檜原製作所をやめて生野区田島に工場を開いた直後のことで、まだ平野に家族が住んでいた。この立退きに際しても、持ち前の行動力を発揮し、大阪府と直接掛けあって一二〇万円の補償金を獲得するのであるが、紙幅の都合で、この時のエピソードは割愛しなければならない。〕

頼母子

立退きの一二〇万出てから、まだそれでも金が足らなんだ〔工場の資金繰り〕。その時に檜原の兄きがおったわけね〔檜原製作所の社長の兄〕。この近くで電気工場やっとる。それが「うちの頼母子に入れ。必ず金が出るようにしたるから」と。檜原のとこで働いている時から（私を）認めてくれとるから、兄きがそれだけのことやってくれる。あの時十万の頼母子で二〇人くらいおった。みんな朝鮮の人たち。これを最初にボーンと落としたら、利子を半分引くんだな。んで、あとは一〇万にその利子を上乗せして返す。二四カ月やったかな。あれはありがたかった、あれは。

親会社

親会社との付き合いは長いですよ。一番長いのは「原田ローラー」いうて、これはね、今、月に二七〇万ほど売り上げあるんやけど——。親会社が芯の上にゴムを巻いてゴムロールを作る。最初、ゴムを巻いたのはネチャネチャですよね。それを蒸したら今度はカチカチになるんです。それをうちへもってきて、うちできれいに表面を削るわけやな。（取り引きしている）親会社は、今はもう百パーセント日本人の会社やね。もううちの同国人でアレやってるっていうのは……。

原田ローラーはなんせね、先代の社長から、わしはものすご可愛がられとったから。あるとき、うちの運転手が（原田ローラーへ行って）トラックの上の物取るのに、（床の上にあった）製品のゴムロールの上にパッと上がって、それしとったわけや。ゴムロールは大事な品物やわねぇ。そしたら、そこの社長が「お前な、それはまんまの種やぞ。その上、なぜ乗ったか」。これ、言われたんやね。んでまぁ、帰ってきてから（私に言うには）あの社長、変わっとるわ、こうこうやと。（そこで私は）「そやろ。今ごろの教育では教えんやろ。昔、水戸黄門がな、米俵に腰かけた。それで、その農家のおばあさんが出てきてやね、柄杓でお尻叩いたというそのまぁ教育があるんや。あの米俵は献上物やったんやな。将軍さまに献上する米俵に腰掛けたわけやな。それで、その柄杓でお尻を叩いた。だから、まんまの種には足を掛けてはダメだ」と（運転手を諭した）。（これを運転手が）「うちの親父もここの社長も、同じこと考えてるわ」とまぁ、いろんな付き合いの中で言うてしもうたわけやね。それが伝わりに伝わって、結局、社長の耳に入ったわけや。で、ある時わしが（原田ローラーへ）行った時に、社長が「あ、山田さん、ちょっと入って」。「なんですか」。社長室入ったら、ほんまにもう立派な（部屋だ）。こっちは仕事着で行っとるわけやね。「まぁ掛けよう」。んで、「そういう話を聞いた」と。「こういうことは、これからの若いもんにはどんどん教えていかなアカン」と、あの社長が言うて。それからやねぇ、何かあるたんびに呼び出されるわけやね。「こういうことはどうしたらええか」。今度は事業の問題になってきてねぇ。社長から可愛がられて……。

せやから人間、国籍は関係ないですよ。人対人ですよ。そやから、この人にどれだけなじめるか。どれだけ自分の気を許して話ができるかっていうことですよ。

戦前移住世代の帰国志向

（雇った人数は）一番最高は十人おったんやな。でも、経費ばっかりかさんでしもうてどないもならへんわけや。で、一人減らし二人減らして……。（従業員は）日本人が大半や。だいたい朝鮮人ちゅうのは日本人よりは落ち着きがないっていえば、これまぁ正解かもしれへんですね。というのは、日本の人やったら、ここでまぁひとつの永住の夢を描くわけやね。朝鮮人やったら大体はね、わしらの年代やったら、ちょっとラクになったら国へ帰ろうと。そういうのが念頭に働いとるわけやねぇ。そらまぁ、（同胞も）かなり雇ったわね。だけどねぇ、そういう人間は仕事しとっても、結局落ち着きがないんですよ。だから、どうしても技術が身につかないっていう感じやね。だから、いっぺん入れても長続きするのは日本人であって、朝鮮人はすぐ辞めてしまう。

(6) 世代交代

事業継承

息子に事業を任す時、今から五年ほど前やね、「わしもぼちぼち年になってくるし、お前、あとを受けてやるか」、「そら、お父さんの考え方や」、「俺はお前に譲って初めて俺のやった甲斐があるっちゅうもんやからな」、「やってもええよ」。わしもあんまり子どもと対話ないんですよ。しないんです。それで初めてそういうことを言うたんです。

それで税務署に確定申告行って、廃業届をバーンと出してしもうたわけや。で、もう廃業届出したからな、「お父さん、月に何ぼぐらい小遣いほしい」、「そやなぁ、俺の小遣い月に十万くらいくれたらええわ」。そら、今まで月に三十万か四十万使うとったけれど、そんなことやっとったらどないもならん。それで工場新しいとこ求めてね、んでまぁ「お前の好きなように設備せぇ」と。ここ〔元の工場〕はわしの設備やから、わしの自由な動きができるわけやね。どこに何がある、全部わかるわけや。子どもはそれがはっきりわからんわけ。一つの機械でも、子どもは新しい機械がほしいやろう。で、銀行は長年ずうっとわしの名前で口座を組んどったけれども、この三年間ほど、子どもの名前でも口座を組んで動かしとったんやね。だから銀行もやねぇ、それはものすご認めてくれとるわけや。だから「この人間、要求するだけ金出せ」と。八尾にある○○信用金庫いうてね、わしが昔、立退きなるまで取り引きしとった銀行をそのままここへ引っ張ってきたわけやね。そこ入ってから一つも事故ないでしょう。だから、それは認めてくれたわけや。

〔長男は〕大学終わってから、ここでずうっとやっとった。わし、彼を結婚させた時に、これはすぐに譲らなアカンなぁと思たんやけど、最初女の子生まれて、その次、男の子生まれてから、よぉし今がチャンスやなと。まぁ一つの系図ができたからね〔男子直系の系譜ができたという意味〕。

〔現在は、親子二人でひと月の水揚げが四百六十万円。諸経費とローン返済等を差し引いても、順調な経営に見受けられた。〕私は〔年上の言うことに絶対服従というような悪い意味での〕儒教精神を子どもに対してはやりません。そやから、子どもにはちゃんと工場任したある。その下でわしは働く。それが正しいんですね。だから仕事しとっても、ひとつもいやな気がしないわけ。あいつ、やり残したら、わし持ってきてやってしまう。わしにしたら、かえって気が楽なんや。一人で、とにかく工場ン中走り回って、一人で四台くらい動かしてる時ある。

〔息子の家族は新しく工場を建てた時に、その二、三階部分を住居にして住んでいる。W３の妻は息子家族と同居。そこでW３は毎日夕食をとって、元の工場の二階に一人で住んでいる。〕

わし、新しく家を建てて子どもと同居という形をとっとるんですよね。自分の精神自体はそういう風になっとるわけですよ〔精神的には家族と同居している〕。ただ、家というのは空けておくとね、もうボロになんの早いわけや。家を空けておくと、必ず動物が出入りするんですよ。ネズミ、それからちょっと大きなってきてネコとかね、イタチとか、そういうものがしょっちゅう出入りするようになる。そうすると、家がもうボロボロなるんですね。そうなってくると倒れるんです。人が住んどったら倒れないです。

子どもの結婚相手

ここではっきり言うときます。〔息子娘七人に〕孫が今ちょうど二〇人。だから、ひょっとしたら一軒どっか足らんのやないかと。子七人が三人ずつ生んだら二一人やから。〔子どもの家族はみな生野区とその隣接区内に住んでいる〕。あまり遠からずにね、ちょうど中途半端くらいの所におったほうが一番ええんです。何か事のあった時に何とかして行ける、そういう場所ね。それが一番いいと思いますよ。あんまり近くにおったら毎日見るからねぇ、腹がもう丸見えでしょう。あんまり遠かったらねぇ、今度は心配やわね。

うちの国は年に何回か親の法事があるから、その時はもう皆の顔見れる。〔W3の家の法事は年に四回もある。それでも以前よりは減らしたという。この時、子も孫もみんな集まるのである。〕この孫連中がね、お爺さんの膝に座ったら動けへんから困る。だいたい子ども好きやねんね。

〔子どもたちの結婚に際して、配偶者選択を直接規制したことはない。〕それはねぇ、躾とかそういうもんじゃなくって、私の常日頃のやっとる態度そのものが、「あぁ、うちの親父は同じ民族同士でないとダメだ」という意識を作ってきたと思いますよ。だから、長男なんかも「同じ故郷の人と結婚したい」っていうから、「いいよ」と。

ほんで一番末っ子は男の子やけど、これは勝手にとにかく好きになってしもうて。これは日本人やね。で、しゃあないなぁ、いっぺん〔相手の〕親に会うて許しを受けようと行ったら、〔嫁の〕親は全然反対しよるわけやね。「そいじゃあ、どうすんねん。そっちが娘をやれへんちゅうんやったら、わしが息子をくれてやってもいいぞ」。「それもいやや」言うわけやね。そこの家庭は娘が二人。「じゃあ仕方ない。わし、もう帰ります」って、帰ってきたわけやね。んで、彼ら二人、勝手に暮らしながら、子ども二人作ってしまいおったわけや。どうしようもないっすよね。

わしもしゃくだから、いっぺんも行かん〔向こうからも来ない〕。たまたまその孫が、こないだ入院しとったわけやね。その時に行ったら、向こうの親も来とったわけよ。顔合わせて、「あぁ、その節はどうも」で終り。いやもう、とにかくね、ああいう気まずい結果になったらね、あと話しすることないんですよ。

家　紋

私は韓国語は家では使わない。子にも教えないです。みんな日本の学校行かしたから。というのは、こっちで朝鮮学校ちゅうのがあるんやけど、あれは思想が入っとるでしょう、北朝鮮系の。んで、「建国学校」〔大阪市住吉区〕いうて、これは韓国が作ったけれども、これはまぁ一人だけ行かしましたね、高校だけ。（しかし）この子は全然韓国語わからへん。「建国」でも日本語が主やった。朝鮮学校だけはそうやないんです。今でもオモニ、アボジ言うてるもんな。普通の生活でそれをやっとるわけやな。それを建国の方ではやってないんです。そやから、わし、子どもが帰化するちゅう問題でも、もういつでも帰化せぇよって。それだけの体制を今、わし〔私〕、整えてしまったから。

体制いうのは……、家紋というやつね。「この紋所が目に入らぬか！」っていう、それを今、私が作っとるの。作りかけとるんやけどね。それは、自分がW氏の出やけどね、このWという字は象形文字なんですよ〔名字の漢字の形を基に家紋を考案している〕。（その家紋を自分の工場の）帽子のマークにしとるけど、これ、家紋として作っとるのや。韓国に家紋はありません。だから、今は姓はW氏であるけれども、仮りに（子孫が帰化して）「木下」を名乗るというても、この家紋を使えということですね。

帰化は、まぁ子どもがやらんでも、孫の代になったらやるでしょう。そら、仕方ないですよ。ちょっと日本の人口増えるけど、しゃあない〔笑〕。

姓のある喜び

日本におるから、もう国に行ったところでね、うちの賢いまま婆さんがみんな財産売ってしもうたから、行くところがない。じゃあ五代続いた主の孫〔宗孫〕はどうするんか。それはもうわし一代でいいと。私はそう思ってます。だから、私ができるだけ国へ行って、先祖の墓だけは綺麗にして、礼は尽くす。これ、はっきりした話。〔W3はW家先祖代々の墓を、W1やW2たちと協力して郷里に整備した。〕私の名義でね、うちの親から上四代、全部一つの場所にまとめました。しかし、私は行けないっすよね。自分が死んだら、権利は子どもに移るんやから。だから遺言を書いて、わしが死んだら、どこそこへと言うとくとか……。（しかし）これはあんまり酷やね。やっぱり、子どもは子どもなりに自分の将来を考えてますよね。そうした場合に、なるたけ近い所で、いつでも何かあったらとにかく墓参りができるように、という考え方もあるやろし。めったに死んだ親を粗末にする人間はないと思いますよ。だからこれはねぇ、自分で言うのは無理。今、私がやっとるのは先祖を祀っとるだけ。わし、口では喧しく言うんやけど、自分の姓のある喜びっていうのを、みんな知らないって言うんですよ。ほんとにね、自分がこの世に生まれてきたことを喜んどる人間やったら、親をもっと大事にするだろうし、きょうだい喧嘩もなかろうし。ま、小さい時の喧嘩は仕方ないですね。ええ年からげてやね、喧嘩する奴ようけおる。

今月二十三日に国〔済州島〕でお祖父さんの従兄弟が亡くなったんやな。二十四日の日曜日の朝七時半ごろ電話がかかってきて、おじいさんが亡くなったっていうから、二十五日に向こうへ行って、二十六日に葬式して、二十七日に帰ってきた。

私、これまで葬式の件で国へ三回行きましたよ。まま婆さんが死んだ時も、わしが行って、全部やった。あの婆さんの血は受けてないけんども、わしが主の孫やから。それから、うちのお祖父さんの弟〔W3の父を日本へ呼んだ「苦学生」）の嫁さんね、あのお婆さんが亡くなった時にも行って。んで、今度で三回目。まぁ予定としてはもう二回行かんならん。まだおるんですよ。せやけど、それはまぁ、向こうが早いか、わしが早いか、わからんくらい。人間ちゅうのは年の順番（通りには）いかんからな。

第2節　戦後世代の生活史

昔、そこ〔W2の親〕の工場にわし、住込みで入っとるから、あいつ生まれた時から知っとる。いっつもあれを守りしとって、わしが怒られもって（守りして）たんやな。だから今ねぇ、従兄弟たくさんおるけんども、あいつがいちばん可愛いわけ。まぁ小さい時から、自分の懐に入れて一緒に大きなったいう感じ……。

これは前節のW3の語りで、「あいつ」とはW2のことである。この二人の従兄弟の間には「肉親の情」が流れていることを感じさせる語りである。

(1)　W2のプロフィール

W2（男）は、一九四〇（昭和一五）年旧暦三月二日、大阪市此花区高見町の生まれ。父――W3の父の十六歳ちがいの弟――は一九一八（大正七）年、済州島吾羅里、母（W7）は一九二一（大正一〇）年、道頭里の生まれで、いずれも「戦前移住世代」の在日朝鮮人である。父は、W3の生活史にも少し触れられていたように、終戦の翌年、W2が六歳の時に二十八歳で事故死した。W2は三人きょうだいの長男で、下に妹一人と弟一人（W9）がいる（もう一人の末妹は一歳で死亡）。それぞれ平野区と生野区の同胞と結婚し、いずれも現在は生野区で所帯を持っている。

調査当時のW2は、大阪市東住吉区の自宅兼工場でカバンのウェルダー加工を夫婦二人で営む自営業主である。妻（W5）は一九四九年、済州島出身の父と日本人の母の間に生まれた「成長期世代」。韓国籍で、生まれも育ちも東住吉区である。子どもは一九七六年生まれの長女を筆頭に一男三女がいる。家族はこれらにW7を加えた七人暮らしである。

W2に最初に生活史のインタビューを行ったのは、一九九三年九月十二日のことであった。「父が早く亡くなったおかげで、あんまりええ思い出がなかったですから、過去はあまり振り返りたくないんやけども……」という出だしで始まった私たちとの対話であったが、結局、その後の二回の補足調査も含めて、インタビューの総時間数は十三時間以上に及んだ。

W2と同じ一九四〇年生まれの元プロ野球選手張本勲は、中学校を卒業した頃の思い出を、「ぼくには他の在日朝鮮人と同じように、夢なんかまったくなかった。ダンプの運転手になるか、極道になるしかなかった」と語っている。当時、就職差別は在日朝鮮人には日常的ともいえるほどありふれたものであった。そのため前途を悲観し、「朝鮮」を否定する若者の態度を「民族虚無主義」といった時代である［梁 1996：92-94］。本節では、張本と同世代のW2が、かかる閉塞状況と格闘した生きざまを垣間見ることができるだろう。

国籍は一九七三年に朝鮮籍から韓国籍へ変更して現在に至っている。また、名前は本名と通名を使い分けているが、一九八〇年代後半から本名を使うことの方が多くなり、現在ではほとんどの社会生活を本名、しかも朝鮮語読みで通している。ただし、家族と仕事と病院では通名を使っている。このことは、これら三つの場所における旧来からの社会関係が現在まで継続していることを意味している。たとえば、W2には三十年以上前からかかりつけの病院があるが、病院で保管されているカルテの氏名を途中で変更することは健康管理上具合が悪い。また、家族・親族は何十年も互いを通名で呼び慣れているために、ちょうど幼なじみの年寄り同士が「ちゃんづけ」で呼び合うような親しみが、その通名には染みついてしまっている。W2の通名を仮りに「山田」とする。

それから、一般に戦前移住世代の両親・祖父母に育てられた戦後世代に、朝鮮語の会話ができる人は少なくない。W2もその一人である。彼の場合は読み書きもできる。一九八〇年代に大阪市内の文化講座で習っている。朝鮮語の勉強にしろ、前述の本名使用にしろ、一九八〇年代はW2にとって意識変革の時代であったことが、彼の語りの中から明らかになるだろう。

(2) 父の死まで

のれん分け

父は十一歳か十二歳の時に〔日本に〕来た、いうこと聞いてます〔父は男ばかり五人兄弟の四男〕。一番の原因は、結局、国でも百姓以外の仕事がないいうことですよね。先にお父さんの一番上の兄さん〔W3の父〕が来られてたんですよ。洋服屋さんの仕上げみたいな仕事をやってたとかいう話を聞いてます。続けて次男、三男も来てたんで、うちの父親も、その年齢なると、やっぱり日本へ来たんですね。お祖父さんも日本へ行ったり来たりしてたんですけどね。

父はいわゆる「ボンサン」いうやつですね。鉄工所に見習工で入って、で、二十一か二十二の時「のれん分け」いう形で独立さしてもらったいうことです。日本人の会社です。ま、その会社自体もそんなに大きな会社じゃなくて、小っさな会社なんですけどね。

〔独立後の父の工場経営は順調であった。〕父は鉄工所の経営です。住友金属の海軍関係の下請で、言うたら戦争に荷担してたんでしょう。海軍ですから、戦争時分でも物資は特別のルートで入ってきたのがあったみたいですね。母親に聞いたら、徴兵逃れでうちの身内が何人かは父親の会社で働いたいう人がおるんです。というのは軍需工場やから、そこの証明書持っておれば〔兵隊に行かずにすむ〕。使ってたのは四人ぐらいかな。母親も機械の前に向かって仕事してた言うてますから。

僕が小っさかった頃、父親が生きてる間は、言うたらあれやけど、まぁ裕福な生活だったと思います。母親の話の断片を聞いてもね、高見町〔大阪市此花区。W2の出生地〕にいてた時なんかでも、向かいの下駄屋さんが僕の下駄履いているの見てて、（下駄の歯が）減ってきたら、ちゃんと誂えてくれたそうです。

僕の記憶では此花区の淀川のほん近所だったんですわ。そこで戦争が激しくなって、あの辺は小っさな町工場がいっぱいあるし、大きな会社も沢山あるしということで空襲に遭いはじめて、和歌山へ疎開したんです。空襲に実際、自分も遭うて経験してるんですけどね。夜になるとね、焼夷弾いうの落ちてきたら花火みたいに綺麗に見えるんですよね。綺麗な花火みたいだなぁと言ったら、大人に怒られた記憶もある。三つ半ぐらいの時でしょうね。電気の傘に黒い布きれ被せたんも憶えてるし。昔の映画やったらガラス窓に紙貼りますね。ああいうの、どこの家庭でもあったし、家の横には必ず防空壕……。

疎開

〔一九四三年、三歳の時に和歌山県日高郡南部町へ疎開し、終戦の夏まで滞在する。〕

白浜のだいぶ手前なんですけどね。そこへは、まずうちの母親のお母さん、それから母親の兄さんの家族、うちの父親の弟の家族。要するに嫁さん、女子どもばっかりですね、四所帯ぐらいが昔の村役場を買ったらしいんですわ。かなり建物大きかったです。自分の記憶ではね、家の前の庭もかなり広いし、裏も広いし、さらにその裏には池があり、その向こうは山。横には川、前は国道四二号線、その前は田圃。田圃の前が鉄道の駅で、それ越したら海。遊ぶのにはもう事欠きませんでしたけども、ただ食糧がやっぱり乏しいもんで、海へ行っては貝とか蟹をね、自分で捕まえてきておやつがわりです。

父親が一カ月にいっぺんないし二カ月にいっぺん、大阪から自転車で二十四時間かけて来るんですね。鉄道が攻撃でズタズタなんで。一番思い出があるのは、一番下の弟〔W9〕がハシカにかかった時に、父親と一緒に一泊で鯉を買いに行ったことです。冬の田圃に水張って鯉飼ってるんですよ。その飼うてる人が「自分でとってくれ」いうことで、父親が胸まで浸かって鯉を捕まえてるのを店の横で見てた記憶もあるし。で、海近いもんやから、父親が釣り道具持って魚釣りに連れて行ってくれて、そこで艦載機の襲撃に遭うて、岩に掘ってあるタコ壺みたいなとこへ逃げ込んだこともあるし。

終戦と父の死

〔終戦後、空襲で被害を受けた此花区の工場を処分し、東成区に移る。そこでW2は高校二年まで住んだ。〕

父親は終戦直後には、鉄工所と電線加工と玩具のゴム鞠製造の会社、三つやってたんですわ。だから、母親に言わしたら疎開では着物も全部米に換えたとかいうこともあったんですけども、終戦後でも、そんなに苦しいことはなかったような気はするんです。従業員は日本人と身内です。終戦直後、日本に住んではった親戚の若い人が働くとこがないいうことで沢山来てましたね。

で、父親が亡くなったとたん、全部ゆうてええぐらい身内に食われたいうたら言葉は悪いんですけども……。会社の経営を身内に全部任しといたんですけど、全部ダメになってしもうて。（父が亡くなった時は）僕が六つです。小学校入った時も、おもちゃのマリを家に買いに来る文房具屋さんが僕を呼ぶのに「鞠屋の坊主、鞠屋の坊主」いうて、ものすごく可愛がってもらったいう記憶は多いです。

(3) 小中学校

「バンド学校」

日本の小学校行くまでに民族学校行ってるんですわ。通称「バンド学校」言ってたんです。阪神教育闘争でなくなった学校なんですよ。規模は大きかったです。普通の小学校とおんなし。昔の国民学校があったところだから、運動場も広いし。そこへ小学校三年の秋まで行きましたね。

〔市立阪東国民学校（東成区）が空襲で焼失した跡地を当時の在日本朝鮮人連盟が借り受け、昭和二三年一月、東成朝鮮学院を開校した。W2が語る「バンド学校」とは、学校閉鎖令により昭和二四年十一月に強制閉鎖されるまで、地域の民族教育の拠点となったこの学院のことと推定される（『東成区史』昭三二年版・平八年版より）。〕

〔昭和二四年十一月に〕これが閉鎖なって、日本の大成小学校へ転校したんが、いっぺんに四年生からいう形になっとんです。昭和一五年三月二日生まれいうのは旧暦で、新暦では確か四月九日やからいうことで〔民族学校では昭和一五年遅生まれの人たちと一緒に学年進行していたところが〕、日本の学校へ行く時には三月二日を正規の日にちとして外国人登録ができあがってしまっていたんで、一学年上〔一四年組〕へ放り込まれたんです。まだ僕らはいい方です。もっとひどい人おりましたわ。いっぺんに中学校へ入った子もおった。

阪神教育闘争と民族意識

小っさい時分には、戦争終わるまでは自分が朝鮮人であるという意識はまずなかったですね。で、大阪朝鮮学校ですか〔前述の「バンド学校」のこと〕、そこ行ってる時に、いいか悪いかはわかりませんけども、そういう民族思想いうのをものすごくたたき込まれたいう記憶はあるんです。それも共和国系の、要するに朝鮮民主主義人民共和国系の思想をですね。そういうのを年端もいかん子に徹底して教えてました。たとえばね、あの時に韓国では李承晩大統領でした。「李承晩クソ大統領」とかね。「トンバクト」言うんですわ、朝鮮語で。「李承晩トンバクト」。「韓国」をまるっきり認めてないいんですよね。そういう風な教育のされ方をしたんですよ。

はっきり言うて、僕ら小学校一年、二年いうたら——六つ、七ついうたら——何もわからんでしょ。先生のおっしゃられることは正しいんだということで、「李承晩トンバクト！」とかね、「ミグック〔美国＝米国〕は殺人鬼だ！」とか、そういう風な喩え方をして教育されたんですわ。

だから、日本の政府からその学校を封鎖するために文部省〔現・文部科学省〕の役人なんかが来た時にはね、一年生、二年生……、低学年が校門にビシャーッと張り付くんですよ。そしたら、なんぼ文部省の役人が警察官連れてきてもね、そんな小っさい子を除けてよう行きません。そやから僕が三年生の時は、授業もやったけどもね、それよりもしょっちゅう何かあれば駆り出されたような気がします。

自分らの学校が潰されるいうことで、何で潰されるのかもわからず、ただ「あのおっさんら来たら、潰しよんねん。そうなると学校へお前ら来られへんねん」言われると、学校行かれへんようなるという恐さがありましたからね。だから意味もわからずに、先生の言う通り動いた面があるんですわ。

成　績

〔小卒後の教育歴は、昭和三〇年、玉津中学校（東成区）卒。昭和三四年、生野第二工業高校（生野区）卒。これは夜間の四年制高校。〕

クラスで平均しても五番以下に降ったことなかったです。でも、弟〔W9〕の方はもっと良かったですね。（家計を助けるために）バイトで勉強する時間がなかったから、僕には一つの特技があったんですよね。授業中、先生の話聞いとったら、テストでどこが出るいうのがわかるんです。で、赤鉛筆と青鉛筆と黒鉛筆で、先生がもっのすごい強調してると教科書のその部分に赤の枠囲みですわ。その次は赤のライン。その次はブルーの枠囲み。次はブルーのライン。で、鉛筆の枠とライン。六段階に分けるんですよ。テストの前はそれだけザアーッとやればね、教科書だけで済むんです。必要事項は教科書の空欄に書き込むことできるしね。だから、ノートは一冊で済ませました。ノート一冊と教科書だけ、あの十文字のベルトで括ってボーンと肩へ放って。

その教科書を一級下の子たちはね、いつも取り合いをしてました。それを見たら、先生が何を言うとるかいうの――先生は一緒やからね――わかるしね。おんなし〔同じ〕ような貧しい子にあげました。だから、自分が二年なった時には一年の教科書全然なし。三年なったら、また二年の教科書全然なし、いうことで、手元に教科書いっこも残らなかった。そんなに勉強を晩遅うまでやったいう記憶はないんです。

内　職

父親が亡くなって、小学校の時から母親がやってる内職を手伝ったり、また自分で蚊帳の吊り手の内職を探してきたり。吊り手のバリの加工を五貫目やったら百円いうのがあるんですよ〔吊り手は溶接して作るが、溶接部分にギザギザができるのを「バリ」という。これを削り落として表面を滑らかにする内職〕。それを知りあいの人がやってるから、自分で行って無理矢理頼んで、学校の行き帰りにやってたからね。毎日五貫目、百円ずつ。土曜日になると一〇貫目。持てないもんやから、乳母車で持って行って。その一〇貫目いうたら量やっぱり多いから、五貫目でもしんどい時もあるから、たまに妹や弟に「ちょっと手伝え」いうて、怒ったりなだめたりしもってやってたし。中学校入ったら、二軒隣りのメッキ屋さんへ学校から帰る大体三時から四時の間から夜八時ぐらいまで、毎日定期的にバイトずうっとしてましたね。

おふくろは働きすぎて、いま体がものすごく悪くなって……。その当時は晩十二時、一時までね、内職やってるんですね。その内職も、冬場から夏前にかけてはＷ１のお父さんから海水パンツを縫うバイトもらうし。んで、冬は腕カバーありますね、事務で使う腕抜きね、あれを。

だから、僕らが蚊帳の吊り手のバイト済んでも、それは手伝わなアカンわけなんですよ。学校から帰ってきてね、ミシンの音せんなんだら「やったぁ！　今日は遊べるう」思うて行ってみたら、腕ぬきが山と積まれてるんですよ。自分らがそれをせんことにはダメなんだよね。ちゃあんと糸切って、一足にして、一ダースに括って、それを十個集めたら……、そんでそれを配達するのんも自分らの役目なんですよね。夜中の十二時くらいまでかかる時もあるんですよ。だから「勉強せぃ」とは言われんと、「仕事せぃ」です。ほんまにそれがありますわね。

ガキ大将

〔小学生のころの近所の遊び仲間について〕僕らの場合は物がない、みんな同じようなあれで……。だから、その時分は朝鮮人やからいう意識もなかったですね。たとえば地域にしても、ガキ大将からいろんなことを教えてもらいました。僕がガキ大将なるまでには、年上の子は真田山〔天王寺区〕へ連れてってくれるんですよね。縄を持って行って、縄でハンモックを作るんです。んで、小っさい子には低い所へ作ってやって、自分らは高い所に作ってね。日がな夏休みなんかにはそないして遊んだことも多いし。

五、六年になって自分が今度はガキ大将になったら、小っちゃい子を連れて淀川にシジミ取りに行って……。昔ね、十三《じゅうそう》の近所でシジミたくさん取れたんですよ。で、川は危険やからいうことで、僕より一年下の子なんかに、小っちゃい子は絶対ここから入れるないう監視させて。シジミ取れた子は小学校一年であろうが何であろうが、みんな均等割り、いうことでやりましたからね。もう在日も日本人も区別せずに、その地域の子を全部連れて行くんですね、行ける子は。電車賃だけ一〇円いるということで。十何人おりましたね。在日のんは、僕と弟とそれから従兄弟の子。んで、近所のお寺のお坊さんの子。在日の子は四人か五人くらいですね。あと六、七人いうのはやっぱり日本の子ですね。

結局、やっぱり物がないから、ちょっとでも収穫のあるのがええやろいうことで、シジミ取りに行った。また、変電所の塀乗り越えてね。変電所には必ずイチジクがたくさん植わってるんですわ。夏なったら変電所（へ遊びに行って）、大きいの何人か、二、三人で乗り越えて、小さいの表立たしといて、イチジクの実を取って。で、それを持って帰って、また分配するんですよ。

友人

小学校では朝鮮学校から来たいうことで、通名は「山田」使ってるけど、はっきりわかってるから、訳のわからんことをいう奴はおりました。けども、全体においてはクラスメイトの子はみんなカバーしてくれましたね。

小学校六年の三学期に修学旅行の話があって、肋膜で休んでいたから、おやつを持って行くことを知らなかった。いつも学校ではおやつをしてくれるからいうことであったんやけども、その時は別やったんで、おやつも何も持って行かへんなんだら、やっぱりクラスメイトが分けてくれたし。

中学校行った時も、よその小学校から来た初めて会う子に「僕、朝鮮人やねん」って、はっきり言うたんですよ。隠すという意識は全然なかったですね、僕の場合は。大体において学校で日本の子どもたちとの関係は、そんなに悪くはなかったと思います。ただ、僕を知ってくれてる人においては、ですよ。

中学校いうのは僕らの国の民族の先輩が沢山おって、僕をよう可愛がってくれてね、いじめに遭うことはまずなかったんですよ。そら、お互い腰掛け振り上げて喧嘩したこともありますけど。僕は中学校一年生の時、たいへん背がこまかったんです。で、よその子にいじめられかけたら、その二年の先輩が「お前、こいつどついたらわしが承知せんぞ」いうことで助けてくれて。先輩がひと言いうといたら、僕のそばへ寄れへんかった。だから別に隠すいう気もないし。

小学校の同級生に、たまに偶然会う時あるんですよね。「同窓会しようや」言われるんですけども、僕の小中学校時代は……。クラスメイトはいいんですねん。ところが、自分の実際の生活が余裕がなかったからね、あんまりその辛い時代の友だちに会いたくない、いう潜在意識が多分あるんだと思うんです。

小学校の先生

小学校の先生はね、最初はものすごいわからん人種差別しとったんやけど、僕が母親に「こうこうされた」言うたら、母親が抗議しに行って、そうしたら訂正してくれた。同級生でも、やっぱり人間性の問題でしょうね。わけのわからんこと言う、「朝鮮人は朝鮮帰れ」いう風な言い方をする子がおったら、僕はそんなのタダでほっとかんと、体は小っさかったんですが、腕力ものすごく強かったから、ボコボコに殴ってやったりしたら、先生にものすごう怒られたことがあるんです。どついたいうことで怒られたんです。言うた側の子はおとがめなし。あんまり悔しいから母親に言うたら、母親が「先生、ちょっと考えてやってくれ」ということで。その小学校の先生とは年賀状のやりとりはしてもらってます。会いたいと思うのやけど、気持ちの整理までだついてへん面があるんですよ、その先生に対して。

ただ、体育の先生だけが一人、すごくあんじょうしてくれた。ま、大阪弁でいう「あんじょう」〔よい具合に〕ですね。それは、僕らの成績が良かったから、その先生がやってくれたんだと僕は理解しております。僕はその先生の指導によって小学校の時から鉄棒で大車輪ができてたんです。で、中学入って自分は柔道部入ったのに、その先生が「器械体操部入れ」と。僕、中学校の時、クラブ三つ入ったんですよ。自分が入りたくて入ったのは柔道部なんです。で、器械体操部に入れられて、音楽部も入れられた。というのは、音楽も小学校六年の時に大阪市のコンクールに合唱の部に出て優勝してるから。「その時のメンバー集めろ」いうことで引っ張り出されたんです。

中学校の先生

中学校の先生はまず嫌いだったですね。差別がきつかったです。貧困家庭やから、給食代——給食始まってたんですよ——持って行けないんですよね、すぐには。そんなんで、いや味、ものすごう言われたし。僕にしたら、やっぱりその時、ヒガミがあったんかしらんけど、違うような感じしたんですよね。遠足もほとんど行かず、修学旅行は当然行かずです。

小学校から高校二年ぐらいまではね、おふくろの妹さん〔次女〕の家族と一緒に生活してたんです。おふくろの妹さんの旦那さんも病気なんですよ。で、おふくろも最終的に病気なってしまってね。子ども七人ですわ。母親が仕事しもって、その妹さんが元気な時は一緒に仕事しもって、僕がバイトをしもって、子ども七人と大人二人が生活してたから、修学旅行なんか、と－んでもない。行かへんなんだら、登校して自主勉強するんですよ。んだら、やっぱり同じような生徒が何人かおって。みんなは遊びに行っとると思うと腹立ってね。柔道の畳引っ張り出してドッタンバッタンやって、ガラスがバーン割れるでしょ。僕が一人で割ったやったらいいんですけどね、一緒に暴れた相手の子はほっといて、僕だけ職員室連れて行って「お前、ここで勉強せぃ」やりよったんです。

(4) 夜間高校

「4Bクラブ」

定時制の工業高校の試験受けて通って、(母方の)身内の人に怒られたんですね。「お前、学校行ける身分か！父親おれへんで、働かんでどないすんねん」。「昼間働いて、晩だけ学校行かして下さい」言ったら、「ぜいたくや」言われて。ものすごう怒られたもんです。家まで泣いて帰りましたよ。だから、高校入る時はものすごう辛かったんですけど、入ってみればやっぱりおんなしような仲間がいて、ほんとに良かったですね。

夜間高校へ行った時には朝鮮人、日本人関係なしに、みんなおんなし貧しい仲間や、いう意識が強くって、いまだにしょっちゅう、何かあれば連絡しあいますね。「4Bクラブ」いう名称はつけてるんですけども。4年B組の名前を取ってね。他のおんなし学年の子に聞いても「そんなんまでしてへん」言うけども、なんか知らんけど僕らのクラスは……。こないだも同窓会やりました。ここ三年ぐらい、同窓会やりすぎてんのとちゃうかいうくらい頻繁にやってます。やっぱりお互いに傷舐めおうてるのか知らんけども。通産省の課長さんもおりゃあ、警察官もおるし、地下鉄の指令員もおるしね。

日本人も在日も一緒ですね。だからカラオケなんか歌う時には、僕はやっぱり自分の国の歌を自分の母国語で歌うてしまうんですよ。ほんなら、「お前、一番ぐらい日本語で歌うてくれや」いうて。友だちがそない言うぐらいやからね。ま、おんなし辛い時代を過ごしたもんやから、みんな、それをわかってるからこそ、いまだにしょっちゅう連絡は取り合えるんですわ。だれか一人ガンで手術したいうたら、とたんにパッと集まって僅かな見舞金でも持って行ったり、持って来たりするんですね。

鶏頭龍尾

〔昭和三四年〕僕が高校卒業した時に浅井精鋼いうボールベアリングの会社にちょっとコネがあったんです。社員が八百人ぐらいの会社で、堺市にあった。今はどっかに吸収合併されたと聞いてます。そこに就職内定してたんですが、卒業した時点で断りました。

それはね、漢文で「鶏頭龍尾」いう諺あります。鶏の頭になっても龍のしっぽになるないうてね。どんな小っさいのんでもいいと、先頭に立てと。どんな大きなあれ〔会社〕でも歯車の一つにはなるなという……。中学二年の時ですけどもね、漢文の時間が好きで、授業で習ったそれが頭にあったんです。

そこの会社で自分のやることというのが、検査工なんですよ。どないするかいうたらね、ボールベアリングがこっちの穴から落ちてきて、下の鋼板で跳ね返って、反発力でこっちへ入ったら正規だと。で、イビツになっとったら、よそへ行ってしまうと。そのイビツでハネられたやつを集めて数かぞえてね——いう風な仕事やと。とっても僕には向かんな思うてね。大きな会社へ入っても、はたして自分の仕事がどんだけ役に立ってるのか目に見えへんということで……。

怒られましたけどね。学校の先生にも「そこまで内定しとんのやったら、なんで行けへんね」言われて、「僕は僕の行く道あるからほっといてくれ」言うて、先生と喧嘩したけども。うちの高校を卒業してもね、日本人の生徒で小っさな商店とか、会社行ってる子も多いんですよ。だから、その先生にしたら「在日のもんが、そんな八百人もおる大きな会社行けるいうのは恵まれてる」いうことやろうけども、僕らにしたら、恵まれてるより奴隷みたいな感じになるからね、よけいいややったんですよ。それやったら小っちゃい店でもいい、そこで働く方がいい、いう感じがあってね。だから、高校の先生もあんまり好きじゃないんです。

(5) 職業移動

木工所—初職

〔最初の就職は、中学を卒業した一九五五年四月一日、同胞の知り合いの紹介で、日本人が社長の木工所に就職した。所在地は生野区。従業員七、八名。〕

一カ月でやめたんです。引き戸の取っ手を作ってる木工所です。ものっすごいホコリなんですよね。ホコリがもの凄いのと、単純作業やったいうのが自分には堪えられんかったいうことでね。モノを作る悦びいうのがまずない。それに、僕は機械がやっぱり好きやったんで、木はどうも性に合わんいうことで一カ月でやめた。会社の名前は忘れました。

孫請工場—第2職

〔一九五五年五月から約一年数カ月、生野区の共進製作所という同胞が経営する鉄工所で働く。社長を入れて四人の町工場。〕

従兄弟の兄さん〔W3〕が勤めてた会社です〔W3がゴム職人に転職する前に勤めていた工場〕。ここでは最初のうちこそ、ほんとの荒挽きいうやつですね、第一加工でしたけども、もう半年もせんうちに一つの品物の完成まで任される状態ですね。まぁ、簡単な仕事ですけど。親会社にスカウトされてここを辞めました。

見習工—第3職

〔一九五六年の暮れ頃から高校を卒業した一九五九年六月まで、島田製作所というダイハツの下請工場で働く。

同胞が経営する鉄工会社で、前職の共進製作所の親会社である。引抜きだが、W3の推薦もあり、W3と一緒に移籍した。従業員約五〇人で、うち同胞は一〇人もいなかった。勤めている間、工場が生野区猪飼野から同区巽へ移転している。〕

〔はじめは見習工として入社。〕朝、作業始まるまでに行って、冬はストーブの火おこして、油温めて。天井裏へ登って機械全部に油射すんですよ。僕は途中で入ってるでしょう、〔四月新規採用者に比べて〕何カ月間か遅れて。ちょっと古い見習工が、ワシの方が先輩やいうことで、「ストーブは自分が火おこすから、お前行って油射せぃ」。天井裏は煙っとうてね、降りてきたら顔、真っ黒ですわ。

だけど、その先輩づらしてる人なんかでも、もう三カ月せんうちに僕が追い抜けたいうのは、学校で理論習う、会社で実地やる、それと工場長にものすごい可愛がられたんです。たとえば、工具一つ作るのでもね——「火造り」いうのをやったんですよ、鋼を真っ赤に焼いて。これは一緒に叩かんことには作り方、覚えられへんのですよ。それをしょっちゅう〔社長に〕引っ張って行かされました。そのかわり、朝八時から夕方三時までやって、学校行ってグーグーと寝たこともありますわ。

最終的には最高の仕事ですね。職長とか職長補佐がやるような仕事ですわ。ミクロ単位の仕事です。車の部品でね、百分の一やなしに、一ミリの千分のなんぼいう、ものっすごく精密な仕事ですね。それとか、クラッチ板いうのなんかでも、素材から研磨まで全部——穴開けだけ他の人にやってもらって、全部仕上げたり。

辞めたのはベア〔ベースアップ〕の件が絡んでたんです。僕の高校卒業した時の日給はね、四五〇円。これは中習〔見習工の上〕の給料です。よぉできる職人さんで一〇〇〇円。ちょっと落ちる職人さんで八〇〇円ぐらいなんですよね。で、僕はその八〇〇円の職人さん以上の仕事してるいうのんを認めてくれてるし。で、卒業した時点で最低八〇〇円までは上げてやるいう約束なんやけど、三カ月経ってもそのまんま。専務に「そういう話、専務から僕にしてくれたのに、どないなってますねん」って言うたら、「もうちょっと待ってくれ、もうちょっと待ってくれ」で、結局ナシのつぶてなんですよ。たとえ一〇〇円でもアップしてもらったら、プライドもおさまったんでしょうけどね。たった三人か四人しかでけへん仕事をやってたいうプライドがあったからね。

で、新設会社へ工場長補佐として転出したんです。それもスカウトみたいな形で、「来てくれ」いうことで。移ってから、島田製作所の職長さんや工場長が一週間くらい毎日のように説得に来ましたわ。だけど約束守ってくれへんかったんやから……。やっぱり若いのは若かったんでしょうね。いったん約束した以上、その約束履行してほしいいう気があったから。

工場長補佐──第4職

〔一九五九年七月から六二、三年まで協立製作所で働く。これは済州島出身者が経営する鉄工所で、東成区にあった。日立造船所や水島造船所の下請で、従業員十名。W2は工場長補佐として迎えられる。〕

ベアもない、いうことで悶々としてる時に、ある人から新設会社があるんだと。で、中古の機械ですけど、新しく入れる。これを「据え付け」いうて、固定せなアカンわけですね。それも全然素人では、はっきり言うたらできないんですよ。というのは、機械の台のとこへ穴測って、土掘って、ボルトを埋めて、機械を動かんようにせんなダメなんです。それとか、微妙な話なんですけど、水平なんかもね、タテ、ヨコ、ナナメの水平も全部出さんなダメなんです。それと、日立造船なんかから図面もらってきたらね、図面を抜粋して、新たに大きく描き直す。それは図面引かれなかったらできない仕事で、描き直せる人がほしいいうことで、そっちへ移ったんです。要するに、工場長補佐としてレイアウトから機械の設置まで一切です。

職場の民族関係

紹介してくれたのは、その島田製作所にいてはった日本人なんですけどね。僕が一緒に働いてる時、その人に車の運転の仕方とかいろいろなこと、個人的には教えたことがあるんです。その人は終戦直後は中学校の英語の講師やったらしんですけどね。

はっきり言うて、こない言うたらものすごい差別用語になるんかなぁ……。教養のない人は、僕、あんまり付き合いたくなかったんですよね。教養のない人というのはね、お酒飲んでワァワァ、ワァワァ本能にまかせて遊ぶ人なんかは、まずいやだったんですね。何がそうさしたんかな……。自分が教育受けられへんかったからいうこともあるんでしょうね。できるだけ教養のある人と付き合いたいいうのがあって、その人がやっぱり大学出とって、英語の講師をやってたいうのあったし。この協立製作所では元警察官の人ともやっぱり親しく付き合いましたね。同胞の人とは案外付き合いませんでしたわ。というのは、はっきり言うて、その時分の同胞いったらね、お金があれば使って遊ぶいうのが多かったですね。僕はお金のつらさいうのを知ってるだけに、そんな無駄な使い方、まず大っ嫌いやったんですね。

賃金トラブル

この会社に三年間もおれたいうのはね……。最初のうちは忙しすぎて、三日二晩徹夜で仕事やったこともあるんですわ。もう三日目には朦朧としてね。というのは、日立造船所の新造船の仕事を間に合わさんならんいうことで。そんなんが、やっぱり色々な面で張合いもあったし。新規の得意先取るのにはそれぐらいせんなアカンいうことでやってたんですけど……。

ある時、能率給にしようということになったんですよね、効率が悪いから。単車の前輪のシャフト〔軸〕ありますね。あれを削るんですけどね。材料が真っ直ぐじゃないんですよ。そのヒズミを直すのに荒挽きしてから仕上げする。僕は仕上げばっかりやってたんです。これ、能率給になれば、その時分で月給が五万から六万なるんです。いっちょ前の職人さんが日給一〇〇〇円いう時にですよ。その元警察官いう人は、日に三〇〇円ぐらいしかならんのですよ。そこで「二人で組んでやろうや」言うて。「あんたは荒挽き、一次加工しなさい」と。「僕は二次加工してやるから」言うて。ほんだら、たとえば一〇〇〇円なればね、「僕は六〇〇円もらうよ、あんた四〇〇円でええか」。その人は三〇〇円しかならんのにね、四〇〇円もらえばオンの字なんですよね。それで取り決めしてやって、その人も一カ月に三万円以上持って帰る。僕も四万以上持って帰る。

そうやっとったら、今度は社長が「それだったら、あんまりお前ら、給料取り過ぎや」いうことなって、コストダウンする。シャフトの図面引く時に原価なんぼかわかってるからね、「社長、それはあんまりムチャクチャやで」。ほんだら、社長の奥さんのお父さんなんか、わけもわからんのにものすごくワァワァ、ワァワァ言うからね、そこまで言われてしたくないわ、いう風に毎日、毎日それが重なってきたからね。ま、今で言うプッツン状態になったんですよね。

その時に、隣の石水造機いう会社が津守〔西成区〕へ移転するのに伴って〔誘いをかけてきたので〕、「もっと安い給料でもかめへんわ。むしろ自分の思い通りの仕事したい」いうことで、石水造機へ行ったんです。

機械の修理再生―第5職

〔一九六二、四年から約二年間、石水造機で働く。西成区で日本人経営の修理会社。従業員七人。〕

まぁ鉄工です。その当時、ブルドーザーとかユンボいう土木機械が全部輸入の機械でした。その壊れたディーゼルエンジンをバラして――故障した部品〔の交換〕は輸入できひんから――寸法測って図面引いておんなしものを自分で作って組み立てる。再生みたいなことですね。ディーゼルエンジンの修理です。

〔やがて〕社長さんが亡くなって、息子さんが跡継いだんですけども……。その時たまたま独立の話があって。やっぱり「独立」ってのは中学の時の言葉〔鶏頭龍尾〕がポーンと頭に浮かぶ。たとえ千人の会社でも、即やめて自分でやったるわ、いう気なって。

独立の夢

独立しようとしたきっかけは、僕のおふくろの妹さん〔三女〕の旦那の友だちです。済州島出身です。その人とは僕も時々会ってたんですが、「お前だったら大丈夫やから、やってみぃひんか」いうことで。「さぁ、できる！」思うて悦んで、半年ほど棒にふって、機械集めて段取りして、さぁ据え付けよう思うた時に、「安宅産業」の関係〔詳細は不明〕で得意先の下請が切られてパァなった。この下請はかなり大きな会社やったんですけどね。自動機械使ってるから人数は少なかったんですけど、敷地が二〇〇坪くらいの会社やったんです。

――その当時は船橋町〔天王寺区〕におった時で、母親がそこで焼肉屋さんをやってくれてたんです。だから、自分がもらってきた給料が丸っきり全部生活費に消えることなくなってきたんですよね。ちょっとずつ、給料もたくさん取れるようになった時に母親がそないしてやってくれたから、貯えもちょっとずつできてきて。お母さんに相談して、「貯えもあるから、やろうか」いうことなって。

資本っていっても、そないかからなかったですね。中古でもええのは高いけども、そんなええ機械は僕ら買われへんし、安いのを探してきて。家の裏に一〇坪余りの空地があったんですよ。そこに必要な道具を全部揃え、あとは機械だけ入れたらええように段取り全部やってたら、パァになってしまったいうことですね。機械代も修理代も全部払われんで。

「済州島の子」

「協立」も「島田」も「共進」も、社長はみな済州島です。僕に独立を勧めた叔父さんの友だちも済州です。済州島の人間が多いいうのもあるでしょうけど、やっぱり済州島いうだけで、ある面で親近感が湧くんでしょうね。なんか知らんけど。僕らは若いからそういうのは感覚的にはわからなかったが、雇う方にしたら「あ、こいつは済州島の子や」という……。「済州島の子」になるんですよね。で、もっと厳密に言えば、おんなし村であれば、もひとつ大事にしてくれるんでしょうね。

▒「専務」―第6職

その次に、母親の妹の旦那さんの会社へ行ったんです。この人にぜひ来いと誘われた。これが一番長かったですね。三十四歳までやからな。

〔東大阪市にあるイコマ金属塗装という塗装会社に一九六六、七年から「オイルショック」の七四年頃まで勤めた。これはW2の母〔W7〕の妹の夫――済州島出身の同胞――が経営している会社。従業員四十名で、そのうち同胞は四人しかいない。下請を三社抱えていたが、すべて同胞経営の工場である。なお、W7のきょうだいは四男四女。W7が長女で、この会社の社長の妻は三女。〕

自分が最初に勤めた頃は従業員は一〇名切れとるんです。で、僕が配達運転手兼営業みたいな形でやりもって。ある時、その義叔父さん〔社長〕が二年ほど事故で仕事できんようになったんです。それで、僕は朝五時から会社行って、家〔社員寮〕帰るのは夜中十二時です。寮は近所やったけども、寝に帰るだけ。寮まで歩いて五～六〇〇メートルですけど、もうほんま居眠りしながら歩いてるような感じで。「ただいまー」言ったらバタンですね。これはおふくろに聞いてもうてもわかるし、叔母さんに聞いてもうてもわかると思います。みんな知ってる。

借金も会社にはありました。しかし、一所懸命そないして働いて、社長が二年後にまた働けるようになった時には、借金は全部返して三〇〇万ぐらいの貯えができてたんですわ。それで三〇〇坪の土地を買って、大きくしたんですけどね……。

そうして二年、三年するうちに、従業員も三〇人、四〇人と増えて、下請も二軒、三軒抱えるようになり、自分がいつのまにか――最初は運転手みたいな形で入って、その当時すでに工場長やら職長やらおったんやからね――しかし、何年かするうちに僕がいつのまにかトップに立ってしもうて、パパパーと指示するようになったら、そらもう反発は喰らいました。僕の目の前で、自分ら同士遊びに行く話、大声でしとってもね、僕を誘ってくれへん。僕もまた、誘ってくれても行かへんかったんでしょうけどね。

弱者へのまなざし

その時分から弱者ボランティアみたいな意識、やっぱり芽生えてたんです〔次項のボランティア活動などに関連あり〕。会社で、健常者よりちょっと遅れてるなぁいう感じの子がおるんですけどね。その子なんかをなだめたりすかしたりしもって、一つの仕事に責任もたして――おかげで、もうちょっとで自分がえらい〔危険な〕目に遭いかけたんですけどね。せやけど、僕がいっつも言ってたのは、「百の能力もってる者が八〇しか出さんのと、五〇しかない子が四五出すのとどっちがいいか。僕は四五の方買うよ、精一杯やれよ」言って。「僕はその子を買う」いうて、いっつも言ってたんですよ。

工場設計の腕前

会社に勤めて七年目ぐらいにね、最初の設備がダメなって新しい設備作るいう時に、社長が「お前に任すから、いっぺん設計作ってみぃ」いうことで、全部作ったことあるんですわ。その直後、関東にある三菱と東芝の同盟企業が関西へ進出するというので、塗装をウチがやって、組立てを他でやるという仕事があった。その時に発注元が、どんな会社が塗装をやってるのか、下請を見たいいうことで来られたんです。工場をずうっと案内したら、「この設計は誰がしましたか?」言う。「なぜですか?」聞いたら、「うちの会社とおんなし設計なんですけど、うちは一〇〇〇坪でやってるのに、ここは三〇〇坪足らずでやっとる。なんで、関西はそれできるんです?」言われた時には、意気揚々でした。

そのかわり、はっきり言うて、僕あの時ね、インポテンツになったし〔笑〕。もう枕元へ鉛筆と紙と置いといて。

最終的に、もう間違いないいうところまできてもミスが出たような気がして、寝とっても、それがバァーッと頭に浮かんでくるんです。眠られんかったのが三カ月続いたんですよ。それできっちり胃こわしてもうて、機械できた頃には十二指腸潰瘍で入院ですわ。

オイルショックと意見対立

〔辞める直前は社長に次ぐナンバーツーの位置にいた。個人経営なので正式な肩書きはなかったけれど、通称「専務」と言われていた。〕

会社辞める時のトラブルは、社長とナンバーツーの僕との経営方針の食い違いがあったんです。社長いうても、その頃〔オイルショックの頃〕、印鑑は僕が握ってるのとほとんど一緒。ハンコはもう僕しか押せへん。支払いの明細を番頭さんが見たのを、僕が全部チェックする。最終的には自分が小切手発行して支払いを指示する。得意先でも、次期社長は僕や、いうことを社長が言うとったんでしょうね。僕が行くたんびに、「山田さん、次の社長やねんな。ちゃんと頼むで」って言われたことあるんですよ。

だけど、社長との経営方針の行き違いがありました。というのは、自分が会社の内容をいっちばんよう知ってる。社長よりもよう知ってるいう自負がある。社長も「任す」言うてた。だから石油ショックの時に、僕は「減産せぃ」と。受注生産に近い形で、できるだけ身軽にしよう言うたんですよ。それと下請三軒あったんですけど、「この際、話し合いによっては一軒に絞るか、一軒は泣いてもろうて切るかにしよう」言うと、社長は「それはでけへん。増産せぃ」。

離　婚

そこへもってきて、せんぞ家庭でゴチャゴチャなる。夫婦の折り合いもうまくいかない〔一九六九年、二十九歳で結婚していたが、会社を辞める前年の一九七三年に離婚〕。それも調停かけてケリついた時点で、家庭も会社も、要するに今まで自分がやったんが、みんなバカみたいに見えたんですよね。会社小っさい時には小っさいなりに、朝五時から起きて晩十二時までやって、ほんで報いてもうたんが、ナンや、そんなんか思ったらね、ばかばかしくなったんですよね、はっきり言って。バツイチまでは、僕は典型的なモーレツ社員だったと思いますわ。「ゆくゆくは社長なって、名実ともにやったるんや！」いう立身出世の自信があった。だけど、自分が一所懸命努力しても、家庭にバツイチがある、社長と対立する、最終的には周りの事情等でこないなる。なんぼあがいても知れてるな、思い出した途端にね、ガタガタっと崩れて……。お金ばっかり追うてんのも、結局こういうことになるんやなぁいうあれが出てきた。

喫茶店経営──第7職

〔一九七四年から一九八三年まで、東住吉区の自宅で喫茶店を経営。この間の一九七五年に再婚。〕それまで母親が弟〔W9〕とやってたのを、弟が他の仕事したいいうこともあって、引き継ぎました。ちょうど僕が離婚し、会社も辞めて、一切合切の決着をつけた後です。

女の子も使うてたし、母親も嫁さん〔再婚相手〕も、みんな総動員で四人ぐらいはおったんでしょうね。朝七時から晩十一時までやから、交替制にせんと。朝七時に開けよう思うたら〔大阪商工地域の喫茶店は概して朝の開店時間がとても早い〕、六時半にはもう最低入ってなかったら間に合わへんからね。三女が生まれた年に店を閉じました。

喫茶店をやめた理由はね、まず上の子〔一九七六年生まれ〕が学校へ行く年になったんです。それまで保育所行ってる時は、平日でも自分が暇な日は保育所休ませて遊びに連れて行けたんですよ。しかし、学校行き出すと、それができへんようになるでしょ。日曜日は当然仕事せんならん。そしたら、子どもと接触するのは朝と、帰ってきた時の何時間だけ。これじゃかわいそうや、いうことで喫茶店をやめました。僕は自分の父親との接触時間が短かったから、そういう気持ち、ものすごい強いんですよね。

そのせいもあって、子どもが小っさい時からキャンプ、アウトドアにはもう、よその家庭がビックリするぐらい連れて行きました。たとえば、冬の土曜日、休みの前の日に子どもらが学校から帰ってきて「お父ちゃん、雪遊びしたい」言うたら、「よっしゃ、待っときよ」言うて、嫁はんに「おにぎりだけ作っとけよ」言うて、店終わってから晩十時でも十一時でも、子どもらボーンと車乗せて、テント持って、小浜〔福井県〕まで雪探して遊びに行ったり。

家内工業──第8職

〔一九八三年から、喫茶店を作業場に改造してサンダル業に転業。〕

子どもらと遊んでやりたい、いう気があるのに遊んでやられへんいうことで……、その時、たまたま妹の会社がこういう仕事あるねんけどせぇへんか、いうことなったんですよ。妹の旦那さんの会社です。この人も済州の人です。それで考えたら、この仕事の方が家族と接する時間が多いんじゃないかいうことで。

だから今、家では朝食は絶対全部一緒。一番上の子は朝早いから、朝ご飯一緒に食べられへんけども、中学までは全部、朝一緒に食べる。晩ご飯もできるだけ全部一緒に食べると。

スタックの仕事──サンダルに木目模様を印刷する仕事──いうのは、全然知らん仕事やったね。そやけど、自分にやる気あれば、どんな仕事でも覚えられますよ。だから、妹の会社の下請の会社へ三回ほど行って、覚えて帰ってきたもんな。下請の会社だけでは間に合わん、仕事も多いからいうことで、私の方にも仕事が回ってきました。ただし、これは三年ぐらいの仕事やで、いう話でね。つっかけ〔サンダル〕の仕事は周期が早いんですよ。だから、よう見ても三年と。それでも六、七年やったな。『うん、やったやった。儲けた』（『　』は同席していた奥さん

W5の会話。以下同〕。儲けて食いつないで。で、貯めたやつをまた今吐き出してるけどね。〔サンダル業へ転業してから六、七年後に、ウェルダー加工業に変わって、現在に至る。現在は、夫婦二人の家族経営で月収五〇~七〇万円。〕

ウェルダーというのは高周波の電気と熱によってビニールなんかをピシャッとひっつけるわけですね。これも全然はじめてですよ。ほんで三七〇万円の機械に付帯工事入れて四百四、五〇万円かかる機械を、「やろうか、よっしゃやろう」いうて決まったら、サッと買いました。なんぼ思案してても仕方ないしね。やってあかなんだら、今までの貯え全部吐き出して、それで、また働いたらいけるやないかいう……。

(6) モーレツ社員からコミュニティ人間へ

ライフスタイルの転換

会社を辞めてから人生観がコロッと変わったんです。いろんなもんにチャレンジしました。昔、柔道とか体操やってるから、体動かすのは好きなんですよね。サラリーマンの時も、ゴルフもアウトドアもよう行ったけども、今の彼女と一緒になってからは、まずヨットの一級免許取りました。ゴルフは極端に減りましたね。

それから喫茶店をはじめて四、五年たって〔一九八〇年頃〕、「資料室」行って自分の国の言葉を習うたり〔「猪飼野朝鮮図書資料室」のこと。当時、大阪外国語大学朝鮮語教室が鶴橋駅の近くで朝鮮語の学習講座を開いていた。W2はここで朝鮮語を習いはじめた〕、いろんなボランティア活動に首を突っ込みはじめたり〔後出〕。

朝鮮語学習の動機

私はそれまでも朝鮮語は五〇パーセント以上は聞き取れました。ソウルにお袋の弟さんがおって、僕と同い年の叔父さんなんです。疎開してた時に一緒に行ってた叔父さんなんですよ。僕と同じ年の生まれやけど、何カ月か僕が先に生まれた。小っさい時いうのは強いもんが大将ですわね。もう、こってり殴っていい子分にした。その叔父さんが大阪に来た時に、英語ちょっと混じる、朝鮮語ちょっと混じる、漢字混じる、そんな書いたり話したりのチャンポンでやってて、これじゃやっぱり……、もうちょっと自分の意思疎通もしたいな、いうのがあって、それで結局、習いに行く踏ん切りもついたんでしょうけどね。

で、自分も国へいっぺんは必ず行ってみんなアカン〔行ってみなければならない〕いう、そういう立場にありましたからね。というのは、国にある身内の共同墓地が、うちの父親の名義なんですよね。当然継ぐのは僕やから、実際行って自分の目で見て、いろんな面でやらんなアカンし、いうことで〔W2にとって朝鮮語は民族意識の問題であるのと同時に、済州島の共同墓地、すなわち不動産をめぐる実利的問題ともかかわっていた〕。

（一九七三年に）韓国籍に切り換えたのも、共同墓地を僕の名義に変えんなアカンいう立場があったからです。（しかし国籍変更後）しばらくはやっぱり行かなかったんです。それは、ある程度自分の言いたいことも言えるような語学力を身につけてから行きたいいうのがあったから。

だから、面白かったんはね、初めて行った時に僕の母親〔W7〕と僕とW3と行ったんですよ。そしたらね、済州島の従兄弟と従兄弟のおじさんにあたるモンが、僕が日本語しか知らん思うてね、みやげもんの品定めやって、好き勝手なこと言うとるんですよ。「これはなんでんねん、こんな安モン」とか、「こんなやったらいらん」とか、「もっとええのん、持って来い」とかね。そのおじさんにあたる人は、僕よりはるかに歳が若いんですよね。十ぐらい若いのね。で、従兄弟は、当然もう僕より十五も若いのにね。

「このガキら、見とけよ、そのうちに」いう感じが確かにしたんです。しかし、一緒に母親とW3が行ってるから、もう自分は黙って後ろに控えて。そして、その次に僕とW1と二人で行ったんです。それが〔W2が済州島へ行った〕三回目やったんかね。その時は僕が自分の国の言葉喋ったら、「お前、いつ覚えた。ちゃんと喋れるやんか」。「おじいさん、僕ここに最初に来た時からちゃんと喋れますねん」。

「オモニハッキョ」

〔一九八五年頃から一九九一年まで、「生野オモニハッキョ」——猪飼野にある在日朝鮮人のための日本語教室——でボランティア教師をする。「オモニ」は母、「ハッキョ」は学校の意味。〕

「資料室」に朝鮮語を習いに行った時に、せっかくなんかの縁で出会ったのに、学習が終わってバラバラになってしまうのはもったいないいうことで、みんなで「資料室友の会」を作ったんです。会長、副会長も決めて、たとえば彦根にある朝鮮通信使ゆかりのお寺〔宗安寺〕へ行ったり、いろんな講演会を聞いたりしてたんです。そこでKさん〔「生野オモニハッキョ」のリーダーの一人〕に出会って、オモニハッキョへ行ってるいうことを聞いて——んで、何回かオモニハッキョに遊びに寄ってたんですけども、たまたまある時、日本語しかしゃべれない先生のクラスに韓国から来た若いオモニがいて、日本語がわからない。で、Kさんが「ちょっと見たってぇな」て言うから、僕はまぁしゃべれるから、ちょっと教えてあげたんですけども。まぁ、それがきっかけですわ。たしかあの時分にね、(オモニハッキョで) 朝鮮語しゃべれる先生いうたら、ほとんどいてなかったん違うかなぁ。

本名使用

本名を使い始めたのは、「資料室」で国の言葉習い出してからです。もしも会社辞めんとそのままずっと行ってたら、おそらく通名を通してて、必要なとき以外は本名名乗らへんかったと思いますわ。『そしたら、こんなに気楽に生きてたかどうかもわからないし』〔妻W5〕。今やったら、隠す必要もないからね。表札も本名を書いて、その下に通名は入れてあるけれども。「W2」という本名をこの地域の中でも認めてもらえる。認めてもらえるようになったから、余計それを使う……、いう風に広がってきてるんだと思います。

それまでは子どもらも、学校へ通名で行っとったんです。僕が「W」いう本名使いだしてから、「お父さん、何でWなったん?」言うから、「お父さんは本当はWやねん」と。「だから、お前らにもWいう名字があるねん」と。

一九八八年、上の子が小学校六年、長男が四年、次女が一年生の時、ハギ・モイム〔訳せば「夏の集まり」〕。夏休み中の二日間、日本人教師が行う民族教育。W2の子どもたちは毎年これに参加していた〕で、子どもらが自分たちの本名を韓国語で書けたという。「それがお前らの本名やねん。お父さんも今、こういう名前使うてるんやぞ」。それで、三人がその夏休みの間に一所懸命相談して、「名前変えようかな、思うてんねん」。本名で行こう思うてんねん」言うから、「お前ら三人で、もういっぺんよく相談してみぃ。それで結果出たら、お父さんお母さんに言いなさい。その時にまた相談に乗ってあげよう」言うたら、三人が寄って相談して、「使いたい」言うから、「よろしい、使いなさい。おおいに使いなさい」。で、「新学期なったら、お前らがまず先生に言いなさいよ。補足説明は親が行ってやるから」言ったら、さぁ学校が始まったら、本名で学校行ってる子はいなかったんですよ〔W2の子どもたちが通っているのは、校区の市立小学校。当時、全校児童九〇〇人中、同胞児童は四、五〇人であった〕。

最初、トラブルちょっとありましたね。子どもらも混乱してるわけですね。今まで「山田」言ってたんが、「W」になったから。なんでやろか……、いうのんで。「あんた、変な名前やな」言われて、「あんたの名前も、他の国から見たら変な名前やで。そない言われたらどないすんの」言うてね。うちの子なんか、強い子やから。それでね、やっぱり学校全部の集会の時にやってもらいました。

『名前を変えるっていうことはね、あなたたち〔息子・娘〕だけの問題じゃなくって、みんなの問題だから、今日、クラスの友だちには「私はこういうことで名前を本名に変えた」いうことをお話ししなさいって、子どもたちに言いました。クラスの友だちはそれでわかったんですけど……。』

よそのクラスの子は名前を呼べない。それで、学年集会で先生に言ってもらいました。ほな、学年はうまくいったんですよ、六年、三年、一年は。しかし、うちの子どもがいてない学年が、またわからない。

ダウン症

僕が今の奥さんでいちばん助かるのはね……。一番下の子、生まれた時にね、退院して一カ月目にダウン症候群いうことわかったんですよ。ダウン症候群いうたら、うっすらとしかわからなかったんで、そぉら本屋いう本屋、全部回って医学書読んだら、もう頭の中が真っ白なりましたわ。その子、八月に生まれて、九月にはっきりした症状がわかって、その年の暮れまでね……、この子の首絞めてわしも一緒に死のうかないうの、そればっかり。僕は完全に落ち込んでたんですけど、彼女がおんなしように落ち込んでたら、もうおそらく首くってるかなんかしてるでしょうね。けど、彼女は楽天的な性格やったから、僕が陰やったら、彼女は陽やったから、いろんなことで励まされたし。ある時に、その子どもが生きようとして必死なって病気と闘うてるのを、親がなんでそれの命絶とうとしてるのか、そんなことしたらアカンわ、いうことなって、その年の暮れにやっぱりコロッと変わって。だから、あれもサラリーマンやってたんじゃ、恐らく……。

それからは親も生きるのを手助けしたろういうことでね。その時はもう喫茶店やってない。生まれて一年経つ前から、そういう子どもの集まれる所へ行って。夫婦二人、雪の降る中、川西市〔兵庫県〕まで行ってリハビリのことを聞いたり。大阪市でやってくれへんから、川西まで行ったらね、大阪市はメンツ潰れるようなことあるんでしょ。結局、喜連〔大阪市平野区〕の障害児センターへ入れてくれました。ダウン症なんていうのはリハビリの効果がないいうことで、なかなか入れてくれない。でも、やっぱり早期に教育した方がね、いいのはわかってるから。

小学校も「仲良し学級」行ってるんですけど、「仲良し（学級）」の先生が言うてるのは、うちの子が来てから「仲良し」が変わった言う。ものすごう明るうなって、言葉が出るようなった言うて。

うちの子は僕が帰ってきてね、座るでしょ。そしたらね、これ〔焼酎〕をパーッと持ってきて、コップに自分で入れてくれてね、「お父さん、どうぞ」と。朝でも、「お父さん、腰踏んだろか」。「もういい」言うたら、今度は後ろからアンマしてくれる。そのかわり、その子がそれするぐらいのことは親がやってるから、相身互いやな、いう感じでね。

『でも、いろいろあって良かったね。障害児一人産んで、いろんな人とお付き合いなれて。いろんな人に巡り会って。良い人も悪い人も』。

僕が人生観変わったいうのはね、バツイチのあと人生観変わったいうのは、いろんな人と知り合いになれるという、自分と全然価値観の違う人もあるし、考え方の違う人も多いでしょうけどね、そっから学べることも多い。自分の方からまず学んでるもんね。

共和国も韓国も

僕がまず思うのはね、最初に間違った知識を教えるとね、それがそのままずうっと……。だから、先ほど「阪神教育闘争で何もわからん子に韓国の悪口教えた」言うのはね、それがずうっと残ってたもんでね。で、ある時、自分でいろんな面で勉強しはじめて、日本はえ国やな、思い出したんはね、共和国も韓国も、両方の比較対照できるもんがあるわけなんですよね。ところが、共和国行きゃあ、自由諸国はダメ。韓国行きゃあ、共産主義はダメでしょ。かわいそうやな思いました。僕、だから、その時はじめてね、たった一つね、あぁ日本におって良かったいうのはね、いろんな対象を突き合わせて、自分で検討できるのがいいなぁ思いましたわ。

衣　食

うちは韓国料理と日本料理では、日本料理の方が多いでしょう。日本料理いうよりもね、日本の方々がする食事とほとんど変わりませんわ。言うたら洋風料理になってきてるんちゃいますか。朝からトースト、サンドイッチとコーヒー。僕でもそうやもんね。キムチは家で妻が漬けます。

子どものお友だちとか学校の先生とか、（日本人が）来はりますからね。その時はできるだけ韓国料理。あえて反対のをね。言うたら日本の人は韓国料理って滅多に食べられへんやろし。で、韓国の人は日本料理ってなかなかやってない人が多いんでね、同胞の人が家へ正月遊びにきたら、ニシメなんかを食べてもらいます。

うちはお正月、おせちも全部、家で作ります。（おせち料理は）母親が結婚した時にうちの父親に言われて、その時に習ってずうっと習慣になってるから、嫁さん来てもそれをやってもらうと。『うちはちゃんと年中行事してます』。

だから子どもに言うのはね、「お前らは得やで。日本の行事も韓国の行事も、全部やれるねんで」。『七五三もちゃんと神社へ行って、着物着せて、写真撮って、頭も綺麗にかんざし付けて』。で、誕生日なんかは朝鮮のチマチョゴリ、男の子でもパジチョゴリ、着せてやるんやけどね。

民族衣装は持ってます。持ってないのは息子だけやな。下の子二人は二、三着持ってんの違うかな。韓国にいる友だちから送ってもろたり。僕ら男の人は持ってませんわ。パジチョゴリはないです。

ごく近い身内の結婚式に着て行ったり、民族音楽の発表会なんかにも着て行く。正月にもたまに着よる時あったな。うちの子の誕生会に友だちが来てね、それを着たいから着せてくれ言うて、かわりばんこに着て写真撮ったり。日本人の子です。

「朝鮮帰れ」

うちの息子が小学校六年の時に林間学校行って……。帰ってくるの遅かって、迎えに行ったんですよ。行ってみたらね、どうも息子の様子がちょっとおかしいんです。おんなしクラスの子を見たら、一人女の子が、こう下向いてタオル、顔に当ててね。他の子はみんな、帰って来てほっとして騒いでんのに、二人だけがものすごう異様に浮いてるからね、（妻に）「おかしいぞ、ちょっと明日行って聞いてこいよ」って言うたらね、うちの息子がその女の子をどついた言うんですよ。

そんで「なんでどついた?」、「朝鮮人は朝鮮帰れ」言われた。「なに、この！　よう訳もわからんで」って、ボガーンやったんです。で、その女の子の家へ子ども連れて謝りに行ったんです。向こうの親がね、「なんでそないなったか、聞いても答えへんけども、女の子やから殴られて傷ついたらどないすんねん」言うからね、「そりゃ、どついたのはうちのが悪い」と。「けど、いっぺん子どもさんに理由聞いてみてくれ」言うたらね、絶対言いませんでした。そんで、実はこうこうして、こういうことをうちの子は言われて、それでこういうことになったので、それで間違いないか、聞いたってほしい言うたら、途端に向こうの親がね、「そうでしたか。うちの子がどつかれても当り前のことやってます」言うてね。おばあさんまで出てきて、「とんでもないこと言うた。自分とこの家の教育がなってない」って謝ってくれたんやけどもね。

僕らはね、日本の子にでも、折りに触れてはいろんな在日朝鮮人の立場とかいうふうなね、話すことあるんですよ。サッカー（チーム）の子、車に乗せて連れに行きもってでも。そんなら、その子どものお母さんがね（こう言ってました）。「うちの子って、学校でこんなん勉強すんのんかな思うて、『どこで習うてんの?』聞いたら、『違うねん、Wのおっちゃんに教えてもろうたんや』」。

▒地域社会の民族関係

僕の知り合いは、日本の人の方が多いですね。息子が中学校の時に、サッカー部の父母会の会長やってくれ言うから、絶対でけへんって言うたんです。あんまりにも親の身勝手さが目についとるからね、煩わしかったんですよ。そこへもってきて、母親が体調、ものすごく崩してたし。で、下の子が障害（児）だったいうことで。しかし最終的には学校の監督さんの先生がね、「Wさんがやってくれへん言うんやったら、父母会なくってもいい」いうことなったんで、「それやったら、子どもがかわいそうや」と。要するに、子どもを楯に取られたような形になったんですよね。

引き受けたのが息子が二年生の秋なんです。で、二年生の親に「手伝うてくれるんやったらするけど、よう手伝わん言うんやったら、僕、とってもできへん」言うたら、「Ｗさんがやるのやったら、全部手伝います」言うてくれたんで、去年の秋からやり始めた。

今年なんかでも、うちのおばちゃん〔奥さん〕に小学校のＰＴＡ副会長やってくれいうて、もってこられたんですけど、それはちょっとできへんから——というのは、サッカーで二人とも手を取られるのが多いんですよね。母親も具合悪いし。

ＰＴＡでは地域委員をやってます。地域委員いうのは、地域の小学校の子どものいろんな連絡とか。たとえば、夜店あっても、出て一緒にやらんなアカンし。だから、僕らも金魚（すくい）の輪っか貼りもやったしね。町会でやるんですわ。夜店を二日間ぐらい。タコ焼き焼いたりね。

町内会の夏の祭礼なんかでも、おんなしように子どもも参加し、親も寄付をします。なんら変わらんでしょうね、日本の人と僕らは。結婚式は日本の人の場合、ごく内輪でしかやらないけど、葬式はもう、たいがい手伝いだけじゃなくって、もうほんまに町内会の場合は、特におんなし班の場合は、もうお手伝いは当然。最初から最後までおることもあるし、なんら変わりません。周りの人も、民族の違いを意識してないみたいですね。

別にその、在日やからひっつくってことないですよ。在日は在日同士つくとか、そういうんじゃなしに、自分の地域社会の中で、地域の一員として、おんなし一員として溶け込んでるみたいな感じがしますけどね、僕らでも。町会の役員さんでも、自分がよそ見してる時にかえって向こうの方から挨拶されて、びっくりするぐらいの時も多いしね。だから、この町会に関しては、僕らは外国人とか国が違うとかいう意識を与えられるようなことはまずないですね。いやな経験ていうのはないですね。

「Ｗさん、Ｗさん」って呼ばれます、子どもが「Ｗ」だから。年いった人、子どもがいてない人が「山田さん」って通名で呼んでくれる。家の表札見てもらってもわかる通り「Ｗナントカ」で、カッコして「山田」て書いてるから。表札は子どもが本名に変えてから変えたね。でないと学校が……。ほら、（子どもが）Wで通ってたらWの表札つけないとだめでしょう〔先生が家庭訪問のときに困る〕。

（7）家族

「約束は守れ」

うちはね、一つ決める時は本人に「お前、ちゃんとよう考えろよ」言うんです。一度決めたことは絶対に実行です。途中で挫折したら、もうまずダメですね。たとえば、塾行きたいと言うと、「絶対に行けよ」。途中でケツワリすること、絶対にダメ。だから息子なんかでも、今、中学二年生で英検の三級取って、「二級取れ」言ってたのに、サッカーにかまけて取れへんから、「お前、取れへんかったら、どないなるか知ってるやろな」言ったら、半分ビビッてるけどね。僕、今でも殴りますよ。鉄拳制裁やりますよ、ええ。

またたとえばね、息子なんかでも塾行くと、それにサッカーもしたいと。なら、両方頑張るいうことで約束したら、サッカーやって疲れて帰って来て「今日は塾休ませて」言うたら、「お前、なに言うとんね。最初の約束はどないなっとんね！」。「鬼じゃ」言いますよ。鬼でもええやないか。

雨ん中ね、どしゃ降りん中、試合して帰ってきてね、ドロドロ。クッタクタに疲れてんの、自分が見とるから知っとるんですよ。そやけど、そこで妥協するとね、子どもってずるいんですよ。一つ親がここまで「あ、許してくれたな」思うたら、今度はその上行きよるんです。

「お帰り」って言うた時にはもう、塾のカバンがもうパッと。どないかすりゃね、（奥さんが）学校へ塾のカバンと自転車持って行ってるんですよ。端のモンがね、「そこまでして塾行かすの？」。「いや、これ、塾行かすん違うねん。約束事やからそれは守らんな」。自分も納得して決めた約束事をね、守れへんなんだらどないなります？自分の好き勝手なことしてええんかいうことなると、世の中成り立っていけへんいうのが、僕の基本はそれなんです。約束事は守れと。時間を守れいうのも、ヤイヤイ言うのもそれなんですよね。
だから、子どもらでも最初のうち「鬼や」言うとってもね、（学校から）帰って来て、（塾に）行かんなアカン思うたら、シャワー浴びて五分遅れ、十分遅れでも、走って行きますわ。そのかわり、雨なんか降った時には自分がしんどうても、子どもらをちゃんと迎えには行ってもやるし、するんですけどね。

子どもの将来

うちの子どもに対しては何も地域にこだわるなと、世界中どこへでも自分が行ける所へ行けよ、という考え方をもってるんです。鳥は自由に飛んどるんやと、ね。鳥に国境はあるか、「お前はパスポートないから入ってきたらアカンで」言われるかっていうんですよね。鳥よりもっと賢い人間が、なんで国境を作って、自分らの地域狭くして、せめぎ合いするんですか、言うんですよ。だけど、おそらく自分でこない言うとっても、息子が色の真っ黒い嫁さん連れてきたらびっくりするでしょう、はっきり言うて。それやけど、おそらく納得はできると思うんです。おんなし朝鮮人と結婚してほしい欲望いうんかな、願望はあります。けども、子どもの人生やから、親が決めるわけやなし。お前らは自分で決めなさい。そのかわり、それだけの土台は――親が一所懸命、勉強させてやるんやから。

日本やったら日本、韓国やったら韓国、そんな小っさいもんにこだわってほしくないいう意識をまず持ってんのと、それと教育を受けたいいう子に関しては、できるだけ受けさせてやりたいと。妹の子を例にあげてもね、一人は歯科医で、また麻酔の勉強してる子もおる。もう一人は薬剤師の免許取って、日本の会社へ勤めてる子もおります。ほんで、うちのはまだ山のモンとも海のモンともわからへんねんけども、弟〔W9〕の家庭見ても、教育に関しては最大限の努力を傾けてる。僕らが言うのはね、財産はやられへんと。そやけど、何処へでも持って行ける財産は持たしてやるぞいう意識が強いですね。たとえば、財産って持ってたら無くなってしまいますよね。ところが、中へ入れた財産って何処へ持って行っても税金もかかるわけやなし、何処でも使えるん違います？　お前、そんだけ頭ええからいうてね、税金余分にかかるか、言うんですよ。自分がはっきり言うて教育を十分受けられんかったことの裏返しかもわかりませんけどね。

第3節　成長期世代の生活史

（1）W4のプロフィール

W4（男）は、一九五二（昭和二七）年九月一日、第1節に登場したW3の長男として大阪市平野区で生まれた。一九五九年に市立小学校に入学し、一九七六年に地元の公立大学を卒業したので、学校教育をほぼ高度経済成長期に経験した世代である。大学では工学部機械科を専攻した。卒業後、ただちに家業のゴムローラー加工工場（生野区田島）で働き、一九八九年から親の跡を継いで経営を任され、現在に至っている。事業を継ぐと同時に、生野区巽に鉄筋三階建ての自宅兼工場を新築した。従業員はいない。親子二人の家族経営である。

きょうだいは上に姉が一人、下に妹四人と弟一人がいる。すべてが生野区とその隣接区に住んでいることは、前章でも紹介した通りである。一九八一年、東成区に住んでいた同世代の同胞と結婚し、現在は小学五年生を筆頭に一男二女がいる。

W4は韓国籍だが、本名は使わずに通名で通している。朝鮮語はハングル文字を一字ずつ読める程度で、会話も読み書きもまったくできない。

W4は前節のW2と同様、いわゆる「在日二世」である。しかし、W2とは民族意識にかなりの違いがあることが、生活史から明らかになるだろう。両者に一回りの年齢差があり、それによる時代背景や生活経験の差異が、ある程度関係していると考えられる。

Ｗ４は卒業後、仕事も事業所も一度も変わっていない。地域移動も、平野区で二つ、生野区で三つ、住所を変えているけれども、いずれも至近距離の移動にすぎない。詳しくいえば、大阪市平野区加美福井戸で出生。一歳か二歳で同区加美新家町へ転居し、そこで中学二年まですごしている。その後、生野区へ来てから現在まで、結婚で一度、新工場の建設でもう一度転居しているが、同区から住居を移したことがない。父のＷ３や叔父のＷ２など、上の世代に比べて生活構造がきわめて安定している。成長期世代以降の在日朝鮮人の一つの典型的な生き方といえるだろう。生活史のインタビューは、一九九三年十一月二十一日、Ｗ４の自宅で三時間ほどおこなわれた。

(2) 学生時代

父の仕事

父は、私が小さかった頃は勤めに出てました。朝早くから晩遅くまで……。だから、あまり顔を見たことはなかったです。「家族より仕事」みたいなとこありましたね。まぁ今でいうモーレッ・サラリーマンみたいなね。暮らし向きは、あのころ周りを見てもそんなに（違いはない）。貧困を極めたとかそういうことはないんですけど、まぁ下の上ぐらいちゃいますか。家は、今でいう２ＤＫみたいな感じですね。玄関入って二畳か三畳の部屋と、奥が六畳か八畳あったのかな。そこに九人寝てましたから。やっぱり狭いのは狭かったですよね。布団敷けば、あと足の踏場なくなるぐらいのとこですから。

学　校

（中学二年までいた）平野区加美は、例えば小学校の名簿なんか見ますよね。大阪市は昔から本名で名簿作るんですけど、要するに三文字名が三分の一ぐらいいたような気します。先生がその名簿の本名の横に、自分で手書きで通名を書き込んでました。ほとんど通名使いますからね。

小学校では日本人とか韓国人とかということ、あまり意識したことはなかったんです。その頃はまだまだ厳しい先生いてまして、特にそういうことをやると——ただの喧嘩だったらいいんですけど——、それこそもう体罰が待ち受けてるというような先生が一人、二人いてましたから。今だったら親が黙ってないぐらい厳しかった。だから、子どもは差別をやったら怒られるんやっていう感覚があったんかどうか知りませんけど、ほとんどしませんね。国籍を問題に上げてどうこうするいうことはなかったです。中学になっても人間関係でそんな感じたことないですね。僕が意識低かったんかどうか知りませんけどね。

友だち

小学校の五、六年の時には、あんまり勉強せんけど、そこそこ良い成績取ってトップクラスにいました。やっぱりクラスの中でも、きちんとできる子っていてますやん。そういう子と友だちになりましたね。そういう子が二人いてましたけど、二人とも日本の子でした。そういう子の場合、やっぱり親もきちっとしてますからね。教育も熱心やし、躾もきちっとやってます。ところが、おんなじ朝鮮の子いうのは、やっぱり親がそこまで行き届きませんから、かなり躾は悪かったような気します。その時ぐらいですね、そういう日本人を選んだというのは。ただ、ふだん遊ぶことに限ってはそんなに気にはしてません。

中学も、やっぱり日本の子の方が多かったみたいですね、今から考えたら……。在日だからどうこういうのはほとんどないですよね。その前に自分で行けるとこ決めてましたから。そういうとこへまず立ち入らない。たとえば、クラスにグループできますやん。仲のいいグループ。その時に日本人ばっかり集まってるとかね、韓国人ばっかり集まってるとかいうグループがあるわけでしょう。別にそんなん関係なしに遊んでるいう子もいてますやん。で、韓国人を入れへん、入れたくないていう日本人の塊みたいなのあるでしょう。そういうとこへはまず行きませんよ、僕らは。そこへ近づいていったってムダなわけでしょう。だから、そういう風に差別されることないです。されるようなとこ行きませんから。

ただまぁそれと、僕は自分で幸いやなと思たんは、やっぱりそういう差別的な子でも、わりと頭のええ子には差別しないんですよ。そういうとこはあるみたいです。やっぱり頭が悪くて乱暴な子にはガッと言うけども、頭が良くておとなしい子にはあまり言わない。だから僕はあんまり言われたことない。そういう経験ほとんどないです。

高校時代〔東住吉高校〕は、在日は学年に二十人ぐらいしかいてませんでしたね。高校三年の時は同級生では僕ともう一人だけでした。だから友だちは日本人が多い。その友だちも、今はみんな引っ越しして行ってますからね。結婚したら遠く行きますから。だから年賀状ぐらいと、ま、よっぽどの用事があった時ぐらいですね。

閉塞感

友だち関係で差別を感じたことはないけど、でも、たとえば勉強しとって何になれるんやとね、そういう一種の行き詰まりみたいのありますやん。何のために勉強してんのやと。日本人なら何でもできるわけでしょう。僕ら在日はできるものないですやん。そういう差別感はすごくありましたね、中学・高校で。お前ら朝鮮人は勉強しても医者にしかなられへんとかね、そういう時代に育ちましたからね。だから、他のことを勉強しても無駄なんや、みたいなところずっとありましたからね。

うちの父親は教育熱心ではなかった。僕が行った高校がどこにあるのか知りませんからね。名前すら知らない。志望校は中学の先生と僕と二人だけで決めました。親とは一切話し合ってません。親には「私学行ったらアカン」って言われただけです。

やっぱり一番痛切に感じたんは、高校一年の時に友だちがね、一年ですよ！「おれ、勉強して、市大〔大阪市立大学〕の商学部行って公認会計士なんねん」と言うた友だちがいました。その時ふうっと自分で感じたんは……、何にもないんですよ、何の目的も。何にもなしにずうっと生きてますからね。何にもないんですよ。「へぇ、ええなぁ」で終わり。何のために勉強するねん、みたいなことを感じながら、何となくやってました。成績が良かったから、勉強は放棄しませんでした。高校の時はずうっとトップの方行ってましたから、優越感があったんかな〔それだけいっそう閉塞感も強かった〕。

父は大学進学はどうでもええみたいでしたね。高校ぐらいは出てもええかと。あとを継ぐという道しか与えなかったいうこともあります。それしかアカンと。だからかなり逃げたかったですよ。逃げるならば、医者しかなられへん。僕に与えられていた道は二つあって、医者になるか家業手伝うか、どっちかしかないわけです。で、現役で医学部受けたんです。市大の医学部と奈良県立医科大と受けたんですわ。実力不足で悉く落とされまして。もし医学部通ってたら、周りから言うて親父潰してもらうと。それしか思てませんからね。それ、失敗したもんやから、もうどうしようもないです。

浪人してでも大学行きたいのは行きたいんです。なんでかいうたら、とにかくこのままどっぷり浸かりたくないから。しかし親父は「お前、大学行かんで仕事せぃ」と。で、しゃあないから仕事しましたよ〔家業を手伝った〕。で、そのままずうっといてましたけどね、その暮れぐらいに「お前、どないすんねん。大学受けるのか受けへんのか」と父に言われて、なら受けようかなと。で、高校の先生に電話して「大学受験するから内申書ちょうだい」言うてね。「お前、今まで何やっとってん。みんなもう全部済ましてんのに、残ってたのはお前一人だけやで」。で、締切の日か前の日ぐらいに願書出したんです。

大学のクラブ活動

クラブは弓道部に入りました。動機は別に何もないです。おんなじ学部の友だちが入ったから。その友だちの姉さんが弓道やってたらしいんですわ。その友だちが「おれ、弓道部入るわ」。で、「僕も入るわ」言うて。一緒に入った友だちもそうだけど、部員は僕以外全部日本人です。

ただね、初めちょっと入りにくかったんがね、大学に朝文研とか韓文研いうね、今でもありますね〔朝鮮文化研究会・韓国文化研究会の略――後出〕。そこからやたら電話かかってきたり、呼び出しかかったりしてたんですよ。部室呼ばれてウリマル〔朝鮮語〕の読み書きの練習したいう記憶あります。そっちに時間取られるでしょ。だから弓道部にちょっと入りにくかったんです。夏休みすぎて朝文研と韓文研、両方とも縁切って、それから弓道部に入りました。

弓道部は他のクラブほど忙しくないと思います。入ったんが夏休み過ぎてからで、三年の秋のリーグ戦終わったら、あとはもう自由ですからね。だから、正味二年ぐらいです。いちおう四年の夏休みまでやりました。試合ですか？　まぁ出たり出なんだり。ちょうどボーダーラインの下ぐらいですね。たまに出してもらえたぐらいです。ええ、もうしっかりあがって、ふ、震えてましたよ〔笑〕。

やっぱ探したらいてるもんでね……。関西弓道選手権とかいう大きい大会あるんですけど。僕ら、やっぱりそういう気持ちあって見てるでしょ。ダーッと名前見るんですよ。三文字の名前がやっぱいてますね。奈良県立医科大に一人だけいてました。

朝文研・韓文研

大学で最初に朝文研、韓文研から呼び出しがあって、何回かその呼び出しに応じて行って、その後いやなことあって……。要するに、へんな理屈持ってましてね。両方とも一番の理想に挙げんのが「統一」でしょう。ところが、あんまり日本人に言いたくないんやけども……、統一を一番にめざしてる両方がね、一番嫌いなのがその相手なんですよ。韓国人が一番嫌いなのは北朝鮮の人間ですよ。北朝鮮一番嫌いなんは韓国の人間ですよ。なんで、それで統一できるんやろ。仲良うせいよと。仲良うして話し合いやって、それでやっと統一できるん違うんかと。「いや、あいつらはアカン」――お互いにそんなやから、もうお前らと話できへんわと。僕はどうせ日本人になるんだから、日本人と付き合うという主義でね。

本　名

大学では一応本名を使ってました。最初ね、たとえば語学なんて毎回小テストやるんですけど、ずっと通名を書いてました。ところが、その韓文研の人に「みんな本名使うてますよ」と。僕が「何で通名使いませんの？」聞いたら、「あほか。この大学は本名しかアカンねんで」言われまして。「学生課行ったら怒られるで」って。それからしぶしぶ本名使うようにしました。

僕はそれまで両方書いてました。本名と通名と。通名はカッコ書きでね。どっちでもいいと。受験の書類でも本名書いて、カッコして通名書いてました。大学の登録でもそうです。ところが、この大学は本名でないとアカンでって言われた。でも学生課へ確認に僕が行ったわけじゃないから、そのへんようわかりませんけどね。だから僕は身分証明書もカッコ書きで書いてました。「大阪新聞」〔二〇〇二年廃刊〕に合格者の発表出た時も、ちゃんと僕のんだけ本名書いてカッコして通名書いて出てました〔当時は大学合格者の氏名と高校名が新聞で発表されていた〕。ただ卒業証書はちゃんと本名でした。

ゼミ生活

ゼミの先生とは、研究室単位で旅行したり飲みに行ったり、その程度ですよね。研究室では在日は僕一人でした。あの時は工学部に同じ学年で三人いてましたけど、機械科は僕一人でした。たぶん歴代の名簿見ても、僕一人かもう一人いてるぐらいです。

卒業後はほとんど会うことないですけど、毎年いちおう年賀状ぐらいは書いてますし、たまに電話かかってきたりもしますよね。島根県出身で東京に就職した友だちおるんですけど、東京からの帰りにいったん大阪で途中下車して、こっちの仲間とワァワァやって、それから一晩どっか泊まって帰っていくいうのがいてました。卒業して最初の五年ぐらいはそのたんびに会うてました。ただ僕は一人で仕事やってるでしょう。だから、そういう機会を作りにくいような感じあって、自分からはあんまり作りませんね。

(3) 町工場

ゴムローラー

私の仕事はゴムローラーを削る「仕上げ」ですね。昔、謄写版があって、それにインクつけるゴムローラーがあったでしょう。あれ想像してもらったらいいんです。今はもっと大型で機械化されています。ローラーを何段も付けといて上からインクを流すと、ローラー一台一台をインクが移りながら練りもって、下でハンコに移されて、そのハンコで鋳物に印刷するという機械があるんです。ゴムローラーの製作工程のうちの仕上げ作業だけをうちの工場がやるんです。旋盤で円筒状に削るいうのがほとんどです。これは作業工程の中でもやりにくい部分で、そういう工程をうちがやって、メーカーのブランド名で売ります。

取引先のメーカーに上場企業はないんですけど、二部上場できるぐらいの規模持ちながらしないという、準大手クラスの会社は一軒あります。「加貫ローラー」といいます。在日の会社ではありません。メーカーはそんなに在日はいてません。固定した取引先、毎日注文あるっていうような所は五軒ぐらいですか。付き合いは親父が工場を始めた時、僕が中二ぐらいの時からですから、もう三十年ぐらいなります。だから仕事のルートができてますからね。取引先が一軒だけに集中してしまうと、あとの四軒、困るといえば困りますよね。

ニッチ

こんな小さい町工場でも維持できてるの(は)、他所ではやらんようなちょっとした技術持ってるとかね、他所が嫌がってやらんようなことをやってるとかね、そんなんがあるからです。僕らもそういう中の一つなんですよ。メーカーが自分とこでやったって採算が取れへん、いうのありますよね。もうこんなん面倒くさくていややとか。で、そんなんを「こんなん、やるかぁ」言って持って来るんです。

だから、もう他に請負う所がないから、しゃあなしやるかと。そのかわり、仕事忙しい時はもう「こんだけかかりますよ」言うて請求したら、メーカーは言い値でやってくれますね。そういう仕事を貰うてうまいことやる。そういうまぁ一種の生き残り競争みたいなことをやってますからね。メーカーにしても、うちみたいな工場がなくなると困る面も出てきます。

事業継承

これまで世間で言われるほどの波〔経営上の危機〕はなかったです。まぁ今現在、親父には調子乗りすぎや、みたいなことは言われそうですけどね。ここの土地買うて家建てて高い機械入れて、今返済に追われてますから。ほとんど何もない時にやりましたからね。前に住んでた一戸建てあるんですけど、その土地建物が一つの頭金代わりなりますよね。それと（妻には）生活費節約して、とにかく金貯めとけと。今考えたらびっくりするぐらい貯めました。で、最終的には親父がぎょうさん金くれました。

今後の事業展開は難しいです。やっぱり基本的に寄らば大樹の陰みたいなとこあってね。こんな細ぼそとした企業してるより、安定した大企業へ勤められたらその方がいいかなと心の片隅では思ってます。だから今でも、もしどっかの企業から引き抜きされたら、やっぱり真剣に考えますね。僕もまた考えたいし。

(4) 家族とコミュニティ

結　婚

結婚は見合いです。やっぱり基本的に事なかれ主義ですからね。いわゆる国際結婚みたいなのは避けてたいう感じでです。高校・大学で接する女の人いうのはほとんど日本人だったんです。しかし、いわゆる恋愛みたいなのはならなかったんですね。ええなと思た子は何人かいてますよ。大学の後輩でもいてましたからね。でも、どっか尻込みしてしまうというか……。周りをゴタゴタさせてもいいんかなぁみたいな。

結構見合いしてます。二十三歳で大学卒業してすぐ、「見合いせぃ、見合いせぃ」言われて、なんせ三〇回ぐらいしましたから。親戚とかそういう人も見合いの話もってきましたし、そういうことを職業にしてる人もいてますよ。そういう人のとこも頼みました。遠い親戚の人が多いですね。「遠い」いうたら、ほんまに十何親等とか、二十親等ぐらい離れた人でもね。で、もうそれこそ身近なおじとかおばとかね、そんな人もやっぱり……。実際に結婚した相手は、知人の知人の紹介です。

結局、僕らみたいなの、いっぱいいてるわけでしょ。要するに韓国人でないとまずいかなと思てて、恋愛ようせんと。そんなん見ててイライラするんでしょうね。「こんな子いてんねやけど、どうや」と。そんなんで、話がもうあっちこっちから来ますから。他人と話してると、そんな話になるんでしょうね。「うち、こんなん甥っ子おんねけど、どっか相手おらへんか」みたいなの、あるんでしょうね。結構ありますよ。半分惰性でやってましたけどね〔笑〕。最初は「いやや、いやや」言うて断ってましたけど、途中からは「ええよぉ」言うて、「いつでもやったるよ」〔笑〕。そんなんでも数やればね、そのうち気に入ったのも当たるかな、みたいな感じでやってました。

親は、口ではおんなじ韓国人の子やからええとは言いませんけど、日本人の子と結婚やった失敗談を言いますね。「あの子を見てみぃ。日本人と結婚するからこんなんなった」とか。だから、暗に否定してるようなもんですから。

老親扶養

僕らのルーツは済州島でしょう。親なんかの話聞いたら、済州島は子どもが結婚したら親と別居するんやと。だから日本でもいま問題になってますけど、年いった親が一人暮らしとかね、そういうことが昔は起こってたと。僕はやっぱり長男として、そういう風にはしたくないからね。だから僕は結婚の時に「そういう風習あるけど、うちは引き取るで」と。「同居するで」と。「帰化するで〔後出〕、同居するで」言いましたけどね。ここの家建てる時も、間取りを親が住めるように一応してあるんです。

ここの土地は、いちおう僕の名前で買いました。民団の青年会〔後出〕の先輩で不動産やってる人に頼んだら、紹介してくれました。建坪が四十坪弱ありますねん。大ざっぱに縦長の家で、一階が工場です。二階が六畳と六畳と子ども部屋が八畳。それとダイニングキッチン、風呂、トイレです。三階はだだっ広い十二畳の部屋が二つと六畳ぐらいの納戸があります。

〔しかし第1節で見たように、家族の中でW3だけ旧宅に一人で住んでいる。〕なんか遠慮してるのか、要するに立場上逆転するみたいな感じあって……。子どもの家に居候になるみたいな感じがあるのか、本人の気持ちわかりませんけどね。だから来てくれませんよね。「いつ来てもええ」とは言いながら、空いてる部屋をどんどん使うてんねんけども。将来的に両親が足が悪くなったら、二階に住んでもらわな仕方ない。それまでは三階でも住めるかなと。

子どもに老後の私たちの面倒を見るような躾はあまりやっていませんけども、いちおう順送りいう形でね……。今はまだ言いはしませんけども、まぁもうちょっと大きくなったら言うでしょうね。

内の親戚・外の親戚

親戚づきあいは、だいたい法事が中心ですよね。親戚同士の助け合いですか？　どうなんでしょう。たとえば冠婚葬祭なんかの時は、やっぱりWの方の親戚がみんな寄ってくるんですよね。で、ふだん遊ぶとか、冠婚葬祭を離れた時は――母親の方のきょうだいもぎょうさんいてますから、やっぱりそういうとこの方が親しく遊んでますね。やっぱり儀式みたいな冠婚葬祭なったらね、外みたいな感じがあって。内と外がはっきりしてるなと最近つくづく思てますけどね。父方の「いとこ会」には時々顔を出してます。しかし親父のいとこ会〔W3、W2、W1たちがやっている〕なんでね。

仕事の面では、何度か保証人になったり、なられたりみたいなことはありますけどね、そんなにないです。同業関係もないから、仕事を回してもらうような付き合いはありません。

民　団

民団ですか？　一応ね、親父に強制されて「青年会」には入ってたことあるんですけどね。あれが三十五歳までいう年齢枠ができて、それで抜けましたけど。会費は親父が払ってる。僕は自分で払ったことないです。民団の組織って、あんまり好きでないんでね。一番の理由は、長が変わるとそっくり役員変わってしまうんでね。要するに引き継ぎがないんです。

僕がいちばん自分の民族でいやなんが、言うたもん勝ちみたいなね。でかい声出したもん勝ちみたいなとこあるんですよね。まずちゃんと冷静に話し合えないみたいなところがあるんで、そのへんが一番嫌いなんですけどね。自分が気に入らんと、ワァー言うて相手を押さえつける。僕ら押さえつけられる側ですからね、非常にいやなんです。

コミュニティ

隣近所の付き合いは、あるようでないようで。顔見れば挨拶程度はしますけど、それ以上はどうなんですかね。

用事がないと、さほどしゃべらない、というところもあるみたいですね。

しかし、町内会にはいちおう積極的に参加してます。子ども会ですけどね。今のところ役員格はほとんど日本人。ただ、下の方の役員の人は日本人の人も韓国人の人もいてますけど、僕はまだ行事に参加するだけです。子ども会は、結構ここ活発でね。今年は僕が行っただけでも、ミカン狩り行ったでしょう、潮干狩り、あとブドウ狩りとかね。なんかそういう一種の遊びみたいな行事が結構あるんです。年末に餅つき大会やったりね。で、町内会の総会が一年に一回か、二年に一回あるんですけど、それにも一度参加さしてもらいました。ＰＴＡも、うちの嫁さんがいちおう役員はしてます。保健体育委員ですか。

やっぱり昔からいる日本人のとこへ僕らが後で入ってきてますからね。猪飼野なんてのは韓国籍の人も相当古いですけど、でもこのへん〔生野区巽〕は、在日は比較的新しいですから。向かいなんかでも、まだ十五年ぐらいですし。僕らもまだ三、四年でしょう。この近所はほとんど在日の工場ですよね。向かいも隣もそうです。

減少する差別意識

幸いこのへん在日が多いですからね。また、だんだん差別的な意識も減ってきてますからね。たとえば、親父も今日、韓国行って帰って来たんですけど、昨日と一昨日、仕事休んでたわけでしょう。電話なんかで「おやっさんは？」言うて、「あ、里帰りしてますねん。韓国行ってますわ。いつ帰ってくるかわかりませんけど、すんませんね」言うて終わりですよ。向こうがどう受けようが、僕は別にかまわない。親父、韓国で生まれて里帰りやってねんからね。別にそれに対してとやかく言われる筋合いもない。もしそれがいやだったら、ほんとに差別するんだったら注文も来ないと。ま、いいわと。あんまり昔みたいに腰低くしてませんですね、はっきり言うて。

(5) 民族文化

朝鮮語――原初的関心と放棄

父は、私が物心ついた時はもう朝鮮語はしゃべってない。やっぱり一時期、仕事なんかでかなりそういう差別的なことがあったみたいでね。とにかく表に出さなかったたいう時期があるんです。そういうのんで使わなくなったみたい。で、おじいちゃん、おばあちゃんがいてないから、聞くことはほとんどなかったですよね。じいちゃん、ばあちゃんいてる人は、じいちゃん、ばあちゃんがなかなか日本語覚えてくれへんから、結構聞けてる人が多い。

〔W4には大学以前にも朝鮮語を勉強した経験がある。〕いわゆるオモニハッキョみたいなのあってね……。この辺やったら朝鮮学校あるんやけど、そこで夜、ボランティアで文字を教えたりしてんねけど、そこへ三、四回行って、「アー、ヤー、オー、ヨー」〔日本語でいえば、「いろは」にあたる〕は教えてもろうた。だけども、本読む段階で思想が入ってきたから、これはやばいと……、そこをやめて。

習いはじめたきっかけは、うちの姉がそういうの好きで行ってて、一緒に行こういうことで。必要性とか、そういう問題はまず……。やっぱり多かれ少なかれ自分の母国語みたいな気はあるからね、知っとったらええなぐらいは誰でも思うてますよね。で、大学に入って朝文研に呼び出されて、そこでも「アー、ヤー」を三、四回やって。だから、字はかなり読めるねんけどね、意味がわからない。だから、文章を作れないからしゃべれない。で、結局は大して必要性もないわけでしょ。いつのまにかやめてると。まぁほとんどの人はいっぺん韓国へ行くと、やっぱり勉強せなアカン言うて、もう一回ぐらいはやるみたいですね。僕はせんかったけど。

韓国旅行

済州島へ一回、ソウルへ三回、計四回行ってます。民団の青年会で二回行って、親父が一回連れてってくれて。やっぱりチェジュ〔済州〕は、何となく「あぁ、ここがチェジュなんか」――自分のルーツみたいな感じがあるわけでしょう。そういう思いはありましたね。ソウルの時はまったくなかったです。

済州に帰ると墓参りもせなアカン、親戚はいっぱい。たいへんですねぇ。それは歓待はしてくれるんですけどね、なんせ言葉が通じませんからね。やっぱり言葉の壁は大きいですよ。

民族衣装

女の子のチマチョゴリは、持ってんのは持ってます。私も結婚する時に作ってくれましてね。韓国の衣装で結婚式したもんで。まぁ持ってますけど、結局、冠婚葬祭用ですよね。それ以外では……。日本人の着物がどこまで着られてるのかわかりませんけど、それと同じ感覚ですよ。年寄りの人は普段着に使ってるいうこともありますけど、若い人はないですよね。冠婚葬祭だけです。

僕は着物も持ってるんで、正月は着ますよ。日本の着物ね。夏の祭りにも浴衣を着ます。それ以外は着る用事ないですから、正月や夏祭りぐらいは着たいなと。弓道部おったんで、帯とか一応できるんです。

年中行事

百日〔韓国式で子どもの一歳のお祝い〕は、やるのはやりました。親が準備してくれたから、あれは韓国式なんでしょうね。後ろに屏風立てて、チョゴリ着せて座らせて、という簡単な韓国式の儀式があるんですけど、それはやりました。しかし住吉大社へ毎年初詣にも行きました。十年ほど続けて行きましたね。

とにかく中途半端でね。どこまで日本人でどこまで韓国人か、わかんないんです。（私たちの）親が準備するのは韓国式なんやろうなと。で、僕らができんのは、もう日本式になってしまうなという感じです。別に拒否をしているわけでもなんでもないんです。

法　事

だから、親が亡くなった後の法事はどうしようかなと考えてますけどね。今やってるような形でやらされるに違いないんですけど。自分もそのようにやろうかなと思います。親もそういう風に先祖を祀ってきたから、自分自身もそういう風にしてほしいんやろなと、私は内心思うてますけどね。

父親たちが済州島の一族の共同墓地を整理してるみたいですね。将来どうするんやろう。難しいですよ……。帰化しても、僕の親とおじいちゃん、おばあちゃん、四人の法事はするやろう。その時に今までやってたような形でやるとは思うんです。ただ、昔みたいな派手にやる必要もないですから。まぁそうはいうても、今の法事の形にそんなに無駄があるとは思われへんけどね。だから、親がやってきたことを私も繰返しやりたいなと思ってます。ただ、僕は自分の子どもにそうしてほしいとは、別にそこまで思てません。しかしそないしたら、子どもはそれしか知らんようになってしまうかなと。それでその形を維持してくれるんやったらそれでもええと。もっと自分に良い方法あって、それを探してくるんなら、それでもいい。仏壇を置いて毎日ご飯あげて線香するのがいいのか。それとも僕らみたいにその人の命日にだけね、ちょっとたいそうになってもお膳して、一人の仏さんは年に一回で済ますのがいいのか。どっちがいいんかみたいなね。どっちがいいんかいうよりも、どっちが楽なのか。

料　理

食事一つ一つ見れば、やっぱり日本食ベースですよね。で、洋食があって韓国食があって……、もういろいろですよ。たとえば魚の焼いたやつがナニ食になるのかわかりませんけど、日本人と同じように食べます。ただ、キムチはやっぱりあった方がいいみたいですね。

(6)「韓国系日本人」になる

「韓国系日本人」

僕は、ずうっと自分が在日であると言い聞かされて育ってます。たしかに籍は韓国人ですけど、しかし僕は日本人や思うてますねん。百の中の一だけ韓国籍で、九十九は日本人やと思うてます。とくに大学ぐらいからかな。籍は韓国やねんけども、もうほとんど日本人やなと、ずっと思ってました。

僕の大学は民族差別じゃなく同和の方で活発にやってましたけど、それが一番理想やと思うてますねんね。要するに民族に誇りもとうなんて、僕、いっこうも〔まったく〕考えたことないです。ちゃんと普通の日本の市民になっていったらそれでええと思てますから、子どもにもそのような教育だけしようかなと思うてます。

だからといって韓国籍やからなにか悪いとか、そういうことは一切思うてません。韓国籍の親もいてますし、僕も韓国籍を別に捨てるわけでもなんでもないですから、それはもうはっきり肯定はしてます。だから、子どもには「韓国籍やで」ということはちゃんとわからせています。どうせ将来は帰化はすると思いますから、その時にも「それを忘れんときや」と。ただ、ちゃんと拡散していけと。

昔はなんかこう後ろめたさみたいなのありましたね。やっぱりちょっと俯き加減で歩いてました。でも、今はどこ行ったたって胸張って歩いてます。いつぐらいからでしょうね。大学行ってる時も、心の片隅にはそういうことありましたね。しかし僕は、ずっと幸いや思うてます。大学では周り日本人ですけど、そういうことを問題にした子はほとんどいてないんでね。それまでは避けて通ってた方ですけど、べつに避けなくっても問題にもされなかったみたいなとこあって。だからみんな言うてます。「大学はええとこ行きや」て。やっぱり人のレベルが高いんでしょうね。

帰　化

僕は子どもの時からずっと思ってたんですけど、本当は日本の人と結婚して、子どもは私生児になるけど日本籍取らせたいと思ったんですよ。それで僕らが小さい時に味おうたようないやな思いせんかったら、それでもええわと。しかし私生児問題みたいなのあってね、それはそれで差別の対象になるんかなと思ったりして。

だから実際に子どもが生まれた時に、日本籍取らせたかったんです。一九六五年の日韓協定は一九九〇年に切れる時限立法だったでしょう。九〇年に切れる時に、ひょっとしたら日本籍もらえるかなと内心思うとったんやけど、そのまま延長みたいなことになった。「なんやぁ」と……。

女の子二人いてますけど、将来は日本人のとこへ嫁がせたいなと思ってます。でも男の子の方はどうしようもないからね、やっぱり僕が自分で帰化しようかと。子どもも全部ひっくるめてね。帰化のことはずうっと考えてました。

（子どもが将来、希望する仕事に就けない国籍の壁にぶち当たったら？）その辺も帰化の問題と絡むんやろうけどね。子どもには最高の教育を与えてやりたいですね。そこはもう子どもの能力の問題ですから、能力があればいろんな選択ができるわけでしょう。能力なかったら、今のままでいいわけですやん。だから子どもにもっと幅広い選択さしてやりたいと思った時点で、僕は帰化するつもりしてます。親が生きていようが死んでいようが。たとえば弁護士やとか司法試験受けるとか、そういうことになった時にね。また、学校の先生やりたいとかなった時に、今のままいてるいうことは足引っ張ることになるでしょう。やっぱり子どもの足は、まず引っ張りたくないから、それはつねに頭に置いてます。ただ周りもうるさいですからね。だから、その時にははっきりと子どものためにやるんだと。本当は自分が一番やりたいんやけども、今、僕がやりたい言うたって「お前、なんで今までせんと、今なってせなアカンね？　来年でも十年先でもええやないか」って言われるでしょう。子どものためだったら、「今せなアカンのや」と言えますよね。だから、その時に決断しようかと。

話変わりますけど、うちの嫁さんとこの家庭は韓国べったりですねんね。たとえば、こないだワールドカップで日本と韓国と試合したでしょう。「どっち応援した？」聞いたら、やっぱり嫁さんとこのきょうだいは韓国なんです。僕は日本なんです。ボクシングでも「日本人と韓国人と試合やったらどっち応援する？」言うて、僕は「日本人やで」って。「なんで日本人応援する？　韓国人応援するわ」、「あぁ、そう」。僕ら感覚的に湧かへん。

見合いやってて、はっきり言いました。「将来、帰化するぜ」と。「ええっ！」とか言ってましたけど。それを「いやや」って言うて断られたら、それでもええわと思うてましたから。ただ、いつ帰化するかはなかなか踏ん切りつかん問題ですね。周りの反響とかね……。僕ら以上に日本人に育ててる親がいっぱいいてますねんね、親戚の中でも。そういうとこの親が帰化をなかなかしませんねん。そういう親が早うさっさとやってくれればいいけれど、とずっと思うてます。

うん、やっぱり一番ネックは親。やっぱり親は韓国やから〔親は自分を韓国人と思い、日本に同化しようとは考えていないという意味〕、親を帰化さすいうこと、僕にはようせんと思うてる。僕が帰化するのを否定はせぇへんと思う。否定はさせへん。そういうことになったら、させへん。まぁ親がいつまで長生きするかわからへんけども、親が亡くなった時点で帰化しようとは思てます。

日本人が読める名前を

今、大阪市の教育委員会は子どもに本名使えと言ってます。本名を本名読みするんですけど、それに対してどう考えますか？　僕はね、本名使う／通名使う、どちらでもいいんです。しかし、本名使えという時に韓国読みで使いなさいみたいなところがあるんですけど、それに対する僕の意見です。僕は大学の時に本名を使ってたけど、それを日本語読みにしてたんですよ。なぜかっていえば、その方が日本の人が読めるでしょう。一般の日本の人に、たとえば「徐吉城」を「ソ・キルソン」と読んで下さい言うても、読めませんよね。違います？　やっぱり日本人が読める読み方するのが正しいと、僕は思ってるんです。

裏返せば、僕が自分で読めない。僕は韓国籍ですよね。他の人の名前をもってこられた時に読めませんと。そんな恥ずかしいことありますか。だから自分の子どもには、教室の中で使うのはいいと。ただ表へ行ったら通名使えやと、そういう風にしてるんです。

たとえば、これは悪口じゃなくって——W２の叔父さんが自分の子どもに韓国読みをさしてる。漢字で書いて韓国読みするんやったら、まず日本の人読まれへん。で、ある時（W２の子どもが）表彰状をもらう時に、本名を韓国読みでやってくれと（要望した）。しかし日本の人は当然読めないですよ。どっかで読み方を聞いたんでしょうね。ちゃんとふり仮名ふってますねんね、日本の人。子どもが仮に「徐吉城」っていう名前であれば、「ソ・キルソン」とふってますねん。私、それ見て笑ったんです。私、言ったんです。「それ違うで」と。そうでしょう。書けと。漢字で書いて「ソ・キルソン」って読んでもらおうなんて期待したらアカンと。カタカナで「ソ・キルソン」ともし韓国読みしてほしかったら、日本人が読める字——カタカナ書きなさいと。日本の読み方があるんやから、日本の人が日本の読み方して当り前やと。それより、おんなじ韓国人の名前を、おんなじ韓国人が読まれへんことの方が恥ずかしいわけでしょう。そっちの方が普通ですねん。それを恥と思わんいうのはね、おかしいと僕は思ってるんですよ。

アンデルセンとアンダーソン

これ、いつ感じたかといったら、さっき言った青年会行ってる時に——青年会の総会があって、そこでは名前を読んで点呼取るんです。その点呼を会長がやるんですよ。なんでやいうたら、本来読むべき組織部長いてるんですけど、読めないんです。漢字しか書いてないから、韓国読みできないんです。そんな恥ずかしいことないですよ。

で、そんなんを僕は思いながらね、子どもには漢字のまま韓国読みなんか、日本人にしてもらおうなんて考えたらアカンと思うんです。だから、もし自分が本名で韓国読みしてほしかったら、漢字の上に必ずふり仮名ふるか、漢字ではなくカタカナで書くか、どっちかしなさいと。

名前を何を使おうがかまわない。通名と、本名の日本読みと、韓国読みと三種類ありますよね。どれ使うてもいいと。どれを使おうが日本人が見て読めるように書きなさいと、そうつねに思ってます。（日本のマスコミなどは）中国人（の名）は中国読みしませんよね。なんでなんですか。向こうはそこまで要求してないんですよ。

高校の英語の教科書にアンデルセンの「みにくいアヒルの子」出てきました。生徒が「アンデルセン」と読むと、先生が「違う。これはアンダーソンやで。英語やからアンダーソンや」と。「デンマーク行ったらアンデルセンやけど、英語ではアンダーソンでないと通じへん」と。それとおんなじことでね、日本ではやっぱり日本人が読めるような形で名前を書かないと。韓国語読みで読んでもらおうなんて、もう押しつけもええとこですよ。

在日社会の矛盾と混沌

こないだの日曜参観でね、黒板の後ろに絵が貼ってあるんです。そこに子どもが民族教育で自分の名前をハングル文字で教えてもろうて、それを書いてたらしいんですわ。親が怒ったいうてね。「お前のどこに貼ってあったんや！」、「ちゃんとあったやん」、「そんなもん、あれへんで！」。ハングル文字で書いたのを親が読まれへんから、えらい怒ったいうて。恥ずかしい話ですけどね。自分の子どものハングル文字読まれへんとかね。

中は混沌として矛盾だらけやから。W2さんみたいにちゃんと勉強してる人はね、自分ができるもんやから、みんなもできると……。自分が熱心やから、みんな熱心やみたいなね、考えの人もいてるし。僕らみたいに、何て言うんか、極端に言えば民族学級なんかあってね、本名どうのこうの、自分らの民族に誇りをもてとか、今さらええのにと思うてる人もいる。

〔W4の子どもたちは地元の公立学校に通っている。〕子どもも小学校の民族クラブに時々行ってます。行きたかったら行っといでと。別に積極的に行けとは勧めてません。子どもが行きたいのに引き留めるいうこともしません。

日本国への要望

国に一番お願いしたいのは、やっぱり僕ら、自分らで望んで日本にいてるんじゃないんですから、できたら日本籍を自動的にほしいと思ってます、ずっと。まぁ日本人の言い分としたら、僕らの親は当時そこそこ物心ついてますから、自分の意志で残ったんやろと決めつけられてるんやけどね。僕らははっきり言うて自分の意志ではないですから。それは親の意志や言われたら、それ以上返す言葉ないかもわかりませんけど……。言葉もできない、生活基盤もはっきりとここにある。教育も日本の制度で受けてる。だから僕は今、日本籍をもらっても、日本人として恥ずかしくない程度の一市民にはなりえてると思てます。だから、何はさておいてもほしいですよね。役所へ行きなさいと、日本籍あげますと、言うてほしいんですよね。

帰化は簡略化されたとは言われても、やっぱり時間かかります。早くて一年以上かかるんでしょう。僕ら一番気にしているのは、交通違反なんかでもかなり厳しいらしいんです。交通違反なんていうたら……。たとえば違法駐車は悪いのはわかってるけど、誰でもやってるわけです。無茶な運転したのなら当然別ですけど、誰でもやってるようなことをおんなじようにやって、それが時として問題にされることもあるらしいんでね。昔は三年間に交通違反一回あったらアカン言うてましたよ。今はまぁ交通違反ぐらいは大目に見たろって言うてるらしいですけどね。

第4節　定住世代の生活史

(1) W6のプロフィール

W6(女)は、一九七〇(昭和四五)年一月十日、W1の次女として生まれた。出生地は大阪市東成区だが、生まれてまもなく現住地の生野区に転居した。彼女が通った小中学校は、生野区でももっとも在日朝鮮人が多く住む校区の公立学校である。その後、大阪市阿倍野区の私立女子高をへて、保母養成の私立専門学校(大阪市)に入学。ここを一九九〇年に卒業と同時に、自宅から程近いA保育園(生野区)に就職して現在に至っている。A保育園は在日大韓基督教会(一九四五年創立の在日韓国人のためのプロテスタント教会)が経営する保育所で、在日朝鮮人の幼児が多く通っている。なお、インタビューをした一九九三年十二月十八日の時点で、W6は未婚である。彼女の名前を仮りに「美子」としよう。「美子」は、日本語読みは「よしこ」、朝鮮語読みは「ミジャ」である。なお、姓の通名は他のW家と同様「山田」とする。

W6の祖父(故人)が、戦前、はじめに日本に渡ってきているので、彼女は移民の第三世代にあたる。W6の父であるW1の生活史も聞いており、これもたいへん興味深いのだが、紙幅の都合で父の生活史の全貌は掲載できない。前章の繰り返しとなるが、ここでW1のことを改めて紹介しておくと、W3やW2とは十親等も離れているにもかかわらず、同世代の従兄弟として日頃からたいへん親しい間柄である。彼ら三人を中心に「いとこ会」を作って毎月食事や旅行をしたり、法事の交換をしたり、親族共同墓地の造成のために一緒に済州島の郷里を訪問したりしている。前章の冒頭でも述べたように、韓国の農村では十親等や十二親等までは近い親族と見なされているというから、そうした母国の伝統を受け継いでいるとも見ることができよう。

また、W1は現在、父から受け継いだ縫工所を営んでいるが、父が縫製業をはじめたきっかけは、W3の父の勧めによるものであった。一族の中で日本で最初に縫製業に携わったのがW3の父であり、これを頼って何人かのきょうだい・身内が日本に来たことは既に述べた。W1の父は、W3の父とは八親等も離れていながら、そのような身内の一人であったことを、W1が語っている。このように、W6の親たちは一族の身内同士、相互に強くつながりながら、大阪で自分史を形作ってきたのである。

ところで、W6は韓国籍である。最近、朝鮮語も習いはじめて、会話と読み書きが「少しできる」ようになった。韓国舞踊とチャンゴも習っている。名前は、現在は本名（朝鮮語読み）を使っている。しかし彼女の場合、使う名前の変遷が著しい。幼稚園から小学三年生までは通名。小三から高卒まで本名（日本語読み）。そして専門学校で再び通名にもどし、A保育園に就職したのを機に本名（朝鮮語読み）に変えている。

在日朝鮮人の場合、（必ずしもそうとは言い切れないが）一般に名前の変遷は民族意識の変容を象徴的に表している場合が少なくない。後で見るように、W6のケースはその典型と言えるのだが、そのような内面の変化を促す社会的要因は何だろうか。二十代前半という年頃を考えた場合、自らの内面の変化を、自らの体験や同世代人との出会いなどから説明することはできても、少女期からの長い時間のパースペクティブに現在の自分をおいて省みることは、少し難しいかもしれない。しかし、民族意識のあり方が幼い頃からの家庭環境の中で、ある程度方向づけられているとするならば、そのことについては親の方が自覚的なのではないか。もしもそうであるとすれば、「方向づけ」に関する親の語りを本人の語りと重ね合わせることによって、より深い理解に達することができるかもしれない。質問紙調査が、現在という平面上の諸要因の分析に限定されがちであるのに対して、世代間生活史法が「時間の奥行き」の中から諸要因を索出しうる利点を、ここでは活かせるかもしれない。そうした理由から、親には次章の分析の段階で登場してもらう予定である。

なお、W6は四人きょうだいの三番目である。四人の居住地は、やはりすべて生野区か平野区である（近接居住）。一番上の長女（一九六五年生まれ）は日本人と結婚して帰化した。二番目の長男（一九六八年生まれ）も、父が日本人、母が韓国人の日本籍女性と結婚した。W6と妹（一九八二年生まれ）は未婚である。以上のことからも、きょうだいの間でさえ民族性は多様であることがうかがえる。W6のケースを、あくまで「定住世代」の一類型として位置づける方向で、以下のスクリプトを読み込むことにしたい。

(2) 家　族

親の仕事

〔インタビューは、東成区にある父の縫製工場でおこなわれた。そこはW6が生まれた直後に生野区へ引っ越すまで、家族が住んでいた家である。父はここで紳士服のベストを専門に作っている職人である。〕

縫製の仕事を、昔は父が兄弟でやってたんですよ。だけど、みんなバラバラなっちゃったんで、今はパートさんを雇っています〔父のきょうだいは五人。男三人・女二人で、父が長男。かつては三兄弟で一緒に仕事をしていた。現在は両親の他に、四人の日本人の女性パートを雇い、計六人で働いている〕。

私が小っちゃい時は、もうほとんど私が寝てる時にアボジ〔朝鮮語で父〕が帰ってくるから、私の記憶の中では、ほんとに日曜日にアボジがずっと寝てることしか記憶にないぐらい。朝起きたらまだ寝てるんですよ、夜が遅いから。で、私らが学校行ってから九時ぐらいに仕事に出て行く。だから、平日はほとんど顔を合わしてないといってもいい。別に貧しいとは感じてなかったですね。豊かでもなかったけど……。

法　事

法事は、家でやるだけでも年に四、五回はあるんちがいますか。私が参加するのは家でやる分だけです。アボジとかは親戚のとこ行ったり。お兄ちゃんも長男なんで親戚のとこも行きますけど、私は女だからっていうのがあるでしょ。だから自分の家のんしか……。

朝鮮料理

家では今も朝鮮料理が多いです。ほとんどそうです。オモニ〔朝鮮語で母〕が仕事忙しいから、私も作ったりします。キムチは漬けないですけど、いろいろ炒めたりするのも、やっぱりコチュ〔唐辛子〕を入れてしまったり、ちょっと辛いもの入れてしまったりしちゃうんですよ。ニンニクも使う。そういうのが好きなんです。でも、〔醤油と砂糖で味をつける〕日本食も食べれますし、そういうのも作りますよ。

「お母ちゃん」と「オモニ」

実際に親を呼ぶ時は「お母ちゃん、お父ちゃん」です。もう、小っちゃい時から「お母ちゃん、お父ちゃん」だったんで、ずっとそうなんですけど。私の今の周りの環境とか――保育園もそうやし、舞踊とか行ってる所であったり、チャンゴ行ってる所であったり、そういう民族的な活動をしてる所が、結構頻繁に「アボジ、オモニ」を使ったりしてるんですよ。挨拶から全部そうやからね、普通の会話をしてると自然に「アボジ、オモニ」って出るんですよ。でも、いざ帰ってみたら、顔見るとね、「お母ちゃん、お父ちゃん」になるんですよね。やっぱり小っちゃい時からのがあるんで……。

結婚

そうですね、お母さんの方はやっぱり同じ国の人と結婚してほしいっていうのはあるみたいですね。今でも言ってます。私もそう思ってます。高校の頃にはすでに「同じ国の人と」って思ってたと思います。

やっぱり風習も違いますしね。私とこの国の場合は、食べ物も違うし、法事とかもいろいろあるし。で、やっぱり、なんていうんかな、在日のことがわかってもらえるかなぁっていうのがあるんで。〔在日同士だと〕何も言わなくてもわかりあえるところがあるんじゃないかなっていうのが、ちょっとあります。

■勉　強

勉強については、そんなにやかましくは言われなかったです。学校も、全部自分で進路を決めてきたんです。決めてから、事後報告みたいな感じでやってきたんでね。「ここの学校行くねん」って感じで話して、（親も）「したい事しぃ〔しなさい〕」っていう感じ。私は親に反対されても、「いや、やりたいからする」っていうタイプなんです。別に、はずれた道を行っているわけではないし〔笑〕。

（3）名　前

■小学校

〔W6は、生野区の中でももっとも在日朝鮮人児童の在籍率が高い御幸森小学校に通った。この学校は、現在も全児童の約七割が在日児童である。しかし、彼女の学校友だちはほとんどが日本人であったという。〕

学校では誰が在日かということは全員がわかってました。ほとんど通名使ってなかったんですよ。中学校まではほとんど大体の子が日本語読みの本名か、韓国語読みの本名を使ってた。で、高校に上がった時点で、みんながほとんどどね、通名使い出すんですよ。ちょっと地域から出ちゃうでしょう。それで通名使う子が増えるみたいですね。ずっと「山田美子」できてて、小学校三年生の時に、担任の先生から「本名を使いませんか」いうプリントを渡されて。その時、うちのオモニとアボジも「本名で行くかぁ」みたいな感じで（勧めたので）、日本語読みの「Wよしこ」で行くようになったんですよ。きっかけっていうのは、それだけなんです。良いことやとか悪いことやとか、全然なんにも感じなかったんです。

あんまりね、「韓国人や」っていう風に意識せずにずっと育ってきてるでしょう。もちろん韓国人であることはわかっていましたけど、意識はしてなかったです。周りにも（同じように韓国人ということを意識しない同世代が）いっぱいいいてるし。わからない〔意識しない〕ままでずっと育ってきたから、名前変えたのも、ほんとに何気ない感じで、別になんとも感じなかったんですよ。

で、三年生の後半に、本名は「Wミジャ」やっていうのを担任の先生が授業中に教えてくれたんですよ。韓国語の書き方と発音の仕方も。クラスにいっぱい（同胞が）いてたから、その子らのを全部教えて下さった。本当の名前を教えてくれはったんですね。私、それまでずっと「Wよしこ」っていうのが本当の名前やと思ってて……。だけど「違うねんでぇ。本当の名前は『Wミジャ』やねんで」っていうのを教えてもらったんです。

で、その時、「変な名前やな。響き的に変な名前やなぁ」とか思いながら……。別に「いやや」とは思わなかったけれども、使いたいとは思わなかったんですよ。で、家に帰って、オモニとかアボジとかに「Wミジャっていうねんでぇ」って言うたら、オモニとアボジも韓国語はそんなに詳しくなくって……。多分アボジは私が生まれて来た時に、私のことを「よしこ」っていう風に付けたと思うんですね。「ミジャ」って付けたわけじゃなくって。だから、私は「『ミジャ』っていう名前の方が本名なんだけども、アボジが付けたのは『よしこ』やねんな」っていう風に感じ取ってたんで、だから「ミジャ」っていうのは使う気はなかったんですよ。だから「Wよしこ」で行くっていう感じで、うん。

中学校

〔御幸森小学校の卒業生は大池中学校へ進学するので、ここも生野区で在日朝鮮人生徒が一番多い中学校である。そこでもW6は本名（日本語読み）で通った。そういう生徒は多かったし、朝鮮語読みをしている生徒さえいたという。中学校でも日本人の友だちがほとんどであった。〕

学校上がるたんびに、「通名でいきますか、本名でいきますか?」っていうのを、必ず学校から聞かれるんですよ。まず小学校を卒業する時に「どこの中学行きますか?」いうのんとかあるでしょう。そん時に必ず聞かれるのと――中学上がった時にも「本名で行くんか、通名で行くんか」いうのを必ず聞かれるでしょう。そういうことに私は「なんか変やな」っていう風に思ってました。「本名使うのが当り前や」って自分では思っているのに、なんでまた聞かれるのかな……。私は「当然や」と思ってんのに、改めて聞くのは不自然やなぁ、おかしいなぁって思ってました。

あそこの中学校はやっぱり在日の子が多いでしょう。だから（在日であることを）隠してる子たちがほとんどいないです。生野っていう地域がそうやからだと思うんですけど……。だから先生たちも別に手を差しのべるようなっていうのはないんですよ。違う地域の子と話したことあるけど、その子の学校では、やっぱりいろんな働きかけを先生はしてはったみたいです。私の中学ではそういう働きかけはなかったなぁっていうふうに……。地域的なもんだと思うんですけど。

使い分け

生野区っていうところが在日が多いんで……。で、生野区の在日の人は通名と本名をうまく使い分けて生活してはったり、生きてはったりしてはるんですよ。で、そういうところにいてる日本の子たちは、通名使ったり、本名使ったり、いうのが当り前のように感じてるみたいで。

で、中学の終わりごろ、韓国人の友だちに私が「高校は本名で行くの?」って聞いたら、「あったりまえやん。私、本名で行くよ」って言ったんです。それを日本の友だちが聞いてて、「ええ、なんでぇ！　高校は通名で行くん違うのん?」っていう感じで言ったので、「ええ！　何言うてんのん。あんた！　なに考えてんのん」言うて、私がかえって思いっきりケンカしたんですよ、怒って。「何言うてんのん。通名なんか使えへんよ。私の名前はWよしこやねんから、Wよしこで行くよ。何言うてんのん!」っていう感じで、パーッて言い合いになって。その子も引き下がらない子やったんで、思いっきり。「なんでわかれへんのん?」みたいな。「通名使うことが当り前じゃなくって、本名使うことが当り前やねんで」っていう話をしたんですよ。その日本人の子とは今でも付き合いはあります。

差別体験

〔高校に入るまでは差別体験はほとんどなかったという。〕中学二年の時に一回だけありました。日本の男の子に「韓国人、朝鮮人は嫌いや」って言われました。私が在日であることを知っていながら、面と向かって言われました。「なんで嫌いなん?」って聞いたら、「自分のお父さんが嫌いやって言うてるから、僕は嫌いや」って。「どこをどういう風に見て、あんたは嫌いやって言うてるの?」って感じで私は聞いたんですけど〔納得のゆく説明はなかった〕。

高校

高校〔阿倍野区〕では、在日韓国朝鮮人はクラスに自分一人だったんです。だから日本の友だちが多かったね。それは選んだわけではなく、たまたまです。学年でも何人かはいたみたいだったんですけど、ほとんど通名使ってる子たちが多かったんで、わからなかった。

生野区の人ってきっと「W」の名字を聞いただけで「韓国人やなぁ」ってわかりはるでしょう。でも、ちょっと地域を離れると「Wよしこ」で行ってても韓国人やっていうのは気がつかないみたい。〔ちょっと変わった名前の日本人?〕そう。「変わった名前やね、名字やねぇ」って、いっぱい言われました。「クレさん」とかって言われて〔たとえば名字が「呉」の人が「クレさん」と呼ばれる。「呉」の朝鮮語読みは「オ」。なお、便宜上、以下でW6の姓の本名に「呉」を使うことがあるが、これは仮名〕。

他区の私学だから、さまざまな地域から来はるでしょう。だからよけい〔W6のことを〕知らない人たちがいっぱいで……。「変わった名前やね」っていう風に必ず言われるのと、先生も、つい名前間違えて「クレさん」って読んだりしてたんですよ。「いえ、違います。オです」って言ったんですけどね。「変わった名前やねぇ」って聞かれて、「韓国人やからオっていうねんよ」っていう風に答えると、みんながサーッと引くんですよね。（引くっていうのは？）もう禁句のような感じで……。ああいう引き具合っていうのは、生野区では絶対なかった。高校になるといろんな地域から入ってくるでしょ。で、その子らの地域では韓国人の人たちは、たぶん数が少ないんだと思うんですよね。きっとその子たちは差別はしてないんだろうけども、無意識のうちに「言ったらアカンことや」っていうのがあるんだろうと思うんですよ。

友だち

〔高校に入ってから、学年が変わり、クラスが変わる度に日本人同級生の偏見の眼差しを受けることになる。偏見は無知に由来すると彼女は考えている。しかし、高校では民族の相互理解に関する学習会や指導などはまったくなかった。〕

深い付き合いの人っていうのは、私に直接聞いてくるでしょう。「オ」っていう名前が変わった名前やねって言ってきたら、私は言います。深く友だちになる子には、やっぱり自分のことはわかってほしいと思うでしょう。だから、そういう風に誤解っていうか、韓国人がいややって思ってる子にはわかってほしいと思うんで、話はいっぱいしました。話してわかってもらって親しくなれましたけどね。

でも、クラスの中でも深い付き合いの子と浅い付き合いの子がいてます。その浅い付き合いの人たちっていうのんは別に聞いてくるわけじゃないでしょう。で、その人たちに別に隠してるわけじゃないんですけど、いちいち言わないでしょ。そういう（W6のことを）知らない人たちは、平気で差別用語を言ってくるんです。（在日朝鮮人は）悪い人間や、みたいな。

「どこに住んでんのぉ？」って言われて、「生野区に住んでるよ」言うたら、「あぁ朝鮮人いっぱいおるのんちゃうの。こわない?」とか「臭いんちがうのん?」――「は?」っていう感じ。私は良いも悪いも全然意識してなかったんです。意識してなかったけども、やっぱり自分のことをけなされてるって思うでしょう。だから「なに言うてんのん!」って言い返してました。

浅い付き合いの子たちがいろいろ陰で言ってたのが聞こえてきたりしてたけど……。だけど自分が全然気にしない性格やったからよかったかもしれない。でもやっぱり悲しいことですよね。

(4) 専門学校

本名から通名へ

〔専門学校に入る時、通名を名のることにした。〕私は「Wよしこ」で行くって言ってたんですけど……。うちのお姉さんが短大を本名（日本語読み）で行ってたんですよ。で、短大から就職する時にすごく困難だったんです。通名になるんやったら、帰化するんやったら、働いてもいいよっていう感じで面接の時に言われたみたいです。それが一カ所じゃなくて、何カ所もいっぱいあって。そういうのがあったから、うちのオモニがあたしにも、そういうやなことはさせたくないみたいな感じで、「就職しにくいし、そんな風に言われてるし、通名で行ったら?」と言うたんです。で、私ははじめ「Wで行くよ」とかって言ってたんですけど、やっぱオモニが「就職差別があんねんで。あんた、面接の時に言われたい?」って言うでしょう。だから、やっぱりいややから「山田」っていうんのんで行ったんでしょう。

ずっと「Wよしこ」で行ってから、「山田」っていう名前が使い慣れてなかったんですよ。だから最初の何カ月間ていうのは、名前呼ばれてもピンとこなかったんです。「自分の名前や」とは思ってないですよね。私がもともと「Wよしこ」っていう名前が好きだったから、「山田?　ええー!」っていうのがあったんです。

▒サーッと引く

「山田」で行ってたから、最初の段階ではほとんど私のことを誰も知らないですよね。で、専門学校もほんとにいろんな地域から来てたから……。友だちもほんとに地域が全然違ってたり、遠いとこから来て寮に入ってた子もいてたんで、ほとんどそういう知識っていうたら失礼ですけど、そういうのがない子たちばっかりで。その子たちの育った環境が……。私の友だちでも、お父さんが結構年いった方だったんでしょうね。だから「韓国人はだめだ、だめな人間や」っていう風に親が子に話してたのか知らないですけど、そない言う友だちが結構多かったんですよ。

差別用語が出てくるんです。私が「生野」に住んでるっていうことを言うと、そういう差別用語がいっぱい出てきたんですよ。最初は私のことは知らないですから、どんどん平気で言ってくるんです。「うわぁ、強烈やな」とか思いながら。

最初の時はね、隠してたわけじゃなくって、別にあえて言わなかったんです。高校の時にあまりにもいっぱい言われてて、メッチャいやな思いもしたし……。言い返すことってすごくエネルギーいるでしょう。結構しんどかったりするんですよ。高校の時はエネルギー使いました。初めてそういう経験したし。だから専門学校の時もそんな風に（無知と偏見で）言われたけど、自分から進んでは弁解しなかったんです。しんどいなっていうのがあるから、別に自分からすすんでは言わなかったんです。

で、バーッて言ってくるし……。そんなん聞いているだけでも、すごい「あ、悲しい。なんでわかってくれない？」とか。そういう時は聞かないふりしてましたね。ほとんどその会話には参加してなかったんです。もう、すんごいいやな思いしましたね、その時は。そういうのがずっとあって、めちゃくちゃいやな……。「いや、もういややわ」とか思って。

話してるその子自体の性格とかは、もう仲いいから、いい子なんです。だけど、ある部分ではわかってないんですよ。地域が全然離れてるから、ちゃんとした知識——っていうたら失礼やけど、ないっていうんですか。家庭も、そういう風な家庭環境だったから、よけいそうやと思うんです。小っちゃい時からそういう環境で育ってるから、そういう考え方しか持ててなかったと思うんですよ。だからその子が悪いんじゃなくて、そういう環境におったから仕方ないんだろうなって思ってたんですけど。でも、そういうのってすごい悲しいし、すごい辛くなるでしょう。あまりにも耐えられなくなって、だから言いました。専門学校の一年の途中ぐらいで言ったんかな。みんなに言いました、友だちにね。私、「山田」で行ってたでしょ。名字を聞いてたらわからないでしょう。だから、なんていうんですか、「悪いけど、私も韓国人やねん」って……。言うたら、サーッと引いていきましたね。それを機会に今までいっぱい言ってきた差別用語はなくなりましたけど、多分お互いどこかでしこりは残ったと思う。

就職活動

保母さんになりたいと、昔っから思ってた。小っちゃい時からです。ただ単に保母さんになりたいっていうのがあって……、どこのっていう風には思ってなかったんですけどね。A保育園のことは知らなかったんですよ。専門学校行ってる時に、たまたま同じ在日の子がいて、その子がA保育園のことを知ってて紹介してくれたんです〔この友だちは中学の同級生。高校は別で、専門学校で再会した〕。

A保育園を紹介してもらう前に、日本の普通の保育園を受けようと思って就職活動してました。「自分に合ってるな」って思った園を見つけて、「そこの園を受けたいんですけど」って就職相談の先生に言ったら、「そこの園は韓国籍の子は取ってくれないんですよ。まだそういう差別をもってる園やからだめや」っていう風に言われていたんですよ。受ける前に断られたっていう感じで……。その時にね、やっぱり矛盾感じますよね。それがね、結構たくさんあったんです。だから、実際に受けたのはA保育園だけですね。その前にいっぱい断られたんです。電話で聞いたりしても、やっぱりだめやったりとか。「え、なんでぇ?」って。「なんで私を見やんと、そういう国籍だけで決めんの?」って思いましたけどね。ほんとになんか、すごく矛盾感じたんですよ、その時に。

（5）保母になる

通名から本名へ

〔A保育園の園長は在日韓国人のクリスチャン。保母の日本人と在日朝鮮人の割合は，約半々である。W6は四歳児のクラスを担当している。四歳児は全部で二五人で，そのうち「ハーフ」で帰化した幼児が二人。あと残りは全部，韓国籍か朝鮮籍である。保育園全体でも日本の幼児は少ない。〕

純日本人の子は少なくって，ハーフの子と帰化した子が多いです。子どもたちは本名で来たりしてますね。保育園じたいがそういう指導してるんですよ。

A保育園は「本名で行きましょう」っていう保育園なんですよ。それがきっかけで「Wミジャ」で行くようになったんです。で，そっからがやっぱり自分の中でも，すごく気もちが変わったんですよ。今まではアボジが付けてくれた「よしこ」っていう名前が，私は自分の名前やと思ってたんですけど，そこの保育園に勤めることをきっかけにして，本名は「ミジャ」やっていうのを改めて認識したっていうか。最初の一年ぐらいは，勤務している時は「Wミジャ」で，家に帰ったらオモニたちは「よしこ」って呼んでるし，友だちとも「Wよしこ」でずっと付き合ってるから，そのまま「Wよしこ」でっていう感じで……，使い分けしてるわけじゃないですけど，そういう状態やったんですよ。でもなんか，うん，なんていうたらええかな……，だけど「違うなぁ」っていう風にだんだん，なんか感じてきて。

生野民族文化祭

「生野民族文化祭」って知ってますか？　それに行くようになったんですよ。四年前くらいから。働きだしてから，そういうのに参加するようになったんです。ええとね，今まで四回出たんですよ。四回出たんですけど，はじめはほとんど演じるだけの立場だったんです。一回目は舞踊だけやったんです。二回目が舞踊とマダン劇かな。で，三回目が舞踊とマダン劇と、結婚式と農楽。で、四回目が実行委員になって、準備の段階から全部手伝ったんです。実行委員会にはいろいろな担当がいっぱいあって、私は舞踊チームで舞踊を教えるのを何人かと一緒にやってたんです。

在日ばかりでやってる文化祭なんで、その場でいろんな出会いをして……。みんなが結構いろんな差別も受けてきて、いろんな経験して、「本名使って頑張んねんで！」っていうのを見てきて、「あ、そうやなぁ」と思った。

民族を意識する

今まで学校行ってる時には、「私は韓国人や」っていうのがどっかにはあったんですけど、そう意識せずに私は育ってきてるんですよ。小学校、中学校もホントに「韓国人や」っていうのは中には入っているけども、それがメッチャいやとは思わなかったし、メッチャいいとも思わなかったし。全然国籍のことに対して意識せずに、ずうっと育ってきてたんです。で、いろんな在日の子たちと——頑張ってる子たちと出会って、「すごく流されて生きてきたな」と思った。で、そっから気持ちが変わって、「もっと意識しやなアカンねんなぁ」って思ったんですよ。

私は小さい時に民族のことを意識せずに育っているでしょう。そして、就職して本名を使うようになって、いろんな人ともいっぱい出会うようになって、もっと意識して生きていかないといけないし、と思うようになった。在日の子たちと（出会うようになって）、文化祭を通してとか。

小学校、中学校の時は、そういう民族的なこととか言葉のこと、文化とかそういうのを全然勉強できてなかったからね。韓国人やのに韓国の文化とかも全然知らなかったり。私、今、韓国舞踊習ってたり、チャンゴも習ってたりするんですよ。で、韓国舞踊やチャンゴを習いに行き出してから出会った人たちの生き方を見て、いっぱい刺激を受けたんです。「私は何やってんやろう」とか思って。もっと頑張らなアカンかったのになぁとか思いながら。

で、そう感じたから、私は私が受けもってるA保育園の子どもたちには、もっと意識して民族的なこと——文化もそやし、言葉もそやし——できることをもっと伝えたいとは思います。

韓国旅行

韓国へ初めて行ったのはね、保育園の研修でチェジュド〔済州島〕の方に行ったんですよ。その後に個人で友だちとソウルに行って。で、また保育園の先生とソウルに行ったのかな。最初の研修は二泊三日だったんですよ。んで、個人的なんで行ったのは三泊四日かな。で、保育園の先生と行ったというのが、一週間行ったんかな。

行く前に「自分の国に行ける」とかって思いながら、「どういうとこやろう」とか期待して行ったんで、着いた時にはすごく感動しましたね。自分ではね、「ここが生まれたとこやねんなぁ」って思いながら行ってみたら、自分はしゃべれないし……。いろんな店、行くでしょ。んで「なに人や?」って聞かれるんですよ。で、そういう片言っていうのはわかるから、「なに人や」って言われたら「韓国人や」って、「ハングッサラム」って言うでしょ。そうしたら「ほんな、何で韓国語しゃべられへんねん」って言われるんですよ。「韓国人やったら、韓国語しゃべれ」。

そうやねんけども、そうじゃないといけないんだと思うんですけど……。自分の国の言葉ぐらいしゃべれないといけないと思うんだけど、しゃべれない自分もいてるし。これまで学ぶ機会がなかったんですね。今はちょっと勉強してるんですけど。週に一回、韓国へ語学留学したことのある人に教えてもらってるんです。

で、向こう行ったら「キョッポ」〔僑胞＝在外同胞のこと〕や言うてバカにされるんですよ。バカにされるんじゃない、差別されるんですよ。韓国人だけど違う、みたいな感じでね。ソウルでも、済州島でも、両方でいっぱい言われましたね。向こう行ったら、結構キツイんですよ。

チェジュドの時は研修だったんで、団体で回ってるからそうでもなかったんですけど。でも、やっぱり観光地に行ったらね、結構言われるんです。市場とかに買い物に行くでしょ。そこでいっぱい言われましたね。ソウルでも、空港出る時に荷物検査されるでしょ。韓国語しゃべれないでしょう。「韓国人のくせに、なんでしゃべられへんねん?」って言うんですよ。だからその時に、「向こうに行っても私は差別される。こっち帰ってきても差別される。あぁ私は何やろう」って。

（わかってるのに聞きはんねんね。向こう行って差別されるみたいな話は聞いたことありましたか?）はい、前から聞いていたんです。私の知り合いの人で、向こうへ留学して語学やら、いろんなことを勉強しに行ってた人が何人かいてて、その人たちから結構いっぱい聞いてました。差別されるって。

（留学の希望はありますか?）一年間通して住んで、向こうはどういう生活してるんやろか——味わってみたいとは思います。しゃべれるようにもなりたいし、今やってる舞踊とかも、向こうでいっぱいやりたいし。行ってみたいんですけどね、しかし、今行ってしまうと仕事がすごく中途半端だったりするし……。今ちょうどね、勤めて四年目で責任のある仕事ができてるんですよ。それがすごく自分でも楽しいし、今は自分の中では仕事がんばりたいって思ってる時期なんです。だから今は仕事の方が勝ってます。

民族教育

今は差別なくなってきたっていっても、やっぱりいっぱいあるんでね。もっとそういう所を考えていかないといけないし、私らも、もっと言っていかないといけないし。私らの中でも考えていかなアカン問題でしょ。

小学校とか中学校とかっていうのは思春期の年代で、もっと考えないといけない年代であるのに……。たまたま私がいてたのが生野区やったから、そういうことが無意識に入ってて、もっと意識しやなアカンっていうのが最近気づき出したっていう段階でしょ。だから、そういうところの教育をやっぱりもっと意識していかなアカンねんでっていうのと——私のように気がつかずにそのまま育ってる子って、結構いっぱいいてますよね。その人たちが大きくなったら、きっとその子の子どもはもっと知らないでしょ。そうなると、自分の民族衣装見て「あ、きれい！」って思う感動がなくなってきたり、料理食べて「あ、おいしい！」って思うのがなくなってきたり……。日常的なことですけど、そういうのが感じられなくなってしまったりしたら、「あぁ、悲しいなぁ」とか思いますんで。そういう段階で、たぶん私ら親がもっとしっかりしていかないといけないんだろうけども、私らがそういう風に残していかないといけないねんけども、行政もそういう部分をもっと認めてっていうか、手助けしていってほしいなぁとは思います。

で、たまたま私は保母さんやってるから、自分の受けもってる子には残していきたいなぁとは思うんですよ。今はそういうのをやっていかなアカンなぁって、自分では思ってるんです。

第8章　分析と考察——民族関係と文化継承について

第1節　職人層の形成

(1) のれん分け

K家には町工場の職人が多い。その子もまた職人になっている。この階層的再生産がK家の特徴である。W1の父仁宅とW2の父仁淑は、ともに移民の第一世代である。彼らは職種は違うが、いずれも日本人が経営する工場へ見習工で雇われ、技術を習得してから「のれん分け」で独立自営の道を歩んでいる。「のれん分け」とは何か。縫製職人である仁宅の独立の過程が、息子には次のように伝承されている。

【W1】うちのお父さんも日本へ来て、苦労はしたけども、親方に恵まれたもんでね。いい人にあたったみたいです。だから、ちゃんと成人式もしてもらってね。ほんで、独立する時も道具一式(を与えられ)、メーカーと問屋さんを紹介してもらって、ちゃんとのれん分けしてもらってますわ。だから、うちのお父さんは、日本人に対しては感謝の気持ちはあっても、恨んでるいうことはなかったみたいです。

ここには日本人経営者と父との親方子方関係が結合的であったことが語られている。このことには後で論及したい。ここでは「道具一式」と「メーカー」と「問屋」――これらを分けてもらうことを「のれん分け」と、W1が理解していることを確認しておきたい。

一方、W2の父仁淑が鉄工所を興した時も同様であった。仁淑は、日本人が経営する鉄工所で一緒に働いていた同期の日本人と共同で工場を設立している（前章第1節の「山高鉄工所」のこと）。以下は、仁淑の妻W7にインタビューをした時の彼女の語りである（息子W2も同席）。

【W7】（夫と同僚は）同じようにボンサン〔丁稚〕で入ってね。年季明けがちょうど同じ時分でしたので、（二人で主人に）「なんか商売をやりたいです」言うたら、そこの主人がね、そんなんやったら私が親代わりに面倒見るから、いうことで。

【W2】要するにのれん分けみたいな。商売ののれん分けと同じ形で。

【W7】そうです。ほんとに、のれん分けのあれでしたよ。

「のれん分け」の内容はW1ほど具体的には語られていないけれども、「親代わりに面倒見る」という言葉が、それを示唆している。では、「のれん分け」の条件・資質とは何であろう。言い換えれば、親方をして親代わりに面倒見さしめる条件は何か。このことについて、私たちのデータから明言できることはあまり多くはないが、少なくとも次の二点は析出できるだろう。

一つは、徒弟的な技能の習得過程である。W3は十五歳の頃、親方の仁淑から横っ面を張られながら技術をたたき込まれている（《1（2）－戦前の見習期》を見よ。なお、以下で《a（b）－c》は、第7章のa節、（b）項のc小見出し、の順》。以下同）。W2も、十七、八歳の頃、工場長に見込まれて、工具を作る「火造り」を直々に教わり、一人前に成長した《2（5）―見習工》。

このような親方子方関係における厳しい鍛錬は、職人としてのある種の生活態度を形作らずにはおかないだろう。それは、自分の仕事ぶりに自信をもち、腕を磨くことを信条とする「職人気質」である。これが「のれん分け」のもう一つの条件となる。職人気質は「自力主義」と言い換えることもできる。「自力主義」とは、所与の条件と各自の力量に応じた手職の獲得の意志と能力のことである［谷 1989 : 79］。

たとえば、W3が「目の力」と要約していた「技術を盗む」能力もそれである《1（2）―技術を盗む》。あるいはまた、W2が座右の銘とした「鶏頭龍尾」の実践も、独立不羈の精神のあらわれといえよう《2（4）―鶏頭龍尾》。それらは、厳しい訓練とたゆまぬ努力にとって必要条件であり、同時に、努力の賜物として磨き上げられる気質でもある。町工場を建てて自営業を営むことは、この「自力主義」の証明であり、職人の到達点を意味している。

W家には他にも「自力主義」の持ち主がいた。後に詳しく見るように、事業で大成功を遂げた仁宅は、手形の保証人となったばかりに他人の借金を背負いこみ、倒産してしまう。その後三年ぐらいは自暴自棄になって酒に溺れたが、やがて気持ちを取り直し、一つだけ残った小さな工場で仕事を再開した。その父の倒産を中学一年で体験したW1は、当時の父親を振り返って次のように語っている。「腕一本」で生きられる職人的自信の持ち主として、父親像が描かれている。

（お父さんは工場を失って仕事を再開した時、誰かに助けてもらいましたか？）

【W1】それは全然ないです。職人根性やからね、職人あがりだから、失くしてもまた自分が頑張れば、何かを作れるいう頭があるもんやから。

もう一人の戦前移住世代、W8も、長年、生野区で町工場を経営してきた職人である。彼の現在の職業倫理は、五十年以上も前の見習工の時代に培ったものと思われる。時間、任務、職場の上下関係などの規律を重んじる労働倫理が鍛われている。一九四〇年頃の十代半ばに、旭区の、やはり日本人が経営する鋳物工場で見習工を経験し、五年間勤めて熟練工に育った。

【W8】やっぱり当時は厳しかったからね。今は親方が油射したりね、やるけんど。昔は私ら〔見習工〕が行って油を射して。先に入った方よりも新米さんが、見習工が先に行って、油射したりね。挨拶もきちっとやってね。（勤務は）朝八時から夕方五時まで。八時からでも、やっぱりその当時はね、もう三十分くらい前には行って、服着替えて、油射して、ちゃんとやらなくちゃ、だめな時だったですね。

きちっと自分の守ったこと〔受けもった役割〕はやらなくっちゃね、ええ。そんなアヤフヤやったらもう、「お前、すぐ帰ってくれ！」言われますわ、その当時はね。今はもう自由やけどね。

ええ、実になってますね。きちっとやらんことにはもう。うちはもう、そういうことに慣れてきたからね。今ってもそうですねん！　なんぼ自分の都合でも〔個人的な不都合があっても〕、八時前にはちゃんと来てね、着替え、油射してね。八時なったら、きちっと（機械が）回ります。うちはもうそういう習慣をしてきたからね。やっぱり、今も、うち来て〔私の工場に来て〕仕事をやってくれた人もね、そうして守ってくれましたわ。きちっとね。

W8の一人前の職人としての自信は、次のような語りにもあらわれている。見習工から五年後、転居を機に次の職場を探していた彼は、東成区の朝鮮人経営の鋳物工場に「飛込み」で雇ってもらった。

【W8】「使うてくれんか」いうてね、行ったわけですわ。その時はもう職人だったからね、どこ行っても使うてくれたわけですわ。まじめやしね。

以上の事例が示唆していることは、戦後はもちろん戦前でさえ、朝鮮人であることが必ずしも職人としての自立を阻害する要因ではなかったということである。日本人が経営する工場の朝鮮人見習工のうち、何割が独立を果たしたのか。それは日本人見習工よりも高い確率なのか。そうしたことは無論わからない。しかし、徒弟的な技能の習得過程と、その結果である職人としての能力や職業倫理の内面化こそが、自立のための必要条件であった。

以上を私たちの民族関係論で要約すれば、見習工から職人への成長過程における民族関係は、生活構造の中の民族という地位属性に基づく直接的な結合パターンというよりも、「職業」役割を媒介とする、その意味でのバイパス的な結合パターンとして把握できそうである。

(2) ニッチからの出発

在日朝鮮人が日本人の親方から「のれん分け」をしてもらったからといって、その後も容易に事業を展開できる保証はどこにもない。親方との「パーソナルな民族関係」と、産業社会における「構造的・制度的な民族関係」とは、別次元のものとして理解されなくてはならない（後述）。彼らは中小零細企業がひしめく産業都市大阪で、自らが入り込める隙間（ニッチ）を探し、まずはそこに居場所を求めて、さらなる事業展開を狙うのであった。

W1が父の縫工所を継いでベスト専門の下請業を始めた一九七〇年頃のこと。彼は、メーカーの差別的な要求や注文についてこう語っていた。

【W1】まず、北か南か聞かれたんですよ。「山田さんとこ、いったいどっちやねん?」と。「うちは韓国や。先祖さんの墓、みな韓国にあるんやから、韓国籍や」言うて。で、「山田さんとこ、帰化する気持ちはないのか？」、「別にないですよ」言うて。「帰化したら選挙権ももらえるし、いろいろ商売上都合がええねんで」。「だけど、帰化しようと思ったら書類書いたり出したり、法務局行ったり、ややこしいから、そんなんする間《ま》ないねん」言うて。一流企業のメーカーさんの部長さんから聞かれたんですわ。で、「せめて有限会社にしろ」言われたんですよ。個人と取り引きした場合は税務署がうるさいからいうのでね。「そやけど、うちはまだそんな能力ないから、個人でずっとやっていきます」言うて。

それはそれで済んだんですけどね。今度、その部長の下の課長とか係長とか、いろいろうちに出入りする人がいてるんですよ。そしたらね、同じ工賃の仕事が二つあるとするでしょ。ところが片っ方は三の手がいると。片っ方は二で同じ工賃だと（総工賃は同額なのに、三人仕事の方が二人仕事よりも手の込んだ仕事である）。誰が見ても二の方が欲しいわけですわ。ほなら千ずつあれば、どっちにも五百ずつ分けてくれればいいけども、千は向こうへ、もう一つの千――このやりにくい仕事はうちへと。もう極端にそれはわかりますね。また仮に千円と八百円の工賃の仕事があれば、うちは八百円の工賃の仕事しか回ってこないと。千円の仕事は、うちと同じレベルの工場さんへ回ってると。私の場合、それが極端にわかる。

あのね、結局それに負けるとね、だめだから、私らはもう、技術を売ってるのといっしょやからね。だから、そのやりにくい仕事をどんどん優先して取るんですよ、断らなくて。それで結局ドーンとうちにずうっと来るでしょ、そのやりにくい仕事が。それ、黙って辛抱する。ほんで、ある日突然こっちからね、「この分はこんだけの工賃にしてもらわんと、あとはもうできない」て、ポンと請求書を出したんですよ。こっちの言いなりですわ。そらぁ改善してもらうのに十年くらいかかりましたよ、ええ。そのやりにくい仕事やってくれる所が、今ないんです。みんな楽な仕事しとるもんやから（腕も鈍っている）。

「よそがいやがる仕事」をしているという認識は、W家の多くの自営業者に共通している。W4がそうであったし《3（3）―ニッチ》、鋳物職人になったW8も、こう語っている。

【W8】韓国人はね、大体そういう鋳物工場が多かったんですわ。日本の方はあんまりしない。やっぱり仕事がエライ〔きつい〕からかね。汚い仕事やから。この事業をする人は、われわれの国の人が多かったんですわ。

彼らの生きるための戦略がニッチからの挑戦であったことを見てきた。現在、事業を子どもに引き継がせている人たちは、この競争の勝者としての誇りを抱いている。W3がそうであったし《1（6）―事業継承》、W8もしかりである。W8は鋳物職人から金属職人に転業し、三十七歳で金属工業所を興したが、それを長男が同じ三十七歳になった時に譲っている。長男に新工場を与え、自分たち夫婦は古工場で働いて月収五〇万円の悠々自適の毎日を送っている。「トヨタとかの車に入るナットをね、注文があったらするし、なかったら休むし。人も使わずに夫婦だけでやってます。遊び半分でね」。ここにW3との共通性を見いだすことができる。

（3）ボーダーライン層

工場職人の階層的本質を見究めるためには、挫折の局面にも目を向ける必要がある。一九四六年、W2一家の大黒柱、仁淑が交通事故死した時の「天国と地獄」の状況は、すでにW2も少し語っていた《2（2）―のれん分け》と《2（3）―内職》のコントラスト）。ここではW2の他に、W7とW9の語りも援用して、当時の状況を再構成してみたい。

仁淑が日本人の同僚と一緒に独立して西淀川区に工場を作った一九四〇年前後、事業は順調に発展していた。住友金属の下請となって、軍需景気の波に乗ることができたのである。やがて工場が手狭になり、一九四四年頃、疎開も兼ねて八尾市に工場を新築移転した。さらに、終戦後の一九四六年には仁淑の単独事業として、電線の精製工場とゴム鞠製造工場を大阪市東成区に増設した。仁淑は三つの会社の所有主となったのである。以下はW７のインタビューにおいて、W２も同席した時の二人の語りである。生前の仁淑の起業家としての発展ぶりをうかがうことができる。

【W２】八尾へ移ったんはね、鉄工所自体が手狭やったいうことで、もう少し広いスペースの場所がほしいいうことで。市内では（地価が）なかなか高くてないし。今の中央環状線の亀井交差点からまだ東へ、距離にして約七、八〇〇メーター行った所なんで、その時分は家もパラパラとしかなくて、ほとんど田圃やったんです。そういう所やから、やっぱりかなり格安やったいうことで。僕の記憶では敷地が一〇〇坪以上あった記憶があるんですけどね。住家が二軒あって、その家も一軒はやっぱり敷地が三〇坪近くあったでしょうね。それが二軒。それに棟続きみたいな形で工場がありましたからね、やっぱり一〇〇坪はありましたね。で、ゴム毬と電線やってるとこも、延べにしたらやっぱり百坪越してましたわ。ゴムの方は三、四〇坪ぐらいやったかな。

【W７】電線やってるとこの方が広い。

【W２】せやから、こっちの表通りから裏路地までのズボーッとした一角を占めていたからね。一角全部うちの親父の会社やったもんで、人が通れへんから、両方に門つけて、私有地やけど通路として（誰でも通れるようにした）。

仁淑の死は突然訪れた《1（3）—工場閉鎖》。W２が六歳、妹の長女が五歳、次男のW９はまだ一歳か二歳の時である（仁淑が死んだ年に生まれた末娘は翌年麻疹で死去）。死後、ゴム鞠工場と電線工場はW７の妹夫婦に、鉄工所は甥のW3に、それぞれ経営を任せていたが、間もなく廃業に追い込まれてしまった。一家の苦労がこの時から始まる。

W7は一九四八年から自宅で動力ミシンを使った内職を始めた。勤めに出なかったのには親としての自覚、理由があったのだが、そのことには次節で触れる。

【W7】ほんでミシンを買ってね、子どもに手伝ってもらいもって……。

（何を縫うてはったんですか?）

【W2】夏もんはサンバイザーと水泳用の褌ですわ。で、冬用は子どものズボンですわ。コールテンとかベッチンの子どものズボンなんですけども。ていうのは、シーズンによって分かれるから。冬の間、夏モン商品をやるわけですね。夏には今度、冬用の子どものズボン。

（サンバイザー?）

【W2】日除け帽ですね。昔、レントゲンのフィルムとかね、あれを全部洗って染めるんですよ。レントゲンのフィルム洗ったら透明になりますね。それをブルーに染めて。それの抜いたやつ〔型抜きしたもの〕とテープを家に持ってきて、上と下をテープ巻きし、ほんで真ん中には広いベルト、後ろにはゴム付けて──いう風な仕事。それと水泳用の褌です。サンバイザーと褌は、家の遠い親戚の人がやってたことです。んで、子ども用のズボンは、親戚じゃないんですけども、うちの国の人がやってたってことですね。

親戚や同胞から仕事を回してもらって、生計を立てている。その「遠い親戚」とは、じつはW1の父仁宅のことである（その後、仁宅の突然の倒産によって、W1もまた大変な苦労を経験したことは、すぐ後で見る）。ともあれ、親類・同胞に支えられている。しかし、地域の日本人にも助けられている。このことも後で見よう。

さて、仁淑の死後、W7を中心とする家庭の中はどんな様子だったろうか〈《2（3）－内職》も参照されたい〉。

【W7】仕事を始めたら、晩三時間寝たらよう寝た方やね。（私が）ミシンかけて、ほんであの子〔W2〕が仕事運んでくるでしょう。ほんで糸切りを妹がして。

【W2】僕ら学校から帰ってきたら、母親が内職してるやつの糸切りとか、一〇枚やったら一〇枚、一ダースやったら一ダース重ねて、括らなアカンのですね。だから学校から帰ってきた時には（母がミシンで作った製品が）ブワーッと山積みになってるわけですよ。そんだら子どもらが――三人が、寄ってたかってそれを手伝いもって。ほんで妹は食事の支度したり。

【W7】ほんで今みたいにね、（親会社が材料などを）持ってきてくれないんです。だから、この人〔W2〕が昼ご飯食べに学校から帰ってきたら、その時に配達して。で、また縫うもんをもらってこないと仕事が当たれへんねんね。

【W2】その時は学校給食があったんですけどね、給食費払われへんから家帰って食べるいうことで。で、学校から帰りもって、（親会社が）学校の近所やって、品物もらって家帰ってきて。で、家で食事して、また行く時にはできたものを持って行く。

【W7】もう配達はこの人がほとんどしてくれました。ご飯こしらえすんのも、子ども三人で。「今日はもう、メリケン粉でも練って団子しよか」いう時にはね、妹はカンテキ〔七輪〕に火ぃおこしますねん。あの時分、ガスて入ってなかったからね。いちばん末っ子〔W9〕が容れもん持ったら、兄きは練って。ほいで「団子でけたで。おかあちゃん、食べや」いうて持ってきたん見たらね、「これは兎や、これは亀や」いうて、いろんな形こしらえたいうて来るしね。

具合が悪うて、風邪でもひいた時あるでしょ。そうしたら、お粥さんでも炊いてね、「食べ」言うて持ってきたらね、そのお粥さんが喉へ通らなくて。涙が出てね。よう泣きましたわ。

【W2】母親が体悪くして入院したんですよ。ちょうど僕が夜間高校へ入った年なんですよね。せやから三年くらい入院してたんかなぁ。結核です。要するに栄養とらへんわ、睡眠不足やわ、過労やわ。

【W7】せやから、ずいぶん子どもにも苦労さしました。

ところが、W2と四歳ちがいで、当時小学校低学年の末子W9の方は、母親が入院した頃の様子を次のように記憶している。

【W9】小学校入った時には、まぁ当然父親がいなかったんですね。母親一人です。で、母親の妹さん夫婦と(同居していた)。そこも四人きょうだいですわ。私らは三人で。一つの狭い家で共同生活いうことですわね。

小学校三年か四年生ぐらいに、母親が胸を患いましてね。結局、入院してしまったんです。そしたら生活の支えもないし。んで、その妹さんの旦那さんも結核で入院なさったんですわ。だから生きる糧いうたら、その母親の妹さん一人だったんですわ。叔母さんがミシンをやるわけですよね。当然女の人ですから、収入の範囲が知れてますわね。それで、兄き、僕、姉、そしてその妹さんの長男、この四人が内職をね、叔母さんと毎日、夜十時ぐらいまでしました。学校から帰ってきたら、すぐ内職です。日曜日も。

腕カバーとかの注文取ってきて、ミシンを生地にダーッとかけるわけです。ほなら、「下貼り」いうてね、糸切って、たたんで、アイロンかけて、直して、積み重ねて、それを納品するわけですわ。ほんなら、人数がおるし、もう一所懸命やるもんですから、一番たくさん納める下請になりまして、ものすご期待もされて。その分、収入も良かったですわね。それで生活やってたんですわ。それが中学二年まで続きました。で、中学三年になった時におふくろが、まぁ完全ではないと思うんですけどもね、ある程度は治って退院できたわけです。

だから、家族はねぇ、お父さんいうのはもうおらんで当り前やいう考えだったんですわ。母親いうのはどっか遠いとこにおって、身の回りしてくれるとか、そういうのは一切なかったです。ご飯の仕度とか洗濯とか、姉がみなしてくれましたから。お姉さんが、七人のきょうだい・従兄弟の世話をみなしたわけです。おばさんがミシンをやる。男の子は下貼りやったりする。兄きも僕もやりましたね。

その当時としてはね、日本の人たちの中で住んでいましたけど、そんなとこはなかったですね。私とこだけでした。子どもまで一所懸命働いてっていうのは。

W9の語りを長々と掲載した理由は、W7の妹家族との身を寄せ合う共同生活があったことにも留意しておきたいからである。だが、W2は、叔母家族との共同生活にはあまり触れておらず（《2（3）－中学校の先生》に少しある）、むしろ前述のように、叔母たちを電線工場とゴム鞠工場を潰してしまった親戚として語るのであった。前述のようにW2とW9の年の差は四歳だが、この年齢差が妹家族との関係を異ならしめているように思われる。

父を失ったばかりに、W2の生育歴でいえば小・中・高校時代の十数年間、この在日朝鮮人の母子家庭はたいへんな辛酸を舐めなければならなかった。とくに母親とその妹婿が入院した一九五三年頃から四年間は、とうとう生活保護の支給も受けていた。そのような貧困状態を、子どもも含む家族・親族総動員で必死に生き抜いたのであった。

ここに、昭和二〇年代の職人階層の不安定性が如実にあらわれていると思う。それは、家族総出の低賃金労働によってなんとか生き延びることはできるが、しかし一家の大黒柱が病気で倒れれば、途端に生活保護世帯へ転落せざるをえない「ボーダーライン層」という不安定性である［鈴木 1970：277-283］。

W1の家族も同様であった。まず、縫製業を営む父親の倒産前（一九五五年以前）の事業と家族の暮らしぶりは、次の通りであった。

【W1】私が中学校一年生くらいまでは、かなり手広ぉ商売しとったんですよ。従業員も全部で二十人くらいおってね。梅田に店を持ってたし。婦人もんのスーツとかコートとか作って、店で売ってたんですわ。自分とこで製造、販売みたいな格好でね。私ら小学校から中学一年生までは家に女中さんもおったしね。小学校の時は女中さんに送り迎えしてもらってね。かっこ悪いから「もう来るな」言うて。

小学校の一年生の時はね、みんなまだ下駄履きで学校行ってたですよ。そんな時分に、私、背広着てね、半長靴の革靴履いて学校行ってたですよ。恥ずかしくてね。「みんなと同じように下駄で学校行く」言うてね。

ちなみに、この「女中」というのは、仁宅が修業時代の親方の田舎の人である。親方の紹介で雇ったのである。親方との親密関係がこういう形でも表れているわけだが、それはともかく、親方に恵まれ、独立後の事業も順調に発展するかに見えたこの家に、不幸は突然訪れた。

【W1】結局、商売に失敗してね。今の保証人ですわね。商売仲間の手形の保証人になって、店も自宅も取られたような格好ですわ。友だちに裏切られたようなもんやからね。日本の人にもやられたし、韓国の人にもやられてます。で、残ったんはここ〔東成区〕の工場だけ。中学校一年の時です。

倒産後の家族の苦労は次の如くである。

【W1】中学入った時に突如家も店もみんな取られて、全部この工場で住まなアカンようになって引っ越してきてね。だから私はもう、中学二年生くらいからずうっと商売してました。お父さんとお母さんと二人でこの工場の二階で縫うて。竹の大きな網篭あるでしょ。あれに私が商品を積んでね。運搬車で八尾の本町まで運んで、本町から南久宝寺あたりまで軒並み一軒ずつ回ってね、売りに歩いたんです。

あの時分はもう婦人服は縫わんとね、セルロイドの青い、縁のついた帽子ね〔サンバイザー〕。あの帽子とか、腕カバーとか、赤帽子とか、子どもの水泳用の褌。黒い布でできてるやつ。で、運動会の時にする鉢巻きとか。ああいう小物ばっかし、ここの工場で縫うてね。私ら、本町へ売りに歩いてたんですわ。だから、学校へ行くもんの、勉強なんかしたことないですよ。高校やめたのも、まぁそういうことでね。お父さんは学歴ないもんやから、息子には勉強さしたいいう気持ちあるから頑張ってくれてたんやけどね、きょうだいが多いでしょ。で、職がないし。腕カバーとか帽子作って売りに歩いてても、たいして儲けにならんしね。それで私も学校やめて（就職した）。

で、お父さんの友だちとこへ、学校やめて三カ月間だけ住み込みでやらされたとこが洋服屋さんで、私、そこで三カ月間で裁断を覚えて。で、まぁ親父らが苦労してるのを見てるから、「洋服屋だけは絶対せんとこ」思ってね、やめたんですよ。で、高校時代の先輩のとこ頼って行ってね、ほんで就職口世話してもらってウロウロしてたけど、結局、今は洋服屋ですわ。一番嫌いな仕事やってるんですよ。だから、いいことはひとっつもなかったですわね、私ら子ども時分は。ほんっまに貧乏の連続でね。

W2の父の死は一九四六年であった。W1の父の倒産は一九五五年であった。この戦後期において、職人＝ボーダーライン層の不安定性は民族を越えた階層特性と見るのが無理のない見方であろう。では、彼ら移民家族はこの苦境からいかにして脱出できたのだろうか。

第2節　家族・親族結合

(1) 家族の絆

W2たちの家族は母W7を中心に固く結束し、一家総出の協力で互いを支えあってきた。このような家族の共同関係はいかにして可能であったか。五十年前に亡くなった夫の像は、W7の瞼に次のように焼きついている。夫の思い出をW7は一気に語り上げるのだった。

【W7】亡くなるまではね、なんの苦労もなかったです。週に一回、家族でちゃんと夜店——あの時分は夜店いうたら一番あれ〔いちばんの楽しみ〕やはね——夜店へ家族連れだって行くし。ほんで昔は日曜休みじゃなくて、月に朔日と十五か十六日か、そんなんでしたわ。その時は必ず阪急百貨店〔大阪の繁華街梅田にある〕のね、カキフライが好きな人で、そこへ食事に行くしね。そいであの、よく家族で遊びにも行くし。ほんまに何の苦労もなく。

だから、ぱっと死なれた時は、死んだ思いませんでしたで。(私が)満でいうたら二十五でした。数えで二十七なったばかりの時やからね。ぽっと死なれた時は、もう目の前が真っ暗やし。死んで帰ってこないもんやとは思いませんでしたわ。そやから自分の目の前で死ぬ時も、苦しまないでね、ほんでこうぱっと枕が外れたなぁと思うたら、親戚の人がおって「あんた、もうアカンわ」。ほんで付き添いさんに「先生呼んできて」言うて。ほんだら先生来て「アカン」。

そんなんやったからね、もう外に出るとね、知った人が通ってても、その人〔夫〕に見えるねやね。向こうから歩いて来る人が知った人でなくっても主人に見えて、「あぁ、もう帰ってきたわ」。ねき〔そば〕寄ってみたら、全然顔かたち、姿違うのに、遠くで見たら主人のように見えて、「あぁ、もう帰ってきたわ」って。いっつもそんなん思うてね。そやから未だに主人のことは忘れへんし。

それで死んで何年かしたら――若い時や、そら再婚話もありましたよ。それでも自分の主人が一番この世ではいい人やったような……。どんな話を持ってきても、自分が子どもほっといて再婚しようというような気持ちは全然ならんし。男の人がどんなすばらしい人であってもね、その人の素晴らしさが目に映らんで――自分の主人は、もうほんとに、これ日本の人でいうたら、日本一のええ人やったと、その印象しかないねんね。

うち、お父さんが七人きょうだいでしてん。男が五人、女が二人。その七人のきょうだいが産んだ子どもの中でもね、私が一番幸せでしてん、主人いてる時は。思いやりがあってね。食事の時でもね、お酒が毎晩晩酌、銚子一本するんやね。それする時に、おかずと別に酒の肴こしらえるでしょ。そしたら自分だけ絶対食べないねんね。うちの分を残しといてくれるし。子どもおって、バタバタしてたらね、残しといてくれるし。そいで、お正月とお祭りには、私にも「飲め」言うて。「これはめでたい時のお酒やから飲め」言うてね、してたから、うちの方の実家ではね、私がほんっまにもう（きょうだいの中では一番）幸せに暮らしてる言うてたんが、もうぱっと、そないしていなくなったでしょう。そやからその苦労は、もうほんまに……。


結婚生活はわずか七年であった。夫は一九四六年三月二十五日死亡。享年二十九。W7が二十五歳のときである。若い夫婦の希望と幸せに満ちた季節であった。だから、五十年後の回想にバイアスがかかっていないはずはない。しかしたとえそれを差し引いても、彼らの夫婦愛は私たちにも十分伝わってくるのである。では、父としての子への愛情はどのようであったのだろう。仁淑は事故に遭ってしばらく、豊中市の病院に入院していた。W7は家を空けて看病に通う日々が続く。

【W7】付き添いを頼んでしてもらってるねんけども、私もほっとけなくて行くでしょ。子どもおいといて、四人皆おいといて、妹に子ども頼んどいて行ったらね――ものすご子煩悩な人でしたわ。「かわいそうに、かわいそうに、子ども見たり」言うて。「わしの所へ来んと、子ども見たり」――言うててもね、やっぱり日に日に弱っていく人をほっとかれへんし。「子どもは頼んだあるから」言うて帰ってみたら、小っさい子に頼んだあるからね、食べてない日もあるし、食べてる時もあるしね。それをまともに言われへんから、「大人に頼んだある。子ども、ちゃんと見てもらってる」て言うても、「子ども、かわいそうに、かわいそうに」言うてね。そのままこの世を去って。この人〔W2〕ら、ほんまにお父さんがおればね、何の苦労もなく大っきなった人やのにね。ほんまに苦労だけは人に負けんくらいして……。

夫の死後もW7が三つの事業を手放さず、親類に経営を任せたのは、夫のこんな「遺言」があったからである。

【W7】死んでいく人がね、「このままやれたらやって、子どもが大きくなって後継いでやりたい言えばやらしてもいいし。それを売って学校へ行きたい言うたら学校へ行かしてもいいし」いうことでしたわ。それで私はね、（事業を続ける）人がいなくなったら片付けるべきやけど、子どものために、子ども大っきなるまではおいとこうという気持ちで、両方とも放さなかったんが命取りですわ。やっぱり人に任すもんじゃないね。

妻のW7自身もまた、子への愛情にかけては夫に劣るものではない。夫の死後、内職を始めた理由を次のように語っている。

【W7】自分がよそへ勤めに行ってしもうたんではね、家へ誰もおらへんことが多うて、子どもが悪いことしても、何しても、目が届かんでしょう。ほんでミシンを買ってね、子どもに手伝って貰いもって……。

また、親と子がいたわり合う姿が、次のような語りに表れている。「ミシンの音」のエピソードは、W2自身の口述史でも語られていた《2（3）－内職》。

【W2】一番こたえるのはね、風呂敷に肌着やら、ちょっちょっと包んで、「さぁ、これ持って、どこでも好きなとこ行け」言われんのが……。

【W7】言う事きかない時はね、風呂敷包みを三つ拵えますねん。

【W2】きょうだい三人がね、もうそれやられたら、いっちばんもう参りますわ。

【W7】いまだに会うたら言うてます。「あの時、中なに入ってんのか、ほどいて見たらよかったなぁ」いうて。ほんで、行かへんでしょう。ほんならね、「あんたらな、日暮れてきたら行かれへんで。早よ、日暮れんうちに、早よ出！　はよ行き！」言うたらね。もう娘なんか言いますわ。「その時、ポカンと殴ってくれた方がなんぼ気が楽か。」

殴ったり、怒ったりするよりかね……。かわいそうで。よその子みたいに、のびのび大っきしてない。その気持ちでいっぱいやね。殴るとかそんなん……。また、子どもらもね、親が苦労してることをよう飲み込んで、そんなに無理言わへんしね。そやから、学校から帰りしなね、ミシンがちょっと――人が来た時はええから。「ミシンの音せなんだら、いっちばん嬉しかった」言いますわ。手伝わんでもええから。「また始める」言うて。「あぁ、お母ちゃん、今日は仕事休んでるわ」思うて、ものすごい喜んで飛んで帰ってみたらな、「お母ちゃん、やめとき」ということはね、やっぱ子どもら皆、生活かかってるの、わかってるから、そういうこと言わんし。

ところで、W７の口述史には「人に迷惑をかけない。子どもに恥ずかしい思いをさせない」という言葉がしばしば出てくる。これが彼女の生活信条であり、子育ての基本であったと思われる。そして、彼女は子どもたちがそのように育ってくれたことに満足している。

【W７】三食たべるもんを二食にしても、人に借りて恥ずかしい思いはせんどこ〔しないでおこう〕。それはいつまでも子どもに残っていくから。私が借りたりしてほっとくとね、「あんたのお母さんはだらしのない人やった」て……。なんでそういうこと思たかいうたら、近所にそういう人がおったんですねん。「醤油貸してくれ」、「米一合貸せ」、「麦貸せ」、「塩貸せ」いうて借りても、それを返さないんですよ。そうしたら、裏長屋やから、寄るとさわるとね、その人の話が出ますねん。

（それは日本人ですか？）はい。私はもう絶対そういうこと、せんとこう、いう気持ちがいっぱいあったね。自分がお粥さん食べても、子どもらに食べさせられるんやったら辛抱しよう。自分が一食減らしても、人はわかれへんでしょう。なけりゃないなりにやりくりして、家のもんでやりくりして食べたらええんや。近所へ行って借りてきて食べることも、醤油の一合も借りに行ったこともありません。着るもんもね、破れたもん着たりしたらわかるけど——せやからね、そういう面では恥ずかしい思いはささんとこう（と思った）。

もうそれだけは自慢してええ思います。この人ら〔W２〕も人に引け目感じないのは、私がほんまに一銭のお金も近所で借りたこともなければ、一合の米借りて生活したこともなければ、親戚にも——私はきょうだいの面倒は見ても、世話になったきょうだいもおれへんしね。だから、この人らも「あんたとこの親はもう借りっぱなしでだらしがなかった」いうことを聞くことないしね。そやから子どもらでも、ほんまに一銭の金でもね、借りてきて返されへんで人に迷惑かけたことがなけりゃ。これだけはほんまに、どこへ出ても、誰の前でも言えます。

「人に迷惑をかけない。恥ずかしい思いはしたくない」という言葉は、W7のみならず、戦前移住世代がしばしば口にすることである。そこには「よその国にいさせてもらっている」という遠慮が、一面では働いている。W7も、はっきりそう述べていた。

【W7】よその国へ来て、あれもこれもできないから、人に迷惑かけないで生活せんないかんいうことが精一杯やわね。

しかし、これが移民としての遠慮やコンプレックスにはとどまらない、もっと積極的な生活信条として子育てに関わっていることにも目を向ける必要があるだろう。以下は、W7の娘が小学校から泣いて帰ってきた時のかなり長い回想である。

【W7】（学校から）子どもが泣いて帰ると私はね、すぐ学校へ行きますねん。やっぱり話をしたら先生もわかってくれるしね。ほんで、こういうことがありましたわ。三人、学校行くようになったらね、この人〔W2〕が「お母ちゃん、お金払うの大変やからな、給食、僕はいらんから」いうことで、下の一年〔W9〕と三年〔長女〕に給食取らしたら、三年の女の子が泣いて帰って来たからね、「どうしたの？」言うたら、先生が「給食代持ってきてへん子は、今からすぐ（家へ）行って持ってこい」言うててん。朝、学校行く時、娘に「『今、お金がありませんから、入ったらすぐ持ってきます』て言いなさいよ」言うといたからね。（娘が先生に）「今、お金が家にないんです」言うたら、「隣で借りてでも持ってきなさい」。ほんで、「先生がそういうて怒ったから、もう勉強できひんから帰ってきた」言うから、（私は）学校へ行ってね――。「先生、子どもに隣でお金借りて来いいうことはどういうことですか。あんたに言われなくってもね、借りる所があれば借りて持たします。あんたがそういうこと言わなくっても、この子はどんな肩身の狭い思いして学校来てるか、あんた考えたことありますか」言うたらね、「いやぁ、お母さんにそない言われてみたら、自分らはそういう苦労がなく学校へ通っていたから、そういうこと考えたことがありませんでした」言うてね。そやからね、「これからも気ぃつけてほしい。あんたに言われなくっても、持たされへん親も、持ってこられなかった子どもも、どんだけの気持ちで通うてるか、もの言う時、これからはちょっと考えて言うてほしい」言うて。

お父さんがおれば、またお父さんが考えることも違うし、言うことも違うやろけど、私が強くならな、この子どもらは苦労する。自分がなんにも人に後ろ指さされるようなことしてない時はね、自分が言うことは言うて行って、向こうの話も聞いて、せないかん〔しなければならない〕いう意識がものすご強かったですよ。そんなんで、言うて行ったらね、「すいませんでした」言うて。それからというのはね、（クラス全員に向かって）「給食代まだの人は、忘れてんにゃったら忘れないで持ってきてほしい」て言うけど、うちの子に特別、面と向かっては言わないんですて。気ぃ使ってくれてて。だから私は思いました。やっぱり自分がね、間違うたことのない時には話をしてみないと――。子どもも、私が言うて行かなかったら、いつまでもいやな思いするでしょう。

だから、うちの嫁〔W5〕にも言うんです。「子どもらが喧嘩でもして言われた時とかね、先生がこない言うてたいう時には、いっぺん言って話を聞いてみた方がええで」。自分でああでもない、こうでもないて思うてただけではね。

ほんで、この人〔W2〕が六年の時もね、担任の先生に会うてね、「先生、私はこないこない言われて、それがいちばん辛かったです」言うて――。「私が辛いよりかね、娘はもっと辛い思いをして帰ってきて泣いてね。もうほんとにその時は、なんぼ死のう思たことかね。んで、自分一人死んでしもうたら、子どもら三人かわいそう。子ども一緒に連れて死のうかな思うたけど、いやぁ、寝てる姿見たらかわいそうでね。そんな思うたらいかんと思い直したことも幾らもあるし」て、先生にも言うたらね、「あぁ、ようわかりました。これからは、あんたたちのことだけじゃなくって、朝鮮の子が入ってきたら、よく気をつけます」言うて。

ほんで、その先生がね、給食の余った時は、くれましたて。今だにその先生とはね、〔息子は〕年賀状のやり取りしてますよ。手紙来る時にはね、必ず「お母さんは元気ですか」て、一言添えてくれるしね。そうすると、やっぱり私らも、その先生には有り難い思うしね。ほんで、娘にそないして給食のこと言うた先生ともね、手紙のやり取りしてました。もう娘が結婚したので、向こう〔嫁ぎ先〕へは手紙が来てるか来てないかわからへんけどね。

W7の子への愛情は、現在は孫にも注がれている。以下は、W7、W2、W5の三人の会話である。

【W7】お陰でねぇ、孫は皆大事にしてくれますよ。
【W5】ずうっと今まで見てはるから〔孫の世話をしてきたから〕。
【W2】保育園の送り迎えしてくれたり。帰ってきても、僕ら夫婦が喫茶店やってたもんやから、子守りしてくれるし。
【W7】末の孫〔障害児〕は生まれてからずうっと私と一緒やからね。家におる日でも、居間へおりませんねん。ずっと私の部屋にいる。

【W2】あの子は障害のある子なんですけどね。入院、何回したか。もうアカン、もうアカン言うてたんやけど……。病院の付き添いを私ら三人でローテーション組んで、おばあちゃんにもやってもらって。

【W7】病院へ入院してる時でもね、私が行ったら、お母さん付き添うててもね、「お母ちゃん、家帰り」言いますねん。そやからね、「お母ちゃんおり。おばあちゃん帰り」言うてたら、私、家帰って来（ら）れるけどね。私が行ったら、もう「お母ちゃんは家帰りや。早よ帰りや」言うから。ほんで小さい時でも、泣いとっても、こう抱いたらね、あやしたら、泣き止むから、私とおる率の方が多いですねん。

【W2】今でも学校帰ってきたらね、さっさと奥行くから。作業場の上がおばあちゃんおるんですね。んだら、もうそこへサーッと行きます。

【W7】おやつもね、私の分持ってきてくれますねん。二つ持って来て、「はいこれ、おばあちゃん」言うて。「あんた食べとき」いうたら、「おばあちゃん食べぇな。おばあちゃんの分持ってきたから」いうて。自分だけ食べませんで。

【W2】（そう）言いもってでも、おばあちゃんの分へずり〔削り〕おるけどね〔笑〕。

この家族は本当に仲がよい。W2が子どもをよくキャンプに連れて行ったことが前章の《2（5）―喫茶店経営》で語られていたが、その時にじつは母親も一緒に連れて行くことを別の機会に語っていた。親と子と孫がいつも触れ合っている。

【W7】みな結婚さして、あぁヤレヤレいうたら、まぁ孫ができたらね、なんでこない孫て可愛いもんやろかねぇ。こんなんして大きいしたらね、みな孫もようしてくれて。食べるもん一つでもね、「おばあちゃん、これ食べ」言うて持ってきてくれるし。みな、親戚が言いますよ。「あんたは幸せな人間やなぁ。うちらの孫はなぁ、自分で食べとっても、わてに一つもくれへんで。あんたは『おばあちゃん、おばあちゃん』いうて、よう大事にしてもうてから」言うけどね、「やっぱり可愛がったら、それだけのことあんのんちがうか」言うて。

以上、昭和二〇年代から三〇年代にかけて家族がもっとも苦しかった時代に、母親が子どもを守り、子どもが母親を助け、子どもたちが協力し合って生き抜いた「家族史」を見てきた。まるで家族を深く愛した夫の魂がのり移ったかのような生きざまに、私には見える。W1もまた、父が倒産した後、高校を中退して家業を手伝っている。彼ら移民家族が、いわばどん底で、しかし解体もせず、今日まで生き抜くことができた第一の条件は、この強い家族結合、すなわち「家族主義」にあったと言えるだろう。その象徴が、たとえばW3の場合であれば「家紋」であり、W8の場合であれば「三十七歳」という家業継承の節目である。

ただ、これらの「家族主義」が儒教的な家父長制に万事還元できるのかどうかは、一考を要する問題であろう。W1が中学生の時から「もの売り」に歩いていた時、彼は父のこんな言葉で家を送り出されたという。

これは親を助けるんじゃなしに、お前らの食い扶持やから、一所懸命売ってこい。

一家を支えるための仕事が自立の精神を育んでいると解することもできるし、自立の精神が結果的に家族主義を実現させていると解することもできる。いずれにせよ、自力主義と家族主義の間に矛盾はないと見える。

なお、同じことは老親扶養についても言えるだろう。W7は「あんた長男やさかいに、私を見なさいとか、この子にぶら下がって暮らそうとか、そういう気持ちはなかった」と言い、また仁宅も、W1によれば「そういうことは一切言わなかった人」であったという。しかし、実際には二人はいずれも当り前のこととして親を扶養している。

彼らの秀でた自力主義＝生活力が、三世代の家族結合を維持する基本的条件の一つであることはいうまでもない。

(2) 親族関係

同居家族は大海に浮かぶ離れ小島ではない。家族を核に周囲の社会を組織化できて、はじめて家族は家族として存立が可能になる。家族を理解するためには、家族を囲むより広い社会にも目を向ける必要がある。それが親族であり、地域社会である。地域社会については次項で扱うこととして、ここでは親族の相互扶助関係を見ていこう。

W７の家族が仕事や家庭生活を通して多くの親族と交際し、時に助け合ってきたことは、これまでの記述からも明らかである。とくに妹（次女）夫婦との絆が強かった。亡夫の工場の経営を任せ、その工場が倒産した後は同居して生活を支え合っている。その同居は、ミシンをやめ、天王寺区で焼肉屋を始めた後も続き、結局、十年以上に及んだ。

それから、W１の父からは縫製の仕事を回してもらっている（縫製の仕事に関しては、親戚以外の同胞との協力関係もあった）。

一方、生前の夫はW３を見習いで雇い、一人前に育て上げている。夫の工場では、他にW７の弟（三男）や、仁淑から見て十四親等も離れた親戚の男も、終戦直後から数年間雇っている。

また、W２が母W７の別の妹（三女）の夫の会社「イコマ金属塗装」に勤めて、その会社の再興に貢献したことは、前章《２（５）－専務》で見た。

その他、W７が子育てをしていた頃、その姉夫婦が猪飼野で文房具屋をしており、W２が店の前を通ると義伯父がよく帳面や鉛筆をくれたといった口述もあり、この類の思い出はあげればキリがない。

【W２】 僕らが小っさい時分で記憶に残ってるのは、終戦直後なんかでも、なにかにつけて身内のもんがね、なんとか庇いあって、助け合うたいう印象がものすご強いんです。最近はもう、各家庭それぞれ全然関知せずいう感じですね。

【W7】まぁね、食べるもんでも珍しいもんがあったら、呼んでもらったりね。また、こっちの方でもそんなんしたり。いとこ同士で寄って遊びに行こかいうてね、映画でも見に行ったり。その帰りに食事でもして帰ったりしてたけど……、今、全然それがないんですね。

【W2】ただもう冠婚葬祭――要するに法事とか結婚式、葬式、そんなんには顔出しても、ほかの付き合いいうのん、ほとんどないですね。で、それではいかんいうことで、今、僕らと気の合うたもん何人か――五、六人で月に一ぺんずつ会ってるんですけどね。それすらも、なんか白けた感じがするし。

これらの語りからは、親族関係の中でも、とくにきょうだい・従兄弟の同世代関係が昔から重視されていたことがわかる。しかも、その継承を現在も試みていることが語られているが、そのことには後で触れる。

W7の場合も、夫の死後は自分の定位家族、中でも姉妹家族との緊密な関係が生活の支柱であった。夫方のW1の父仁宅との仕事関係はあるが、夫方の親戚は、どちらかといえば儀礼的・儒教的関係であり、実家の親戚こそが実質的関係である。この実質的関係のきわめて高い緊密性が、夫の死によって露呈した形になっている。

W2の弟であるW9にも、母方の親族との強い結びつきがあった。W9は関西学院大学商学部を一九六七年に卒業し、その年から七三年まで自宅で喫茶店を経営し、七三年以後、不動産経営に転業して現在に至っている。彼を喫茶店のマスターから実業家へ導いた「恩人」が、じつは兄がかつて勤めていた、あの「イコマ金属塗装」の社長で、兄と経営方針の違いで鋭く対立した義叔父だったのである《2（5）―オイルショックと意見対立》。ここにも、この義叔父に対するW2とW9の評価の違いを見ることができる。

【W9】学校卒業して、一番悩み多き時代でしたからね。その時はずっと喫茶店をやっていたけど……。やっぱり自分の気持ちも悶々として、例えば会計学の講習とか、行っていました。やっぱり、確固としてそっちにはまることはできないわけですわね。だから、その頃はまだ学問に対して未練は引きずってましたね、正直言いまして。まだ独身でしたし。もうこのまま、こんな喫茶店で終わっていいもんかどうかいうね。

叔父さんの影響は、そうですね、大学時代以外の人生で一番大きいですわね。最初の方向づけをしてくれた、いうことですね。この事業〔不動産業〕を始めたのも、叔父さんの影響です。まぁ、いいか悪いかは別としてね。私もその道を歩んできたんだからね。人間の生活とか、ものの考え方とかいうのは直接教えは請わなかった。ただ、やっぱり、その叔父さんの生き方とか、仕事に対する考え方は、よく見てましたわね。

（なぜ叔父さんはあなたを不動産業に誘ったのですか？）叔父さんの考え方としては、近い身内ではその当時、大学生は僕しかいなかったから、僕にはいろんな期待を抱いていたと思うんですわ。また、僕たち〔家族〕がそういう実際に経済活動を営まなアカンいう状況にあるいうことを——直接、僕とは話はしませんでしたけどね——母親なり、兄弟から聞いて認識してて、それで、そういう道を教えてあげよういう気持ちがあったんじゃないでしょうかね。

喫茶店も、叔父さんの身内の方の協力で始めたようなもんです。私は、まったく何も知らなかった人間ですからね。いろいろ教えてもらいました。そのうち、喫茶店だけでは、やっぱりね、私の将来を見た場合、それで終わってもいいもんかいうことで……、たまたまこの時期、不動産を通じていろんな人にも会うし、大っきい事業せんなアカンいうことで。

これは私の勝手な考え方かもしれませんけども、その当時の方いうたら、みな年配ですわね。私ひとり若いでしょ。ということは、私に対して、「勉強して、将来その道を歩け」いう暗示があったんじゃないかなぁという、そういう気もしますね。

当時、在日一世の方たちは、それなりに苦労もしてるし、敵も多いし、味方も多いわけですわね。だから、この男〔叔父〕もね、ある面から見たら、商売にしても非常に厳しいという見方ができるし、また片っぽの側面から見たら、ぜんぜん相反するものがあると思うんですわ。僕は、その叔父さんに対しては、たまたまいい方の面からしか見てなかったからね。

この叔父さんの不幸な性格とかあって、まぁそういう人生で終わられましたけどね。私は、まぁ、その叔父さんにとっては自分で納得しはったことだから、素晴しいことじゃないかと思いますね。ただ家庭は犠牲にしてます。今でも奥さんは、旦那さんのことは良く言いませんね。やっぱり家庭と仕事は別ですからね。私らは、まぁ家庭をそこまで犠牲にしてまで物事はようする自信も、また器量もないですわ。

最後にもう一点、前出のW2の語りの中で、従兄弟同士の伝統的な結合関係を復活させる試みが語られていた。しかし、現代における同世代の親族結合が、かつての貧困時代のそれと同じでないことは当然である。W1も語っている。

【W1】助け合ういうことはないですね。みんなそれぞれ自営して、うまくやってるからね。まぁ世間話して、「頑張れよ」いうぐらいのもんですわ。ただ気の合うたもん同士、月に一回とかふた月に一回、そこの家に集まって、一杯飲んで世間話する程度です。集まる場所、持ち回りでやってるんですよ。定期的にやってます。W2とは毎月一回、第二土曜日に会うて、マージャンして遊んで。多い時で七人ぐらいですね。

（名前ありますか?）「いとこ会」。年寄りはみな除外したんですよ。六十代の人とわれわれとは考え方が全然違うんです。それと思想と宗教の違うのは、もう入れないことにしてるんです。喧嘩の元になるから。総聯系のパリパリの人はうるさいから入れないことにしてるんです。

（宗教が違うっていうのは？）私ら、先祖の祀りごとは、みな儒教でやってるでしょ。で、日本の教育受けて大きなってるからね。創価学会の人もおりゃあ、仏教の人もおるし、キリスト教もおるしね。で、私らより十歳ぐらい上の年代の人はね、まずもう創価学会嫌うんですよ。キリスト教嫌うんですよ。先祖の祀りごとは、あくまでも儒教に基づいてやらないかんいうことで。ところが、私らの年代では創価学会に凝ってる人もおるわけですわ。そしたら法事のやり方も全然違うんです。学会のやり方でやってしまうしね。それを年寄りは気に食わない。

また、先祖さんの共同墓地を韓国に作ったわけですが、思想の違う総聯系の人は韓国へ墓参りしたくても行けない。だから親族会で皆寄って集まってそういう話しても、もめごとの種なんですわ。親族会では思想の話と宗教の話はもうタブーなんです。

W2たちの「いとこ会」のメンバーは、前図6-1のW1、W3、W2、W9と、W1の末弟である。それに加えて、図6-1には表れていないW1の二人の従兄弟がいる（仁宅のきょうだいの子）。W1たちとW3たちとは十親等も離れていることを、ここで再度指摘しておきたい。なお、かつての「いとこ会」はもっとメンバーが多かったけれど、現在はかなり縮小してしまっていることを、私は別稿で報告したことがある［谷 1995a：302-304］。

第3節　民族の継承

（1）民族関係と世代間生活史

私たちのインフォーマントに限っていえば、W2たちの戦後世代も、W4たちの成長期世代も、そしてW6たちの定住世代も、少なくともパーソナルなレベルでは、日本人に対する社会関係が基本的に分離・敵対的ではない。

むしろ、同胞／日本人にこだわらず、自由に結合関係を作っている場合が多い。

一方、民族意識のあり様は、人によって微妙に異なっていた。一方で、日本への同化を志向する人――W4やW9など――がいる。W4は日本文化に馴染み、帰化を真剣に考えている。しかし、朝鮮民族としての出自、歴史的起源を隠すつもりはまったくない。いわば「韓国系日本人」としての生き方を望んでいた。W9もそうである。「同化のレベル」の論理構成は多層的になされる必要がある［Gordon 1964：71］。

他方、同化を拒否し、朝鮮民族としての意識と生活様式を保持して生きようとする人――W2、W3、W6など――もいる。彼らはいずれも朝鮮文化を保持したいと考えている。だが、W2とW3が民族文化を親から自然に「継承」しているのに対して、W6は学校を卒業して民族系の保育園に就職してから本格的に民族文化に目覚めている。名前に限っていえば、小学～高校時代に本名を日本語読みで使っていた伏線があったとはいえ、専門学校時代に通名に変えているから、彼女は福岡・金［1997：103-119］が注目した、成人後に民族性を「獲得」したタイプに近いといえるだろう。

また、W2・W3とW6の対照性は、後者が社会生活のすべての領域で本名を使っているのに対して、前者は職場など一部の生活領域では通名を使っている点にも認められる。この原稿を書いている時点で、W2は不況のために自営業を廃業し、会社勤めをしているが、そこでは通名を使って働いている。「同化」のレベルのみならず、「異化」のレベルもまた、多層的に構成される必要がある。

しかしいずれにせよ、自らの起源までも消し去って日本社会へ同化しようとする「潜在－結合」型の人には、今回のW家の調査では出会えなかった。おそらく民族性を生活構造のある局面では潜在化させ、他の局面で顕在化させる、という「切換え」（ethnic switching）はごく普通に見られることだろう。在日朝鮮人は日本社会で、パーソナルな次元で生きていると同時に、構造的な次元でも生きているからである。本名と通名の使い分けが、その象徴的な実践である。私たちの分析枠組みでいう「潜在－分離」型の民族関係は、多くの在日朝鮮人にとって、ごく日常的な生き方といえるだろう。

しかし、生活構造のすべてにおいて民族性を潜在化させた生き方に、私たちが出会わなかったからといって、「潜在 - 結合」型が現実型ではないとは断定できまい。そういう人もいるだろう。ゆえに以下で考えてみたいことは、「顕在 - 結合」関係を求める生き方や、民族性を百パーセント潜在化させてしまわない生き方と、彼らの「世代間生活史」とがどう関わっているのかという一点である。その意味で、限定的な考察にとどまらざるをえない。

（2）民族関係の世代間継承と世代内継続

本章の冒頭でも述べたように、W1の父もW2の父も、ともに日本人の親方に育てられて一人前の職人になった。「だから、うちのお父さんは、日本人に対しては感謝の気持ちはあっても、恨んでるいうことはなかったみたいです」（W1）。

W1は、調査者の「お父さんは戦前に日本へ来て、朝鮮出身ということで日本人に差別されたことは？」という質問に対して、こう答えている。

【W1】親から差別されたとは聞いてません。結局ね、うちのお父さんの付き合ってる周りの日本の人がいい方ばっかりだったんですよ。うちの父親と同年代の人が、ものすごい日本の人からいろんな虐めとかね、あいう体験をもってはるけれども、うちのお父さんはそういう体験はないみたいですわ。自分がそういう目にあってないから、日本の方に対しての悪い印象がなかったね。

父親を裏切った商売仲間には日本人もいたと言っていた。にもかかわらず、父親の民族関係は結合的である。W1の母親もまた、日本人と結合的な民族関係を作っていた。

【W1】お母さんの葬式の時でも、お母さんが昔から付き合ってる日本の方が、みんな来てくれたしね。今だに法事の時に来る人もいてます。日本の人、来ますよ。夜十時くらいまで一緒に昔話して帰ります。（どういう友だち関係ですか？）うちの工場で働いてた人ですわ。ほんで、お母さんがいろいろ面倒見たということで。母も自分が娘時分に出てきて苦労してるからね。若いもんに対して、ものすごい面倒見が良かったです。だから今だに私らも、その人と付き合いあるからね。

このように、W1は結合的な両親によって育てられている。親に差別体験がまったくなかったとは考えにくい。おそらく「分離」体験を帳消しにして余りある「結合」体験の持ち主であったということではないだろうか。W1の次の生活史は、このような家庭で育ったことと深く関係しているのではないかと、私は解釈している。W1は東成区に居住していたが、教育熱心な親の方針によって教育環境の整った隣の天王寺区のS小学校へ越境入学した。W1は一九四三年二月生まれである。

【W1】あのね、差別いうの、ほんまに私、いつも不思議に思うんやけどね――。みな「差別や、差別や！」いうて大騒ぎしてるでしょ。いろいろ新聞出たり。けど、私が実際にいやな思いしたいうの、ほんまに数えるほどしかないから、「なんでそんな大騒ぎするんかな？」と思うてね。いろんな新聞やら本やら見て、いろんなこと知ってるけど、自分にはそういう経験がないもんやから。
ほんで、私の場合は、お父さんが商売してる時も、ほとんど商売相手の人が日本の方でしたから。家に出入りする人も。だから、韓国人、朝鮮人いう意識が全然なかったですわ。
なんでわかったかいうたら、外人登録の切り替えいうのがあるんです。子どもの場合は写真が貼ってないんですよ。お父さんの場合は写真が貼ってあるんですわ。で、小学校二、三年の時分に、東成区役所へ一緒に行ったことがあるんです。その時に、お父さんに私が聞いたんですよ。「何でこんなもんがいるの?」っちゅうて。その時初めて、「自分は韓国人だ。お前も韓国人だ。ここは日本の国だから、外国で住んでるんだから、こういうもんがいるんや」いうのを聞いた。それが、外国人登録いうのが私らにはあるいうのを知らされた時やね。で、それに対して何もおかしいと思わなかったし。「私は韓国人だ。あぁそうか」ぐらいに思っただけで。

ただ、ショック受けたのはね――。小学校の卒業式の予行練習で、私は（卒業証書を）「本名で書いてくれ」いうて担任の先生に頼んだんですよ。なら、担任の先生も、もちろん私が韓国人やいうこと知ってるからね、「あぁ、そうやったら本名で書こうか」て言うたですよ。その時まで友だちが知ってるのか知らんのんか、私、そんな意識なかったから……。

予行練習で名前一人ずつ読むんです。「呉貞雄」（仮名）ちゅうて読んだ時に、私が「はい」って立って行くでしょ。ほな周りのもんが、ガタガタッと騒ぎだしたんです。「なんで呉、呉貞雄や」っちゅなもんでね。「そんならあれ、朝鮮人か」言うて、後ろでしゃべってるのが聞こえるんです。「呉貞雄で何で悪いねん」と子ども心に思てたんですわ。「朝鮮人が何が悪いんや」と。

ほしたらね、朝鮮人やいうのがわかった途端、もう明くる日から全然付き合いの態度が違うんです。三、四人がグループで寄ってて、私の方見て「あいつ朝鮮人やぞ」ちゅうてね、言うてる奴がおる。

（昨日まで仲良くしてた子が?）そうですねん。S小いうたらね、一学年二クラスに三人くらいしか朝鮮人いてないんですよ。四十人学級で私、一人ですねん。朝鮮人の存在が、ほんまに目立たん学校でした。それが本名使おたがためにね、卒業式までほんまにいやな思いしました。そのいやな思いがずうっとね、学生時代、尾を引いてたんです。

小学校を卒業する時の「ショック体験」がかなり詳しく語られている。しかしそれが、冒頭の語りにあったように、彼自身の人生の総括においては「ほんまに数えるほどしかない」差別体験と位置づけられていることに注意する必要があるだろう。ただし、この体験は、意識のレベルにおいて、その後しばらく傷となって残ることになる。このことは後で見よう。ともあれ、彼の民族関係は基本的に結合的である。それが、親の民族関係と同じであるところが興味深い。少なくとも日本人との分離関係をわが子に「継承」するような親ではなかった。同じことは、W2・W9兄弟についても言えるだろう。彼らの両親は民族関係に関してどんな生き方をしただろうか。

【W2】うちの父親が丁稚さんで日本の会社へ入ったもんやから、僕が物心ついた時分から、正月でもおせち料理を〔作りました〕。韓国式の正月の法事は、それはそれで旧でやって、新の正月にはおせち料理、いうのが〔わが家の習わしでした〕。せやから、ずうっと今でも続いてますね。

【W7】もう主人は小っさい時から、日本の人に育てられたんと一緒ですねん。

【W2】韓国で大きくなってないから、韓国式の食事は知らない言うた方がいいんでしょうね。

【W7】私は結婚するまでは、もうこっち〔日本の風習〕のこと、全然知らなかったんです。近所に葬式があったりなんかしてもね——今はしないけど、昔は隣組で炊き出しいうてあったでしょう。そんなんも、みな教えてもらいに、近所に何かあると行きましたで。主人が行かないで、私に行かしますねん。悔やみの挨拶の仕方もね、「あんたが行ってな、人のすんのん見るし、炊き出しなんかも習ってきなさい」言うて。で、行ったら、やっぱり味見するしね、手伝うしすると、わかるようになってくる。ほんで、また一から苦労が始まりましたわ。うちの国の習慣をみんな捨てて、こっちの食べ方、拵え方ね、みなせんならんから。ほんで着るもんもね、私は結婚してからずうっと着物ばっかり着てたから。今は具合が悪いし、疲れて、着物あんまり着ませんけど、前はもう着物の方が（多かった）。主人が「洋服着るより着物着た方がいい」言うて。ずっと、夏でもみな、私は浴衣着て、ようすごしたんです。ほとんどそんなんでした。

（お父さんにとっては日本が古里という……？）

【W2】古里みたいなもんでしょうね。

「古里」といえば、W1もこのようなことを語っていた。

【W1】うちのお父さん、死ぬまで七年間ずっと寝たきりですわ。半身不随で。で、「生きている間にお父さんの希望で、（墓を）韓国でしてほしかったら韓国でします。日本でしてほしかったら日本でします」言うて。で、お父さんが生きて動ける間に法隆寺に場所決めてきたんです。だから親戚の方に、ものすご怒られました。「墓が韓国にあるのに、なぜ持って行けへん」と。「お父さんは韓国で子ども時分育ってるから、故郷いう気持ちがあるから、持って行った方がええんちゃうか」いうて言われましたよ。

だけど、うちのお父さんは、「韓国にいい思い出が一つもない」言うわけですわ。子ども時分苦労した思い出しか。韓国は国自体が貧しい国だったからねぇ。お父さんらが生まれた済州島の村いうのは、ほんまに貧しい村でしたわ。私が成人して一回行ったけれども、そらびっくりするくらい貧しい村でした。だから、そういうとこで大っきなってるもんやから、少々のことがあっても日本におった方が、ずっと住み良かったんじゃないかなと思います。

「日本へ来て日本に住んでる方が長いし。日本に自分の子どもらは居てるし、孫もいてるし。だから、お前らが見れる近くの方がいい」っちゅうて言うたもんやからね。歩けない親父、車につんで、それこそ生駒から信貴山から、墓地探しにずうっと回りました。元気な間に見つけとこ、いうことで。親父の希望でね。

「丁稚」の年から日本の職場で働くということは、こういうことなのであろうか。日本が古里になっている。そのような状況の中での同化の努力であり、それを仁淑は妻にも奨励した。仁宅も同様の考え方であったと想像される。W7はこうも語っていた。

【W7】やっぱり住めば都いうて、……馴染めるもんなら馴染んでいこう、いう気持ちがあって。

W家の移民第一世代の生活史の中から日本人との分離関係を見いだすことは、かなり困難である。むしろ、その逆の状況がいくつも掘りおこされるのである。次はW9の妻の語りである（第一回目の訪問で、W9の帰宅を待つ間、妻と雑談まじりでインタビューを行った時のこと）。

【W9妻】あのう、昔の話聞きましたら、小さい時にうちの主人の場合は、片親だけで育てられてきましてね。隣近所の人たち――日本人の中で育ったいう影響で、お風呂いただいたりとか、そんなあれで、日本人に対して偏見的な悪いイメージとか、そんなんはないんですよね。ところが私の場合は、父親に「日本人に負けるな、負けるな」っていう風に育てられたっていう環境がありましたんでね。ま、どちらかといえば、やっぱり私はもう、絶対的に！　韓国を応援するっていう立場なんですよね。主人の方はそうじゃないんですよね、ええ。だから夫婦間でも違います。

前節で、W7を中心とするこの母子家庭が、濃密な家族・親族関係の中で生き抜いてきたことを見たが、彼らはそれに加えて、地域社会の日本人との結合関係もまた、一定程度作っていたことがわかる。W7たちの家族史は、民族的に重層的な生活構造を構築していたのである。

ところでじつは、右のＷ９の妻と私たちの会話は、ボクシングの試合で韓国人と日本人が対戦した場合、どちらを「応援」するかという話題であった。そこではからずも、夫婦が育った家庭環境が対蹠的である点があぶり出されている。妻の語りをもう少し聞こう。

【Ｗ９妻】私の父親は、両親が韓国で亡くなって、自分一人でここで苦労してきた人ですのでね。現実に差別を受けてきてまして。だから、子どもたちには絶対、志高くもって、社会に出て日本の人たちに負けないように、ちゃんと独立独歩で歩んでくれっていう……。

妻の父親が実際にどんな差別を受けて苦労をしたのか、具体的には聞いていない。また、父の「ナショナリズム」がすべて過去の体験によって説明できるものでもないだろう。民団の仕事をしていたようである。しかしいずれにせよ、子どものしつけにおいて、Ｗ９夫妻のそれぞれの定位家族が対照的であったことは確かであり、そのことが二人の民族関係観を互いに異ならしめる一因となっているように思われる。

彼らの長男Ｗ10（十七歳）によれば、同胞との結婚に「母はこだわっている」が、父の方は「自分の好きな人とがいいんじゃないか」と言っている。長女Ｗ11（十八歳）も、こう語っていた。ここでの「おばあちゃん」とは、もちろん母方の祖母のことである。

【Ｗ11】おばあちゃんが韓国人と結婚しないともうアカンみたいなこと言います。私も、法事とかの風習が違うんで、できれば在日韓国人の人が一番いいと思いますけど、やっぱり好きになったらどうなるかわからないです。

ここから先は、帰宅したW9が語った生活史をやや詳しく見ていきたい。W9の生活史も貴重なデータであると思う。「もらい湯」のエピソードが、期せずして彼の口からも出てきた（この時既に妻は部屋を出ている）。

【W9】私はまったくの韓国人でありながら、ほとんど日本人に同化してます。今の世代の子に近い考えなんですわ。だから、別に日本の政府とか日本の人に対して嫌悪感も抱かないし。私の場合はですよ。家内は違うと思うんですけどもね。

私が現在の心境にあるのはね、やっぱり日本に育ってきて、幼年期から大っきなるまで、近所みんな、日本の人と仲良くやってきたからです。いじめられたこともないし。そういうもんが多分に影響していると思うんです。逆に、たとえば国籍を楯にとっていじめられた方は、おそらくその反動は強いと思いますよ、当然。

僕らはね、貧しかったですけども、そういう意味では社会的に恵まれてましたね。近所の人は日本の人やけど、一緒にみな助けてくれたから。隣の竹屋さん――竹の加工屋さんでもね、もらい湯行きますねんよ。残り湯ですけどね。家族全部入れてくれたりね。なかなかお風呂なんか入れてもらえませんやんか。近所のメッキ屋さんもね、何かあったら、晩ご飯の時に来て、残りもんでも、「ちょっと食べて行きや」言うてくれて。小学校、中学校時代ですわ。大成通り〔東成区〕に住んでた時、そんな思い出ありますよ。そやから、今でもそこ行ったらね、よく寄るんですけどもね。もうその時のお父さん、お母さん、亡くなってますけども、僕よりちょっと年配の方がみな仲良く、懐かしがってよく話しますわ。

だからね、僕は幼年期、少年期に受けた体験の影響はね、やっぱり大きい。正直言って自分は――性格もまぁわりと穏やかな方なんですけどね――苦労もしたけども、社会的にわりとみんなに温かい目で見られて育ってきたんじゃないかな、いう感じはものすごありますね。だから、今から思えばそれもまぁ苦労かと思うけど、僕らにしたら、そういう苦労いうのはあんまり苦労とは考えてませんね。そういう経験があったなぁいうぐらいですわ。

高校、大学時代を通じても、交際関係はほとんど日本人であった。

【W9】大学のゼミでも、韓国・朝鮮人は私だけですわ。だから当然、友だちに在日韓国人は一人もいなかったです。中学は、まぁおりましたけど、そんなに親しくなかった。高校、大学を通じて韓国人の友だちは一人もいないですわ。だから、そういう面ではね、まったくの日本の教育受けて、日本人にほんとに近いような生活環境だったんですわ。

W9は、はっきりとした同化志向の持ち主である。

【W9】僕は小学校から日本の教育受けてるでしょ。友だちも日本の子が多かった。韓国人はほとんどいなかったからね。だから韓国人／日本人いう差別いうのは、現実に全然なかったです。就職の時に、ある意味ではそういうのもあんのかな、いう感じなんです。
だから僕はね、もうどんないきさつあっても、母国愛いうたらおかしいですけど、そんなもんサラサラないですわ。韓国に対する思いも郷愁も何もないですわ。もう同化してしまってるんですわ。
三世、四世なってきたら、おそらく日本にみんな同化されますけども、僕ら二世の間では僕のような考え方は珍しいんじゃないでしょうかね。

自分は兄とは違って「三世、四世」の考え方に近いと言っている。その「近い」考え方を形成した社会的要因は何だろう。世代間生活史においては、民族関係に関するかぎり、兄弟はともに母親から日本人との結合関係を継承している。また、少年時代に地域で日本人に差別された体験をもっていない。むしろ地域の日本人に、この兄弟は守られていたといえる。したがって、兄弟の民族意識を異ならしめた社会的要因としては、世代内生活史における民族関係の違いが考えられるだろう。すなわち、弟には兄のような民族学校の体験がない。すべて日本の学校教育で育っている。大学という開かれた社会を経験した。日本人の友人が多い。同胞の友人はほとんどいない等々である。一方、兄の世代内生活史は、前章第2節で詳しく見たように、仕事を始めてから三十代半ばまで、ほとんど同胞の中で暮らし、働いてきた。さらには兄弟の間の四つの年の差が、初等教育期の時代背景――兄は学童として「阪神教育闘争」を直接体験した――と、高等教育適例期における家庭の階層的基盤――弟が大学へ行く頃は兄も働いていていて、家庭に多少とも余裕があった――とを異ならしめている。これが二人の民族関係を規定する歴史的・構造的与件であろう。

また、右の語りから推察するに、「就職差別」がW9にはさほど強いショックとはなっていないようである（具体的な出来事は後出）。これも、日本人とのパーソナルな結合関係に対する信頼感が幼少期から確立されていて、それがその後に体験する構造的・制度的な分離体験のショックを和らげていると解釈できないだろうか。繰り返すが、W9は明確な同化志向の持ち主である。彼は自分を客観的に見つめている。

【W9】私の従兄弟でもね、良い悪いは別にして、昔からの韓国いうのを、気持ち的にある程度曳きずっているんですわ。まったく日本に同化して――いうこともないんです。かといって、韓国人いうことを自負して、自覚して物事をやるということもしないわけです。

ところがね、私らよりも四、五歳ぐらい下の方ははっきりしてます。日本と同化なさってるか、それとも思いきって韓国の方の勉強なすって、韓国人や、いう自負があるか。

私らが一番中途半端です。そういう思いが私はします。自分らの年代の在日韓国人の方と話したりしてもね、そういう面は多分に考えますね。

（帰化は考えていませんか?）私の代では全然そういうあれはないですね。別に特別な事情があって帰化しない、いうことはないんですけどもね。日本に暮らしてて、制約ばっかり受けて、そう思う時もありますけど、別に取り立てて今のところ、生きて行くに関してはね、不自由さを感じてないからでしょうね。

子どもに対して、家内は絶対にそういうことは許さないと思います。私は、子どもの立場が、帰化して行動できるんだったら、僕はもうそれでいいと思いますね。それは国とかそういう問題じゃないと思うんですね。だから私はね、正直言って、兄き〔W2〕とちょっと考え方が違うんですよ。

兄きは年とともに、自分で韓国語も勉強してね。まぁ直接対話したことないんで、どの程度考えてるのかわからんけども、やっぱり本名で行ってるし。子どももね、やっぱりそういうサークルにも積極的に参加してますし。まぁ悪いにつけ良しにつけ、古い因習をわりと勉強してますからね。

私はもう全然ちゃうんですわ。まぁ国がない言うたらね、ない——いうような感じですわね、正直言って。国がない言うたらおかしいですけどね。もう一番根本的なことなんですけどね。今までの育ち方がそういう育ち方やから、今さら日本の国の中で韓国いうことを、ことさら母国愛とかいう思いは、全然ないんですわ。だから、ちょっと異様なんですわね、正直言うて。

家内は、わりとそのへんはしっかりしてる。韓国人いう自負もありますし。しやから〔だから〕、まぁ親父の教育だと思うんですわ。（妻の）お父さん、苦労なすったからね。絶対に日本人に負けたらアカンぞと。ある程度日本に反感もある。それを信念で、生活もしてきたと思うんです。

僕は違うんです。少なくとも僕は、今まで大きなったのも、ある程度日本の教育受けて、日本のいわゆる福祉関係の恩恵もわりと受けましたんでね。で、韓国とのそういう交流もなかったし。

以上の分析と考察において、私は、親の世代の民族関係が子の世代に継承される場合があることを仮定すると同時に、若い頃の民族関係体験が、その後の民族関係観の〈核〉を形成するのではないかという仮説を提示した。それぞれ民族関係の「世代間継承」と「世代内継続」と、当面は呼んでおこう。

（3）「パーソナルな民族関係」と「構造的な民族関係」

仮に子どもの頃に結合的な民族関係を強く体験したからといって、その後の成長過程でもまったく差別体験を受けることはない、ということはまず考えられない。W9もそうである。既に述べたように、彼は一九六七年に関西学院大学商学部を卒業した。成績は、ゼミの教授が大学院へ進学を勧めるほどであったという。教授は在日韓国人である彼の将来を心配して、院への進学を勧めてくれた。しかし、家庭の事情がそれを許さなかった。

【W9】内申書で自分の成績わかりますやん。Aランクなんですわ。成績でいえば、当然もう一流企業も不可能ではない。しかし、私はその一流企業いうのがね――例えば大手銀行とか、いわゆる一流の松下〔現パナソニック〕、シャープ〔いずれも関西の地元企業〕、いろいろな会社も求人募集来ますけども――一流いうことで縛られんのいややから、わりと外資系を狙ってた。それに一流企業だと、ひょっとしたら就職差別にあうかもしれないいう自覚もあったと思うんですわ、ある程度は。自分の現実の問題としてまだ体験はなかったけども、そういうことを聞きますからね。

それで外資系を二つ受けたんです。そうしますとねぇ、「片倉ハドソン」は書類選考で返ってきました。理由なしです。「AIU」はね、一次試験は受けさせてくれたんです。先生の紹介状持って行ったら。ところが試験いうのはね、本当にもうバカみたいな試験なんですよ。やさしい。こんなのが就職試験になんのかな、みたいな試験ですわ。私と友だちと二人で受けたんです。で、まぁ彼はこんな言い方したら悪いけども、成績は私よりもだいぶ下だったですけども、まぁ海外に出たいいうことでね、一緒に受けたんです。一次試験で私はだめだいう返答が返ってきたんですわ。で、彼は二次試験へ行って、結局合格したわけなんですけどね。日本の方です。

だから私もちょっとおかしいなぁと思って、ある人に「実はこういうことが実情としてあるんですけど」言うたら、その方は忌憚のない方でね。「少なくとも外国籍で日本の企業を受けても、何らかの理由で合格しないことは、もうこれは百パーセントです」いう意見でした。

で、私の先輩で――身内ですけどもね――関西大学におられた方も、そういう体験に遭うてるんですわ。それを前から聞いてはいたんです。それが実際にあるということで、それならだめだなぁいうことで、会社就職を諦めました。（私が）ひとりだけ残りました。もうあっという間にみな内定です。もう私のゼミはね、関学の商学部では一番のゼミだったんです。

W9の民族関係の基本的なスタンスは結合的であることは、すでにわかっている。そこで右のスクリプトが示唆することは、就職差別という制度的・構造的な分離関係を体験した後でも、このスタンスに変更はなかったという事実である。

W1も同様である。彼は高校を中退した一九六九年から豊中市にある自動車整備工場で整備工として働いた。トヨタ自動車の下請工場である。そして七一年に、待遇改善を要求する組合運動に参加して会社をクビになった。以下はその時の職場の状況である。

（どんな待遇改善の要求を？）

【W１】 ふつうよそ〔他のトヨタの下請工場〕は一日四交替でやってるいう話でしたわ。それが（ここでは）三交替でね。残業手当も全部つけてもらう（という要求もした）。それに休憩時間が三十分だったとこを十五分にカットされてね。夜勤の場合は夜食が出るんですよ。そういうなんもカットでしょ。で、仮眠時間が三時間あるやつが一時間になったとかね。また、夜勤の賃金と昼勤の賃金がたいして変わらないんです。

ほんで計算してみたら、週に三回夜勤が回ってくる。回転が早いんですよ、私らの場合にね〔六人一チームで作業をする。Ｗ１が配属されたチームは、六人中四人が在日朝鮮人であった〕。全員が交替制のはずなのに、自分らの部署だけ週に三回も、下手したら四回くらい夜勤になる。ほんとは夜勤の方が仕事は楽なんですけどね。職場にものすご意識過剰な韓国人がおって――「わしら韓国人やから差別されて、いちばん汚れてきつい仕事させられてるんちゃうか」いうように一人が言うと、皆それに同調するでしょ。「こら、組合で突っ込まないかんわ。改善してくれ」いうて、ヤイヤイ言いに行ったんですよ。

全部で二十人くらい、いっぺんに辞めたんです。組合ができたてで、弱い組合やったからね。そんなんで、結局「うるさい奴、皆クビにせぃ」っちゅなもんです。二十人ぐらいの中で韓国の人は半分くらいいたんちゃうかね。私とごく親しくしてたんは四人くらいでしたね。で、同じように騒いでたもんで、一番先にクビになったんですわ。

私自身はそんなに辛いとか思ったことないですよ。「これが差別かなぁ」いうように考えたこともあるけどもね。実際、目に見えてああじゃこうじゃと言われたこともないし。別に韓国人やからいうていじめられたとか、そんなんじゃないんですよ。

彼は、この職場の待遇を民族差別とは受けとめていない。自らの意識が過剰であったにすぎないと自己分析している。

【W1】私の場合は差別されるいうよりもね、自分は韓国人やいうことを意識しすぎて溶け込めなかった点が大きかったみたいです。ほんま意識過剰すぎて、自分で考え込んで、もう鬱に入ったような格好ですわね。なにも相手はそんなつもりで言うたことない。言うてないねやけども、それを勘ぐって、「あぁ、わしは朝鮮人やから、こういう風に言われてるのちゃうんかな」とか、「差別されてるんちゃうかな」とか。そういう目で見るもんやからね、余計そういう風に見えたかもわからないね。別に、そんな差別用語も言われたこともないしね。

そりゃ子ども同士のケンカでは「朝鮮人」や何やいうて言われたんは、いくらでもあるけどね。そんなんは子どもの言うことだからね。社会へ出て、就職して、みんな一人前だから、そういうアホなこと言わないけれど——小っさい時に言われたことが、かなりショックだったもんやからね。同じ人間やのに違うように言われたからいうので、社会人になってもその意識が残ってるでしょ。だから、自分の方から変に勘ぐりすぎて余計に……。

W1には中学時代の苦い思い出がある。小学校と同様、中学もやはり天王寺区の有名校へ越境入学した。

【W1】韓国の人はこの近所は少ないですよ。私ら大きなった時分でも、この近所で二軒、三軒しか韓国人いてなかったですよ。だから、私ら小学校の時はね、韓国人やいうのわかってたけども、そういう意識は全然したことないですわ。ただ、中学入ってからかな。学校で「韓国人」言われてね、なんか惨めな思いしたような記憶はいっぱいあるんですよ。別に惨めな思いする必要なかったんやけどね。越境入学で中学行ってたでしょ。だから友だちがいないでしょ。小学校の友だちもそんなに馴染みなかったしね。で、「韓国人」言われてから、学校でも自分が韓国人（であること）を意識すればするほど、なんかこう暗くなってきてね。で、それに反発して一所懸命勉強はしたんやけどね。

小学六年生の卒業式のことの延長で、中学校へ行っても「あいつ朝鮮人や」ちゅなもんでね、言われたんですよ。だから、自分ではなんともないつもりやったけど、かなり気にしてたですね。

いじめいうのはね、そんなになかった。自分が韓国人やいうの意識しだすとね、余計になんかこう自分の方から遠のくような感じでね。溶け込んでいけなかったいうあれはありますわね。

このようなコンプレックス体験が、日本人に対する反感、民族意識の高揚、あるいは逆に自己卑下、国籍・民族の隠蔽など、分離的、潜在的な民族関係を促すという話はよく聞くことである。しかし、ここでは青年期の傷が次第に癒えて、それ以前に培っていた結合的関係観を回復していくという「第三の道」があることが示唆されている。しかもW1は、みずからの民族的起源に誇りをもっている（後述）。いずれも、幼少期に親世代から継承されたパーソナルな結合的体験が、彼の民族関係観の〈核〉を形成し、それが消えずに持続していたと解することができるだろう。

（4）民族文化の継承と獲得

民族関係のみならず、民族文化や生活様式も、親子の間で継承されていると見られる点がいくつかある。とくにW1とW6の親子の間でそれがよく表れていると思う。

W6は、前章第4節で詳しく見たように、小学校から本名を名乗り、専門学校で通名に変えたが、韓国系の保育園に就職したのをきっかけに再び本名を使い出した。そして現在は、いろいろな朝鮮文化を習得し、朝鮮人としてのアイデンティティを堅持しながら生きている。また、日本人との友人関係は保持しながらも、むしろ職場でもサークル活動でも同胞との結合関係の方が強いといえる。結婚相手も同胞を望んでいた。

このような彼女は、一見、青年期に達してから民族意識に目覚めた「獲得型」の典型のように見える。確かにその一面はある。ここで、この点に関するコメントを一つ付しておくならば、彼女の場合、たまたま韓国系の職場に勤めたことが構造的要因となって意識変革が起こっていることは興味深い。案外、民族運動にコミットしている若者たちにはこのようなパターンが少なくないのかもしれない。とりわけ大阪の在日朝鮮人集住地域における民族文化運動（たとえば生野民族文化祭）に参加した若者たちには、この傾向が強いようにも感じられる。未調査だが、この祭りには民族系の病院職員や団体職員、あるいは民族系企業の社員などの参加率が高いという印象がある。民族運動に参加する若者たちの職業移動は、運動そのものを理解するためにも、今後の重要な研究テーマとなるだろう。それはともかく、私たちにとってさらに重要と思われることは、W6が青年期になって民族文化の獲得に動いた淵源に、小学生時代の親からの働きかけがあった、そういう文化継承の側面である。小学校で本名を名乗ったきっかけを、W6はこう語っていた。前章第4節からの再掲である《4（3）―小学校》。

【W6】ずっと「山田美子」できてて、小学校三年生の時に、担任の先生から「本名を使いませんか」いうプリントを渡されて。その時、うちのオモニとアボジも「本名で行くかぁ」みたいな感じで〔勧めたので〕、日本語読みの「Wよしこ」で行くようになったんですよ。きっかけっていうのは、それだけなんです。良いことやとか悪いことやとか、全然なんにも感じなかったんです。

あんまりね、「韓国人や」っていう風に意識せずにずっと育ってきてるでしょう。もちろん韓国人であることはわかっていましたけど、意識はしてなかったです。周りにも〔同じ様に韓国人ということを意識しない同世代が〕いっぱいいてるし。わからない〔意識しない〕ままでずっと育ってきたから、名前変えたのも、ほんとに何気ない感じで、別になんとも感じなかったんですよ。

一方、この時の親の考え方は、W1の語りによれば次の通りである。

【W1】子どもらには、本名使うて学校へは行かしてますけどね。小学校からずっと。それは私の方から子どもらに言って。小学校時分は何もわからんからね。わからんうちから韓国人やいうことを自覚さした方がいいと思ってね。

W1は民族文化を顕在させて生きている人ではない。しかし、単純な同化志向の持ち主でもない。民族の起源、言い換えれば「原初的な絆」を肯定的に堅持していることがわかる。

【W1】娘はみな自分の韓国衣装持ってます。結婚式の場合は、みな民族衣装着て行きますわ。だから、子どもに小学校からずっと本名で行かしたことはいいことやなと思ってますねん。それなりに子どもら、考えて自覚してるからね。一番下の子でも、日本の会社行ってるけども、友だちにはみんな「自分は韓国人や」言うて付き合ってます。オープンにして。ほんで会社の同僚とかと、生野区の万歳橋へテッチャン鍋〔朝鮮料理〕食べに行ったりね。「朝鮮料理いうたら、山田さんに聞いたらわかる」いうて、生野までいつも一緒に来てますわ。

結婚も、私はべつに「韓国人と結婚しなさい」と言ったこともないし、言うこと自体が間違ってます。無理ですわ。学校出て就職したら、もう九八パーセントまで周りが日本の人だからね。だから長女の場合も、「国際テレビ」に就職して二年ぐらいで日本の方と恋愛して、会社辞めて一緒になったもんね。日本人と一緒になった時点で籍抜いて帰化さしました。その方が本人のためになるもん。帰化した方が。韓国籍で行かそかなと思たけどね。だけど、日本人のとこ嫁に行くんやから、国籍直してやった方が私はいいと思って。で、本人に聞いたら「その方がいい」言うもんやからね。

この語りから、W１が青年時代に民族コンプレックスで暗い日々を送ったことを、誰が想像できるだろうか。さらに言えば、W１のこのような柔軟な民族意識には、たぶんに親の影響があると私は見ている。

【W１】うちの父親らはね、「自分らは外国人だから、日本の法律には従わないかん。だけど、自分は日本で住んでても、朝鮮人であることだけ忘れるな」と。日本の法律に従ごおて、日本の国に迷惑かけんやったら、何してもええちゅうような考えみたいでしたね。

以上、W１の三世代の家族を通して、世代を越えて民族意識、民族関係が継承されている様子を見てきた。しかし、世代を越えて継承されるものは民族関係や民族文化だけではなく、広義の生活様式、生活倫理も同様であろう。たとえばW１の、子に対する自立の躾も、世代間で継承されていると考えることができると思う。繰り返しになるが、かつてW１は、父親のこんな言葉を背にして「もの売り」に出かけたのであった。

これは親を助けるんじゃなしに、お前らの食い扶持やから、一所懸命売ってこい。

そして今、W１は子どもたちにこう言っている。

【W1】自分食うぐらいは、私は自分で仕事でもして稼ごうと思うてます。だから、息子や娘の世話になるつもりもないし。いまだに私（は）息子、娘の飯代取ったことないですよ。「そのかわり、結婚する時はたいそうにはできへんから、自分らの道具は自分で貯金しなさい」と。

第4節　小　括

W家の分析から、在日朝鮮人社会における、①職人層の形成過程、②その再生産過程、および③民族関係と民族文化の世代内・世代間継承に関して、次の仮説を索出しうる。

まず、①職人層の形成過程、すなわち不安定な職人層を生き抜き、上昇移動を可能にする条件として、

（1-i）自力主義、

（1-ii）家族・親族結合、

（1-iii）日本人を含む近隣結合、

の三点を析出した。このことは、逆に、彼らの職業的下降移動と生活構造の解体化が、これらの条件の欠如態として把握できることを示唆するものである。

次に、②職人層の世代間再生産の条件として、以下の五点が指摘できる。

（2-i）在日朝鮮人社会に対する構造的差別があるために、職業選択の幅が狭い。

（2-ii）この条件が厳しければ厳しいほど、親の価値観と階層位置が子どもの職業選好と職業移動を規定する力が、それだけ大きくなる。

（2-iii）具体的には、W家の移民第一世代が日本での職業移動を見習職人として開始したことの次世代に対してもった意味の大きさが、肉体労働者として出発したY家［高畑 2002］との対比で一層鮮明になるだろう。

（2-iv）自営職人は生活・生産手段を私的に所有しているので、職人的再生産が自前で可能になる。同時に、自営業主の「一国一城の主」的な達成感と満足感が、次世代の自営志向を内面から動機づけていく。

（2-v）しかし、中小零細企業の不安定性とは対照的に、職業の多様化、あるいは大企業の採用自由化、門戸開放などが進むにつれて、今後の世代には高学歴をバネに他業種転換を図る層がさらに増すことだろう。すでにその萌しはW家の若い世代に現れているし、その典型的な姿をX家［山本 2002］に見ることができる。

最後に、③民族関係と民族文化の世代間継承と世代内継続に関しては、以下の五点が索出された。

（3-i）親の世代の民族関係（体験や考え方）が、子の世代に継承される場合がある。

（3-ii）定位家族期における民族関係の体験が、その後の民族関係観の〈核〉を形成すると考えられる。

（3-iii）生活構造の中の「民族」以外の地位-役割関係（例：職業ほか）をバイパスして民族間の「顕在的結合関係」に至るルートが示唆された。このような結合パターンを〈バイパス結合〉と呼ぶことにしたい。職業以外にもさまざまなバイパスルートが存在することを、［二階堂 2002］がつぶさに描き出している。

（3-iv）民族文化（意識を含む）、生活様式等も、世代間で継承されていることが確認できた。この点は、とりわけクリスチャンホームのV家［野入 2002］で明確に焦点化されているが、他のY家、X家においても同様である。

（3-v）最後に、民族関係と民族文化の世代間継承と世代内継続が、あくまで強い家族・親族結合を前提条件とすることはいうまでもない。

【方法論ノート3】猪飼野の量的調査

1　地域社会の民族関係

「日本の地域社会で民族と民族はいかなる関係を結びうるか」。こんな問いが私の頭に浮かんでから、もう十二年が過ぎた（本稿の初出は一九九九年）。この間、研究の足場を組むために試みたのが、在日朝鮮人の集住地域として知られる大阪市生野区での、自称「猪飼野住込み調査」であった。一九八七年秋から半年で行ったこの調査から索出した解答は、ひと言でいうと猪飼野地区の人口学的・歴史的・階層的特性を構造的与件とする、剝奪状況下における「顕在－結合」関係の可能性、要するに「剝奪仮説」であった（詳細は第Ⅱ部を参照されたい）。

この仮説を足がかりに民族関係論を立体的に組み上げようというのが、現在進行中の Doing Sociology なのだが、本題に入る前に、そもそも私は十二年前に、なぜ冒頭の問いを着想したのか、その出発点を振り返る Reflexive Sociology からこのノートをしたためてみたい。

「地域社会」と「関係」に着目したのには、それなりの理由があった。当時の私は、都市コミュニティの研究者として問題状況を見つめていた。一般に日本の地域社会では、外国籍住民や少数民族は日本人（マジョリティ）と隣り合って住んでいる。他国との比較の目をもたない私だが、日本のように狭い国土の集約的利用を強いられる国では、北米大陸などとは違って、国籍や民族ごとの住み分け（セグリゲーション）はそもそも成り立たないのではないか。

たとえば、一九九九年現在一四万六〇〇〇人が住む生野区が在日朝鮮人の「集住」地域であるといっても、韓国・朝鮮籍住民は二五パーセントにすぎない。(1) あとの絶対多数は日本籍住民である。もちろんわが国総人口に占める外国人登録者の割合が約一パーセントであるのに比べれば、二五パーセントという数字は驚異的に高いし、生野区には町丁別で韓国・朝鮮籍住民が五〇パーセントを超える所がいくつもある。だが、その町丁目が隣の町丁目から地理的に隔離されているわけではない。住工商が混在密集している猪飼野地区のような所では、生活がまるごと地域の中にぎっしり埋め込まれている。在日朝鮮人は日本人と隣り合って生活しており、日本人との日常の地域関係の中でたえず自らの民族性を自覚させられているし、それは日本人にとっても同様である。「地域社会」を民族関係論のフィールドにすることには十分根拠があるわけである。

「関係」への着目もまた、私にとっては当然の帰結であった。なぜなら第一に、それは、社会学的行為論に多少とも通じている者にはごく自然な発想だし、第二に、コミュニティ研究では住民たちの相互作用への着目は調査の定石だからである。ところが、従来の在日朝鮮人研究をこの視点から見直すとき、どれも「関係」への踏み込みが弱いことに気づかされるのである。

たしかに在日朝鮮人集住地域の調査研究は、戦前から多くの貴重な成果を蓄積してきた。しかしそこでは、「在日朝鮮人の生活世界」は克明に観察されても、同じ地域に住む日本人は、差別 - 被差別関係を除けば、視野の外に措かれる場合が多かった。日本人である私が「民族」に関してこのようなことを書くのはかなり気が引けるが、少なくとも社会学が一九八〇年代までに明らかにした日本人と在日朝鮮人の民族関係とは、差別する側とされる側という一方向的かつ一元的な関係であり、しかも認識はそこで凍りついてしまっていたといっても過言ではない。

差別 - 被差別関係は些末な問題だというのではない。現実に、一九七〇年代まで在日朝鮮人は殆どすべての社会保障制度から排除されていたのだから、構造的不平等こそが最重要課題であった時代は確かにあったのだし、今でも日本人と同等の社会・経済・政治的権利が与えられているわけではないから、構造的不平等は改善されても解消はされていない。「構造的不平等を自分自身が認知してはじめて、エスニック・アイデンティティは活力を増す」というM・クロスの仮説〔Cross 1978 : 38, 43〕は、在日朝鮮人のアイデンティティのあり方にも適用できると思う。日本社会で民族関係論を構築する場合も、構造的不平等に基づく差別－被差別関係を歴史的起点におかない研究はリアリティをもたないのである。

私が問いたいことは、日本人と在日朝鮮人の一方向的・一元的関係がステレオタイプ化してしまい、研究者が人間を見る目を、人間と人間の関係を見る視角を、狭めていたかもしれないと、いちど自省してみる余地もあるのではないかということである。「日本人」というカテゴリーと「在日朝鮮人」というカテゴリー、および両カテゴリー間の関係――これらを相対化してみようという柔軟で総合的な思考を社会学は怠ってきた、と私は思う。そのために在日研究を「民族関係の研究」として構想する志向がなかなか生まれにくかったのではないか。

その意味で、山中速人〔1982 ; 1983-84〕がすでに一九八〇年代前半に、「同化」をめぐって日本人と朝鮮人の多様な社会関係を総合的な枠組みで捉えていたことには学ぶべき点が多い。また、九〇年代に入ってエスニック関係の視点が日本でも急速に普及しはじめたが、それには在日社会の世代交代に加えて、ニューカマーのインパクトと、それに呼応した若手研究者のフロンティア精神が大きく寄与していた。その好例を奥田編〔1997〕に見ることができる。

2　民族関係研究会の量的調査

一九九二年春、私は八年間住み慣れた広島を離れて大阪に来た。その年の夏、在日朝鮮人研究、エスニシティ研究、都市研究、生活史研究などに関心をもつ関西在住の社会学・人類学専攻の研究者・院生に呼びかけて「民族関係研究会」（関係研）をつくった。現在（一九九九年）は一五人の会員がいる。

研究会の目的は、もちろん民族関係の共同調査である。かつての「猪飼野住込み調査」から得た知見とラポールを資源に、研究のさらなる展開を企図したのであった。いくつかの調査を同時並行で進めているが、「世代間生活史調査」の他に、じつは猪飼野地区の日本籍住民を対象とする面接標本調査も行っている。猪飼野地区に住む二十歳以上八十歳未満の日本人、男女六〇〇人を無作為に選んで、民族関係、コミュニティ意識、および職業移動を明らかにするために面接による意識調査を、一九九七年秋に実施した。この調査に関しては、これまであまり述べる機会がなかったので、この機会に言及してみたい。「民族関係の住民意識調査」を取り巻く状況は好転しつつあるも、まだまだ困難が多いことを、多少ともお伝えすることができるだろう（分析結果は［稲月 2002b］を参照されたい——追記）。

当初の計画では、猪飼野地区の日本籍者と韓国・朝鮮籍者の両方を面接調査の対象にするつもりであったが、うまくいかなかった。私はまず地域住民組織に狙いをつけた。猪飼野地区は複数の振興町会（自治会）で構成され、日本籍者も韓国・朝鮮籍者もメンバーだから、ここで母集団を設定できれば好都合である。しかし、名簿を作っていない町会があったり、作っていても記載項目にばらつきがあったりで、科学的なサンプリングに耐えられないことが判明した。町会長によっては開示を拒否する人もいた。しかし、これは地元が私たちの調査に無理解であったという意味ではない。その後の実査の段階では、ベースキャンプに地元の会館を終日開放して下さったり、私たちの調査に懐疑的な住民を説得してくださるなど、ずいぶん協力していただいた。一年以上も前からこのことで地元と交渉し、根回しを続けてきたことが功を奏したと思われる。

しかしとにかく、町会でのサンプリングは失敗に終わったのである。そこで次に、生野区内の民団支部に頼んでみることにした。しかし、ここでも名簿の開示は許されなかった。最初に支部レベルから入ったのは愚策であったが、仮に本部から入っても、有力なコネがない限り、結果は同じであっただろう。ただ、支部は調査の意義を認めて、名簿からの無作為抽出ではない別の方法を具体的に逆提案してきたが、母集団を設定できない有為抽出は無意味と判断し、せっかくの申し出ではあったが、断ることにした。

一方の総聯からは名簿を見せてもらうことなど、ハナから期待していなかったし、そんな申し入れもしなかったが、実査の段階で生野区の総聯支部に事前説明に出向いたところ、ここでもすぐに好意的な反応が返ってきたのは意外であった。「日本人の意識を知ることは大切です。協力しますから、何か問題が起こったら遠慮なく相談に来て下さい」と言われた。同じことは民団支部でも言われた。

こうして八方手を尽くしたのだが、結局、韓国・朝鮮籍住民の意識調査は、よほどのコネでもない限り、現状では不可能であることがわかったのである。現在（一九九九年二月一日時点）、法務省は外国人登録法を見直し、登録原票の開示制度を一定程度新設することを検討していると聞くが、そうなれば定住外国人の調査環境も少しは良くなるかもしれない。韓国・朝鮮籍住民の意識調査は、その日が来るまで待つことにしよう。

ということで、今回の調査は日本籍住民に限定せざるをえなくなり、大阪市選管へ選挙人名簿の閲覧申請に行ったのだが、ここでもすんなりいかなかったのにはさすがにうんざりした。

選管は不意に持ち込まれた「難問」を市民局人権啓発課に相談した。さっそく同課課長級のA氏から私に電話があり、民族関係の調査は大阪市では前例がない、しかも日本人だけに聞くのは問題である――この二点を理由に閲覧はさせないというのである。「大阪市選挙人名簿閲覧事務処理要綱」第四条には閲覧を拒むケースが定められており、当局の見解では、私たちの調査は同条第一項「個人の基本的人権を侵害するおそれがあるとき」に該当するという。この項はプライバシーの侵害と差別を防止するためにある。そこで私は、調査方法も調査票の内容も、そのような性質のものではないことを具体的に説明し、かつ、同じ調査がおこなわれた北九州市の前例も紹介したのだったが、それでもA氏は首をタテに振ろうとはしなかった。じつはこの数日前、私がたまたま別のヒアリングで市の人権啓発課を訪れた折り、定住外国人に関する市民意識調査の必要性を力説していたのは当のA氏なのである。

長い押し問答の挙げ句、氏は「地元の了解は得てますか?」と訊いた。「そうか!」と私は思った。彼は住民からの苦情を恐れていたのである。調査の中身など二の次だ。なんだ、そんなことかとこれまでの根回しの経緯を説明したら、さっさと閲覧を許可したのである。後から考えると、私もこのことを先に説明すべきだったのだろう。しかしそんなことは言うまでもないことだとも思っていた。

このような試行錯誤の結果、その後の作業はスムーズに進んだわけだが、こうして振り返ってみると、いつもながら調査は本当に骨が折れる。質的調査もたいへんだが、量的調査も同様である。とりわけ面接調査となると最後まで気苦労が多い。そんな面接調査をあえてやった理由を、最後にひと言。

3　面接調査の意義

面接でいこうと決めた理由のひとつは、調査要員に私が大学で担当している「社会学実習」の受講生を中心に、大学内外の社会学専攻の学生・院生を動員したからである。質的調査であれ量的調査であれ、私は社会調査の本質は「対話」にあると考えている。量的調査も、相手の意見・意識を引き出すという点では質的調査と何ら変わるところはない。量的調査はテーマが限定され、質問項目も定型化されており、出会いも短いから、たいしたことはわからないなどということは、証明された事実だろうか。近代統計の思考様式になじまない社会の調査は別かもしれない。だが、浅く広い調査が狭く深い調査に比べて情報の質が劣るとは、一概にはいえないはずである。

しっかりした仮説、質問項目の厳選、ワーディングの工夫、サンプリング、現地交渉、実査における質問の仕方、訪問のタイミングなど、誤差をできるだけ少なくするために考慮すべき条件は山ほどある。調査者にも向き不向きがある。しかし、なかでも大切なことは、相手と向き合う際の真摯な態度ではないだろうか。「このことを知りたい」という明確な目的意識から生まれる真っ直ぐな気持ちが伝わらないことには、タダ（同然）で人を動かすことなどできるはずがない。私はそう信じている。

とはいえ、とくに都市では面接法が実際に困難な場合が多く、郵送法など次善の策を使うことも、場合によっては仕方がないし、私もやる。しかし、生身の人間が相手の社会調査の本質が回収率だけでは割り切れないことを、学生にはわかっておいてもらいたい。面接法は、大きなコストとリスクが伴うわりにはゲインが小さい、たいへんツライ方法ではあるけれども、あえて選んだ理由はこれである。

学生たちに調査の感想文を書かせると、やはり一期一会の悲喜さまざまな経験をしたようである。事故・事件がまったくなかったことが、教員としては何よりであった。また、猪飼野地区で七〇パーセント近い回収率をあげられたことも、研究代表者としては有り難いことであった。地元のご理解と関係研のチームワークの賜物である。

注

（1）　詳細は省くが、二〇一二年の生野区統計では韓国・朝鮮籍の割合は約二十パーセントと推計される。

結章　民族関係の可能性

私たちの民族関係研究は四つの主題に取り組んできた。第一に、民族関係の〈結合 - 分離〉の社会的メカニズム、第二に、民族性――民族文化・民族意識――の〈顕在 - 潜在〉の社会的メカニズム、第三に、社会移動と民族の関わり、そして第四に、エスニック・コミュニティの形成過程と、そこでの日本人住民の民族関係である。この章では、これらの主題に関して索出された仮説を大きく社会移動に関する仮説群と、民族性・民族関係に関する仮説群の二つに括り、第四の主題はこれらの間に織り込む形で、研究を総括したい。

第1節　社会移動の規定要因

在日朝鮮人の社会移動に関しては、本書第6～8章に加えて、高畑［2002］、山本［2002］、野入［2002］、稲月［2002a］などの研究により、一四の仮説が索出された。

（1）在日朝鮮人には、「中小マニュアル・ノンマニュアル↓自営・管理」という上昇移動パターンが各世代に共通して存在している［稲月 2002a］。

（2）初職が「中小マニュアル・ノンマニュアル」であることの要因としてまず第一に、日本社会の構造的差別をあげなければならない。とりわけ移民第一世代にとっては、そうした職業しか選択の余地がなかったといっても過言ではない。

（3）第二に、差別は「パーソナルな民族関係」においても経験されている。これは世代に関わらない。差別の体験と伝聞は、教育・職業アスピレーションを高める方向にも、低める方向にも作用する。

（4）第三に、移民第一世代には移民であることのさまざまなハンディがある。具体的には、本国の親の資産を利用できない。言葉のハンディ、教育のハンディ等々もある。

（5）次に、「上昇移動」を可能にする条件としては、まず第一に、個人の「自力主義」［谷 1989a］が不可欠である。刻苦勉励や創意工夫は、万事の前提条件といえよう。

（6）第二に、「ニッチからの出発」（第8章）。日本人がやりたがらない仕事にまず入り込み、そこで個人の才覚（自力主義）を働かせ、上昇チャンスを摑む。

（7）第三に、家族・親族・同胞のネットワーク。具体的には、単なる就職情報の提供から仕事の斡旋を経て金銭的な援助まで、関係の紐帯に濃淡はあるが、概ね個人に近い家族ほど犠牲的・片務的な「家族主義」［谷 1989a］が、個人から遠い同胞ほど互恵的・双務的な「相互主義」［谷 1989a］が、関係規制の行為規範となる比重が高い。

（8）第四に、とりわけ「家族主義」のエートスは、就職・転職の支援のみならず、家族を守ったり、子どもを社会化する側面からも、世代内・世代間の上昇移動を支えている。そこでは父親だけでなく、母親・きょうだい総出の支え合いや、職業観の伝達などがあり、特に〈女の力〉が光っている（次節（6）を参照されたい）。

（9）なお、上記（5）～（8）の諸要因が上昇移動を可能にするメカニズムは、何も在日社会に限ったことではない。第2章の末尾でも述べたように、「自力主義・家族主義・相互主義」は、もともとは沖縄出身者の本土社会への適応過程の中から見いだされた規範要因であった。そこで、次のような一般化が可能ではないか。大企業や官公庁などのフォーマル・セクターから相対的に遠い距離にあり、したがって自営業が成功の大きなルートとなっているエスニック集団の場合、そうでないエスニック集団ないしマジョリティ集団に比べて、「自力主義・家族主義・相互主義」のもつ意味はより大きい。

これがもしも真であるとするならば、自営志向のニューカマー（アジアや南米出身者）の日本社会への適応過程にも示唆するところ大となる。今後の都市グローバル化研究のための基礎視角として、仮説的に提起したい。

(10) かくして達成された「自営・管理」職は、行為者にとって「大きな転機」であり、まさしく「上昇」として意味づけられている。また、職業移動は、職業のみならず、生活構造そのものの広範な再編成をもたらす場合がある。

(11) 次いで世代間移動に関しては、親の経済的・文化的階層基盤のもつ意味が大きい。これもまた在日社会に限ったことではない。だが、民族差別の壁が強固なために上昇ルートが狭く限定されている分（医者か弁護士か）、あるいはそう認識されている分、職業移動におけるスタート地点の意義は大きくならざるをえない。これを第2章の末尾で問題提起しておいた「属性原理と達成原理の関係」から見れば、前者が後者を下支えしている。この点で、親世代が「自営・管理」で成功したり大卒であって、子世代から医者を多数輩出しているX家［山本 2002］と、低学歴・不安定就労層の世代間再生産を繰り返してきたY家［高畑 2002］とは、対照的な移動パターンを示している。また、本書第Ⅲ部で扱ったW家にも、X家と共通した上昇パターンが第二世代と第三世代の間で現れていた。

(12) 高学歴・専門職の達成が家族・親族による物心両面の賜という側面を強くもつ場合、世代間の上昇移動は「分離効果」よりも、出身家族と到達階層社会の両方を統合した「生活構造の豊富化」をもたらすのが、彼らの「正常生活」（鈴木榮太郎）であろう。「恩を仇で返す」ことはできない道理である［山本 2002］。

(13) 在日朝鮮人の社会移動に対して、「地域特性」が少なくとも二つの側面から影響を及ぼしている。第一に、日本人との混住や接触の程度。第二に、地域の産業・階層特性。

これをW家とY家の対比において少し説明すると、W家が住む「猪飼野」は戦前からの工場の街である。当然、流入者は朝鮮人だけでなく、日本人も多くいた。そこでの日本人との関係は、差別もある反面、結合チャンスもあったことは、第7章で見た通りである。具体的には、移民の第一世代は日本人が経営する工場に入職し、腕を磨いて独立した後は、今度は逆に日本人を雇用していた。また、「もらい湯」など、日本人近隣住民とのインフォーマルな相互扶助関係もあった。地場産業を媒介として、日本人とのネットワークが仕事と生活の両面で多様に形成され、社会移動にも役立っていた。

一方のY家が住む地域（大阪周辺部）は、戦前は軍需工事の「飯場」であり、戦後は産業立地を見ないままに日本人コミュニティから隔絶し、長い間「離れ小島」のごとく見放されてきた。そのため、パーソナル・ネットワークは地区内の親族・同胞の相互扶助関係に限定されており、日本人との結合チャンスはきわめて乏しい。仕事関連の情報を幅広く入手するためには、同胞ネットワークだけでなく、日本人との間にもある程度の紐帯（弱連結）が必要となるにもかかわらず、そのような条件がはじめから欠落した地域である。雇用機会からも仕事関連の情報からも疎外された地域において上昇移動のチャンスを摑むことは、かなり困難であろう［高畑 2002］。

(14) なお、「猪飼野」で在日朝鮮人が集住するようになった背景には戦前からの土地所有関係が深く関わっていた。「猪飼野地区」と「木野地区」を比較すると、前者の大土地所有者は利己主義的な経営方針によって、戦前から戦後にかけて絶えず資産売却と資産拡大を繰り返し、その結果、土地所有関係がスプロール的に錯雑化した。一方、後者の地主層は土地を手放さず長く保全した結果、旧来の伝統的秩序がある程度維持されて現在に至っている。今日、「猪飼野」が「木野」よりも地域社会の価値剝奪が進行しているのは、この歴史的経緯と関係があるだろう［西村 2002］。

第2節　民族性と民族関係の諸条件

民族文化・意識の世代間継承と民族関係の実現可能性に関しては、以下の一五の仮説が索出された。

（1）親の世代の民族関係に関する体験やものの考え方が、子の世代に継承される場合が多い。

（2）ライフサイクル上の定位家族期（ほぼ十五歳前後まで）における民族関係の体験（（1）の親の影響も含めて）が、その後の民族関係観の〈核〉、言い換えれば、持続的なパーソナリティ特性を形成すると考えられる。

（3）民族文化、民族意識（エスニック・アイデンティティ）、生活様式なども、世代を越えて継承されていることが確認された。

（4）ただし、これら民族関係観、民族文化、民族意識、および生活様式の世代間継承は、あくまでも強い家族・親族結合を前提とすることはいうまでもない。祖先祭祀（チェサ）は、その象徴的儀礼である［中西 2002］。

（5）なお、チェサの継承にはジェンダーが作用していることに注意したい。女性に抑圧的な原理を内在することの儒教文化を、女性の方が積極的に担っていた［大東 2002］。実態としては、あの〈女の力〉が発揮されている。問題はその解釈であるが、私見によれば、家族・親族による監視という外在的側面と、女性自身が強く内面化している「家族主義」的エートスの発現という主体的側面――これら拘束性と内発性のダイナミズムにおいて、〈女の力〉は理解されるべきだろう。

（6）しかしいずれにせよ、〈女の力〉に関しては、やはりこれを確認できたと考える。家族の支え合いと、子どもの教育・社会化において、母親や女きょうだいの役割は大きい［稲月 2002a］。女が家族の前面に登場するダイナミズムは、けっして一面的には論じられないが、私たちのデータからいえる範囲では、男親が事業に失敗したり死亡したりした時の、いわば「機能的等価物」としての母親の活躍が顕著であった。「活躍」の動機は家族主義的エートス――家族を守る――にあると見るのが自然であろう。

（7）ところで、親から継承した民族文化や民族意識が、定位家族を離れた後も顕在し続けるか、それとも潜在化してしまうかといった世代内の「持続／断絶」を分かつものは、文化の内面化の深さよりも、結婚、就職、転地や、新たな社会環境のもとでの外的圧力の有無といった偶然的要素である場合が少なくない［野入 2002］。

（8）この事実から、エスニシティの「継承‐獲得」と「顕在‐潜在」の軸は、相互に独立した次元を構成していると帰納される。

（9）民族文化の内面化の過程に関して、移民の第二世代は親世代からの「継承」の側面が強いが、世代が下るにつれて「継承」とともに、自己の能力・価値観・趣味・選好等による「獲得」の側面も現れてくる。これは、時代の変化に伴う生活構造の違いから説明できるだろう。民族障壁の高低により、上の世代は相対的に生きる世界が狭く、若い世代は広い。しかし、「継承」と「獲得」の関係には、単純な二分法的ないし二項対立的な関係だけではない複雑な面がある。第一に、「継承」と「獲得」を比較すれば、圧倒的に「継承」の比重の方が高い。第二に、こちらの方がより重要と思われるが、不知不識に親から継承した「習慣としての文化」が、成人後の意識化と選択過程を経て、新たな意味を「獲得」する、そういう弁証法的な過程が内在している。野入直美［2002］が明らかにした信仰の「内発的継承」は、その典型的パターンといえよう。

（10）「顕在‐結合」関係を可能にする条件を、本書では家族と地域の二方向から検討した。まず前者については、地域で「顕在‐結合」関係をもって生活している家族を観察したところ、彼らは家族主義的な共同関係を維持しつつも、「夫婦愛」が父系的権威主義を多少とも凌駕していた［近藤 2002］。たとえば、夫婦の絆を大切にしつつ、夫は職場を、妻が地域を、それぞれ役割分担している移民第一世代がいた。これはあくまで第一世代の例にすぎないが、いずれにせよ、「顕在‐結合」関係のためには、「タテの集団主義」を克服しうる〈夫婦共同モデル〉をそれぞれの形で作り上げる必要があるだろう。そして、それは日本人社会にとっても必要なモデルではないだろうか。なぜならば、日本人住民の意識調査でも、イエ規範が民族関係の分離志向を強める傾向が見られたからである［稲月 2002b］。伝統家族の封鎖性（分離志向）は両民族に指摘できる。

（11）一方、「顕在－結合」関係を可能にする地域的条件として、「混住地効果」をあげることができる。ここで「混住地」とは、複数の民族が、それぞれ相当規模の人口量と密度を占めて住み合っている地域社会のことである。「民族を同じくする人びとが特定の地域に多数居住することで、民族性を表出することが可能となり、同時に、日本人との間にも比較的良好な関係が取り結ばれる」［西田 2002：523］。

ここには、混住化――都市化の一面である――が「下位文化」の強化と同時に、下位文化間の結合、すなわち異質結合をも可能にすることが示唆されている。C・フィッシャーの「下位文化理論」に改訂を迫る重要な知見といえるが、ただし「混住地効果」がこれら二方向へ同時に発揮されるためには、さらに幾つもの要因によって媒介される必要がある。なぜならば、混住化すなわちマイノリティ人口（サイズ）の増加と、マジョリティの脅威・偏見の度合いは正相関の関係にあるという「サイズ理論」が定説となっているからである［Blalock 1967］。

（12）かかる媒介要因を探索した結果、次のような民族関係の結合メカニズムが析出された。「異民族が混住する地域社会において、居住歴が長く、地域に愛着を感じながら生活する人が、異民族を含めた他者とのフェイス・トゥ・フェイスで接触できる職場、学校、その他の地域集団で、行動をともにしながら価値観や生き方を共有し合う日常を長期的に積み重ねた場合、一方で自らの民族性を顕示しながら、他方で民族性以外のアイデンティティ――たとえばクリスチャン、同一階層への帰属意識、同じ趣味の持ち主、あるいは地域の仲間意識等々――を共有しつつ、民族を超えた結合の可能性がある」［二階堂 2002：510］。

（13）同じ社会過程は、混住地域における日本人住民にも存在している。生野区「桃谷地区」の日本人を対象とした意識調査では［稲月 2002b］、第一に、民族的異質性が高く、かつ地域的剝奪が進行している（したがって、よりよい町づくりが求められている）地域ほど、異民族との結合志向が強かった。第二に、民族的異質性の高い地域において、コミュニティ・モラール〔鈴木 1978〕と近隣民族関係量とが正相関していた。ゆえに、この二つの知見の総合から、「よりよい地域づくりを土台として、豊かな民族関係が形成される可能性がある」との推論を得る。これらが在日朝鮮人の生活史から析出した前ページの（11）、（12）と同じ内容の仮説命題であることは明白である。

（14）以上の知見は、世代継承要因、家族規範要因、時間要因、就職要因、混住地要因、コミュニティ・モラール要因、そして「相互理解」という理性と感性の高度な心的要因など、かなり調達困難な多くの条件付きながら――この「多くの条件付き」という点はいくら強調しても、し過ぎることはない――、社会構造＝生活構造の中で「民族」役割以外のさまざまな地位‐役割に基づく協働関係（symbiosis）を迂回路として、その過程で互いの民族性を尊重しながら共同関係（conviviality）を形成する、そういう〈バイパス結合〉の方向性を指し示している。「現代社会のあらゆる要素を集積して機能させている最も尖鋭な実例」〔鈴木 1986：16〕としての大都市において、バイパス的な結合契機を多方面に見いだすことは、けっして不可能ではない。あの「猪飼野」で見られた〈剝奪要因〉に基づく「顕在‐結合」関係も、考えてみれば福祉集団、学校ＰＴＡ、および商業組合といった、ある意味で民族を越えた社会集団の中の地位‐役割結合であったから、〈バイパス結合〉という、より高次の結合原理が背後で作用していたわけである。

なお、「バイパス仮説」に関連する近年の研究には以下のものがある。まず、倉石一郎〔1996：65〕が、アイデンティティの「全体性の回復」を可能にする空間として発見した「飛び地」も、〈バイパス結合〉の一形態といえよう。「全体性の回復」の空間を社会的周辺（飛び地）に限定して考えているように見えるのが、ひとつの特徴である。広田康生〔1997：117〕が言う「エスニック・ネットワークによる障壁の迂回」もまた、社会階層次元における〈バイパス結合〉である。広田の研究には第Ⅰ部各章で論及済みである。金泰泳〔1999：196〕が、「エスニック・アイデンティティ」に「個人」を対置させ、後者をもって前者を越える（迂回する）戦略とする論理構造は、一面もっともではあるけれども、若者たちを研究対象とする一種の存在被拘束性を免れないだろう〔谷 2000c〕。「在日である前に個人としての自分を見て欲しい」という当事者たちの訴え（それ自体は至極もっともだと私も共感する）が、プリミティブに「理論化」されている。ただ、若者たちの生活構造（地位‐役割構造）は相対的に小さく、かつ未分化なので、それは「個人」としか呼びようがないといえなくもない。他に、竹ノ下弘久の研究［1999：538-539］にも同様のことが指摘できる。それから海外のエスニシティ研究にも、その志向をもって眺めれば、「バイパス仮説」に関連する言及が少なくないことに気づく。それらについては稿を改めて議論する機会をもちたい。

(15) ここにおいて、私たちは民族関係論が都市計画をはじめ、さまざまな社会政策と接合しうる地点に到達したと考える。民族関係のための条件整備、いわば「バイパス作り」に向けて、将来の都市像にも関わる実践的課題が浮かび上がってくる。業績本位の職場開放、地域定住化促進のための住居政策、コミュニティ形成、「市民としての参加と交流の場」作り、そして豊かな理性と感性を育む学校教育などは、今後もいっそう推進されねばならない。本書は政策提言を目的としたものではないけれども、私たちの民族関係論に照らして、これらの政策がきわめて合理的かつ価値のある選択肢であることは論証できたと思う。

ただし、これらのうちのあるものは「同化」の促進策ともなりうる両刃の剣である。したがって、これらの施策が進めば進むほど、同化を抑制する、言い換えれば民族性の「顕在」を保障するための法整備や、同化を強要しない帰化手続きなどの要求がいっそう強まることだろう。

《著者紹介》

谷　富夫（たに・とみお）

1951年　北海道生まれ。

1977年　九州大学文学部卒業。

1980年　九州大学大学院文学研究科博士後期課程退学後，
金沢大学，九州大学，広島女子大学，大阪市立大学での勤務を経て，
現　在　甲南大学文学部教授，大阪市立大学名誉教授。博士（文学）。

著　書　『過剰都市化社会の移動世代——沖縄生活史研究』渓水社，1989年。

『聖なるものの持続と変容——社会学的理解をめざして』恒星社厚生閣，1994年。

『民族関係における結合と分離』（編著）ミネルヴァ書房，2002年。

『新版 ライフヒストリーを学ぶ人のために』（編著）世界思想社，2008年（初版1996年）。

『よくわかる質的社会調査——技法編』（共編著）ミネルヴァ書房，2009年。

『よくわかる質的社会調査——プロセス編』（共編著）ミネルヴァ書房，2010年。

『持続と変容の沖縄社会——沖縄的なるものの現在』（共編著）ミネルヴァ書房，2014年。

MINERVA社会学叢書㊾
民族関係の都市社会学
——大阪猪飼野のフィールドワーク——

2015年5月25日　初版第1刷発行　〈検印省略〉

定価はカバーに
表示しています

著　者　谷　富夫
発行者　杉田啓三
印刷者　林　初彦

発行所　株式会社　ミネルヴァ書房
607-8494　京都市山科区日ノ岡堤谷町1
電話代表（075）581-5191
振替口座　01020-0-8076

太洋社・兼文堂

ISBN978-4-623-07312-2
Printed in Japan

人名索引

A-Z
Barth, E.　*37*
Bendix, R.　*76*
Lipset, S.　*76*
Nagel, J.　*31, 59*
Noel, D. L.　*37*
Olzak, S.　*31*

ア行
明石純一　*6*
石井由香　*68*
伊藤泰郎　*24*
稲月正　*22, 84*
ヴェーバー，M.　*44, 93*
植田浩史　*189*
エリクソン，E.　*158*
大久保武　*16*
奥田道大　*13, 14*
落合英秋　*2, 162*
オルポート，G.　*46*

カ行
梶田孝道　*11, 16, 23*
ギアツ，C.　*45*
金鍾泌　*107*
金泰泳　*40, 368*
金明秀　*89*
倉石一郎　*368*
倉沢進　*86*
グラノヴェター，M.　*62*
ゴードン，M.　*20, 29*
古城利明　*11*
近藤敏夫　*5*
今野裕昭　*28*

サ行
佐伯弘文　*4*
坂中英徳　*3-4*
サッセン，S.　*46*
シゲルマン，L.　*61*
杉原達　*189, 198*
鈴木広　*13, 32, 180*

タ行
高畑幸　*33*
田口純一　*37*
竹ノ下弘久　*369*
俵希實　*19*
鄭大均　*19, 63*
デュプレ，L.　*58*
デュルケーム，E.　*93*
テンニース，F.　*51*

ナ行
永吉希久子　*25-26*
ニールセン，F.　*67*
西澤晃彦　*21*
西村雄郎　*84*

ハ行
パーク，R.　*37, 52*
パーソンズ，T.　*10*
バーディン，J.　*60*
ハトニック，N.　*59*
ハーバマス，J.　*21*
原尻英樹　*38*
張本勲　*229*
ハレーブン，T.　*74*
韓培浩　*27, 62*
広田康生　*15, 16, 35-37, 368*
ファン・テン・ベルヘ，P. L.　*10, 44, 66*
フィッシャー，C.　*34-35, 70, 121, 175, 367*
ブルーマー，H.　*52*
ブレイラック，H.　*62*
ヘクター，M.　*44, 45, 66*
ポープ，A.　*99*
ポルテス，A.　*48, 68*
ホワイト，W. F.　*180*

洪承稷　27, 62

マ行
マートン，R.　46, 84, 85
マッキーバー，R.　52
松本康　24
ミルズ，C.　23
森廣正　12

ヤ行
柳田国男　147
山口弘光　180
山本薫子　6
山本剛郎　28, 29
ヤンシー，W.　65, 166

ラ・ワ行
レーギン，C.　67
ワース，L.　14, 34
渡戸一郎　11

事項索引

ア行
アイデンティティ　367
アウトサイダー　84,　→インサイダー
アジア・モンゴロイド人種　21, 54, 173
アスペクト　92
猪飼野　18, 105, 115, 138, 189, 363
猪飼野調査　14
猪飼野保存会　130, 137, 147
猪飼野村　127
生野区　109, 111, 156, 189
生野コリアンタウン　149
生野民族文化祭　119, 348
池上町　63
異質性　34
いとこ会　330
異文化理解　82, 84, 95, 184, 186
移民　4, 11
移民政策学会　28
移民政策論議　2-5, 9
移民制度　27
入れ子状の対立　58-59
インサイダー　84,　→アウトサイダー
インサイダー主義　85
インナーエリア　109
インナーシティ　72
SSM調査　71
エスクラス　20, 29
エスニシティ　10, 44, 49
エスニック・アイデンティティ　58, 60, 164, 170, 355
エスニック・コミュニティ　15, 28, 70
エスニック・ネットワーク　15, 36
エスニック・バウンダリー　172
エスニック集団　44
大泉町　17, 19, 29
大阪都市圏　50, 70, 94
大阪万博　221
大阪砲兵工廠　128
太田市　19
オールドタイマー　106
オモニハッキョ　117
女の力　87, 365

カ行
外国人居住者　14
外国人登録者数　5, 29
外国人登録法　8
外国人保護者会　122
外国人労働者　4, 14
外国人労働力　4
下位文化理論　18, 34-35, 175, 367
顔の見えない定住化　23
下級労働者　152
仮説索出　97
家族　73
家族社会学　87
家族主義　88, 325, 362
家族分析　82
通婚圏　203
韓国系日本人　279, 331
韓文研　268-269,　→朝文研
韓流ブーム　149
帰化　203, 217, 280, 284
機会仮説　61
帰化者　86
機能主義　66, 68
境界主義　173
共生　20
　社会学的（conviviality）——　18
　生態学的（symbiosis）——　18
強制連行　71
協定永住　207
共同関係　52, 175,　→協働関係
協働関係　52, 175,　→共同関係
近接効果　61
近接集住　208
グローバル化　12, 29, 182
　都市の——　32

人の―― 30
――元年 31
経験的知識 84, →抽象的知識
継承―獲得 53, 64
KCC 126
結合―分離 51
顕在―潜在 53, 64
原初主義 171
〈原初主義〉対〈境界主義〉 45
原初的な絆 349
構造的差別 361
構築主義 59
公平理論 67
公民権運動 68
コーホート分析 98
国際市場 140
国際性 154
国籍変更 125
国連難民条約 104
子ども会 118
木野村 127
コミュニティ 13, 65
コミュニティ・モラール 368
コリアンタウン計画 140
混住地効果 367
コンプレックス体験 347

サ行

済州島 189, 190, 198
――の子 246
済州島三姓始祖 206
在所 130
サイズ 62
サイズ理論 367
在日朝鮮人 47, 69
――社会 69
在留カード 9
在留外国人数 29
在留管理制度 8
札幌市 176
差別―被差別関係 41, 354
サンダル加工業 112
参与観察法 180
自営志向 352
シカゴ学派 34
識字運動 22
システム 21, →生活世界
実証研究 94, 99, 101
実証主義 99
質的調査 101, 180, →量的調査
社会移動 87
社会解体 162
社会経済的アプローチ 65
社会構成仮説 24
社会構造 47
社会心理的アプローチ 58
社会文化的アプローチ 63
就職差別 341
儒教 73
出入国管理及び難民認定法 105, 144
状況的エスニシティ 60
職人 189, 199, 302
――気質 190, 304
植民地時代 109
自力主義 88, 304, 325, 362
人口減少社会 2
新宿区 90
親族 73
推移地帯 109, →遷移地帯
スウェット・ショップ 113
生活構造 47, 96, 100
生活構造変動分析 75
生活世界 21, →システム
生活保護 114
成長期の地域社会 76
聖和社会館 117
セグリゲーション 18, 134, 353
世代 146
成長期―― 77
戦後―― 77
戦前移住―― 76
定住―― 77
世代間生活史法 73-85, 286
世代継承性 158

接触頻度仮説　24
遷移地帯　189,　→推移地帯
一九八二年体制　105
相互主義　88, 362
総聯　125,　→民団
族譜　125
祖先祭祀　73, 88, 165, 167, 201, 365

タ行
大大阪　188, 198
態度仮説　27, 61
第二次市域拡張　188
対話　358
多元主義　55
多元的アイデンティティ　59
立場性　183
多民族化　150, 161
多民族コミュニティ　22, 34, 54, 57
だんじり　131, 137
地域社会　353
地域社会学的アプローチ　61
地域福祉　118
地位の構造的事実　46
チェサ　123
筑豊　38
抽象的知識　84,　→経験的知識
朝鮮市場　114
朝鮮学校　126
朝鮮寺　87, 185
朝文研　268,　→韓文研
長老主義　135-136
定住外国人　162,　→出稼ぎ外国人
テープ起こしの三段階方式　80-81
出稼ぎ外国人　162,　→定住外国人
鉄砲玉　214
デトロイト　61
デニズン　18
同化　56
同化理論　37
統合　20
特別永住者　6, 9, 70
都市化　31
都市社会学　6
都市多民族化　161
都市度仮説　24
都市類型論　17
土地所有関係　364
豊田市　19
豊橋市　26

ナ行
内外人平等　104
西尾市　19, 26
二一世紀体制　9
日系ブラジル人　5-6, 16-17
ニッチ　306, 362
日本都市社会学会　13
ニューカマー　33, 363
ネットワーク仮説　25
のれん分け　302

ハ行
バイパス仮説　174, 368
バイパス結合　352
剝奪仮説　72, 157, 353
パッシング　56
ハワイの日系移民　158
阪済航路　198
阪神教育論争　233
バンド学校　232-233
被差別部落　112
PTA　121
〈表出主義〉対〈手段主義〉　45
平野川改修工事　133
フィールドワーク　179
夫婦共同モデル　366
フェイスシート　79-80
不法滞在者　9
プラザ合意　3, 30, 105
「ブラジル時報」　152
BRICS　16
文化体系　47
分割労働市場論　66
文化的指標　164

文化的分業　67
分析論　41,　→分類論
分離効果　88, 363
分類論　41,　→分析論
ヘテロ・ロジカル　40, 50, 151, 181-182,
　→ホモ・ロジカル
編入モード　71
　資本主義的――　78, 94
法事　74, 278
ボーダーライン層　308, 313
ホモ・ロジカル　40, 50, 151, 182,　→ヘテロ・ロジカル
本名宣言　174

マ行
マジョリティ―マイノリティ関係　51
マルクス主義　66, 68
身元調査　79
宮座　133
御幸通商店街　114
民族　11, 44
　構成された――　121
民族運動　28, 121
民族関係　35, 48, 49-50, 95, 119, 134, 151,
　174, 306
　構造的な――　51, 63, 343
　パーソナルな――　51, 63, 343
民族関係研究会　14, 73, 77, 355
民族虚無主義　229
民族性　53
民族の復活　65
民団　125,　→総聯
ムラ　127, 131, 136
　イエと――　185
面接調査　358
もらい湯　339, 364

ヤ・ラ行
頼母子　221
ライフコース論　87
ラポール　79
リーマンショック　5, 16
流動的なエスニック境界　59
量的調査　101,　→質的調査
量的方法　97
履歴効果　61
履歴効果仮説　26-27
臨界量　70, 121, 176
連鎖移住　197
労働市場分断仮説　26

参照文献

Adorno, Theodor W., et al., 1950, *The Authoritarian Personality*, New York : Harper & Row（= 1980, 田中義久ほか訳『権威主義的パーソナリティ』青木書店）.

明石純一, 2011,「移住労働と世界的経済危機」駒井洋監修『移住労働と世界的経済危機』（移民・ディアスポラ研究 1）明石書店, 8-32.

Alba, Richard D., et al., 1999, "Immigrant Groups in the Suburbs : A Reexamination of Suburbanization and Spatial Assimilation," *American Sociological Review*, 64 (Jun.): 446-460.

Allport, Gordon W., 1958, *The Nature of Prejudice*, Cambridge : Addison-Wesley Publishing Company（= 1968, 原谷達夫ほか訳『偏見の心理』培風館）.

青木秀男, 2000,『現代日本の都市下層――寄せ場と野宿者と外国人労働者』明石書店.

Barth, Ernest A. T. and D. L. Noel, 1972, "Conceptual Frameworks for the Analysis of Race Relations : An Evaluation," *Social Forces*, 50 (Mar.): 333-348.

Barth, Fredrik (ed.), 1969, *Ethnic Groups and Boundaries : The Social Organization of Culture Difference*, Bergen-Oslo : Universitetsforlaget.

Blalock, Hubert M., 1967, *Towards a Theory of Minority Group Relations*, New York : Wiley.

Blumer, Herbert, 1958, "Race Prejudice as a Sense of Group Position," *Pacific Sociological Review*, 1 : 3-7.

Blumer, Herbert, 1966, "Sociological Implications of the Thought of George Herbert Mead," *American Journal of Sociology*, 71 (Mar.): 535-544.

Bobo, Lawrence, and V. L. Hutchings, 1996, "Perceptions of Racial Group Competition : Extending Blumer's Theory of Group Position to a Multiracial Social Context," *American Sociological Review*, 61 (Dec.): 951-972.

Bonacich, Edna, 1973, "A Theory of Middleman Minorities," *American Sociological Review*, 38 (Oct.): 583-594.

鄭大均, 1978-79,「池上町"朝鮮人部落"の社会関係（上・下）」『朝鮮研究』（上）185 : 2-13 ;（下）186 : 48-60.

Cohen, Abner (ed.), 1974, *Urban Ethnicity* (A. S. A. Monographs), London : Tavistock Publications.

Cohen, Ronald, 1978, "Ethnicity : Problem and Focus in Anthropology," *Annual Review of Anthropology*, 7 : 379-403.

Cross, Malcolm, 1978, "Colonialism and Ethnicity : A Theory and Comparative Case

Study," *Ethnic and Racial Studies*, 1(1): 37–59.
Despres, Leo A., 1975, "Ethnicity and Resource Competition in Guyanese Society," in L. A. Despres (ed.), *Ethnicity and Resource Competition in Plural Societies*, The Hague : Mouton.
Erikson, Erik H., 1963, *Childhood and Society*, 2nd ed., New York : W. W. Norton & Company（= 1977，仁科弥生訳『幼児期と社会Ⅰ』みすず書房）.
Feld, Scott L., and W. C. Carter, 1998, "When Desegrigation *Reduces* Interracial Contact : A Class Size Paradox for Weak Ties," *American Journal of Sociology*, 103(5): 1165–1186.
Fischer, Claude S., 1975, "Toward a Subcultural Theory of Urbanism," *American Journal of Sociology*, 80(6): 1319–1341.
藤澤三佳，2002，「世代間生活史法と家族研究」谷富夫編『民族関係における結合と分離』ミネルヴァ書房，646–663.
藤原法子，2008，『トランスローカル・コミュニティ――越境する子ども・家族・女性／エスニック・スクール』ハーベスト社.
福田友子，2012，『トランスナショナルなパキスタン人移民の社会的世界――移住労働者から移民企業家へ』福村出版.
福岡安則，1993，『在日韓国・朝鮮人』中央公論社.
福岡安則・金明秀，1997，『在日韓国人青年の生活と意識』東京大学出版会.
古城利明編，1990，『世界社会のイメージと現実』東京都立大学出版会.
古城利明監修，2006，『グローバリゼーション／ポスト・モダンと地域社会』（地域社会学講座２）東信堂.
Geertz, Clifford, 1973, *The Interpretation of Cultures*, New York : Basic Books（= 1987，吉田禎吾ほか訳『文化の解釈学Ⅱ』岩波書店）.
Glazer, Nathan, 2004, "Diversity," *New Dictionary of the History of Ideas*, New York : Charles Scribner's Sons, 590–593（＝近刊，谷富夫訳「多様性」『スクリブナー思想大事典』丸善）.
Gordon, Milton M., 1964, *Assimilation in American Life : The Role of Race, Religion, and National Origins*, New York : Oxford University Press.
Hagan, Jacqueline M., 1998, "Social Networks, Gender, and Immigrant Incorporation : Resources and Constraints," *American Sociological Review*, 63 (Feb.): 55–67.
濱田国祐，2008，「外国人住民に対する日本人住民意識の変遷とその規定要因」『社会学評論』59(1): 216–231.
濱田国祐，2010，「外国人集住地域における日本人住民の排他性／寛容性とその規定要因」『日本都市社会学会年報』28 : 101–115.

韓培浩・洪承稷，1977，「在日韓国人の意識と実態(3)——大阪・生野区における在日韓国人を対象として」『民闘連ニュース』22 : 1-6.
原尻英樹，1989，『在日朝鮮人の生活世界』弘文堂.
Hareven, Tamara K., 1982, *Family Time and Industrial Time*, New York : Cambridge University Press（= 1990，正岡寛司監訳『家族時間と産業時間』早稲田大学出版部）.
Hechter, Michael, 1974, "The Political Economy of Ethnic Change," *American Journal of Sociology*, 79(5): 1151-1178.
Hechter, Michael, 1978, "Group Formation and the Cultural Division of Labor", *American Journal of Sociology*, 84(2): 293-318.
東成郡役所，1922，『東成郡誌』.
肥後和男，1941，『宮座の研究』弘文堂.
樋口直人，2006，「分野別研究動向（移民・エスニシティ・ナショナリズム）」『社会学評論』57(3): 634-649.
樋口直人，2010a，「都市エスニシティ研究の再構築に向けて——都市社会学者は何を見ないできたのか」『年報社会学論集』23 : 153-164.
樋口直人，2010b，「経済危機と在日ブラジル人——何が大量失業・帰国をもたらしたのか」『大原社会問題研究所雑誌』622 : 50-66.
樋口直人編，2012，『日本のエスニック・ビジネス』世界思想社.
Hillery, George A., 1955, "Definition of Community : Areas of Agreement," *Rural Sociology*, 20 : 111-123.
広田康生，2003，『エスニシティと都市［新版］』有信堂.
広田康生，2006，「テーマ別研究動向（移民研究）」『社会学評論』57(3): 650-660.
広田康生，2008，「都市社会学はなぜエスニシティ研究をテーマ化したか——トランスナショナリズム論からの新たな展開」『日本都市社会学会年報』26 : 57-72.
洪承稷・韓培浩，1979，「在日同胞の実態調査」『在日朝鮮人史研究』4 : 87-147.
法務省入国管理局，1988，『在留外国人統計 昭和62年版』.
Hurh, Won Moo and K. C. Kim, 1989, "The 'Success' Image of Asian Americans : Its Validity, and Its Practical and Theoretical Implications," *Ethnic and Racial Studies*, 12(4): 512-538.
Hutnik, Nimmi, 1986, "Patterns of Ethnic Minority Identification and Modes of Social Adaptation," *Ethnic and Racial Studies*, 9(2): 150-167.
飯田剛史，2002，『在日コリアンの宗教と祭り——民族と宗教の社会学』世界思想社.
猪飼野保存会建設広報委員会編，1987，『猪飼野保存会のしおり』.
林一圭，2001，「在日韓国人の生活と意識に関する研究——岡山県内在住の在日韓

国人を中心として」（博士論文）岡山大学.
稲月正，1997,「在日韓国・朝鮮人の職業構成と職業移動」田巻松雄編『現代日本社会に於ける都市下層社会に関する社会学的研究』科学研究費補助金研究成果報告書，宇都宮大学，161-187.
稲月正，2002a,「在日韓国・朝鮮人の社会移動——移動パターンの析出と解釈」谷富夫編『民族関係における結合と分離』ミネルヴァ書房，559-595.
稲月正，2002b,「日本人住民の民族関係意識と民族関係量」同上，688-714.
稲月正，2006,「北九州市と板橋市（台湾）における外国人労働者の受け入れについての意識——受け入れの『好ましさ』とその規定因」『社会分析』33 : 41-59.
稲月正，2008,「民族関係研究における生活構造論的アプローチの再検討」『日本都市社会学会年報』26 : 73-85.
井上達夫・名和田是彦・桂木隆夫，1992,『共生の冒険』毎日新聞社.
石井由香，1999,『エスニック関係と人の国際移動』国際書院.
石川准，1992,『アイデンティティ・ゲーム』新評論.
伊藤亜人・大村益美・梶村秀樹・武田幸男・吉田光男・梶村秀樹監修，2014,『[新版] 韓国 朝鮮を知る事典』平凡社.
伊藤泰郎，1995,「関東圏における新華僑のエスニック・ビジネス——エスニックな絆の選択過程を中心に」『日本都市社会学会年報』13 : 5-21.
伊藤泰郎，2000,「社会意識とパーソナルネットワーク」森岡清志編『都市社会のパーソナルネットワーク』東京大学出版会，141-159.
伊藤泰郎，2004,「外国人居住者の空間分布」倉沢進・浅川達人編『新編 東京圏の社会地図』東京大学出版会，209-233.
伊藤泰郎，2007,「朝鮮人の被差別部落への移住過程——広島市の地区を事例として」『部落解放研究』広島部落解放研究所，14 : 47-67.
伊藤泰郎，2011,「外国人に対する寛容度の規定要因についての考察——接触経験とネットワークの影響を中心に」『部落解放研究』広島部落解放研究所，17 : 85-103.
梶村秀樹，1994,「日本資本主義と在日朝鮮人——『単一民族神話』と差別」森田桐郎編『国際労働移動と外国人労働者』同文館，291-325.
梶田孝道，1988,『エスニシティと社会変動』有信堂.
梶田孝道・丹野清人・樋口直人，2005,『顔の見えない定住化——日系ブラジル人と国家・市場・移民ネットワーク』名古屋大学出版会.
鐘ヶ江晴彦，2001,「外国人労働者をめぐる住民意識の現状とその規程要因」同編『外国人労働者の人権と地域社会』明石書店，18-80.
金賛汀，1985,『異邦人は君ヶ代丸に乗って——朝鮮人街猪飼野の形成史』岩波書店.

金鍾泌，1980，「思い出すこと言いたいこと」『諸君』文藝春秋社，12(4): 22-37.
金明秀，1997，「エスニシティの形成」福岡安則・金明秀『在日韓国人青年の生活と意識』東京大学出版会，103-119.
金明秀・稲月正，2000，「在日韓国人の社会移動」高坂健次編『日本の階層システム 6』東京大学出版会，181-198.
金泰泳，1999，『アイデンティティ・ポリティクスを超えて』世界思想社.
金原左門・石田玲子・小沢有作・梶村秀樹・田中宏・三橋修，1986，『日本のなかの韓国・朝鮮人，中国人』明石書店.
小林真生，2007，「対外国人意識改善に向けた行政施策の課題」『社会学評論』58(2): 116-133.
小林真生，2012，『日本の地域社会における対外国人意識――北海道稚内市と富山県旧新湊市を事例として』福村出版.
小林孝行，1980，「『在日朝鮮人問題』についての基礎的考察」『ソシオロジ』24(3): 37-55.
近藤敏夫，2002，「生活倫理と職業倫理の持続と変容」谷富夫編『民族関係における結合と分離』ミネルヴァ書房，541-558.
近藤敏夫，2011a，「地域社会における日系ブラジル人の生活――滋賀県長浜地域における居住形態と今後の課題」『人権と部落問題』63(2): 29-37.
近藤敏夫，2011b，「日系ブラジル人の家族構成と定住化傾向――滋賀県長浜市2005年調査と2010年調査の比較」『JICA横浜海外移住資料館研究紀要』5: 45-59.
今野裕昭，2001，『インナーシティのコミュニティ形成――神戸市真野住民のまちづくり』東信堂.
是川夕，2008，「外国人の居住地選択におけるエスニック・ネットワークの役割」『社会学評論』59(3): 495-513.
高智富美，2008，「マルチエスニック・コミュニティにおける民族関係とエスニシティ――大阪府八尾市を事例として」『日本都市社会学会年報』26: 187-203.
倉石一郎，1996，「歴史のなかの《在日朝鮮人アイデンティティ》」『ソシオロジ』41(1): 51-67.
倉沢進，1981，「1970年代と都市化社会」『社会学評論』31(4): 16-31.
倉沢進，1998，『コミュニティ論』放送大学教育振興会.
倉沢進編，1999，『都市空間の比較社会学』放送大学教育振興会.
倉沢進，2002，「都市社会学40年：都市社会学会20年」『日本都市社会学会年報』(特集Ⅱ 戦後日本の都市社会学――回顧と展望)，20: 107-115.
倉田和四生，1997，『北米都市におけるエスニック・マイノリティ――多民族社会の構造と変動』ミネルヴァ書房.

黒田由彦，2005，「分野別研究動向（地域）」『社会学評論』56(1): 232-247.
共同研究「国際化」チーム，1999，『外国人住民施策の具体化』（財）大阪府市町村振興協会.
共同研究「国際交流」チーム，1998，『わたしのまちの外国人』（財）大阪府市町村振興協会.
Lipset, Seymour M. and R. Bendix, 1959, *Social Mobility in Industrial Society*, Berkeley : The University of California Press（= 1969，鈴木広訳『産業社会の構造』サイマル出版会）.
町村敬志，1994，『「世界都市」東京の構造転換——都市リストラクチュアリングの社会学』東京大学出版会.
MacIver, Robert M., 1917, *Community : A Sociological Study*, London : Macmillan & Co.
桝田一二，1935，「済州島人の内地出稼に就て」『大塚地理学論文集』古今書院，5: 1-37.
松本康，2004，「外国人と暮らす——外国人に対する地域社会の寛容度」同編『東京で暮らす』東京都立大学出版会，197-219.
松本康，2006，「地域社会における外国人への寛容度——隣人ネットワークが媒介する居住地効果」広田康生・町村敬志・田嶋淳子・渡戸一郎編『先端都市社会学の地平』ハーベスト社，8-32.
McKay, James, 1982, "An Exploratory Synthesis of Primordial and Mobilizationist Approaches to Ethnic Phenomena," *Ethnic and Racial Studies*, 5(4): 395-420.
Merton, Robert, 1973, *The Sociology of Science*, Chicago : The University of Chicago Press.
宮原浩二郎，1994，「エスニックの意味と社会学の言葉」『社会学評論』44(4): 6-19.
水上徹男，1996，『異文化社会適応の理論——グローバル・マイグレーション時代に向けて』ハーベスト社.
森廣正，1986，『現代資本主義と外国人労働者』大月書店.
森岡清美・青井和夫編，1985，『ライフコースと世代』垣内出版.
村上民雄，1997，『多様な他者との出会いを求めて——これからの同和教育と地域教育運動の課題』（自費出版）.
長尾謙吉，2002，「産業集積の形成によって空間の物理的な絶滅が図られる」水岡不二雄編『経済・社会の地理学』有斐閣，251-280.
永吉希久子，2008，「排外意識に対する接触と脅威認知の効果——JGSS-2003の分析から」『日本版総合的社会調査研究論文集』7: 259-270.
永吉希久子，2012，「日本人の排外意識に対する分断労働市場の影響——

JGSS-2006の分析から」『社会学評論』63(1): 19-35.
Nagel, Joane, 1995, "American Indian Ethnic Renewal : Politics and the Resurgence of Identity," *American Sociological Review*, 60 (Dec.): 947-965.
Nagel, Joane and S. Olzak, 1982, "Ethnic Mobilization in New and Old States : An Extension of the Competition Model," *Social Problems*, 30(2): 127-143.
中村二朗・内藤久裕・神林龍・川口大司・町北朋洋, 2009, 『日本の外国人労働力——経済学からの検証』日本経済新聞出版社.
中西尋子, 2002, 「祖先祭祀」谷富夫編『民族関係における結合と分離』ミネルヴァ書房, 620-645.
中筋直哉, 2005, 「分野別研究動向（都市）」『社会学評論』56(1): 217-231.
中澤渉, 2007, 「在日外国人の多寡と外国人に対する偏見との関係——JGSSを用いたマルチレベル・モデル分析」『ソシオロジ』52(2): 75-91.
Nielsen, François, 1985, "Toward a Theory of Ethnic Solidarity in Modern Societies," *American Sociological Review*, 50(2): 133-149.
二階堂裕子, 2002, 「民族関係の結合メカニズム」谷富夫編『民族関係における結合と分離』ミネルヴァ書房, 458-511.
二階堂裕子, 2007, 『民族関係と地域福祉の都市社会学』世界思想社.
西田芳正, 2002, 「エスニシティ〈顕在-潜在〉のメカニズム」谷富夫編『民族関係における結合と分離』ミネルヴァ書房, 512-540.
西村雄郎, 2002, 「民族集住地域の形成」谷富夫編『民族関係における結合と分離』ミネルヴァ書房, 666-687.
西村雄郎編, 2006, 『エスニック・コミュニティの比較都市社会学』科学研究費補助金研究成果報告書, 広島大学.
西村雄郎, 2008, 『大阪都市圏の拡大・再編と地域社会の変容』ハーベスト社.
西澤晃彦, 1995, 『隠蔽された外部』彩流社.
西澤晃彦, 1996, 「『地域』という神話——都市社会学者は何を見ないのか？」『社会学評論』47(1): 47-62.
西澤晃彦, 1998, 「都市下層の社会的世界——日系ブラジル・ペルー人の労働と生活」倉沢進先生退官記念論集刊行会編・発行『都市の社会的世界——倉沢進先生退官記念論集』, 267-288.
西澤晃彦, 2007, 「書評 広田他編『先端都市社会学の地平』」『日本都市社会学会年報』25 : 128-134.
似田貝香門・矢澤澄子・吉原直樹編, 2006, 『越境する都市とガバナンス』法政大学出版局.
野入直美, 2002, 「キリスト教信仰と家族生活」谷富夫編『民族関係における結合と分離』ミネルヴァ書房, 379-455.

落合英秋，1974，『アジア人労働力輸入』現代評論社.
Okamura, Jonathan Y., 1981, “Situational Ethnicity,” *Ethnic and Racial Studies*, 4(4): 452-465.
奥田道大，1987，「戦後日本の都市社会学と地域社会」『社会学評論』38(2): 181-199.
奥田道大編，1997，『都市エスニシティの社会学——民族・文化・共生の意味を問う』ミネルヴァ書房.
奥田道大，2002，「都市社会学研究の一つの道程」『日本都市社会学会年報』（特集Ⅱ 戦後日本の都市社会学——回顧と展望），20：117-132.
奥田道大・広田康生・田嶋淳子，1994，『外国人居住者と日本の地域社会』明石書店.
奥田道大・鈴木久美子編，2001，『エスノポリス・新宿／池袋——来日10年目のアジア系外国人調査記録』ハーベスト社.
奥田道大・田嶋淳子編，1991，『池袋のアジア系外国人——社会学的実態報告』めこん.
奥田道大・田嶋淳子編，1993，『新宿のアジア系外国人——社会学的実態報告』めこん.
奥田道大・田嶋淳子編，1995，『新版 池袋のアジア系外国人——回路を閉じた日本型都市でなく』明石書店.
Olzak, Susan, 1982, “Ethnic Mobilization in Quebec,” *Ethnic and Racial Studies*, 5(3): 253-275.
小内透編，2009，『在日ブラジル人の労働と生活』（講座『トランスナショナルな移動と定住』1）御茶の水書房.
小内透・酒井恵真編，2001，『日系ブラジル人の定住化と地域社会——群馬県太田・大泉地区を事例として』御茶の水書房.
大井由紀，2006，「トランスナショナリズムにおける移民と国家」『社会学評論』57(1): 143-156.
大久保武，1990，「『国際労働力移動』視点からみた外国人労働者流入の構造」『年報社会学論集』3：83-94.
大久保武，2005，『日系人の労働市場とエスニシティ——地方工業都市に就労する日系ブラジル人』御茶の水書房.
大倉健宏，2012，『エッジワイズなコミュニティ——外国人住民による不動産取得をめぐるトランスナショナルコミュニティの存在形態』ハーベスト社.
大岡栄美，2011，「社会関係資本と外国人に対する寛容さに関する研究——JGSS-2008の分析から」『日本版総合的社会調査共同研究拠点研究論文集』11：129-141.

大阪市生野区福祉事務所, 1987,『生活保護動向調査報告書——生野区に於ける被保護世帯の実態』.

大阪市立鶴橋小学校八十周年記念誌編纂委員会編, 1956,『鶴橋小学校八十年のあゆみ——郷土鶴橋の歴史』.

大阪市史編纂所, 1999,『大阪市の歴史』創元社.

大東貢生, 2002,「配偶者選択に見る民族関係——ジェンダーの視点」谷富夫編『民族関係における結合と分離』ミネルヴァ書房, 596-619.

大槻茂実, 2006,「外国人接触と外国人意識——JGSS-2003 データによる接触仮説の再検討」『日本版総合的社会調査研究論文集』5：149-159.

大槻茂実, 2007,「外国人の増加に対する日本人の見解——JGSS-2003 データを用いて」『社会学論考』28：1-25.

大槻茂実, 2011,「外国人との交流促進に向けての一試論」『都市政策研究』5：85-97.

Park, Robert and E. W. Burgess, 1921, *Introduction to the Science of Sociology*, Chicago : The University of Chicago Press.

Portes, Alejandro, 1984, "The Rise of Ethnicity : Determinants of Ethnic Perceptions among Cuban Exiles in Miami," *American Sociological Review*, 49(3): 383-397.

Portes, Alejandro and L. Jensen, 1987, "What's an Ethnic Enclave ?: The Case for Conceptual Clarity," *American Sociological Review*, 52 : 768-771.

Portes, Alejandro and A. Stepick, 1985, "Unwelcome Immigrants : The Labor Market Experience of 1980 (Mariel) Cuban and Haitian Refugees in South Florida," *American Sociological Review*, 50(Aug.): 493-514.

Portes, Alejandro and C. Truelove, 1987, "Making Sense of Diversity : Recent Research on Hispanic Minorities in the United States," *Annual Review of Sociology*, 13 : 359-385.

Quillian, Lincoln, 1996, "Group Threat and Regional Change in Attitudes toward African-Americans," *American Journal of Sociology*, 102(3): 816-860.

Ragin, Charles D., 1977, "Class, Status, and 'Reactive Ethnic Cleavages' : The Social Bases of Political Regionalism," *American Sociological Review*, 42(3): 438-450.

Ragin, Charles D., 1979, "Ethnic Political Mobilization : The Welsh Case," *American Sociological Review*, 44(4): 619-635.

佐伯弘文, 2010,『移民不要論』産経新聞出版.

坂中英徳, 2005,『入管戦記』講談社.

坂中英徳, 2012,『人口崩壊と移民革命』日本加除出版.

桜井厚, 1996,「戦略としての生活」栗原彬編『日本社会の差別構造』弘文堂, 40-64.

桜井厚，2000，「語りたいことと聞きたいことの間で」好井裕明・桜井厚編『フィールドワークの経験』せりか書房，115-132.
Sassen-Koob, Saskia, 1979, "Formal and Informal Associations: Dominicans and Colombians in New York," *International Migration Review*, 14(2): 314-332.
Schermerhorn, Richard A., 1978, *Comparative Ethnic Relations*, Chicago: The University of Chicago Press.
Sigelman, Lee, T. Bledsoe, S. Welch, and M. Combs, 1996, "Making Contact?: Black-White Social Interaction in an Urban Setting," *American Journal of Sociology*, 101(5): 1306-1332.
Smith, Anthony D., 1984, "Ethnic Persistence and National Transformation," *British Journal of Sociology*, 35(3): 452-461.
Smith, Tom W., 1980, "Ethnic Measurement and Identification," *Ethnicity*, 7(1): 78-95.
徐京植，1997，「『エスニック・マイノリティ』か『ネーション』か――在日朝鮮人の進む道」『歴史学研究』10月増刊号：20-30.
Sollors, Werner (ed.), 1996, *Theories of Ethnicity: A Classical Reader*, London: Macmillan.
園部雅久，2001，『現代大都市社会論――分極化する都市？』東信堂.
園部雅久・和田清美編，2004，『都市社会学入門――都市社会研究の理論と技法』文化書房博文社.
杉原達，1998，『越境する民――近代大阪の朝鮮人史研究』新幹社.
杉山光信，1988，「みえない『他者』――『国際化論』の陥穽」『世界』4:27-38，岩波書店.
鈴木江理子・渡戸一郎，2002，『地域における多文化共生に関する基礎調査』フジタ未来経営研究所.
鈴木広，1970，『都市的世界』誠信書房.
鈴木広編，1978，『コミュニティ・モラールと社会移動の研究』アカデミア出版会.
鈴木広，1986，『都市化の研究』恒星社厚生閣.
鈴木広，2002，「日本都市社会学会の設立事情」『日本都市社会学会年報』（特集Ⅱ 戦後日本の都市社会学――回顧と展望），20:97-105.
宗教社会学の会編，1985，『生駒の神々――現代都市の民俗宗教』創元社.
田口純一，1981，「在日コリアン研究の成果と問題点」『名古屋大学文学部研究論集』27:15-30.
田嶋淳子，1998，『世界都市・東京のアジア系移住者』学文社.
田嶋淳子，2010，『国際移住の社会学――東アジアのグローバル化を考える』明石書店.

高橋勇悦，2002，「『都市的なもの』を求めて」『日本都市社会学会年報』（特集Ⅱ 戦後日本の都市社会学――回顧と展望），20：133-145.
高畑幸，2001，「近畿地方における自治体の外国人住民施策」『日本都市社会学会年報』19：159-174.
高畑幸，2002，「同胞集住地域に住む家族」谷富夫編『民族関係における結合と分離』ミネルヴァ書房，201-279.
高畑幸，2006，「新来外国人の定住と地域社会への参加――フィリピン人移民を事例として」（博士論文）大阪市立大学.
高畑幸，2012，「大都市の繁華街と移民女性」『社会学評論』62(4)：504-520.
高谷幸，2009，「脱国民化された対抗的公共圏の基盤」『社会学評論』60(1)：124-140.
竹ノ下弘久，1999，「多文化教育とエスニシティ」『社会学評論』49(4)：45-62.
田辺俊介，2001，「外国人への排他性と接触経験」『社会学論考』22：1-15.
田辺俊介，2002，「外国人への排他性とパーソナルネットワーク」森岡清志編『パーソナルネットワークの構造と変容』東京都立大学出版会，101-120.
谷富夫，1985，「朝鮮寺と巫俗」宗教社会学の会編『生駒の神々――現代都市の民俗宗教』創元社，236-258.
谷富夫，1988，「大都市郊外のコミュニティ意識」鈴木広編『大都市コミュニティの可能性』社会分析学会，247-283.
谷富夫，1989a，『過剰都市化社会の移動世代――沖縄生活史研究』渓水社.
谷富夫，1989b，「民族関係の社会学的研究のための覚書き――大阪市旧猪飼野・木野地域を事例として」『広島女子大学文学部紀要』24：63-86（再録：駒井洋編，1996，『日本のエスニック社会』明石書店，331-377）.
谷富夫，1992，「エスニック・コミュニティの生態研究」鈴木広編『現代都市を解読する』ミネルヴァ書房，260-283.
谷富夫，1993，「都市国際化と『民族関係』」中野秀一郎・今津孝次郎編『エスニシティの社会学』世界思想社，2-25.
谷富夫，1994，『聖なるものの持続と変容』恒星社厚生閣.
谷富夫，1995a，「エスニック社会における宗教の構造と機能――大阪都市圏の在日韓国・朝鮮人社会を事例として」『人文研究』大阪市立大学文学部紀要，47(4)：295-312.
谷富夫，1995b，「在日韓国・朝鮮人社会の現在――地域社会に焦点をあてて」駒井洋編『定住化する外国人』明石書店，133-161.
谷富夫，1998，「エスニシティ研究における『世代間生活史法』の試み」『社会情報』7(2)：183-195.
谷富夫，1999，「民族関係のフィールドワーク」『ソシオロジ』44(1)：105-113.

谷富夫編，2000a，『民族関係における結合と分離の社会的メカニズム』科学研究費補助金研究成果報告書，大阪市立大学.
谷富夫，2000b，「生野に『民族関係』を求めて」在日韓国朝鮮人・日韓連帯特別委員会編『いくの――在日朝鮮人のいきる町 猪飼野』日本基督教団，18-22.
谷富夫，2000c，「書評・金泰泳著『アイデンティティ・ポリティクスを超えて』」『部落解放研究』135 : 95-98.
谷富夫編，2002a，『民族関係における結合と分離』ミネルヴァ書房.
谷富夫，2002b，「定住外国人における文化変容と文化生成」宮島喬・加納弘勝編『変容する日本社会と文化』（シリーズ『国際社会』2）東京大学出版会，201-228.
谷富夫編，2008，『新版 ライフヒストリーを学ぶ人のために』世界思想社.
谷富夫・安藤由美・野入直美編，2014，『持続と変容の沖縄社会――沖縄的なるものの現在』ミネルヴァ書房.
丹野清人，2007，『越境する雇用システムと外国人労働者』東京大学出版会.
丹野清人，2009，「外国人労働者問題の根源はどこにあるのか」『日本労働研究雑誌』587 : 27-35.
丹野清人，2012，「日伯間の移民制度の変容とコミュニティ」『社会と調査』8 : 64-67.
俵希實，2006，「日系ブラジル人の居住地域と生活展開――石川県小松市と集住地との比較から」『ソシオロジ』51(1): 69-85.
定住外国人問題研究会，1994，『定住外国人に関する意識調査報告書』大阪府.
辻村明・金圭煥，1980，「日韓コミュニケーション・ギャップの研究」『諸君』12(4): 70-86.
堤要，1993，「アメリカにおけるエスニシティ理論――エスニシティと階層構造の関連を中心に」『社会学評論』44(2): 77-87.
都築くるみ，2003，「在日ブラジル人を受け入れた豊田市H団地の地域変容」『フォーラム現代社会学』2 : 51-58.
都築くるみ，2006，「外国人と多文化共生」岩崎信彦・矢澤澄子監修『地域社会の政策とガバナンス』（地域社会学講座 3）東信堂，119-132.
Tylor, Marylee C., 1998, “How White Attitudes Vary with the Racial Composition of Local Populations : Numbers Count,” *American Sociological Review*, 63 (Aug.): 512-535.
植田浩史，1998，「一九三〇年代大阪の中小機械・金属工業」広川禎秀編『近代大阪の行政・社会・経済』青木書店，294-321.
van den Berghe, Pierre L., 1976, “Ethnic Pluralism in Industrial Societies : A Special Case ?,” *Ethnicity*, 3(3): 242-255.

渡戸一郎，1988，「世界都市化の中の外国人問題」『都市問題』79(9): 45–58.

渡戸一郎，2004，「都市のエスニシティ研究」園部雅久・和田清美編『都市社会学入門』文化書房博文社，198–224.

渡戸一郎，2006，「地域社会の構造と空間」似田貝香門監修『地域社会学の視座と方法』（地域社会学講座１）東信堂，110–130.

渡戸一郎，2011，「多文化社会におけるシティズンシップとコミュニティ」北脇保之編『「開かれた日本」の構想——移民受け入れと社会統合』ココ出版，228–257.

渡戸一郎・井沢泰樹編，2010，『多民族化社会・日本』明石書店.

Weber, Max, 1980 (1947), "Ethnische Gemeinschaftsbeziehungen," in *Wirtschaft und Gesellschaft*, Tübingen : Mohr（= 1977，中村貞二訳「種族的共同社会関係」『みすず』211 : 64–81）.

Wilson, Kenneth and A. Portes, 1980, "Immigrant Enclaves : An Analysis of the Labor Market Experiences of Cubans in Miami," *American Journal of Sociology*, 86 (2): 295–319.

Wirth, Louis, 1938, "Urbanism as a Way of Life," *American Journal of Sociology*, 44 (1): 1–24.

八木寛之・谷富夫，2014，「生野コリアタウンは『韓流ブーム』にのって——阪神圏商店街実態調査から」『コリアンコミュニティ研究』こりあんコミュニティ研究会，5 : 65–82.

山田信行，2005，「分野別研究動向（国際）」『社会学評論』56(2): 500–517.

山口博史，2006，「ニューカマー外国人受け入れにみる地域社会の対応と『準-公共性』——鈴鹿市における活動とネットワークの事例より」『日本都市社会学会年報』24 : 170–185.

山口恵子，2006，「都市空間の変容と野宿者——九〇年代における新宿駅西口地下の事例より」狩谷あゆみ編『不埒な希望——ホームレス／寄せ場をめぐる社会学』松籟社，56–98.

山本かほり，2002，「高学歴・専門職で生きる」谷富夫編『民族関係における結合と分離』ミネルヴァ書房，280–378.

山本かほり・松宮朝，2003–04，「外国籍住民の増加と地域再編（１・２）——愛知県西尾市を事例として」，（１）『愛知県立大学文学部論集』52 : 105–142；（２）『社会福祉研究』6 : 35–56.

山本かほり・松宮朝，2010，「外国籍住民集住都市における日本人住民の外国人意識」『日本都市社会学会年報』28 : 107–134.

山本薫子，2006，「国境を越えた『囲い込み』——移民の下層化を促し，正当化するロジックの検討に向けて」狩谷あゆみ編『不埒な希望——ホームレス／寄

せ場をめぐる社会学』松籟社，161-197.
山本薫子，2008，『横浜・寿町と外国人——グローバル化する大都市インナーエリア』福村出版.
山本薫子，2011，「外国人労働者をめぐる社会運動の変化と展開——2008年以降の経済不況下を中心に」駒井洋監修『移住労働と世界的経済危機』（移民・ディアスポラ研究1）明石書店，159-174.
山本剛郎，1997，『都市コミュニティとエスニシティ——日系人コミュニティの発展と変容』ミネルヴァ書房.
山中速人，1982，「朝鮮『同化政策』と社会学的同化（上）——民族・マイノリティー政策の社会学的分析枠組」『関西学院大学社会学部紀要』45：285-295.
山中速人，1983-84，「内容分析的手法による民族関係分析の試み（上・下）——1930年代の『大阪朝日』にみる朝鮮人報道の特徴と日朝民族関係のパターン」『関西学院大学社会学部紀要』（上）47：179-189；（下）48：193-212.
山中速人，2011，「コリアタウン（大阪市生野区）の映像記録の方法と実際——防振ステディカムを使用した映像フィールドワークの試み」『日本都市社会学会年報』29：25-37.
山脇啓造，2000，「在日コリアンのアイデンティティ分類枠組に関する試論」『明治大学社会科学研究所紀要』38(2)：125-141.
柳田国男，1976，『明治大正史世相篇 上』講談社.
Yancey, William L., E. P. Ericksen and R. N. Juliani, 1976, "Emergent Ethnicity: A Review and Reformulation," *American Sociological Review*, 41(3): 391-402.
梁泰昊，1996，『在日韓国・朝鮮人読本』緑風出版.
吉田友彦，1996，「日本の都市における外国人マイノリティの定住環境確立過程に関する研究——京阪地域における在日韓国・朝鮮人集住地区を事例として」（博士論文）京都大学.
吉野耕作，1987，「民族理論の展開と課題」『社会学評論』37(4)：2-17.
Zetterberg, Hans L., 1963, *On Theory and Verification in Sociology*, Totowa: The Bedminster Press（＝1973，安積仰也・金丸由雄訳『社会学的思考法——社会学の理論と証明』ミネルヴァ書房）.